의료선교사
와이스 부부의
Hilda's Book
헌신

의료선교사
와이스 부부의
Hilda's Book
헌신

지은이 | 힐다 세이터 와이스
엮은이 | 엘리자베스 베티 리처드슨
옮긴이 | 안종희

초판 1쇄 인쇄 | 2010년 6월 24일
초판 1쇄 발행 | 2010년 6월 29일

펴낸이 | 이왕준
주 간 | 박재영
디자인 | 김숙경

펴낸곳 | (주)청년의사
주 소 | 121-854 서울시 마포구 신수동 99-1 루튼빌딩 2층
전 화 | 02-2646-0852
팩 스 | 02-2643-0852
전자우편 | books@docdocdoc.co.kr
홈페이지 | http://doc3.koreahealthlog.com

출력 | 나모에디트(주)
인쇄 | (주)YSP

The Korean Doctors' Weekly

ISBN 978-89-91232-31-0

가격 | 20,000원

의료선교사
와이스 부부의
Hilda's Book
헌신

힐다 세이터 와이스 지음
엘리자베스 베티 리처드슨 엮음
안종희 옮김

어니와 힐다의 감동 스토리

와이스(Ernest W. Weiss) 부부의 의료선교 이야기

한국 의학을 대표하며 125년을 이어온 연세의료원의 역사에는 수많은 사람들의 피와 땀이 배어 있습니다. 미국에서 태어나 의료선교를 위해 한국에 왔던 목사이자 의사인 어니스트 와이스 선교사 역시 여기에 큰 발자취를 남긴 인물입니다.

와이스는 1954년 전쟁이 끝난 지 얼마 되지 않은 한국에 와 세브란스에 몸담게 됩니다. 미국 감리교회 파송 선교사로 세브란스 의학교에 온 와이스는 1975년 정년을 맞이하기까지 부인과 함께 연세대학교 의과대학 외과학교실 교수로, 연세의료원 건축위원회 위원장으로, 그리고 행정고문으로 봉직하였습니다.

이미 십여 년간의 중국 의료선교 생활로 단련된 결과인지 느리고 여유 있는 성격으로 보였다던 와이스는 동료 교수나 제자들의 말에 의하면 실제로는 매우 철두철미하고 헌신적인 분이었다고 합니다.

외과의사였던 그는 한국 생활 초창기, 그 당시만 해도 한국에 거의 보급되지 않았던 재건 분야의 수술을 주로 시행하며 전쟁의 상흔을 보듬는 일에 힘을 쏟았고, 이후 세브란스병원의 진료수준이 향상되어감에 따라 진료보다는 최고의 진료와 의학교육을 가능케 할 기초를 다지는 일에 관심을 갖고 중국 의료선교 당시 쌓은 병원 운영의 노하우를 살려 건축과 행정에 많은 역할을 하였습니다.

특히 6.25 전쟁 직후 파괴된 세브란스병원을 새로 짓는 세브란스병원 본관 건축위원회 위원장으로서 자금을 지원한 CMB China Medical Board, 한미연합재단, 미8군 등과 긴밀한 유대관계 형성에 이바지했으며, 그 외에도 교육의 발전을 위해 선교회 등의 장학금 유치와 선진 의료기술 보급에 많은 노력을 기울였습니다.

한국을 떠나기 전 뇌졸중을 겪으며 몸이 불편하게 되었음에도 고향 텍사스에 돌아가서까지 매년 세브란스병원 기부금과 장학금을 보내왔으며, 21년간 우리나라에서 활동한 공로를 인정받아 우리나라 정부로부터 외국인이 받을 수 있는 최고 훈장인 국민훈장 석류장을 받기도 했습니다.

연세 창립 100주년 기념일에 한국을 다시 찾는 것이 소원이라던 와이스는, 안타깝게도 그날을 불과 며칠 앞두고 하나님의 품으로 돌아갔습니다.

아내인 힐다의 기록을 통해 세상에 나오게 된 이 책에는 힐다가 남편인 와이스를 만나고 함께 중국으로 떠나기까지의 과정은 물론, 이후 30년 이상 중국과 한국에서 의료선교를 펼친 그들의 삶이 담백한 문체로 소개되고 있습니다. 공산혁명 이전의 중국, 전쟁 이후 군사정부가 들어서는 시기의 한국의 모습 등이 묘사되어 역사적 자료로서의 가치도 크리라 생각합니다.

부디 이 책을 통해 머나먼 이국땅 연세의료원에서 수십 년간 자신의 삶을 바쳐 봉사한 한 선교사 가족의 이야기가 널리 알려지고, 의료선교와 의학사에 관심 있는 모든 분들에게 소중한 자료가 더해지길 바랍니다.

2010년 6월
연세대학교 의무부총장 겸 의료원장 박 창 일

목차

의료선교사 와이스 부부의 헌신
Hilda's Book

| 서 문 |

이 책은 힐다*의 남편이나 자녀의 비망록이 아니라 힐다 자신의 비망록이다. 힐다는 자신의 일기와 가족과 교회에게 보낸 편지를 바탕으로 이 책을 썼다. 그녀는 오늘날 우리의 관심사가 아니라 그 당시 그녀가 관심을 두었거나 중요하다고 여겼던 내용을 기록했다. 과거에 힐다가 빠뜨렸거나 그녀의 원고에서 분실된 내용 가운데 우리의 궁금증을 자아내는 부분도 있다.

힐다의 문체는 독특하지만 잘 다듬어지지 않았다. 나는 그녀의 문체를 최대한 그대로 유지하고 철자나 구두점, 문법, 내용, 명확성, 구문 측면에서 필요한 경우 수정을 하거나 첨가했다. (내가 첨가한 부분은 [ ] 으로 표시되어 있다.) 이 글에서 오류가 있다면 그것은 모두 나의 책임이다. 내가 이용한 자료는 그녀가 타자기로 쓴 원고, 그녀가 보관했던 몇 가지 신문자료, 그녀가 우리에게 들려준 이야기, 1995년** 감리교 세계선교위원회 대표와 가진 인터뷰 자료, 사건과 개인과 장소에 대한 나의 개인적인 지식이다.

그녀의 비망록에는 그녀의 일상적인 사역에 대해서 자세하게 기록되

★ 힐다 엘리자베스 세이터, 나중에 결혼 후에 힐다 세이터 와이스가 되고, 재혼한 후, 힐다 와이스 앤드루스가 된다. 그녀는 해리 세이터와 노마 세이터의 슬하에서 1915년 5월 10일 오하이오 주 마리온 시 근교에서 태어났다.

★★ 다이애나 J. 알렌, 1995년 4월 26~28일 텍사스 주 산 안토니오에서 제작된 〈힐다 와이스의 인터뷰〉, 1995년 월드 디비전, 총회세계선교부(General Board Global Ministries)

의료선교사 와이스 부부의 헌신

어 있지 않았다. 그녀의 사역은 분명했다. 그녀와 어니스트는 거의 매일 장시간 선교 병원에서 중국인과 한국인 환자를 돌보았다. 또한 그들은 격동기에 외국에서 살아가면서 지속적으로 부딪친 크고 작은 위기와 맞서 싸웠다. 그것들은 대부분 그녀의 비망록에 기록할 만큼 흥미롭지 않았다.

힐다의 비망록에는 참고로 인용된 성서구절이 거의 없다. 이 책은 성서의 〈에스더서〉와 비슷하다. 우리는 하나님이 힐다와 어니스트의 전 생애를 함께 하셨다는 것을 안다. 다만 명시적으로 반복해서 언급되지 않았을 뿐이다. 힐다는 신학자나 목회자나 성경교사가 아니라 의료인이지 검소한 가정주부였다.

힐다는 사람들의 이름을 계속 반복해서 언급한다. 대부분의 이름들은 독자들에게 아무런 의미도 없을 것이다. 그 이름들을 기록으로 남기는 것은 그 사람들을 기억하기 위한 한 방편이다. 이제 그들도 대부분 죽은 지 오래 되었다.

힐다는 비망록에서 현지에서 집안을 도와주는 일꾼들에 대해 많이 언급한다. 그것이 현대인의 감수성에 거슬릴지도 모른다. 그 당시 힐다와 어니스트가 중국과 한국에서 일할 때, 그런 일꾼들의 도움이 없었다면 제대로 사역을 할 수 없을 것이다. 그 당시에는 근대적인 편의시설들이 전혀 없었다. 20세기였지만 모든 것이 미국보다 훨씬 더 어렵고 까다로웠다. 중국과 한국의 경우 그때는 거의 모든 사람들이 가정 일을 돕는 일꾼을 두거나 그런 일꾼이었다. 게다가, 힐다와 어니스트는 그들의 선교지인 난창南昌과 서울이라는 지역의 특성상, 서양 여행객이나 방문객들을 위한 호텔과 같은 서비스를 제공하는 역할을 해야 했다. 그들을 방문한 사람들은 아주 많았다. 마지막으로, 내가 개인적으로 아는 바에 따르면, 그들은 집안 일꾼들에게 친절했고 통상적인 임금보다 더 많은 임금을 지불했다.

나는 힐다의 최종 원고에 기록된 단어들을 거의 대부분 그대로 사용했다. 그녀의 최종 원고 중 한국을 다룬 3부의 앞부분은 분실되었다. 나는 또한 최종원고 내용을 더 상세하게 설명하거나, 분실된 내용의 일부를 보완해주는 다른 초고에서 일부 자료를 이용했다. 그 자료 중 많은 부분이 이미 최종 원고에서 언급되거나 반복적이고 무미건조한 세부내용— 가령, 지속적인 인플레이션 정보— 을 담고 있기 때문에 그 초고를 새롭게 편집했다. 아울러 힐다가 1988년에 장시병원의 경영진에게 보낸 "난창종합병원 1939~1951년"이라는 제목의 긴 편지 내용 중 일부를 이용했다. 이 책에 실린 사진이나 전시자료는 대부분 힐다가 오랜 동안 간직했던 것들이다. 그녀는 1985년 중국을 방문했을 때 한 가방 분량의 사진을 난창에서 나누어주었다. 또한 2006~2008년에도 그녀의 이야기를 전개하는 데 도움이 될지도 모르는 많은 사진을 나누어주거나 버렸다.

마지막으로, 1950년과 1951년 초 중국에서 일어난 일을 설명한 부분은 시간 순서적으로 볼 때 다소 혼란스러울 것이다. 나는 힐다가 몇 년도의 일을 기록한 것인지 전부 파악하지는 못했다. 내가 힐다의 원고를 옮겨 쓰고 있을 때에는 너무 늦어서 그녀에게 물어볼 수 없었다.

2008년
엘리자베스 "베티" 와이스 리처드슨

이 책은 내 남편 팻과 아들 데이비드의 격려,
편집과 기술적인 도움이 없었다면 빛을 보지 못했을 것이다.
고마운 마음을 전한다!

1차 중국 선교
(1939~1943년)

"절대로 하지 않는다고?"

어린 소녀시절에 나는 세 가지 - 목사와 결혼하는 것, 학교에서 가르치는 것, 선교지로 가는 것 - 를 절대로 하지 않기로 결심했다. 오랜 세월이 흐른 후, 나는 두 가지를 배웠다. 첫째, "절대로 하지 않는다."라는 말을 사용해서는 안 되며 둘째, 주님과 다투어서는 안 된다는 것이다.

나는 오하이오 주 마리온 시 근교의 보수적인 농촌 마을에서 자랐다. 그곳에서의 삶은 힘들지만 단순하고 아름다웠다. 어린 시절에는 고양이를 치장하고 여러 동물들과 함께 놀거나 빅토롤라 축음기를 들으면서 놀았다. 일요일에 세 번 교회에 가는 것과 토요일에 주말 쇼핑을 하러 시내로 나가는 것은 특별한 즐거움이었다. 나는 늘 아빠에게 초콜릿 아이스크림을 사달라고 졸라대곤 했다. (그 당시 5센트짜리 아이스크림은 요즘의 1달러짜리 아이스크림보다 더 컸다.) 나이가 들면서 남자들과 이야기를 나누곤 했다. 모든 사람들이 토요일에 시내로 나갔다. 하지만 어떤 여자가 마침 남자친구가 찾아왔는데 부모님이랑 쇼핑하러 가고 싶겠는가? 어머니, 여동

어린 시절의 어니, 부모(프리츠 와이스와 일리스 와이스)와 형제외 누이들(엘미, 헤르만, 에드윈, 폴, 알마, 이세), 1911년

생과 나는 마리온 극장에서 낮 공연을 보곤 했다. 우리는 "춘희"와 같이 좋은 연극을 보았다. 우리는 연극을 보며 펑펑 울고 난 후 아이스크림 상점에 들러서 아이스크림소다를 마셨다. 주중에는 학교에 가야했고 방과 후에는 집안을 거들었다─ 부엌 난로에 사용할 장작을 옮기거나 우유 짜는 것을 돕거나 그 밖의 허드렛일을 했다─ . 여동생 매그들린Magdalene은 주로 "집안에만 있는 아이"였다. 이 말은 내가 바깥일을 많이 했다는 뜻이다. 바깥일을 많이 도와준 이유는 내가 두 자매 중 나이가 더 많고 키도 더 컸기 때문이기도 했다.

부모님들은 내 장래를 생각하면서 내가 교사가 되어야 한다고 확신했다. 사촌들 중 몇몇은 교사였다. 나는 훌륭한 학생이었기 때문에 교사가 되는 것이 그럴 듯해 보였다. 나는 얼마 동안 음악 레슨을 받았는데 썩 잘

어린 시절의 힐다와 부모인
해리 세이터와 노마 세이터, 1917년

연주했다. 그러나 음악 교사가 생계비를 벌기 위해 얼마나 열심히 일해야
하는지 알고는 음악을 직업으로 삼는 것을 포기하기로 결심했다. 그 대신
과학과 수학을 열심히 공부했다.

난 그 당시의 보통 여자애들처럼 여섯 번 정도 사랑에 빠졌다가 헤어
졌다. 그러나 부모님들은 내가 16살이 될 때까지 데이트를 허락하지 않았
다. 나는 그 규칙을 결코 어기지 않았다.

고교 졸업반 때, 내 인생에 변화가 일어나기 시작했다. 대공황이 발생
하여 외할아버지와 외할머니인 메이어Mayer 부부가 파산했다. 그 여파로
우리 집도 약간 어려움을 겪었다.

같은 해, 우리가 다니던 교회에 학생 담당 목회자가 새로 부임했다. 그
는 텍사스 주 출신으로서 젊은 사람들을 청년회Youth Group 모임에 관심을

갖게 했다. 이 청년회는 나중에 엡윗청년회(1889년 미국에서 창설된 감리교 청년신앙운동단체 – 옮긴이)라고 불렸다. 우리는 이 모임에 참여하여 진지한 생각도 많이 하고 즐겁게 놀기도 했다. 내가 속한 청년회 회원들은 오하이오 주 레이크사이드에서 열리는 하계 문화교육 모임*에 참여하여 많은 청소년들과 어울렸다. 우리는 노 젓는 배를 탔는데 우리들 중 아무도 노를 저을 줄 몰랐고 수영을 할 줄 아는 사람도 단 한 명뿐이었다. 하나님이 우리를 보살피고 계셨다. 틀림없이, 하나님이 모터보트가 다니는 해로로 들어설 때까지 우리가 탄 배를 꼭 붙잡아 주셨을 것이다.

그 해, 나는 고교 졸업반 연극에서 여자 주인공 역할을 맡았다. 예상하겠지만, 나는 남자 주인공과 사랑에 빠졌다. 그러나 나는 아직 16살이 아니었다.

같은 해 봄, 우리 교회의 학생담당 교역자인 어니스트 W. 와이스 Ernest W. Weiss** 목사가 볼드윈 왈리스 대학Baldwin Wallace Collage의 대학생들을 작은 시골 교회로 데리고 왔다. 그들은 우리 교회에서 복음전도 집

★ 하계문화교육학교Chautauqua는 문화 또는 ⍦ 종교 세미나와 비슷하며 보통 농촌지역에서 개최되었다. 이 모임은 그 당시 미국 중산층들에게 매우 인기가 높았다.

★★ 어니스트 W. 와이스는 1908년 10월 25일 가난한 텍사스 농가에서 프리츠 와이스(Fritz Weiss)와 일리스 와이스(Elise Weiss) 부부의 일곱 자녀 중 막내로 태어났다. 그는 프리드리히 봄폴크(Friedrich Bohmfalk) 목사의 손자이며, 봄폴크 목사는 독일 이민자로서 텍사스에 정착하여 감리교 목사가 되었다. 봄폴크 목사의 아들, 손자, 그리고 다른 후손들 중 일부가 목회자가 되었다. 1985년 중국 장시(江西) 병원에 보낸 힐다의 편지에 따르면, 어니스트는 고교를 중퇴하였다. 그는 텍사스 인더스트리 지역 인근에 있는 농장에서 일하면서 가족을 부양해야 했다. 목화밭에서 일하는 동안, 인도 선교사로 가라는 하나님의 부르심을 계속 들었다. 그 부르심이 너무 강렬해서 그는 부모님에게 말씀드리지 않을 수 없었다. 부모님들은 그의 말에 공감하면서 마음의 평화를 위해서 그 부르심에 응답해야만 한다고 말했다. 그 말은 고교에 복학하고 대학과 의과대학까지 진학해야 한다는 것을 의미했다. 그 당시는 대공황 시절이었지만 어니스트의 신앙은 조금도 흔들리지 않았다. 그는 피곤을 쫓기 위해 진한 커피를 많이 마셔 가며 공부에 정진했고, 어머니의 기도의 도움으로 모든 학업을 마쳤다. 그는 공부하면서 동시에 한 가지 또는 세 가지 일을 했지만 최상위 성적을 유지했다.

회를 개최했다. 학교에 다니든 다니지 않든 우리는 모두 매일 밤 집회에 참석했다. 하룻밤이 지난 후, 데이브 로버츠Dave Roberts가 찬송을 불렀다. 나는 제단 앞으로 나가서 내 인생을 변화시키고 삶을 그리스도께 드리고 싶은 충동을 느꼈다. 지금 회상해 보건대, 그 때 내 삶에 큰 변화는 없었지만 감정의 변화는 있었던 것 같다. 그 때 나는 나에게 말씀하신 분이 주님이라고 마음 속 깊이 확신했다. 내가 받은 단 한 가지 메시지는 귀고리를 떼어버리라는 것이었다. 나는 그 때까지만 해도 장신구를 아주 좋아했다. 그러나 그 후로 지금까지 귀고리를 할 때마다 그날 밤의 일을 되새기곤 한다. 제단 앞으로 나갈 때 부모님이 아니라 이모가 나와 함께 갔다. 이모는 자신의 딸을 제단 앞으로 데려가려고 애를 썼지만 허사였다. 부모님들은 그 일로 행복해 했지만 별 말씀을 하지 않았다.

드디어 흥분과 기대 속에서 졸업식이 다가왔다. 나는 졸업식에서 G. D. 윌슨의 작품번호 60번 "허드슨 강의 달빛"이라는 피아노곡을 연주했다. 졸업식 다음 날, 내 기분은 완전히 엉망이 되었다. 한쪽도 아닌 양쪽 뺨이 볼거리로 부어올랐다. 병 때문에 며칠 동안 짓궂은 장난을 칠 수 없었다. 늦봄인 6월에 나는 볼드윈 왈리스 대학에 입학시험을 쳤고 장학금을 받게 되었다. 집안의 재정 상태가 아주 좋지 않았다. 세이터Seiter 할아버지가 내 사촌 스텔라와 내가 함께 대학에 간다면 학비를 대주겠다고 말했다. 그러나 스텔라가 대학에 진학하지 않기로 결정하는 바람에 아버지가 학비를 혼자 떠맡게 되었다.

여름 몇 달 동안 어머니가 좌골 류머티즘을 앓았다. 어머니는 거의 걷지도 못했고 심한 식이요법 때문에 몸 상태가 아주 좋지 않았다. 그 때는 마침 건초를 만들고 딸기를 따는 때라서 가장 힘든 철이었다. 그래서 내가 건초를 나르는 마차 꼭대기에 타기로 결정됐다. 나는 큰 쇠스랑으로 건초더미를 찔러서 헛간에 있는 건초 시렁*으로 날랐다. 나는 튼튼하고 건강한 소녀였지만 쇠스랑에 줄을 매서 건초헛간의 중심부분으로 당길 때에는 온 힘을 기울여야 했다. 쇠스랑이 제 위치에 오면 어머니는 말을 헛간 끝까지 끌고 가서 건초더미를 건초시렁 위로 올렸다. 그러면 나는 쇠스랑에 매인 줄을 풀어서 건초더미가 떨어지게 했다. 마지막으로 아버지가 건초 시렁에 건초를 잘 정리했다. 건초는 겨울 몇 달 동안 우리 집의 소와 말에게 줄 먹이었다. 건초 만들기 작업 중 일부는 세이터 할아버지의 농장에서도 이루어졌다. 건초를 싣고 나르던 어느 날, 아버지가 빈 마차를 끌고 늘판으로 가다가 새끼가 네 마리 딸린 어미 스컹크를 발견했다. 그런 광경을 본 적이 있을지 모르지만 그것은 정말 보기 드문 장면이다. 어미 스컹크가 앞장서고 작은 새끼들이 꼬리를 높이 치켜든 채 어미 뒤를 일직선으로 나란히 따른다. 어린 스컹크의 검은색과 흰색은 정말 아름답다. 아버지는 정말 훌륭한 이야기꾼이었으며 사람들의 호기심을 잘 자아내곤 했다. 그는 저녁 무렵이면 재미있는 이야기로 방안을 가득 채웠다. 가족모임을 할 때면 아버지와 할아버지가 서로 지지 않으려고 꺼내는 이야기를 듣는 것이 정말 재미있었다. 두 분은 때로 분위기가 심각해지기도 했다. 나는 여자들이 자리를 떠난 후 두 분이 무슨 말을 했는지 모른다. 아버지가 스컹크 가족을 본 날, 우리를 불러서 새끼 스컹크를 보여주시면서 한 마리를 잡아보라고 그럴듯한 말로 부추겼다. 어머니는 마차에서 내

★ 건초 시렁은 미국 북부지역의 경우 큰 헛간의 윗부분에 마련되어 있었다. 겨울동안 소나 말에게 건초를 주기 위해 그곳에 건초를 보관하였다. 요즘에는 기계로 건초를 다발로 묶어서 들판에 세워놓기 때문에 큰 건초 헛간이 필요하지 않다.

려서 잡지 말라고 소리쳤다. 고교를 우등생으로 졸업했지만 아직 어리고 어리석었던 나는 귀여운 스컹크 새끼 한 마리를 잡았다. 나는 냄새를 뿜어대는 엉덩이 부분을 내 쪽으로 향하지 않도록 했다고 생각했다. 그러나 어찌된 영문인지 그 스컹크의 냄새 분비선과 정면으로 마주하게 되었고 난 머리부터 발끝까지 지독한 냄새를 온통 뒤집어쓰게 되었다. 아름다운 스컹크를 바로 놓아버렸지만 고통은 이미 시작되었다. 어머니의 건강이 점차 나아졌지만 나는 계속 건초 마차를 탔다.

내가 가장 먼 쪽 건초 시렁에서 쇠스랑을 마차 쪽으로 끌어당길 때 쇠스랑에 맨 줄이 끊어졌다. 나는 마차에서 떨어질 때 완전히 한 바퀴 돌면서 떨어졌는데 딱딱한 나무 바닥에 등을 부딪쳤다. 바닥이 다른 헛간들처럼 시멘트 바닥이 아닌 것에 하나님께 감사드렸다. 엄청나게 아파서 숨을 쉴 수가 없었다. 기분 좋은 냄새를 맡아도 메슥거렸다. 아무도 내 근처에 오려고 하지 않았다. 우리는 가까스로 소형트럭을 타고 집으로 가서 소파가 놓인 부엌으로 갔다. 어머니는 미지근한 물과 비누로 나를 씻겼다. 엄청나게 아팠지만 어머니는 의사가 오기 전에 내 머리를 한 번도 아니고 두 번이나 감겼다. 그 당시(1932년) 엑스레이 촬영비가 아주 비쌌다. 의사(나의 훌륭한 삼촌 세이터 박사)가 나를 살펴보고 근육이 심하게 놀란 것 같다고 말했다. 정말 불쌍하게도 나는 아래층에서 지내면서 거실의 데이븐포터에서 잠을 자게 되었다. [데이븐포터는 펼치면 침대로 이용할 수 있는 소파였다.]

그 해 나머지 여름 동안 나는 가족들에게 아무런 도움이 되지 못했다. 그러나 기어 다닐 수 있게 되자, 나는 곧 일어나서 우산을 지팡이 삼아 걸어 다녔다. 다음 해가 되어서야 내 등뼈가 두 군데나 금이 갔다는 사실을

대학졸업식 때의 어니스트, 1933년

알았다.

몇 해가 지난 후, 간호사 훈련을 마쳤을 때, 내 인생에 목적이 있다는 것을 알게 되었다. 그 때 추락하면서 불구가 되거나 죽었을 수도 있었다. 초가을에는 볼드윈 왈리스 대학에 진학하기 위해 열심히 준비했다. 나는 주말에는 집에 갈 수 있는 특별 허락을 받았다. 그것은 학생담당 목사님이 설교를 하기 위해 볼드윈 왈리스에서 다른 두 시골 교회- 시온 감리교회와 베들레헴 감리교회- 로 차를 타고 갔기 때문이었다. 와이스 목사님과 나는 차를 타고 가면서 즐겁게 대화를 많이 나누었다. 오래지 않아 우리는 서로 친구 이상이라는 것을 알았다. 성탄절쯤에는 젊은 사람들이 말하는 것처럼 우리 사이에 "무언가가 진행되고 있다"는 것을 알았다. 나는 그를 "어니"라고 불렀다. 그는 나에게 청혼하기 전에 그와 결혼할 여자는 목사의 아내일 뿐만 아니라 의사의 아내도 되어야 하고 결국에는 선교사의 아내가 되어야한다고 분명히 밝혔다. 만약 그가 함께 할 아내를 찾지 못했다면 혼자 선교지로 갔을 것이다. 성탄절 직후 우리는 약혼을 발표했다. 나는 그가 6년간의 의학수업을 받을 동안 선교지로 가려는 사명을 잊어주기를 바랐다는 사실을 인정해야겠다. 내 부모님 역시 그것을 바랐다. 문제는 내가 어니를 제대로 알지 못했다는 것이었다.

대학교 마지막 학년 때에 나는 장학금을 받고 보모 일을 했지만 부모님은 나를 더 이상 대학에 보낼 여유가 없었다. 어니는 볼드윈 왈리스 대학을 졸업할 수 있었지만 형편이 아주 힘들었다. 그는 신시내티 의과대학에 입학했다. 나는 신시내티의 베데스다 병원 간호학교에 입학했다. 간호훈련을 마치고 난 후에는 병원에서 일을 할 수 있는 조건이었다. 학비와 기숙사비는 무료였다. [그 당시 간호학생들은 환자를 돌보는 일을 통해서 기숙사비를 벌었다. 그것은 거의 일주일 내내 밤낮으로 병원에서 무급으로 일하는 힘든 노동이었다.]

어니는 아주 고된 시기를 보내고 있었다. 그는 의과대학에 다니면서 두세 가지 일을 했다. 그는 짬을 내서 일주일 한 번 나를 만났다. 일요일이면 함께 교회 예배에 참석했다. 결혼은 도저히 불가능했다. [두 사람 모두 학생이었고 돈도 없었기 때문이었다. 그 당시 학생들은 결혼하지 않았고 안전한 피임법도 없었다.] 졸업 후, 나는 신시내티 대학의 간호학 학사학위를 따기 위해 낮에는 대학에 가고 밤에는 간호사로 일했다. 우리는 1938년 5월에 결혼했다. 그 때, 나는 목사이자 의사이며 선교사인 남편에게 "예"라고 말했다. 어니가 학교에서 공부하는 동안 진 빚 때문에 감리교선교회가 우리를 받아줄지 의문이었다. 하지만 선교지로 떠나려면 아직 일 년을 더 있어야 했다. 어니가 전문의 수련과정을 마치고 내가 대학을 끝마치기 위해서는 한 두 강좌를 더 이수해야 했기 때문이었다.

나의 증조부모님은 자신의 집에서 시온감리교회의 첫 모임을 가졌다. 세이터 조부모님은 교회의 중진이었다. 그분들은 세상 끝까지 선교사를 보내야한다고 믿었지만 손녀는 예외였다! 그러나 그분들은 어니를 무척 신임했다. 틀림없이 그분들은, 내 부모님이 그랬듯이, 내가 어니의 보살

간호학교를 졸업한 힐다, 1936년

핌을 받는 한 모든 것이 괜찮을 것이라고 느꼈을 것이다. 그분들의 선견지명이 얼마나 짧은 것이었는지! 우리가 미래를 미리 알지 못하도록 하신 것에 대해 하나님께 감사드린다. 부모님 역시 훌륭한 신앙인들이었으며 예배에 빠지지 않고 교회 활동에 아주 적극적으로 참여했다. 어머니는 자신의 음악적 재능과 그 밖의 일들로 교회에서 봉사했고, 아버지는 주일학교 교사였다. 토요일 저녁이면 아버지는 일찍 일을 끝내고 가장 좋아하는 의자에 앉아서 주일학교 수업을 준비했다.

더 이야기를 하기 전에, 베데스다 병원의 훌륭하신 감리교 여선교사역자* 들에게 깊은 감사를 드리고 싶다. 그들은 어니와 내가 선교지로 갈 것이라는 것을 알았다. 그들은 가능한 모든 방법으로 우리의 영적 성장을 위해 도와주었다. 그들은 기도와 편지, 돈으로 우리를 후원했다. 나는 종종 그들이 환자를 돌보거나 어려운 일을 할 때 항상 즐거운 마음으로 일하고, 또 다른 간호사들이 싫어하는 환자를 돌보기 위해 "더 많은 짐을" 감당하는 것을 자주 보았다. 일요일에 그들은 신시내티의 여러 교회에서 봉사했다. 나는 항상 그들처럼 그리스도를 위하여 의욕적이고 즐거운 마음

---

* "여선교사역자deaconess"라는 호칭은 미혼 여성 평신도 사역자들을 부르는 말이다. 이들은 미국 감리교회에 속하여 간호사, 교사, 사회봉사자로 일했다.

으로 일하는 사람이 되기를 바랐다. 그들이 모두 너무나 훌륭한 분들이기 때문에 여기에서 특정 이름을 밝히는 것은 옳지 않을 것이다.

[어니의 꿈은 인도 선교사로 가는 것이었다. 인도에는 선교사 자리가 없었지만 중국 장시江西 성 난창南昌 시에는 자리가 있었기 때문에 그는 중국을 선교지로 정했다. 힐다가 1985년 중국 장시江西 병원에 보낸 편지에서 그녀는 중국과 중국인들을 도와주려면 중국에 대해서 배울 수 있는 것을 모두 배워야 한다고 말했다. 다행스럽게도, 1938년, 난창에서 봉사하던 블라이덴버그Blydenburg 부부가 휴가차 오하이오 주 델라웨어 시에 왔다. 블라이덴버그 박사는 이전에 새로운 난창 종합병원을 계획하고 건축하는 일을 도왔던 사람이었다. 그들은 어니와 힐다에게 그곳에 있는 서양인들— 에블린 가오Evaline Gaw, 루스 다니엘스Ruth Daniels, 릴랜드 홀랜드Leland Holland 부부, 코럴 휴스턴Coral Houston, 월터 리비Walter Libby 부부, 슈베르트Wm. Schubert 목사 부부, 거트루드 콘Gertrude Cone, 마가렛 시크Margaret Seeck — 에 대해 말해주었다. 1995년 인터뷰 테이프에 따르면, 힐다에게 아주 큰 영향을 미친 또 다른 사건이 어린 시절에 일어났다. 그녀는 여덟 살 때 맹장이 파열됐다. 그녀는 약 한 달 동안 병원에 입원했다. 그 당시는 항생제가 개발되기 전이었기 때문에 맹장이 파열된 사람 100명 중 99명은 죽던 시절이었다. 병으로 입원해 있는 동안 그녀는 자신을 치료하고 보살피는 외과의사와 간호사들의 활동을 눈여겨보았다.]

1939년
선교지로 가는 여행길에 오르다

마침내 우리가 선교지로 갈 수 있는 길이 열렸다. 다음 단계는 뉴욕으로 가서 선교위원회에서 인터뷰를 하는 일이었다. 나는 뉴욕으로 가는 도중 펜실베이니아에서 산맥을 보고 뉴욕 시를 구경하면서 매우 즐거운 시간을 보냈다. 인터뷰는 순조롭게 잘 진행되었다. 우리는 중국 선교담당 총무인 프랭크 카트라이트Frank Cartwright 박사가 아버지 이상으로 진정한 친구 같다고 느꼈다. 그 때부터 모든 일은 중국에 갈 준비를 하는 데 초점이 맞추어졌다. 중국은 우리에게 흥미롭기도 하지만 두렵기도 한 곳이었다. 부모님들에게 그곳은 아주 두려운 곳이었다. 1943년에 우리가 중국에서 돌아올 때까지 우리의 중국선교가 그들을 얼마나 힘들게 했는지 알지 못했다. 우리가 떠난 후 부모님들은 우리를 추억하면서 슬픔에 잠겨 수양버들을 심었고, 결코 우리를 다시 보지 못할 것이라고 생각했다.

1939년 여름, 우리는 베데스다 병원 사람들과 부모님들에게 작별 인사를 드리느라 바빴다. 그리고 미니애폴리스로 가서 레인스Raines 감독이 담임하는 헤노핀 애비뉴 감리교회Henopin Avenue Methodist Church를 방문했

어니스트, 힐다, 베티 클리랜드
박사와 찰스 클리랜드 박사,
펜실베이니아 주 케인에서,
1939년.

다. 그 교회는 우리를 [태평양 건너] 중국에 보내기 위해 헌금을 모금했
다. 우리를 위해 환송회를 준비해준 그분들과 함께 머문 시간을 생생하게
기억한다. 그날은 주말이었다. 우리는 어니의 형인 에드윈 와이스Edwin
Weiss 목사와 그의 가족을 만나기 위해 디트로이트에 갔다가 막 돌아온 참
이었다. 어니는 그곳에서 햇볕에 콧등이 심하게 탔다. 그의 콧등은 삶은
감자 껍질처럼 벗겨졌다. 우리의 옷이 보기에 썩 좋지 않았던 모양이었던
지 헤노핀 교회의 교인 중 한 분이 나를 상점으로 데리고 가서 환송회에
입고 가라고 레이스 달린 정장을 사주었다. 그 옷은 매우 아름다웠다. 미
니애폴리스에서 우리가 묵은 집은 백만장자의 집이었다. 그러나 우리는
그것 때문에 불편해 하지 않았다. 우리는 우리가 마치 백만장자인 것처럼
최고로 정중한 대접을 받았다. 우리는 오랜 세월을 통해서 우리가 감옥에
있든 흙집에 있든, 대통령의 저택에 있든지 간에 편안하게 있을 수 있는
무언가를 가졌다는 것을 알았다.

　미니애폴리스에서 그렇게 주말을 보낸 후, 우리는 펜실베이니아 주 케

인 시 [석탄광산 도시] 에 있는 감리교회 후원자들과 며칠 동안 지냈다. 찰스Charles와 베티 클리랜드Betty Cleland 의사부부가 이끄는 케인 시의 주일학교가 선교사를 후원하고 싶어 했다. 부부가 함께 나눈 열정 때문에 주일학교 교인들이 주일학교 교사가 되었다 - 그들 중 일부는 다른 도시로 이사갔지만 교사로 계속 참여했다 -. 케인 시에 갈 때마다 우리는 클리랜드 부부와 맺은 친밀한 관계 때문에 고향에 가는 것처럼 느껴졌다. 헌금 후원뿐만 아니라 시간과 기도와 사랑을 통해 보여준 두 분의 헌신은 놀라웠다. 우리는 그분들을 무척 존경하고 흠모한 나머지 첫딸의 이름 엘리자베스(베티)라고 지었다. 만약 우리가 아들을 낳았다면 이름을 찰스라고 지었을 것이다. 우리는 미니애폴리스에서 보낸 주말을 기억하기 위해 사진을 한 장 찍었다. 그 사진 속에 어니는 콧등이 벗겨져 있고, 오른쪽 얼굴에 큰 뽀루지가 난 나는 아름다운 레이스가 달린 정장을 입고 있다.

미국 북부에 있는 부모님과 친구들에게 작별 인사를 한 후 텍사스에 사는 어니의 가족들을 방문하여 이별의 정을 나누었다. 그곳에 있는 동안 중국여행을 준비했다. 우리는 마타모라스에 있는 국경선을 넘어 멕시코로 갔다. 우리는 그곳에서 점심을 먹을 예정이었지만 그 지방의 정육점과 식당을 본 후, 몇 시간 동안 식욕을 참기로 결심했다. [이 때가 1939년이었다는 점을 기억하기 바란다.]

캘리포니아로 가는 열차 여행은 길었지만 모든 면에서 즐거웠다. 여행을 하는 동안 난생 처음 사막과 로키산맥의 기슭을 구경했다. 지금까지 신혼여행을 해본 적이 없었기 때문에 그 여행이 마치 우리의 신혼여행 같았다. 우리가 타고 갈 배는 로스엔젤리스에서 출발할 예정이었다. 우리는 캘리포니아에 도착하여 승선 수속을 했다. 마침 시간 여유가 있어서 샘프란시스코로 가서 어니의 사촌인 폴Paul 박사와 메타 스트레이트Meta Streit (미군 소속이었다)부부를 방문했다. 그들은 오랫동안 우리에게 여러 차례 뜻밖의 도움을 주었다. 또한 우리는 그 당시 그들과 함께 살고 있었던 "탄테" 스트레이트Tante Streit아주머니를 방문했다. 폴 스트레이트 박사─ [나중에 장군이 되었다] ─는 어니를 데리고 군 병원을 구경시켜 주었다. 메타는 나를 데리고 필요한 물건을 사는 것을 도와주었다. 다음 날 우리는 로스엔젤리스로 돌아가서 산 페드로에 있는 배로 갔다. 정말 놀랍게도 그곳 선착장에서 에디스 프란즈Edith Franz를 만났다. 그녀는 내가 베데스다 병원 산과병동에 근무할 때 나의 상관이었다. 나는 항상 그녀를 무척 좋아했었다.

우리는 소포클레즈 호라는 노르웨이인 소유의 배를 탔다. [힐다는 24살, 어니스트는 31살이었다.] 노르웨이인들은 물고기를 좋아했다. 물고기 스프, 물고기 푸딩, 물고기, 물고기, 물고기! 나는 점심때 물고기 푸딩 냄새를 맡기만 해도 밖으로 나갔고 며칠 만에 물고기 요리에 완전히 질려버렸다. 설상가상으로, 남편이 새로 나온 타자기와 교본을 주면서 말했다. "여보, 앞으로 3주 동안 할 일도 없는데 타자를 배워 봐요." 타자기와 물고기 푸딩 때문에 남편이 싫어졌다. 사실, 그는 마음속으로 내가 가족의 비서 역할을 맡았으면 하는 생각을 품고 있었다. 얼마나 야무진 생각인가! 그는 타자를 제대로 치는 법을 배우려고 하지 않았다. 중국에 처음 머무를 때, 나는 [후원하는 교회와 개인, 가족과 친지, "선교위원회"에 보내는] 매주 약 50통의 편지를 타자로 쳤다. [그 당시에는 복사기도 이메일도 없었다.] 바다여행 후반부에 들어서자 바다와 내 위장이 진정이 되어 우리는 필리핀으로 가는 선교사인 프랭크스Franks와 그의 아내와 쉬퍼Shipper양과 함께 브릿지 게임을 할 수 있었다. 그들은 멋진 사람들이었다.

[1995년 인터뷰 자료에 따르면, 항해 중에 그들은 단파 라디오방송을 통해 유럽에 전쟁 선전포고가 개시되었다는 소식을 들었다. 1차 세계대전에서 두 명의 형제를 잃은 노르웨이인 선장은 즉시 "술을 마시기 시작했다." 노르웨이는 독일에게 패하여 2차 대전 내내 점령당했다.]

땅이 보였다. 일본이었다! 다음 날 아침, 키가 작은 일본 사람들이 배 주위에 모여들었다. 그들 옆에 서자 내가 마치 거인처럼 느껴졌다. 그들은 코끼리처럼 힘이 셌다. 그들은 내가 끙끙거려야 들 수 있을 것 같은 무거운 짐을 날랐다. 우리는 재빨리 배에서 내려 [프랭크 로이드 라이트 Frank Lloyd Wright가 설계한 도쿄의 임페리얼 호텔Imperial Hotel로 갔다. 우리는 만나기로 예정되어 있었던, 신문기자이자 우리의 친구인 후쿠다 Fukuda 씨에게 전화를 걸었다. 그가 우리에게 시내 구경을 시켜주어서 몇몇 절을 방문했다. 절은 거룩한 장소였기 때문에 들어갈 때 신발을 벗게 되어 있었다. 물론 우리는 예의를 지키려고 신발을 벗었다. 그날 밤, 처음으로 모기장을 봤다. 우리는 모기장이 침대 위로 떨어지지 않게 조심하면서 모기장 안의 모기를 쫓아냈다. 그리고 모기장 안에 있는 동안 모기들이 들어오지 않기를 바랐다. 모기장 가까이에 너무 붙어서 잘 경우, 다음 날 아침에는 마치 홍역에 걸린 사람과 같은 모습이 되었다. 게다가 날씨가 너무 더웠다. 다음 날 아침 나는 부채를 샀다. 지금까지도 [이 비망록을 기록하던 때까지] 내 손가방 속에 그 부채를 넣고 다닌다. 얼굴을 시원하게 하면 기분이 좋아진다.

다음 날 우리는 타시로Tashiro 양을 만나러 그랜드 호텔로 갔다. 그녀는 베데스다 병원의 한 수습 간호사의 자매였다. 그녀는 우리를 쇼핑장소로 데려다 주고 일본식 저녁 식사를 대접했다. 다음 날, 그녀와 함께 일본의 훌륭한 기독교 지도자인 카가와 Kagawa 씨를 만나러 갔다. 그렇게 훌륭하고 겸손한 사람을 만나서 얼마나 기뻤던지! 우리가 중국으로 가는 길이라고 말하자 그는 "정말 미안합니다. 정말 미안합니다."라는 말만 했다. 우리는 배로 다시 돌아왔다. 그날 밤, 끔찍한 전쟁 소식 [유럽의 히틀러와 중국의 일본] 을 들었다. 우리가 탄 배는 일본 고베로 향했다. 그곳에서 중국으로 가는 배를 타기 위해서는 일주일을 기다려야 한다는 것을 알고 매우 놀랐다. 우리는 오리엔탈 호텔에 투숙하고 며칠 동안 관광을 하면서 시간을 보냈다. 아무도 없이 우리끼리만 지냈다. 별난 일을 겪기도 했다. 구두약을 샀는데 알고 보니 구두약이 아니었다. 나는 코텍스 [생리대] 를 사려고 했는데 정작 내가 산 것은 큐텍스 [매니큐어] 였다.

우리는 선교사 친구를 찾아서 그들과 함께 며칠을 보냈다. 그 때가 갈수기여서 하루에 두 시간만 수돗물이 나왔다. 날씨가 너무 더웠기 때문에 물이 나올 때를 잘 맞추려고 애썼다. 그 당시에는 냉방시설이 전혀 없었다.

하루는 사슴 공원을 방문하기 위해 나라라는 작은 도시로 갔다. 그곳에는 아주 멋지고 잘 길들여진 사슴이 어디에나 있었다. 우리는 공원 정문에서 사슴에게 줄 비스킷을 샀다. 삽시간에 사슴들이 내 주변으로 몰려들어서 비스킷을 먹어치우고 남편이 내 생일에 선물한 예쁜 파란색 가죽지갑을 씹어대기 시작했다. 나는 거의 눈물이 날 지경이었다. 우리의 충실한 인력거꾼이 손을 들고 손바닥을 위로 들라고 말해주었다. 그러자 무슨 마법을 부린 것처럼 사슴들이 멀리 흩어졌다.

이 시점에서 전쟁 전의 일본과 인력거에 대해 말하고 싶다. 나는 사람이 끄는 인력거를 타는 것에 대해 좋게 생각하지 않았다. 종종 나는 인력거를 멈추고 내려서 걸었다. 그러나 내가 인력거꾼들을 당황스럽게 한다고 어떤 친구가 말해주었을 때, 생각을 바꾸었다. 우리가 인력거를 이용하지 않으면 그들의 입에서 음식을 빼앗는 격이었다. 나는 인력거를 타면서 마음이 전혀 편치 않았다. 일본과 미국이 전쟁을 시작하기 2년 전인 그 당시에는 일본의 인력거꾼들이 지나치게 예의를 차리거나 비굴할 정도로 공손해 보이는 것 같았다. 물론 우리는 동양인들의 "예의상 갖추는 태도"를 이해하지도 못했고, 그들의 생각도 전혀 알지 못했다. 우리는 그들의 다정함을 액면 그대로 받아들이고 미국식으로 예의바르게 행동하려고 애쓸 따름이었다.

일본을 떠나기 전에 비가 왔다. 우리는 남자와 여자들이 거리에서 무릎을 꿇고 누군가에게 고마움을 표하는 것을 보았다. 나는 그들이 기독교인이라고 확신했다. 돌아보건대, 그들은 그들의 신에게 감사를 드렸을 것이라는 생각이 든다.

관광을 하는 동안 우리는 토다이지의 다이부츠 절을 방문했다. 그 절에는 엄청나게 큰 부처상이 있었다. 구체적으로 말하면, 부처상의 엄지손가락 길이가 약 1.5미터였다. 불상 전체가 도금 되어 있었다. 사진을 찍지 못하게 해서 부처상이 나오는 엽서만 샀다.

드디어 도쿄 마루Tokyo Maru라는 배를 타고 일본을 떠날 시간이 되었다. 그 당시에는 배가 다른 나라로 항해를 시작할 때 팡파르를 크게 울렸다. 아주 신기하게 보였다. 그러나 음악밴드가 이별의 노래인 "올드 랭 사인"을 연주하자 그런 감정은 완전히 달아났다. 그 노래를 듣자 갑자기 고향생각이 간절해져서 눈물이 왈칵 쏟아졌다.

우리는 아름다운 황해를 항해했다. 그 항해는 선장의 디너파티를 제외하면 아주 조용한 여행이었다. 파티의 특별 요리는 살짝 구운 메추라기 요리였다. 우리는 둘 다 그 요리를 주문했다. 요리가 나왔을 때 아주 괜찮은 것처럼 보였다. 그러나 나이프를 한 번 대보고는 그 요리가 털만 뽑은 메추라기라는 것을 알았다. 나는 황급히 그 자리를 떴다.

9월 16일 오전 3시 반에 일어나 샌드위치와 커피를 먹었다. 우리는 작은 거룻배를 타고 베이징의 관문인 텐진天津 항으로 향했다.

중국에서 맞은 첫 날

우리는 배에서 내려 당고*라는 곳으로 가서 기다렸다. 그곳에서 짐을 검사하고 세관절차를 거쳤다. 여자들(링왈드 여사Mrs. Ringwald, 루퍼트 여사Mrs. Rupert, 그리고 나)은 당고 클럽으로 갔다. "클럽"이라는 곳은 이름뿐이었다. 그곳에는 음식도, 술도, 휴게실도 없었다. 나는 그곳에서 아주 중요한 교훈을 배우고 "자유의 몸이 되었다." 그때까지 어니스트가 우리 두 사람의 여권, 열쇠, 돈, 신분증을 모두 갖고 있었다. [그는 남성 중심의 독일가정 출신으로서 그 당시의 전형적인 남성우월주의 성향의 인물이었다.] 내가 가진 것이라곤 손지갑과 여자들이 그 속에 담아 다니는 물건뿐이었다. 나는 심한 감기에 걸렸지만 다행히도 무릎덮개 담요를 갖고 있었다. 남자들은 베이징으로 가는 기차표를 알아보고 우리의 짐을 열차편으로 옮겨 싣기 위해 갔다. 우리 여자들은 "클럽"에서 쉬었다.

★ 이 책에서 중국지명을 표기하는 대부분의 영어철자는 그 당시의 통용되던 표기법을 사용한다. (웨이드 - 자일즈 또는 중국 우편지도) 어떤 지명의 표기는 1950년대 도입된 핀인Pinyin 표기법을 사용한다.

남자들이 차표를 사러 간 동안 갑자가 클럽 문이 꽝하고 닫히면서 잠 겼다. 클럽 건물에는 약 2백 명 정도의 사람들이 있었다. 그것은 그 지역을 점령한 일본군들이 한 짓이었다. 중국주재 미국대사인 링왈드 씨는 일본어를 할 줄 알았다. 그는 그 전날 저녁 콜레라에 걸린 한 남자가 기차역을 걸어서 통과했다는 사실을 알았다. 그래서 일본 군인들이 그곳의 모든 사람들을 2주 동안 격리했던 것이었다. 잠시 후 기차역의 한 모퉁이에 지푸라기 같은 것으로 화장실 비슷한 것을 세웠다. 물론 우리 여자들은 챙이 넓은 모자(우천 시 쓰는 중국 모자)를 쓴 한 남자가 나에게 다가와 내가 와이스 양인지 묻기 전까지는 이런 사실을 전혀 몰랐다.

내가 말했다. "그런데요." 그가 말했다. "당신의 주인양반이 2주 동안 교도소에 있을 겁니다." 나는 돈도, 열쇠도, 짐도, 신분증도, 심지어 소개편지도 아무 것도 없었다. 링왈드 부인은 화를 내면서 항의하려 일본 영사에게로 갔다. 그 당시까지만 해도 미국인은 몇 가지 특권을 누렸다.

얼마 안 있어, 항구와 기차역을 통제하던 일본 군인들이 생각을 바꾸었다. 그들은 화물에 소독약 같은 것을 뿌리고 사람들을 소독액이 담긴 얕은 웅덩이를 지나가게 했다. 그런 다음 모든 사람들을 풀어주었다. 그러나 우리는 기차를 놓치고 말았다. 그것은 내가 돈, 열쇠, 짐, 신분증도 없이 해본 처음이자 마지막 여행이었다. 우리는 오후 4시경에야 기차를 타고 베이징으로 떠날 수 있었다.

우리가 도착하기 얼마 전에 텐진 지역에 홍수가 났었다. 우리는 3시간에 걸쳐 홍수지역을 통과했다. 열차 선로에는 모래주머니가 쌓여 있었고 선로 양쪽에 보이는 것이라곤 물 뿐이었다. 우리는 자정이 되어서야 베이

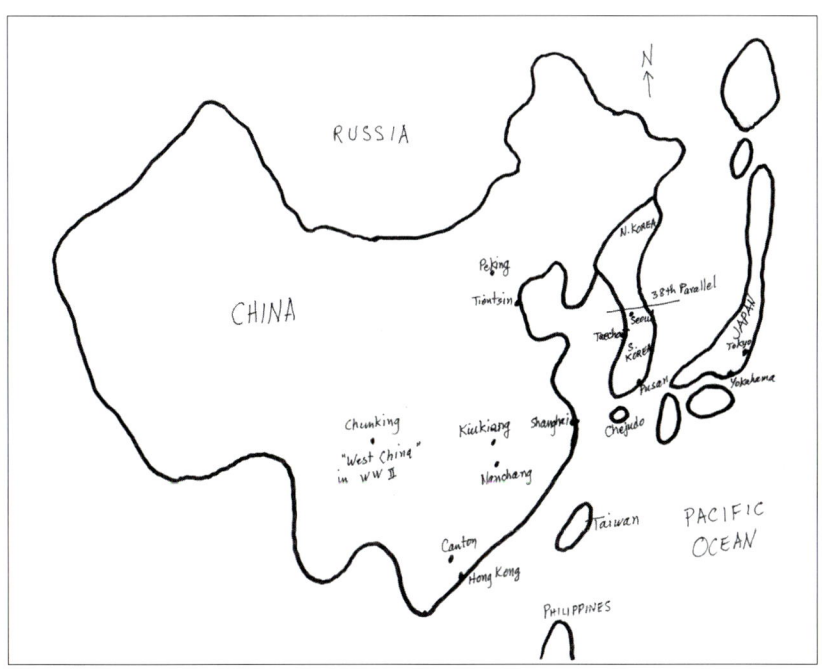

이 책에 등장하는 주요지역을 나타낸 지도

징에 도착했다. 중국 전 지역이 이미 일본의 관할 하에 있었기 때문에 그 시각의 베이징은 완전히 등화관제 상태였다. 그것은 기이한 광경이었다. 우리는 지치고 근심에 싸였다. 그런데 링왈드 부부가 우리를 위해 택시를 잡아주었다. 부부는 택시 운전사에게 우리의 행선지를 말해주었고 우리는 출발했다. 목적지에 도착할 때까지의 시간이 마치 영원처럼 느껴졌다. 택시는 먼저 넓은 대로를 달리다가 좁은 도로로 들어섰다가 이리 돌고 저리 돌더니 주위에 높은 벽이 나타났다. 택시가 마지막 숨을 몰아쉬는 듯 털털거렸다. 솔직히 말하자면, 그 때 나는 아주 겁에 질렸다. 나는 우리가 곧장 감옥으로 직행하고 있는 것 같았다. 방어적인 사람인 어니스트는 자신의 감정을 결코 내비치지 않았지만 할 말도 별로 없었다. 마침내 택시가 끼익 소리를 내며 멈추자, 운전사는 무뚝뚝하게 우리에게 내리라고 말했다. 우리는 거대하고 두꺼운 붉은 문 앞에 섰다. 문에는 들여다보는 작은 구멍과 두드릴 수 있는 고리가 달려 있었다. "어학교Language School"(중국어 대학)라는 팻말도 보였다. 한참 정적이 흐른 후, 문구멍이 열리면서 어떤 목소리가 무슨 일이냐고 물었다. 우리는 와이스 부부라고 소개하고 그 학교 학생이라고 설명하려고 애썼다. 우리를 미합중국 대통령과 영부인이라고 소개해도 괜찮았을 것이다. 우리가 도착한다는 전보를 그 전에 세 번이나 "보냈다." 하나는 우리가 그곳에 도착한 후에 전달되었고, 또 하나는 어니스트의 서명이 빠져 있었고, 또 하나는 보내지 못하고 아직 어니스트의 주머니에 들어 있었다.

그래서 우리는 차가운 시선과 마주해야 했다. 나는 어니스트가 그 사람을 어떻게 설득했는지 기억하지 못하지만 그 사람은 결국 우리와 가방과 짐을 들여보내 주었다. 우리는 어정거리며 그를 따라갔다. 마치 먼 거리를 걷는 것처럼 느껴졌다. 사실, 불빛만 있었다면 그날 밤 우리가 묵을 방까지는 그렇게 멀지 않은 거리였다. 어쨌든 "감옥"은 그리 나쁘지 않았다.

1939 ~ 1940년
베이징의 어학원에서 보낸 일 년

우리가 도착한 날은 토요일이었다. 다음 날이 일요일이었기 때문에, 동료 감리교 선교사들을 만날 수 있기를 기대하면서 오후에 유니온교회 [영어를 사용한다] 에 참석하면 좋겠다고 생각했다. 우리는 전날 밤 이국땅에 도착한 우리를 돕기 위해서 아무도 역으로 마중을 나오지 않은 것이 약간 이상했다. 동료 감리교 선교사들에게 우리를 소개할 때, 그리고 그들이 우리가 오는지도, 도착했는지도 전혀 몰랐다는 말을 들을 때 얼마나 놀라고 당황했을지 상상해보라. 나름대로 사정은 있었다. 그 당시 뉴욕의 선교위원회에는 많은 변화와 합병이 진행되고 있었다. 그래서 젊은 신참 선교사 부부를 소개하는 편지를 쓰는 일은 중요한 관심사가 아니었던 것이다. 적당히 소개가 끝난 후 감리교 선교단체는 우리를 받아들여 주었고, 금세 친구가 되었다.

우리가 탄 배가 예상보다 약간 일찍 중국에 도착했기 때문에, 그 어학교에 입학할 미국인 학생들 중에 우리가 제일 먼저 도착했다. 어학교는 중국에서 [선교나 사업을 하다가] 일본인들에 의해 내몰린 영국 사람들로 가득했다. "영국식 영어"에 빨리 익숙해지기 위해 귀를 쫑긋 세우는 모습을 상상해보라– 영국식 영어와 미국식 영어의 단어와 표현방식이 달랐다–. 그러나 곧 우리는 언어 차이를 극복하고 그들 가운데서 좋은 친구를 몇 명 사귀었다.

우리는 종종 테니스와 자전거를 잘 탈 줄 몰라서 놀림감이 되었다. 우리가 중국에서 처음으로 구입한 물건은 탈 것이었다. 자전거가 한창 인기를 끌고 있는 듯했다. 어니스트는 자전거를 탈 줄 알았지만 나는 아니었다. 나는 자전거를 탄 채 한 쪽 발로 서 있는 것도 힘들었다. 그래서 우리는 자전거 타는 법을 배우기 위해 영국인들보다 더 일찍 일어나서 테니스장으로 갔다. 나는 오래지 않아 자전거의 균형을 잡을 수 있었다. 그런데 테니스장의 양쪽 기둥이 특별히 내 눈길을 끌었다. 나는 오른쪽 또는 왼쪽 기둥을 향해 출발했다. 마치 자석처럼 그 포스트로 곧장 끌려가다가 계속 "쾅"하고 부딪혔다. 내 몸은 계속 여기저기 타박상을 입었다. 그러다가 마침내 흥미진진한 실습을 위해서 거리로 자전거를 타고 나갔다. 어니스트는 끈기 있게 잘 참아주었다. 어느 날 아침 일찍, 우리는 대로(해이트맨hateman)로 연결된 골목 아래로 내려가서 몰려드는 차들과 함께 자전거를 타고 달렸다. 버스, 전차, 낙타, 인력거, 수레 등으로 도로가 붐볐고, 모든 것들은 자기 속도로 움직이고 차선도 없었다. 모든 사람들은 자신의 행선지를 향해 어느 방향으로든지 움직일 수 있었다. 나는 전차 선로에 걸려서 균형을 잃고 넘어졌다. 당나귀가 끄는 수레가 나와 자전거 위로 지나갔다. 수레 주인이 사색이 다 된 표정을 지었다. 나는 그냥 일어나서 자전거 핸들을 똑바르게 했다. 어니는 내가 자전거를 다시 타는 것을 도

베이징의 중국어학교 건물, 1939년

와주었고 나는 계속 달렸다. 계속 운이 좋은 것은 아니었다. 자전거를 타고 가는 두 명의 남자들을 따라 잡으려다가 다시 전차 선로에 부딪혀서 심하게 넘어져서 다리뼈가 부러졌던 것이다. 그 일로 몇 주 동안 거의 움직이지 못했다.

우리는 어학공부를 위해 학교로 갔다. 드디어 운명의 날이 다가왔다. 어학교의 첫날은 피곤했지만 재미있었다. 영어는 한 마디도 사용하지 않았다. 교장선생님(디어레스트Dearest)은 아주 훌륭한 연기자여서 우리는 그가 말하는 내용을 알아들었다. 한 마디도 말하는 것이 허용되지 않았다. 5시간 동안 오로지 듣기만 했다. 30분마다 다른 선생님이 들어왔다. 그해 말경 우리는 30분마다 몇 개의 소그룹으로 나누어졌다. 우리는 하루에 두 번 개인교습을 받았다. 모든 사람들이 동일한 진도로 교육을 받았다.

중국어를 사용하기 시작하자마자 엄청난 양을 기억해야 했다. 토요일에는 문화유적지로 관광을 갔다. 쉬는 기간에는 일주일에 중국에 관한 책을 한 권 읽고 한자를 써야 했다. 일 년이 지나자 중국 어디를 여행해도 될 만큼 실력을 갖추게 되었다. 하지만 신문과 중국 문학을 정복하지는 못했다.

"디어레스트"는 우리 교장선생님이었다. "골디Goldie"(그는 금니를 하고 있었다.)도 역시 우리가 좋아하는 선생님이었다. 또 다른 선생님은 "타이거Tiger"라고 불렀다. 하지만 그는 그 이름을 전혀 좋아하지 않았다.

거트루드 워터만Gertrude Waterman이라는 어학교 입학생도 학교에 약간 일찍 도착했다. 우리는 많은 시간을 함께 보냈다. 사실, 어니가 그에게 자전거 타는 법을 가르쳐주었다. 그는 자전거를 탈 때 나보다 균형을 더 잘 잡았다. 어느 날 아침, 우리 셋은 일명 돼지 거리로 함께 나섰다. 학교에서 나설 때부터 돼지가 꽥꽥거리는 소리를 들었다. 그곳에서 네 발이 모두 묶인 수백 마리의 돼지 떼를 보았다. 돼지들은 그런 식으로 수레에 실려 농촌에서 도시로 운반되었다. 돼지들은 내내 꽥꽥거렸다.

어학교에서 보낸 일 년은 대단히 좋았다. 우리는 다른 교파나 다른 국가에서 온 목회자들과 어깨를 비볐다. 그것은 우리에게 일체감을 심어주었다. 지금까지도 [힐다는 1970년대 이 책을 썼다.] 그들 중 일부와 연락을 하고 지낸다. 우리가 속한 감리교의 선교사들은 우리를 집에 초대해 식사나 대화를 나누고, 여러 감리교 선교기관을 둘러보도록 도와주었다. 우리는 그들을 결코 잊을 수 없다.

11월 어느 주말, 우리는 외곽지역에 있는 팅초우Tingchow라는 선교기관에 갔다. 그곳에는 미국 선교사와 사업가들의 자녀들을 위한 큰 학교가 있었다. 우리는 아르겔란더Arglander 부부의 초청으로 그곳에 갔다. 아르겔란더 부인과 내가 나중에 한국에서 만나 서울 세브란스병원 임상병리실에서 함께 일하게 될 줄은 전혀 몰랐다. 그녀의 이름은 페이스 휘태커 올슨Faith Whitaker-Olson이었다.

주말에 어니스트, 케네스 콜러Kenneth Kohler, 크래독Craddock 박사는 만리장성을 보러갔다. 당시에는 그 여행이 다소 위험했기 때문에 여자는 빼고 남자들만 갔다. 남자들은 기차간에서 철저하게 조사를 받았다. 기차를 타기 직전에 케네스가 성탄절 선물 몇 개를 소포로 미국에 보냈는데 선물을 싸고 남은 실타래를 주머니에 갖고 있었다. 기차가 출발하기 전에 그 실타래를 다 풀어야 했다. 크래독 박사는 영국인이었다. 그의 영국여권 때문에 그의 소지품은 더 철저하게 조사를 받았다. [일본인들과 영국인들은 그 당시 동아시아 전역에서 아주 심각한 경쟁관계였다.] 그런 후에 기차가 출발했다.

추수감사절에는 날씨가 추웠다. 기온이 오하이오 주보다 더 낮았고 우리 방은 21℃가 되지 않았다. 그래서 우리는 긴 내의와 모피를 샀다. 모피를 겉이 아니라 안에 덧대야 한다는 것을 중국인에게서 배웠다. 그렇게 하면 훨씬 더 따뜻했다. 후에 우리는 난창에서 겨울을 보낼 때 비단에 모피를 덧댄 옷을 입었다.

중국의 음악과 그 외 다른 소리들은 듣기에 이상했다. 거리에서 물건을 파는 사람들은 모두 저마다 짧은 노래를 불렀다. 이발사는 이발도구들을 어깨에 메고 다녔고, 칼과 가위를 갈아주는 사람은 노래를 불렀다. 거의 매일 우리는 장례식이나 결혼식 행렬이 특별한 음악 소리와 함께 거리로 지나가는 것을 보았다. 만약 우리가 그 때 시각을 보지 않았다면 [결

베이징 거리 풍경, 1939년.

혼식과 장례식 때 사용되는] 음악의 차이를 구별하지 못했을 것이다. 중국인들 스스로도 그 차이를 항상 구별하는 것은 아니었다. 물수레와 밤중에 돌아다니는 오물수레의 삐걱거리는 소리도 있었다. 때로 냄새로 그 둘을 구별할 수 있었다.

거리에서 본 이상한 광경 중 하나는 챙이 없는 모자를 쓰고 긴 손톱(새끼손가락 손톱)을 기른 사람이 새장을 들고 가는 모습이었다. 그것이 새를 일터로 나르는 전통적인 방식이라고 내 친구들이 말했다.

쇼핑은 아주 재미있었다. 일단 쇼핑 지역으로 들어서기만 하면, 작은 골목길에서 길을 잃기 십상이었다. 하지만 물건 값은 쌌다. 충분히 여유를 갖고 시장을 둘러보면 원하는 물건을 찾을 수 있었다. 외식은 더 재미있었다. 중국음식은 그 때에도 훌륭했고 지금도 그렇다. 물론 내가 [중국어학교나 우리가 머무는 집주인의] 부엌에 들어가는 것은 금지사항이었다. 식사를 할 때 먼저 수박씨나 땅콩부터 먹었다. 껍질은 마룻바닥에 버렸다. 깨끗한 식탁보는 특이해 보였다. 아주 뜨거운 차를 마시고, 먹기 전에 젓가락을 뜨거운 물에 담그고, 요리가 되거나 끓인 음식만 먹는 것은 그럴 만한 충분한 이유가 있었다. 우리에게 생소한 수많은 관습이 있었다 – 가령 중국인들은 식사 후에 차로 입가심을 한 후 뱉었다 –. 나는 그러한 습관들 중 일부는 관습으로 더 이상 지속되지 않을 것이라고 확신한다. 너무 깊이 생각하지 않는 한 아주 좋은 수프 중의 하나는 닭고기 수프였다. 그것은 닭의 깃털을 뽑고, 내장을 제거한 다음 끓여서 만든 것이었다. 나는 우리 일행이 저녁을 먹으러 갔던 때를 결코 잊지 못할 것이다. 일행 중 두 사람은 그 곳이 처음이었다. 그들은 나에게 음식 먹는 법을 가르쳐 달라고 했다. 나는 젓가락 두 개로 수프에서 닭고기를 통째로(머리와 다리를 포함하여) 꺼냈다. 두 사람 중 한 여성이 닭 머리와 닭발을 보고 안색이 창백해졌다. 그 일로 그녀는 중국음식을 싫어하게 되었다. 그녀의 남편은 그 음식을 좋아했다.

먼지, 먼지, 먼지투성이였다. 까다로운 가정주부라면 집을 관리하느라 거의 미칠 지경이었다. 비가 거의 내리지 않았다. 그 대신 황사 폭풍이 불었다. 어느 날 나는 머리를 감고 손질하기 위해 미용실에 갔다. 집으로 돌아오는 길에 크레이프드신 스카프로 머리와 얼굴을 가렸다. 믿기 어렵겠지만, 인력거를 타고 약 1.6km를 오는데 흙먼지가 스카프를 뚫고 내 얼굴에 쌓였다. 사정이 이렇기 때문에 우리는 일 년 내내 감기와 기침을 달고 살았다. 우리는 마늘과 양파를 많이 먹었지만 콧물은 늘 불평거리였다.

1939년 10월 말경, 우리는 어학교를 잠시 쉬고 북중국 감리교회 총회에 참석했다. 그것은 놀라운 경험이었다. 그 곳에서 처음으로 랄프 워드 Ralph Ward 감독을 만났다. 그 후 중국에 있는 동안 우리는 여러 곳에서 그와 많이 만났다.

여기서 잠시 이야기를 멈추고 중국 예술에 대해 말하고 싶다. 우리는 매주 토요일이나 방과 후 오후에 문화유적지를 방문하였다. 베이징은 문화유적지로 넘쳐났다. 그중 가장 인상적인 것은 천단天壇과 천단공원을 방문한 것이었다. 어마어마하게 거대한 건축물! 놀라운 예술작품! 황제는 일 년에 두 번, 11월과 2월에 유명한 천단공원을 방문했다. 황제는 2월(음력 정월에 해당─옮긴이) 신년 초에 그곳을 방문했다. 천단의 지붕은 자주색과 녹색의 천정과 자주색 기와로 이루어졌다. 그 건물 옆에는 소를 잡아서 바친 제단이 있다. 황제는 자신의 선행을 종이에 기록하여 그것을 소의 몸에 묶어서 하늘의 상제에게 바쳤다. 다리 건너 저쪽 편에는 천단이 있고 천단 앞에는 황궁우皇穹宇가 있었다. 건축할 때 그런 효과를 의도한 것은 아니지만 황궁우를 둘러싼 담에 속삭이면 그 소리가 그대로 울린다. 한 쪽 벽에 서서 벽에 대고 말하면 46미터 떨어진 다른 쪽 벽에 선 사람이 그 말을 들을 수 있다. 그곳이 사원이기 때문에 큰 소리를 내서는 안 되지만 우리는 아주 오랫동안 대화를 나눌 수 있었다. 그런 다음 아름다운 천단으로 갔다. 멀리서 보면 흡사 삼층으로 쌓은 결혼식 케이크 같이 생겼다. 이 건물은 높이가 약 9미터, 제일 꼭대기 층의 직경이 약 15미터였다. 건물 중앙에는 둥근 돌이 있었는데 우주의 중심을 상징했다. 황제는 11월(음력 10월에 해당─옮긴이)에 이곳을 방문하여 천단 근처에 있는 그와 비슷한 제단에서 희생 제사를 드렸다. 천단공원 내의 여러 건물들은 약 600년 전에 지어졌고 아주 잘 보존되어 있었다.

중국어를 배우는 것 외에 또 다른 즐거움은 몇몇 중국아이들에게 영어 회화를 가르치는 일이었다. 날이면 날마다 중국어를 쉴 새 없이 공부하는 것은 사람을 거의 미치게 만들 수도 있다. 그래서 한 시간 남짓 다른 일을 하는 것이 도움이 되었다. 성탄절 휴가기간 동안, 영어회화 반 아이들을 저녁식사에 초대하여 외국 음식 먹는 법을 보여주었다. 후에 그 아이들에게 미국과 영국의 게임도 몇 가지 가르쳐 주었다.

성탄절 휴가기간 동안, 우리 기숙사의 "관리인"인 창Chang 씨가 결혼할 예정이었다. 그의 첫 부인은 죽었고, 이번 결혼은 재혼인 셈이었다. 어니스트와 케네스 콜러는 창 씨의 가까운 친구가 되었기 때문에 결혼식에 초대받았다. 우리를 비롯한 많은 선교사들이 결혼잔치에 초대받았다. 결혼 잔치 후, 창 씨는 마차를 타고 신부 집에 가서 신부의 부모님에게 예를 올렸다. 그가 서둘러 돌아올 때 결혼 행렬이 뒤를 따랐다. 그의 신부는 약 여덟 사람이 드는 가마를 타고 왔다. 중국 음악대가 아주 시끄러운 음악을 연주했다. 그 다음 결혼식이 시작되었다. 창 씨는 기독교인이었기 때문에 기독교 방식의 결혼식을 원했지만 그의 장모가 전통방식을 고집했다. 장모가 대장이었다. 어니스트는 결혼식을 빠짐없이 보려고 내실로 따라 들어갔다. 전통에 따라서 창 씨는 결혼식 전에는 신부를 볼 수 없었다. 그는 결혼식 전에 어니스트에게 신부가 울고 있는지 계속 물었다. 어니스트는 중국의 결혼식에 대해 잘 알지 못했고 창 씨를 기쁘게 해주고 싶었다. 어니스트는 그에게 신부가 아주 행복해 보인다고 말했다. 그렇게 말해서는 안 되는 것이었다. 중국 신부는 자신의 결혼식 날에 울면서 슬픈 표정을 지어야 한다. 결혼식 후 아주 수줍어하는 신부와 신랑이 내실에 나와서 손님들과 함께 어울리면서 사진을 찍었다.

힐다와 어니스트가 중국어학교 급우들과 중국친구들이 레스토랑에서 외식, 1939년

성탄절 기간 동안 정말 즐거운 시간을 보냈다. 우리는 옌칭대학燕京大學
합창단이 공연한 헨델의 "메시아"를 관람했다. 합창단의 규모는 약 200~
300명이었고 블리스 비안트Bliss Wiant [감리교 선교사] 가 지휘했다. 우
리 부부가 1951년에 그의 가족들과 함께 비행기를 타고 가다가 어니스트
가 [홍콩에서 런던으로 가는 비행기 안에서] 그의 생명을 구할 줄은 전
혀 몰랐다.

성탄절 휴가가 끝나자 홍수지역의 상황이 어떤지 매우 궁금했다. 수많
은 사람들이 집을 잃었다. 물이 빠지자 구세군이 들어와서 놀라운 사역을
벌였다. 그들은 캠프 두 곳을 설치하여 9천명의 사람들을 수용했다. 한
캠프에는 5천 명, 다른 캠프에는 4천 명을 수용했다. 텐진 시에도 캠프가
설치되었다. 이번 홍수는 밤에 덮쳤다. 제방이 무너지는 바람에 사람들이
준비할 겨를이 없었다. 텐진 시 감리교 선교단 회원들은 상당 기간 동안

그들의 집 2층에서 살아야만 했다. 시 외곽의 여러 지역은 여전히 물이 빠지지 않고 있었다. 정말 엄청난 홍수였다. 5천 명을 수용한 캠프의 면적은 약 2만 평방미터였다. 캠프의 오두막은 모두 진흙으로 만든 것이었다. 캠프에는 깊이 90센티미터, 넓이 1.8미터의 도랑을 팠다. 도랑을 따라 짚 매트를 지면에서 약 1미터 정도 높게 죽 세운 다음, 짚단과 진흙을 이용해 도랑을 덮었다. 긴 오두막을 나눈 작은 오두막의 너비와 길이와 높이는 각각 2미터, 1.8미터, 2.4미터였다. 작은 오두막에 한 가족이 살았다. 오두막 외에 건물 세 동이 더 세워졌다.(건물 뼈대를 짚 매트로 감싼 후 벽지를 바르고 바닥에는 매트를 깔았다.) 건물 중 하나는 학교, 다른 하나는 죽을 끓이는 식당, 다른 하나는 사무실과 화장실이었다. 사람들에게 하루에 한 번 식사를 제공했는데 기장 죽을 큰 사발에 담아 주었다. 아이들에게는 오후에 따로 쌀밥을 한 그릇 주었다. 매일 5천 명을 먹이는 비용은 약 95 중국달러 또는 9 미국달러였다. 4천명을 수용한 캠프도 같은 방식으로 운영되었다. 그곳에서 그리 멀지 않은 곳에 불법 거주자들의 캠프가 동일한 방식으로 세워졌다. 그러나 그 쪽 사람들은 자신의 먹을 것을 스스로 마련해야 했다. 시간이 한참 흐른 후 사람들은 캠프를 떠날 수 있었다. 그동안 일부 캠프 거주자들이 깊은 종교적 경험을 했다. 하루 동안 우리를 안내했던 사람들은 감리교 선교사들이었다(사이크스Sykes 양). 그 후 우리는 감리교도들과 식사를 하고 감리교회 네 곳과 병원을 방문했다.

그곳뿐만 아니라 베이징과 그 인근 지역에도 기근이 발생했다. 베이징 주변 약 88km 지역에 약 2천 명의 주민이 목화씨와 양배추로 연명했다. 우리가 가진 여분의 현금은 모두 구제 사역에 사용되었다.

베이징의 위생시설은 정말 상상 밖이었다. 좁고 높은 벽이 둘러진 골목길을 걸을 때면 남자 어른들이 담벼락에 소변을 보고 아이들이 쭈그리고 앉아서 대변을 보는 것을 심심치 않게 볼 수 있었다. 작은 아이들이 여름에 시원하라고 구멍이 뚫린 바지를 걸치고 여기저기 뛰어다녔다. 작은 아이들은 보통 윗옷만 입고(바지는 아예 입지 않고) 뛰어다녔다. 아이들은 엉덩이를 닦아야할 경우에 엄마에게 달려갔다. 그것은 여름에는 편리하지만 겨울에는 그렇지 않았다. 나는 추운 바람이 불 때 구멍이 뚫린 바지를 입은 작은 아이들이 불쌍했다. 그들의 작은 엉덩이는 추위 때문에 새파랬다.

1940년 1월 1일, 머리 위를 나는 97대의 비행기 소리를 듣고 깨어났다. 두 번째 비행기 편대가 곧 다가왔다. 잠시 후 네 차례의 폭격 소리가 들렸다. 온갖 소문이 돌았다. 우리가 분명히 알고 있는 것은 두 가지다. 그것들이 일본 비행기였으며 서쪽 언덕을 지나 중국 서부지역(일본군에게 아직 점령당하지 않은 지역)으로 날아갔다는 것이다.

이 시점에서 정치에 대해 약간 언급하고 싶다. 우리는 선교위원회로부터 중국으로 가서 중국인의 손님으로서 그들에게 봉사를 하게 될 것이라는 말을 들었다. 우리는 아이를 입양하거나 돈을 빌리거나 빌려주지 말라는 권고를 받았다. 또한 정치에 관여해서는 안 되었다. 하지만 그렇게 하기가 항상 쉽지만은 않았다. 우리는 미국인으로 태어났고 나면서부터 언론의 자유를 얻었다. 우리는 말하는 것이 옳다고 느꼈다. 그러나 베이징은 일본군대로 가득 차 있었다. 우리는 사고를 일으키지 않으려고 조심했다. 과거 오랜 세월동안 중국은 여러 정복자들을 참고 받아들였다. 이번에도 그렇지 못할 것이 무엇인가? 우리는 입을 닫고 눈과 귀를 연 채 중국인들과 함께 살아가려고 애를 썼다. 세월이 흐르면서 그 권고는 유용했다.

새로 선발된 감리교 선교사에 대한 기사,
1939년. 위에서 두 번째 줄이 어니스트와
힐다.

1940년 1월 1일은 미국인들에게 중요한 날이었다. 미국 대사와 동료 감리교 선교사들을 방문하는 것이 우리의 의무였다. 나중에 우리는 중국의 신년과 다양한 신년 축제에 대해 배우게 되었다.

어학교의 두 번째 학기동안, 우리는 전공과목 이외에 선택과목을 들었다. 나는 중국식 붓을 사용하는 중국화를 배우기로 했다. 미술기법을 배웠지만 선생님과 나는 내 그림이 초보자가 끼적거린 것에 지나지 않는다는 것을 알았다.

중국어를 읽고 쓰는 일은 재미있었다. 그러나 한자가 7만자에 이르고 방언이 52개라는 말을 들었을 때, 우리는 낙심했다. 나는 두통에 걸렸고 처음으로 의사의 처방을 받아 안경을 써야 했다.

1940년 1월 24일, 학교수업을 쉬고 장례식에 갔다. 매우 추운 날씨였지만 유력한 우페이푸Wu P'ei Fu 장군의 장례식이었기 때문에 우리는 가야만 했다. 불교식이었기 때문에 그가 죽은 지 30일이 지난 후에 장례식이 거행되었다. 장례행렬은 두 시간이나 계속되었다. 장례행렬의 선두에는 악귀를 쫓기 위해 종이와 판지로 만든 온갖 무서운 악마 모형들이 행진했다. 종이로 만든 군인과 고인의 영정이 그 뒤를 따랐다. 시신은 약 70명의 남자들이 거대한 나무 관에 넣어 운구했다. 만장과 펄럭이는 종이를 든 수많은 사람들과 악대 등이 있었다. 사람들이 도시의 한쪽 끝에서 다른 쪽 끝까지 거리에 도열했다. 장례비용으로 20만 중국 달러가 들었다고 보도되었다.

중국인들은 2월 7~9일을 진짜 신년으로 축하했다. 어학교 수업은 없었다. 돈이 조금 있는 사람들은 모두 새 옷과 향, 종이로 만든 신상을 사서 그것을 절로 가져가서 참배했다. 저녁에는 아름다운 불꽃놀이를 벌였다. 역사에 대한 지식이 있는 사람이라면 불꽃놀이가 중국에서 시작되었다는 것을 알 것이다. 상점들은 눈이 튀어나오고 꼬리가 부채꼴인 금붕어를 비롯하여 아주 화려한 색채의 상품들을 진열했다. 상인들은 행운을 가져다주는 금붕어를 사달라고 계속 외쳤다. 그것은 중국 생활에 적응하는 또 하나의 과정이었다. 여러 부유한 중국 가정들이 잊지 않고 가정의 신년잔치에 우리를 초대해 주었다.

보통 중국인들은 미국인에 비해 작다. 나는 미국인으로서도 작지 않은 편이다. 그래서 옷을 사기가 어려웠다. 나는 신발을 비롯하여 모든 물건을 만들어야 했다. 중국 신발은 보기에는 좋았지만 신발의 "골"이 전혀 맞지 않았다. 그것은 중국인의 발은 짧고 넓은 반면 미국인의 발은 길고 가늘었기 때문이다.

그해 미국인들에게 큰 사회적 사건중의 하나는 조지 워싱턴 무도회였다. 그 무도회는 유명한 왜건 리 호텔에서 개최되었다. 모든 미국들이 무도회복을 입고 참석할 예정이었다. 나는 선교사들이 경박해서는 안 된다고 생각했기 때문에 무도회 드레스를 갖고 있지 않았다. 그래서 프랑스 옷가게에서 드레스를 한 벌 구입해야 했다. 저녁이 되자 아름다운 미국식 만찬과 식순이 이어졌고, 마지막 순서로 미국의 여러 주 [오하이오, 텍사스 등] 의 이름을 부른 다음 그 명부를 대사에게 전달했다. 그 후 무도회가 열렸지만 우리는 자리를 떠났다.

그 해 나는 피아노를 연주했다. 때때로 나는 채플에서 독창자들과 함께 연주했다. 다빈 딩크스Darvin Dinks 씨는 훌륭한 가수였고, 나는 자주 그와 함께 연주했다. 어니스트는 아주 짧은 시간이었지만 여가가 날 때마다 록펠러 재단이 후원하는 PUMC 병원을 방문하여 둘러보았다.

우리는 한 주에 한 차례 철학, 문화, 풍습 등에 대한 강의를 들었다. 한 번은 얼후(중국해금– 옮긴이)라는 악기를 연주하는 것을 들었다. 얼후는 바이올린처럼 생겼지만 매우 달랐다. 바이올린의 현이 5개인 반면 그것은 현이 2개뿐이었고, 음계도 5음계뿐이었다. 나는 중국음악이 확실히 내 귀에 맞지 않다고 생각했다. 그러나 선교사인 우리는 여러 가지 다양한 소리를 듣게 되었다. 몇 년 후, 나는 얼후를 구입하여 몇 차례 교습을 받았다.

애완용 새들은 중국 문화에서 큰 비중을 차지하기 때문에 우리는 카나리아 한 쌍을 샀다. 어느 날 아침 새장에서 알을 발견하고는 아주 기뻤다.

그러나 시간이 한참 지난 후에 보니 새끼가 한 마리도 없었다. 우리의 이웃이 우리를 속인 것이었다. 의학 지식이 있었음에도 불구하고 우리는 수컷 두 마리 혹은 암컷 두 마리를 샀던 것이다. 어학교 선생 중에 중국 새에 대해 해박한 선생이 있었다. 그는 나에게 새를 보는 법을 가르쳐 주었다. 나중에 중국 남부 난창 시에서 나는 수많은 아름다운 새들을 정확하게 구별할 수 있었다. 베이징 시를 아름답게 해주는 새는 까치였다.

봄 휴가 동안 우리는 몇 군데 짧은 여행을 다녔다. 그중 한 곳이 베이징에서 서쪽으로 약 26km 떨어진 웨스턴 힐Western Hill이었다. 우리는 노새를 타고 두 시간 동안 그 산을 올라갔다. 3월 30일에는 비취 수원지Jade Fountain에 갔다. 일본인들은 30일을 중국 정부를 접수한 날로 경축했다. 일본 군인들이 나와서 대대적으로 위세를 떨쳤다. 일본 비행기들이 베이징 시 상공에서 무력을 과시했다. 일본 여자들은 화려한 기모노를 입고 나왔다. 비취 수원지는 자연적인 샘으로서 베이징에 물을 공급했다. 비취 수원지는 베이징에서 19km 떨어져 있는데 산 밑에서 샘이 솟아 호수로 흘러들었다. 수원지 근처에는 동굴들이 있었다. 동굴 벽에는 인물상을 조각해 놓았는데 보존 상태가 아주 좋았다.

황사폭풍이 다시 불었다. 어느 날 저녁 인력거를 타고 나가서 이제껏 본 것보다 훨씬 더 큰 거대한 달무리를 보았다. 우리는 인력거꾼에게 그것에 대해 물었다. 그는 그것이 황사폭풍이 시작될 조짐이라고 말했다. 그 때가 3월이었고 5~6월까지 비가 내리지 않았다.

물 댄 논에 손으로 벼 모종을 심는 모습, 나귀가 거대한 두 개의 연자매를 움직이면서 곡식을 빻는 모습, 여자들이 강에서 옷을 빠는 모습은 일상적으로 볼 수 있었다. 먼저 여자들이 물에 옷가지를 푹 담갔다가 비누칠을 하여 문지른 후 빨래 방망이로 옷을 두드리고 물에 헹구어 강 언덕에 널어서 말렸다.

중국어 실력이 점차 늘었다. 하지만 우리는 때때로 우스꽝스러운 실수를 하기도 했다. 한번은 어니를 위해 파자마를 주문했는데 배달된 물건을 확인해보니 상의가 두벌이고 바지가 없었다.

우리는 처음으로 중국 연극을 보러 갔다. 어학교 선생 중 한 명이 함께 갔다. 연극을 관람하는 동안 앉아서 이야기하고 땅콩과 수박씨를 까먹었다. 사실, 공연 내용은 거의 이해하지 못했다. 누구라도 공연 내용을 이해하려면 연극대본이 꼭 필요했다. 무대 감독이 배우와 함께 무대로 올라와서 여기저기에 의자를 놓고 무대 배경 장면을 위로 올렸다. 의상은 우아했고 연기는 훌륭했다.

그러는 동안 난창에 있던 사람 [감리교 선교사] 들이 우리에게 최대한 빨리 그곳에 와 달라는 편지를 보냈다. 그들은 주택을 준비해 두었다. [감리회 선교사] 엘리스 리비Alice Libby 부인이 우리에게 집 설계도를 보냈다. [난창 시는 장시 성의 수도이며 중국 남부에 있었다. 그곳에는 몇 개 교단이 파송한 선교사들이 활동하고 있었으며 선교활동의 중심지였다. 어니스트와 힐다는 리비 박사 부부의 일을 대신 맡아달라는 "부름"을 받았다. 리비 박사는 심한 병에 걸려서 그의 가족은 미국으로 돌아갈 준비를 하고 있었다.]

베이징을 떠나기 전에, 변경지역에 있는 감리교 선교지 한 곳을 방문하고 싶었다. 우리가 선택한 곳은 창리Chang-Li였다. 그곳에 가기 전에 미리 일본인들에게서 통행증을 얻어야 했다. 왜냐하면 통행증 없이는 베이징 성 밖으로 나가는 것이 금지되어 있었기 때문이었다.

4월 19일, 우리는 금요일 오후 수업을 듣지 않고 창리를 향해 출발했다. 그곳은 기차로 8시간 거리였다. 도보로 산을 향해 걸어갈 때 과일나무 꽃이 한창이어서 아름다웠다. 우리는 기숙형 미션스쿨 중 한 곳을 방문했다. 학생들은 비용으로 하루 3센트를 지불했다. 그곳에서 그들이 하는 사역은 정말 굉장했다. 이튿날이 일요일이어서 우리는 점심과 찬송가, 성경책을 갖고 다른 산으로 도보여행을 떠났다. 우리는 산비탈에서 예배를 드렸다. 그곳에서 유명한 모래언덕을 볼 수 있었다. 우리는 아주 일찍 그곳을 출발하여 베이징으로 돌아오는 길에 염전지대를 통과했다. 눈이 닿는 데까지 수많은 소금 무더기가 널려 있었다. 또 예전에 홍수가 났던 텐진 근방을 통과했다. 일부 지역에는 아직도 물이 빠지지 않고 있었고, 다른 지역에는 아직 땅이 너무 질어서 경작할 수 없었다.

그 당시 환율은 미국 달러당 20중국달러였다. 어니스트가 내 생일 선물로 5달러를 주고 장뇌를 칠한 중국 서랍장을 사주었다.

그 해 봄은 아름다웠다. 토요일이면 우리는 관광 여행을 떠났다. 5월 11일 경, 우리는 자전거를 타고 16km 떨어진 유명한 종탑Bell Tower을 보러 갔다. 종은 두께가 약 30cm, 직경이 2.4m, 높이가 2.4m였다. 전해 오는 이야기는 이랬다. 어떤 황제가 종을 만들고 싶어 했지만 종소리가 마음에 들지 않았다. 쇳물을 부어 종을 만들 때 인간의 피를 같이 넣어야 한다고 어떤 사람이 말했다. 거푸집에 쇳물을 부으려고 할 때 종을 만드는 장인의 딸이 뜨거운 쇳물로 뛰어들었다. 딸의 신발 한 짝이 떨어져 있었다. 종소리를 자세히 들어보면 그 딸이 자신의 신발 한 짝을 찾는 소리가 들렸다고 한다.

종탑 근처에는 네 개의 파고다도 있었다. 1층짜리 건물 꼭대기에 네 개의 파고다가 세워져 있었다. 각 파고다는 작은 부처상과 그 외 다른 유명한 조각들이 새겨져 있었다.

5월이 되자 기온이 따뜻해지고 꽃과 식물들이 아름다웠다. 그 때 대나무가 자라는 것을 처음 보았다. 정말 대나무가 자라나는 모습을 보았다! 대나무가 자라는 모습을 실제로 눈으로 볼 수 있었다. 대나무는 때로 하루에 30cm씩 자라기도 한다고 들었다. 오늘의 잔가지 하나가 내일에는 숲을 이룬다! 6월이 되자 봄비가 내려 모든 곳이 진창이 되었다. 비가 오는 동안 우리는 집안에만 머물렀다. 시험이 다가왔기 때문이었다. 학기 말까지 우리는 천 개의 한자단어를 읽기 위해 공부했다.

머리를 자르는 봄철이 되었다. 가난한 사람들은 거리에서 머리를 잘랐다. 거리의 이발가게는 쉽게 찾을 수 있었다. 이발사들은 노래를 부르며 이발도구를 어깨에 메고 다녔다. 어깨에 맨 막대기 한쪽 끝에는 의자, 다른 쪽 끝에는 이발도구들이 걸려있었다. 손님이 찾아오면, 이발사는 의자를 내려놓은 다음 영업을 시작했다. 그게 전부였다. 대부분의 남자들은 머리를 완전히 밀었기 때문에 머리 모양새를 낼 필요가 없었다. 머리를 대머리로 밀면 머리에 나는 여러 가지 피부병들을 예방할 수 있었다. 돈이 있는 사람들은 미국 이발소와 비슷한 곳에 가서 이발을 했다.

우리는 리비 박사가 난창에서 사망했으며 당장 우리가 필요하다는 소식을 들었다. 나는 깊이 생각한 후에, 좀 더 어학을 배우고 난창의 여름 무더위 [열대지방에 가깝고 매우 습하다] 를 피하는 것이 좋겠다는 결론을 내렸다. 그래서 우리는 시험을 친 다음, 먼저 짐을 상하이를 경유해 난창으로 보냈다. 우리는 텐진의 페이타호Peitaho 해변에 가기 위해 여행 가방을 쌌다. 선생님 한 분이 우리의 공부를 도와주기 위해 함께 가도록 배정되었다. 한 감리교 가정 — 아트 쿨스Art Cooles — 이 어려움에도 불구하고 우리를 여름 동안 자기 집에 머물게 해주었다. 그들은 정말 잘 대해주었다. 그들은 많은 격려와 좋은 음식을 주고 공부할 시간을 마련해주고, 영적인 지도도 많이 해주었다. 선생님이 오전 6시에 도착하여 잠깐 아침 먹는 시간을 제외하고 11시 반까지 우리를 가르쳤다. 그 외 나머지 시간은 자유 시간이었다. 자유 시간 중 일부는 공부에 할애했다. 그곳에서 나는 수영을 배웠다. 민물보다는 소금물에서 확실히 더 잘 떴다.

해변의 축축한 습기는 정말 골칫거리였다. 태풍이 불 때는 물보라가 현관문까지 차올랐다. 햇볕이 나는 날에는 해변이 대청소한 날처럼 깨끗해 보였다. 신선한 공기와 햇볕에도 불구하고 콜러 씨의 작은 딸이 기관지염과 비슷한 병을 심하게 앓았다. 콜러 씨의 아내인 필리스Phyllis는 베이징에서 입원한 딸과 함께 많은 시간을 보냈다.

7월 첫 주, 어니와 나는 감리교 청년회 총회에서 의사와 간호사로 봉사했다. 의료 활동이 그다지 부담이 없었기 때문에 청년들과 함께 공부도 할 수 있었다. 우리는 간이침대가 있는 방을 배정받았다. 습기 때문에 문이 뒤틀려서 문을 꽉 닫을 수 없었다. 어느 날 밤, 졸려서 막 자려고 하는데 뭔가가 가슴을 덮치는 것을 느끼고 깼다. 나는 외마디 비명을 질렀다. 그 소리에 캠프 참가자들이 모두 깼다. 캠프장에 있던 고양이 중 한 마리가 습기를 머금어 뒤틀린 문틈을 비집고 들어와 서랍장 맨 위로 올라가서 내 가슴 위로 뛰어내린 것이었다. 나는 정말 사자가 공격한 줄 알았다.

어니는 진짜 말썽꾸러기였다. 그는 일광욕을 할 때 나를 꼬집거나 나에게 물건을 던졌다. 나는 그에게 언젠가 혼내주겠다고 말했다. 그런데 어느 날, 해변에서 심각한 상황이 벌어졌다. 나는 재빨리 몸을 돌려 그의 등을 때리고, "유리늑골"(흉골에는 연결되지 않고 척추에만 연결된 갈비뼈 – 옮긴이)을 잡았다. 그는 갈비뼈에 붕대를 감아야 했다. 그 일로 그는 얼마 동안 수영을 할 수 없었다. 나는 정말 미안했지만 그 후로 그의 꼬집는 행동은 완전히 사라졌다.

그해 여름 여행 중 가장 흥미 있었던 일정은 모래언덕에 간 것이었다. 우리 일행은 배를 세내어 한 시간 가량을 타고 그곳에 갔다. 우리는 조반 겸 점심 – 나무, 프라이팬, 달걀, 과일, 빵, 물 – 을 가져갔다. 우리는 그곳에서 주위를 걸어서 돌아다니다가 배로 돌아가려고 출발했다. 우리가 돌아오는 동안 밀물이 들어오는 바람에 간신히 걸어서 배에 올랐다. 우리가 탄 배가 굴 양식장 위를 지나갔다. 굴들이 해변을 따라 계속 이동한다는 것을 나중에야 알았다.

수많은 선교사와 정부 관료, 그 외 다른 사람들과 가까이 지내는 동안, 우리는 다른 종교에 대한 관용에 대해 많이 배웠다. 그들을 통하여 가슴이 떨리는 영적 메시지를 들었다. 그것은 미래를 준비하는 데 도움이 되었다.

그 해 여름이 끝나기 전에 우리는 선교사들이 자녀를 대학에 보내기 위해 미국으로 혼자 돌려보내면서 겪는 큰 아픔을 보았다. 우리는 19년 후 베티를 혼자 미국으로 돌려보낼 때에야 그 아픔이 얼마나 큰지 비로소 제대로 깨닫게 되었다.

그 해 여름휴가 때 중국의 만리장성에도 들렀다. 우리는 만리장성과 아주 가까이 있었기 때문에 이번이 그것을 볼 수 있는 절호의 기회라고 확신했다. 그곳까지는 기차로 약 두 시간 반 정도 걸렸다. 기차에서 내리자마자 중국인들에게 둘러싸였다. 그들은 만리장성까지 올라갈 때 자기 당나귀를 이용해달라고 했다. 우리는 각각 당나귀를 타고 한 시간을 간 다음 다시 걷기 시작했다. 도착한 곳의 이름은 산해관이었다. 우리는 걷거나 기어서 전망대까지 올라갔다— 전망대 그 자체도 만리장성의 일부였다—. 기어 올라가면서 우리가 왕궁을 지키기 위하여 성벽 구멍을 내다보는 병사라고 상상했다. 우리는 성벽 위를 걸어서 산을 가로질러 갈 수 있었다. 성벽은 높이가 약 9m, 폭이 3m에서 6m였다. 어떤 곳은 잘 보존되어 있었지만 다른 곳은 허물어져 있었다. 중국인들이 영토를 빙 둘러 산과 언덕 위에 이런 만리장성을 쌓았다니 놀라운 일이 아닐 수 없었다. 어니와 나는 산꼭대기로 통하는 옆길로 나가 절로 갔다. 우리는 그곳에 앉아서 차를 마셨다. 그리고 당나귀가 있는 곳으로 내려간 다음, 기차를 타고 우리가 묵는 해변으로 돌아왔다. 매우 피곤했지만 만리장성을 보고나니 기분이 좋았다.

중국어 수업이 끝난 여름 즈음, 1천5백자를 읽고 5백자를 쓸 수 있게 되었다. 그것으로 어학교에서 받는 공식적인 공부가 끝난 셈이었다. 우리는 마지막으로 어학교 학생들을 만났다. 그리고 마지막으로 중국 북부에 있는 선교사들을 만났다. 선교사의 삶이란 만남과 이별이 교차하는 인생이라는 것을 일찍부터 알게 되었다.

소지품을 싸서 텐진으로 가는 열차를 탔다. 그런 후 카이핑Kaiping이라는 배를 타고 상하이로 출발했다. [상하이는 중국 남부로 들어가는 관문으로서 중국 남부지역선교의 본거지였다.] 해안을 따라 아래로 내려가는 동안 가끔 아주 힘들었다. 긴 여행은 아니었지만 나는 크래커와 사과를 먹었고, 대부분의 시간을 침대에 누워 지냈다. 삼일 만에 푹푹 찌고 지저분한 상하이에 도착했다. 하지만 상하이에는 삶의 모든 즐거움이 있었다.

전 세계에서 온 사람들, 물건들, 없는 것이 없는 도시였다. 그곳에는 영국 조차지뿐만 아니라 프랑스 조차지도 있었다. ["조차지"는 중국 해안에 위치해 있으며, 유럽 각국이 아편전쟁과 의화단 사건의 결과로 조차지에서의 무역 특권과 그와 다른 권리를 중국정부로부터 강탈했다.] 우리는 상하이에서 4~5일 정도 머물기를 바랐다. 그러나 거의 6주가 지나서야 일본인들이 난창으로 가는 통행권을 발행해주었다. 글렌 풀러Glenn Fuller 부부가 그 시기동안 우리를 친절하게 받아주었다. 오랜 세월이 지난 후 한국에서 글렌 주니어Glenn, Jr.와 그의 가족을 다시 만날 줄은 그 당시에는 몰랐다. 나는 우표 수집을 좋아했는데 빌 풀러Bill Fuller는 그 분야에 대해 나를 정말 놀라게 했다. 그때만 해도 2년 후에 [일본인의 전쟁포로가 되어서] 팔에 붉은 완장을 두른 채 풀러 씨 집에서 다시 살게 될 줄은 전혀 몰랐다. 풀러 씨 가정은 중국을 드나드는 여행자들에게 개방적이었다. 선교단의 회계담당자인 풀러 씨는 우리의 돈과 우편물을 관리하고 필요할 경우 우리에게 물자를 보내주었다.

상하이는 모기 천지였다. 따라서 반드시 모기장 안에서 자야 했다. 자기 전에 모기 한 마리도 모기장 안에 절대로 들여놓아선 안 된다. 꼬마 마가렛 풀러는 우리에게 모기장에 구멍을 내고 수많은 모기들이 모기장 안에 들어오면 그 구멍을 기운 다음 소파에서 잘 수도 있다고 말했다. 모기향을 피워도 모기들이 계속 우리를 물었다. 나는 파이프 담배를 피울까하는 유혹도 느꼈다. [몸 안의 니코틴 성분이 모기들을 쫓아낸다.]

필요한 물품을 사는 데 많은 시간이 걸렸다. 식료품 주문비용만 438달러였다. 신발, 부엌기구, 옷을 사는 데도 비슷한 정도의 비용이 들었다.

그곳은 우리가 "문명세계"를 떠나는 마지막 정거장이었다. 사진 필름을 보관하는 앨범도 샀다. 비오는 날씨와 열기는 필름을 서로 강하게 달라붙게 만들기 때문이었다. 우리는 난창의 기후에 대한 지식과 음식과 옷의 부패를 막기 위한 예방법을 배웠다.

일본인들은 우리에게 전화해서 우리가 갈 수 있다고 허가했다가 취소하기를 두 번이나 반복했다. 마침내 출발할 날이 다가왔다. 떠나기 전에 상하이에서 암호로 작성된 편지를 학생 편에 보냈다. "제스Jesse"는 "일본인"을 의미했다. 우리는 1940년 9월 6일에 출발했다. 풀러 씨는 우리를 배까지 데려다 주었다. 여느 때처럼 약간 늦어서 하마터면 배를 놓칠 뻔했다. 우리가 가지고 갈 짐은 네 개였다. 풀러 씨가 그 짐들을 작은 짐배에 실어서 우리가 타고 갈 배로 옮겼다. 에미 피셔Emmy Fisher는 이미 임신한 상태로 상하이에 와 있었다. 우리는 그녀와 함께 하게 되어서 아주 좋았다. [에미 피셔는 프리츠 피셔 박사의 아내였다. 그들은 오스트리아 출신이었다. 피셔 박사는 유태인이었고, 피셔 부인은 예의바른 기독교인이었다. 그들은 히틀러가 권력을 잡자 오스트리아에서 도망쳤다. 피셔 박사는 선교사는 아니었지만 리비 박사가 병으로 죽은 후 난창의 선교병원에서 일하도록 감리교단에 고용되었다. 에미 피셔는 병원 임상병리실의 임상병리사였다.]

우리의 점심과 저녁 식사는 일본식이었고, 아침은 미국식이었다. 양쯔강을 거슬러 올라가는 여행은 순조로웠다. 강물은 난징南京까지 정말 누런 색이었다. 풍경은 아름다웠고, 계속 산이 이어졌다. 우리는 우후蕪湖에 잠시 들러 하일라 워터스Hyla Waters 박사가 일하는 곳에 들렀다. 중국인들이 방어요새로 사용했던 고아 바위Orphan Rock와 침몰된 배들을 보았다. 그리고 유명한 쿨링高嶺鎭의 산들을 보고 파양호鄱陽湖에도 들렀다. 10일 만에 지우장九江에 도착했다. 선교사들이 모두 마중하러 나와 주었다. 나온 사람들은 퍼킨스Perkins 박사 부부, 필리 존스Billy Jones, 피트맨Pittman 양, 메이블 우드루프Mable Woodruff, 플로에그Ploeg 자매, 메이블 톰슨Mable Thompson, 제니 린드Jenny Lind와 루실 리비Lucille Libby였다. 우리는 세관에서 짐을 찾았다. 우리가 가져간 사진촬영용 네거티브 필름이 문제를 일으켜서 세관 검사관에게 "사진을 실제로 인화하여" 보여주어야 했다. 우리는 짐을 기차로 옮겨 실었다. 선교 사무실로 가는 길에 중국과 일본이 벌인 전쟁의 상처를 보았다. 난창으로 가기 위해서 다시 통행권을 신청해야 했다.

우리는 몇몇 선교사가 지우장에서 하고 있는 사역을 보고 매우 놀랐다. 그들은 두 개의 병원, 한 개의 고아원, 두세 개의 학교를 운영하고 있었다. 리비 여사는 우리가 난창에서 본격적으로 일을 시작하기 전에 하루 이틀 정도 쿨링의 산에 데려가고 싶어 했다. 그러나 "제스Jesses"가 허락하지 않았다. "일본인"들이 있었음에도 불구하고 무장선들이 양쯔강을 오르내렸다. 무장선을 이용해 검열을 받지 않고 편지를 보낼 수 있었다.

통행증을 기다리는 동안 에드워드 퍼킨스 박사와 플로에그 자매가 일하는 곳을 보기 위해 병원으로 갔다. 그들은 워터오브라이프Water of Life 병원에서 일하는 것 외에 하루에 50~200명의 환자를 더 돌보고 있었다. 나는 베이징에서 최악의 상황을 보았다고 생각했지만 이곳 상황은 더 끔찍했다. 어떤 환자는 다리에 종기가 나서 뼈가 훤히 드러나 보였고, 다른 환자는 종기에서 악취가 나는 고름이 흘러나왔다. 어떤 상처에는 구더기가 기어 다녔다. 지우장이 "제스"에게 함락되어 있는 동안 선교회는 영양실조로 궤양과 눈병과 피부병에 걸린 1만2천 명의 피난민을 수용했다. 곧바로 나는 하나님께서 내가 하나님의 사역을 감당하기를 원하신다면 반드시 도와주시기를 기도드렸다. 하나님은 항상 자신의 일을 훌륭하게 감당하셨다. 때로 하나님이 떠난 듯이 보이기도 했지만 그것은 그분의 잘못이 아니라 나의 잘못 때문이었다.

병원 시설 자체도 정말 충격적이었다. 조명은 형편없고, 흡수용 종이를 거즈 대용으로 사용했다. [유일한 마취제인] 에테르도 [유일한 강력 진통제인] 몰핀도 없었다. 병원이 의료물품을 공급받을 수 있는 유일한 희망은 무장선뿐이었다. 우리가 두 번째로 방문한 병원은 고아원과 연계되어 있는 단푸어쓰Danfurth 병원이었다.

목요일 밤에 우연히 지우장에 있게 되었는데 그곳에서 기도회가 열렸다. 우리는 그곳에 참석하기로 되어 있었다. 그곳 사람들은 정말 진실하고 성실했다. 그들은 무릎을 꿇고 기도했다ー 몇 분이 아니라 약 한 시간 동안 기도했다ー. 나는 너무 지치고 졸려서 거의 잠에 빠지려고 할 때 난데없이 박쥐가 몇 차례 나에게 날아들었다. 아마 나는 그 때 유일한 죄인이었을 것이다!

나는 선교사들의 가정환경이 매우 쾌적한 것을 보고 놀랐다. 그러나 병원과 진료소를 돌아본 후, 하루의 사역을 마치고 돌아가 쉴 수 있는 쾌적한 공간이 있어야 하며, 그렇지 않는다면 우리는 곧 지치고 말 것이라는 점을 깨닫게 되었다.

9월 13일, 우리는 마지막 여정을 시작했다. 난창행 열차가 하루에 한 번만 운행하기 때문에 제때에 역에 도착해야 했다. 우리는 덮개가 있는 화물 열차를 타고 멋지게 여행했다. 승객 30명과 우리의 짐이 전부였다. 화물 열차는 편안하지는 않았지만 그래도 견딜 만했다. 기차선로가 새 것임에도 불구하고 기차는 고개와 호수를 건너 천천히 달렸다. 240km를 가는데 6시간이 걸렸다. 지우장에 있을 때 우리가 간다는 사실을 전보로 미리 알렸다. 그러나 여느 때처럼 우리가 난창에 도착할 때까지 전보가 도착하지 않았기 때문에 우리를 마중 나온 사람은 없었다.

난 창

난창은 예전에 약 백만 명이 거주하는 번창하던 도시였다. 이제는 약 9만 명 정도 밖에 살고 있지 않았다. 돈 있고 건강한 사람들은 일본인들을 피해 중국 서부 [일본인들이 점령하지 못한 지역] 로 떠났다. 가난하고 병든 사람들만 그곳에 남아있었다. 일본인들이 난창을 점령한 것은 베이징을 점령한 것과는 달랐다. 아마 그 차이점의 일부는 난창이 최전선에서 불과 45m~3.2km 정도 떨어졌기 때문일 것이다. [일본군과 중국 국민당 군 사이에 큰 전투가 그곳에서 있었다.] 사람들은 매우 빈곤했다. 그들은 하루에 약 1~2 미국 센트 정도의 수입으로 살고 있었다. 중국인들이 전방으로 쌀을 실어 나르는 일본군 트럭 뒤를 덮치는 장면은 흔히 볼 수 있는 광경이었다. 그들은 쌀자루를 뚫거나 찢어서 구멍을 내고 쌀이 길에 떨어지면 그것을 주워 모았다.

우리는 중국말로 어느 정도 의사소통을 할 수 있다고 생각했기 때문에 인력거를 타고 병원을 향해 출발했다. 우리가 도착하자마자 소문이 빨리 퍼졌다. 모든 서양인들이 우리를 만나 보려고 위해 병원에 들렀다. 우리는 10년 만에 그곳에 새로 온 첫 선교사들이었다. [그 때는 대공황 시절이었다.] 피셔 박사는 리비 박사가 죽은 후로 하루에 2백 명까지 환자를 치료해 왔기 때문에 우리를 보고 특히 더 기뻐했다. 그곳에는 피셔 박사와 아내인 에미Emmy 이외에 네 명의 선교사가 더 있었다– 홀랜드Mr. Holland, 다니엘스Miss. Daniels, 가오Miss. Gaw, 휴스턴Miss. Houston – .

그곳에는 우리를 위한 작은 집이 있었다. 이전에 그 병원을 지은 블라이덴버그 박사 부부가 살던 곳이었다. 그들은 미국으로 떠났다. 집에는 수도는 있었지만 전기시설은 없었다. 캉Kang 강을 굽어볼 수 있는 멋진 정원이 있었다. 집 둘레는 유리조각이 박힌 높은 담으로 둘러쳐져 있어 [들끓는 도둑들로부터] 우리와 나무, 정원을 지켜주었다. 정원에는 야자수, 오렌지, 레몬, 포도의 일종인 푸몰로, 목련, 자스민, 미모사 나무가 있었다.

우리는 여름 무더위가 끝날 때까지 외래 환자 진료소에서 일하다가 그 다음에 병원에서 근무해 달라는 요청을 받았다. 우리는 금요일에 도착했다. 일요일에 교회에 가서 여러 사람들을 만났다. 우리는 우리의 중국어를 사용해본 결과 우리가 배운 것은 중국 북부의 북경어라는 사실을 알았다. 난창 사람들은 중국 남부의 광둥어를 사용했다. 그것은 그리 심각한 문제가 아니었다. 그러나 [전쟁과 중국의 다른 지역에서 온 피난민들 때문에] 난창에서는 5~6개 중국 방언이 사용되고 있었다. 다행스럽게도, 사람들이 북경어를 말하진 못해도 알아들을 수는 있었다. 그래서 의사소통은 보통 한 사람에게 말하면, 그가 방언으로 다른 사람에게 말하고, 반대로 대답도 그와 같은 방식으로 진행되었다.

그 다음 월요일 우리는 채플에서 몇 마디 인사말을 해야 했다. 늦은 오

난창의 선교사들과 병원에서 일하는 서양인들. 1941년
(뒷줄: 에드워드 퍼킨스 박사, 어니스트, 힐다. 에블린 가오, 릴랜드 홀랜드, 프리츠 피셔박사, 앞줄: 루스 다니엘스, 에미 피셔(어린 조이를 안고 있는 사람), 코럴 휴스턴, 루실 리비)

후 병원에서 우리를 위한 환영회가 있었다. 집과 병원을 구분해주는 "원형문moon gate"을 통과해 걸어 들어갈 때 "라이 리아오lai liao" – 그들이 오고 있다는 의미이다– 라고 외치는 환호소리에 깜짝 놀랐다. 줄에 매달린 폭죽이 사방에서 터졌다. 환영식은 간단했다. 찬송가를 부른 후 기도가 이어졌다. 병원 사무장인 창 씨가 환영사를 했다– 우리는 나중에 그를 깊이 사랑하게 되었다– . 환영사를 마친 다음 어니가 간단히 연설을 하고 중국식 저녁 식사가 이어졌다. 그때부터 진료소의 업무가 시작되었고 우리 집은 정상적으로 돌아가기 시작했다.

진료소 첫날, 우리는 237명의 환자를 진료했다. 진료소에는 4명의 간호사와 2명의 의사가 일했다. 비싼 연료비 때문에 우리는 의료도구를 "태우기 위해" [도구를 소독하기 위해] 쌀로 만든 메틸알코올을 사용했다. 의료도구를 금속 팬에 넣고 알코올을 그 위에 부은 다음 성냥불을 붙였다. 조악한 소독방법이긴 했지만 달리 방법이 없었다. 병원에서는 의료 도구를 삶았다. 수술실의 경우, 압력 요리기를 사용해서 도구들을 소독했다. 정품 에틸알코올이 너무 비싸기 때문에 상처 소독에 사용할 수 없었다. 그 대신에 과망간산칼륨을 사용했다.

환자들이 자신의 상처를 싸맨 붕대를 벗기면 간호사들이 상처에 붕대를 다시 감아주고, 집에서 사용할 깨끗한 붕대를 주었다. 환자들은 더러워진 붕대를 다시 빨아서 사용하려고 집으로 가져갔다. 의사들은 치료가 되지 않거나 새로운 증상의 환자들을 계속 진찰했다. 많은 아기들이 머리에 부스럼이나 종기가 나고 모기에 물려 염증이 생기거나 영양이 부실했다. 과체중인 아기는 거의 찾아볼 수 없었다. 아기들이 계속 울어댄다고 상상해보라. 우리는 아기들을 옆에 마련된 작은 방으로 데리고 갔다. 진료소는 도심 중심가의 신민탕 감리교회Shin Min Tang Methodist Church에 설치되어 있었다.

난창종합병원은 잘 지은 건물이었다. 중앙난방과 수도, 전기시설이 갖추어져 있었다. 그 병원은 본 박사Drs. Vaughn, 블라이덴버그, 리비, 우Wu가 건축했다. 전쟁 중이어서 중앙난방시설과 전기를 사용할 수 없었다.

병원은 일본군 군사구역 내에 있었지만 진료소는 그렇지 않았다. 그래서 진료소에서 진찰한 환자가 입원해야 할 경우, 그 환자들을 진료소에서 병원까지 직접 데리고 가야했다. 진료소와 병원까지의 거리는 걸어서

15분에서 20분 정도였다. 우리는 번갈아 가며 환자들을 진료소에서 병원으로 데리고 갔다.

난창과 그 주변 지역에서 사용하는 많은 중국방언 때문에 먼저 어니스트를 위한 통역사를 구하는 것이 중요했다. 어니스트의 조수는 리 달리Li Da-li라는 사람이었다. 리 달리는 돈을 수납하고 환자를 등록하고 진료소 내 질서를 유지했다. 환자들이 대기할 동안, 여자 성경교사(포비 호Phobe Ho)와 왕 쉬칭Wang Shi-ching목사가 그 시간을 활용하여 간단한 설교를 했다. 오후에 내가 집에서 일할 동안 어니스트는 난창 병원에서 일했다. 누군가는 집에 머물면서 가족에게 안부를 전하고, 그리고 미국에 있는 교회에 지원을 요청하는 편지를 보내야 했다. 나는 수술실에서 언제든지 부르면 달려갈 수 있도록 대기했다. 어느 날 오후, 어니스트가 중요한 수술을 했다 – 그것은 난창에서 처음 시행하는 중요한 수술이었다 –. 그는 환자의 방광에서 큰 담석을 제거했다. 수술은 성공이었다. 그 수술은 그의 일에서 매우 중요한 의미가 있었다. 만약 실패했다면 그 곳을 떠나야만 했을지도 몰랐다.

우리가 도착할 당시 난창 병원은 1층만 개원한 상태였다. 1940년 10월이 되자 2층을 사용하지 않을 수 없었다.

10월 20일, 우리는 유양절제 수술을 했다. 그날은 일요일이었다. 그러나 유양돌기가 상당히 "곪아"있었기 때문에 즉시 수술을 해야 했다. 수술은 4시간 동안 계속되었다. 오후 5시 반에 날이 어두워졌는데 전기가 없어서 전등을 켤 수 없었다. 3~4개의 배터리를 사용하는 손전등을 사용했다. 어니스트, 프리츠 피셔, 그리고 내가 수술에 참여하고 있었다. 우리는 오후 7시까지가 되어서야 수술을 끝냈다. 수술할 동안 배터리가 다 되었기 때문에 누군가가 거리로 나가서 배터리를 더 구해 와야 했다. 우리는 에테르를 사용하고 있어서 목탄 화로를 이용해 수술실을 따뜻하게 할 수 없었다. 같은 이유 때문에 불을 밝히기 위해 등유 램프를 사용할 수 없었다. 이러한 모든 문제에도 불구하고 그 환자는 살아났다. 그때는 항생제도 없었다.

10월 28일, 병원에서 일하는 간호사는 8명, 입원환자는 43명이 되었다. 라오 코Lao Ko는 수술실 담당 예비 간호사였고, 팬 씨Mr. Fan (수간호사의 남편)는 수술실 관리자가 되었다.

11월 7일 경, 어니스트는 처음으로 다리 절단수술을 했다. 그 수술은 사망통지서에 서명하는 것과 마찬가지였지만 해야만 했다. 의족을 만들어 준다는 것은 도저히 불가능 했다.

11월 9일, 우리는 아주 드문 수술인 손의 정맥류 종창을 수술했다. 손이 너무 커져서 환자는 장갑을 끼지 못했다. 환자는 사실 손을 사용하지 못했다. 설상가상으로, 아픈 손은 오른 손이었다. 어니스트는 환자에게 수술을 하게 되면 엄지손가락과 다른 손가락을 잃고 또 많은 출혈이 발생할 수 있다고 말해주었다. 출혈은 치명적인 결과를 낳을 수도 있었다. 환자의 혈액형은 A형이었다. 다행히도 어니스트와 나의 혈액형이 A형이었다. 수술은 2시간 반 동안 진행되었다. 염려한 대로 환자는 출혈이 심했다. 환자는 어니스트와 나의 피를 각각 470ml씩 수혈 받았다. 나는 그 날 밤 환자 옆에 있었다. 환자가 위험에서 벗어나자 우리는 모두 안도의 숨을 내쉬었다. 환자는 엄지손가락과 집게손가락을 잃었지만 장갑을 낄 수도 있고, 손을 마음대로 사용할 수 있게 되었다.

결핵을 앓는 환자가 어니스트에게 왔는데 누워서 요양을 해야 치료할 수 있는 병이었다. 그는 혼자서 가족을 부양했기 때문에 일을 하기 위해 집으로 돌아가야 했다. 어니스트와 나는 만약 그가 병원에 입원해서 치료를 한다면 그의 가족에게 생활비를 제공하겠다고 약속했다.(매달 6중국달러, 이는 미국달러로 50센트에 해당한다) 대부분의 결핵환자들은 너무 늦게 찾아와서 치료가 불가능했다. 통계에 따르면, 그 지역 사람들 중 40%가 결핵 1단계 또는 그 이상의 단계를 앓고 있다. 많은 아이들이 척추 결핵을 앓았다. 그들은 여러 달 동안 깁스를 했는데 그것이 그 당시 치료법이었다.

난창에서 가정살림을 꾸리는 것은 정말 큰 문제였다. 우리는 제일 먼저 양철공을 불러서 작은 난로와 밀가루, 설탕, 물을 담아둘 양철통을 만들었다. 집 안에 벽난로가 설치되어 있었지만 [전쟁 때문에] 석탄을 살 수 없었다. 양철 난로가 짧은 시간 안에 많은 열을 냈지만 그만큼 빨리 식었다. 난로의 연통이 천장을 통과하여 위층에 있는 물탱크를 돌아서 나가도록 되어 있어서 그 열로 침실 난방을 했다. 양철통에 음식물을 담아두면 쥐, 흰개미 등으로부터 안전하게 보관할 수 있었다.

연료문제 때문에 우리는 매주 한 번 빵이나 케이크, 파이를 구울 때나 손님이 왔을 때를 제외하고는 부엌의 큰 난로를 거의 사용할 수 없었다. 부엌의 큰 난로는 욕실에서 사용할 물을 데우는 데 사용했다. 토요일 밤 목욕은 어떤 사람도 방해할 수 없게 했다. 욕조 목욕은 일종의 호사였다. 충분히 이해할 수 있겠지만 우리는 미국식 음식을 먹을 수 없었다. [준비할 여건을 갖추기 어렵고 비용이 만만치 않았기 때문이었다.]

날씨가 추워지기 시작했다. 실내의 온도는 섭씨 10℃ ~ 15℃ 사이였다. 그런 기온에서는 입원환자들에게 목욕을 시켜줄 수 없었다. 하지만 병원 일층에 작은 양철 난로로 난방을 할 수 있는 작은 방이 있었다. 우리는 환자를 그 방으로 데려가서 그들을 씻겼다. 목욕을 시켜주는 간호사 또는 간호조무사들이 하루 내내 여름옷을 입고 그 방에서 일했다. 그런 방식으로 환자들은 적어도 매주 한 번씩 목욕을 했다.

우리 선교사들은 모국어인 영어로 주일예배를 드리고 함께 모여서 기도하고 성경공부를 할 수 있는 시간을 갖기를 간절히 원했다. 그래서 매주일 오후 4시경 우리는 홀랜드 씨나 어니의 인도로 예배를 드렸다. 그와 비슷한 방식으로 일주일에 한 번 기도회를 가졌다.

어느 날 미국에서 세이터 할머니가 교통사고로 돌아가셨다는 편지가 왔다. 그것은 가까운 친족 중에서 처음 맞이하는 죽음이어서 충격이 아주 컸다. 우리는 더 이상 성탄절 휴가 때 할머니를 방문할 수 없게 되었다.

중국인 직원과 이야기를 나눈 결과, 우리가 매일 상대해야 하는 일본 관리 몇 명을 초대해 저녁을 대접하면 일하기가 약간 쉬워질 수도 있다고 생각했다.

일본인들 중 몇 명이 독일어를 할 줄 알고 우리도 독일어를 할 줄 알았기 때문에 그것은 그리 어렵지 않았다. [어니와 힐다는 독일계 미국인 가정 출신이었다.] 우리는 저녁접대 덕분에 앞으로 중국에서 첫 체류기간 내내 더 편하게 지낼 수 있을 것이라고 정말 믿었다.

그 당시 우리는 경비가 어떻게 빠져나가는지 알 수 없을 정도로 돈을 많이 지출했다. 우리 두 사람은 음식과 연료비로 매월 미국 화폐로 14달러를 사용했다. 의복과 침구, 그 외 다른 물품의 가격이 아주 비쌌다.

12월 10일은 슬픈 날이었다. 리비 여사가 아이들을 데리고 고국으로 떠났다. 그녀는 난창에 있는 동안 간호사가 아니었지만 간호사의 일을 수행하고 나에게도 많은 도움을 주었다. 우리는 모두 그녀가 짐을 싸는 것을 도왔다. 그녀는 짐 목록을 상세하게 작성했다. 그녀가 떠나던 날, 난창시의 외곽에 있는 강을 가로지르는 다리를 고치고 있었다. 그래서 우리는 작은 배로 강을 건너가서 철도역에서 그녀를 배웅했다. 폭격이 더욱 더 빈번해져서 보안통제가 아주 엄했다.

성탄절 직전 천연두가 발생하여 공포에 떨었다. 모든 사람들이 백신주사를 맞아야 했다. 마지막 남은 백신주사를 접종했지만 추가 접종을 하지 않는다면 안전하지 않을 것 같았다.

난창에서 맞은 첫 번째 성탄절은 베이징에서의 그것과는 아주 달랐다. 그것은 아주 의미가 깊었다. 우리는 진료소에서 모든 환자를 위한 예배를 드렸다. 여러 해 동안 휴스턴 양이 전통적인 성탄절 예배를 위해 옷을 짓고 다시 고쳤다. 예배가 끝난 후 그녀는 다음 해를 위해 그 옷가지들을 정성스럽게 다시 쌌다. 멋진 의상과 더불어 그녀가 훌륭하게 계획을 세우고 정성을 다해 준비한 덕분에 성탄절예배는 정말 뜻 깊게 진행되었다. 나는 성탄절을 위해 과자와 사탕을 만들려고 했지만 재료(예를 들어, 카로 물엿)가 턱없이 부족했다. 그 대신 "미 탕Mi Tang" [?] 을 이용해 다른 것을 만들었다. 우리는 우리를 도와주시는 분들에게 주려고 선물을 포장했다. 선물은 천, 비누, 수건, 성냥과 같이 실용적인 물건이었고, 그들과 함께 멋진 성탄절 저녁식사도 했다. 서양인 동료들과는 통조림 제품과 같은 선물을 서로 교환했다. 병원 직원들에게는 각각 2 엔 [달러?] 의 보너스와 고기를 곁들인 멋진 성탄절 식사를 대접했다.

성탄절 날 아침, 우리는 약 30명으로 구성된 찬양대의 캐럴을 듣고 깼다. 관례대로 그들에게 과자와 오렌지(난펑Nan Feng 오렌지)를 주었다. 아침 식사를 한 후, 병원으로 가보니 환자들이 각각 중고 성탄절카드 [수천 명의 미국 교회 교인들이 선교사들에게 보낸 것으로 앞면이 예뻤다.] 를 갖고 있었다. 병동에서 짧게 예배를 드리고, 또 다른 직원과 그들의 가족들과 함께 간단한 예배를 드렸다. 우리는 중국인 직원들과 저녁을 먹었다. 저녁에 성탄절 만찬(닭고기, 으깬 감자, 드레싱, 시금치, 건포도 푸딩, 그리고 한 가지 고급 요리– 상하이에서 가져온 통조림 완두콩–)을 위해 모든 서양인들을 집으로 초대했다. 미국에 있는 가족들에 대한 생각이 간절했다. 솔직히 말하자면, 향수병을 앓았다.

1941년

신년축제도 베이징과는 달랐다. [중국과 일본 사이에 벌어진 전쟁의] 최전방과 너무 인접해 있었기 때문에 불꽃놀이는 할 수 없었다. 우리와 최전방과의 거리는 1.6km 정도 되기도 하고, 때로는 그보다 더 가깝기도 했다. 사실, 종종 우리와 전선과의 거리가 너무 가까워져서 서둘러 떠나야할 경우를 대비해 갈아입을 옷을 가방에 싸두기도 했다. 신년축제 전야에 우리 선교단 일행은 함께 모여서 성탄절 이야기를 다시 읽고 기도로 마무리했다. 무릎을 꿇고 기도하면서 신년을 맞는 것보다 더 좋은 방법이 무엇이겠는가!

그 맘 때쯤, 어니는 난창 병원에서 처음으로 산모의 출산을 도왔다. 아기들은 보통 집에서 태어나기 때문에 이번 경우는 아주 예외적인 것이었다. 태어난 아기는 사내아이였다! 그리고 첫째였다! 이보다 좋을 수는 없었다. 며칠 후, 우리는 관습에 따라 새로 태어난 아기를 축하하기 위하여 산모의 집에 저녁 식사 초대를 받았다.

이 무렵, 상하이의 전기회사에 고용된 러스킨스라는 백러시아인을 만났다. [백러시아인은 오늘날의 벨라루시인을 말한다.] 그는 사과 스투르델(사과, 치즈를 반죽한 밀가루로 싸서 구운 과자‒ 옮긴이)을 아주 좋아했다. 그가 우리를 만나러 올 때마다 그 과자를 만들었다. 나중에 상하이에서 그의 가족을 만났다.

새해 다음 날, 외과 장비를 비롯한 병원 공급물자와 소포가 도착했다. 그것은 마치 성탄절이 다시 찾아온 것같이 기뻤다.

어니스트가 그의 첫 산모에게서 사내아이를 받은 이후 다른 임산부들도 아기를 낳기 위해 병원에 오기 시작했다. 임산부의 아기를 받는 일은 삼일이 걸리는 고된 일이었다. 분만을 돕기 위해 도구 [겸자forcep] 를 사용했다. 산모가 와서 처음 하는 일은 어니에게 태아가 아들인지 딸인지 말해달라고 간청하는 것이었다. 만약 딸이면 산모는 태아에게 관심을 갖고 돌보려고 하지 않았다. 그러나 아들이면 태아를 돌보기 위한 여러 방법을 강구했다.

1월 13일, 우리는 비상회의를 열었다. 석탄과 물을 확보하는 방법이 문제였다. 병원에서 사용하는 펌프의 상태가 좋지 않았다. 그것을 수리할 방법이 없었다. 그것은 수동식 펌프였다. 2백 명의 사람이 그 펌프의 물을 이용했다. 보유한 물로는 아침에 수술실의 도구를 씻는 정도밖에 할 수 없었다.

우리 정원은 대단했다. 제비꽃, 수선화, 동백나무, 쑥부쟁이, 백일초 등이 피었다. 그리고 무, 순무, 상추도 자랐다. 뒷마당에는 포도, 레몬, 오렌지도 있었다. 천국이라고 불러도 좋을 듯했다.

미국 쪽으로 이야기를 돌려보자. 내 여동생은 그 무렵 젊은 청년과 교제하면서 결혼을 생각하고 있었다. [물론, 농담이지만] 내 동생이 우리의 동의 없이 어떻게 그런 일을 생각할 수 있었겠는가? 물론 우리는 고향에 갈 수 없다는 것을 알고 있었다. 그러니 그녀와 빌 플레치Bill Flach는 우리의 허락 없이 결혼했다. 동생은 최고의 선택을 했다. [빌 플레치는 2007년에 죽었다.]

1월 27일은 중국의 신년이었다. 중국인들에게 신년은 일 년 중 큰 축제일이었다. 모든 사람들이 다른 사람들을 방문하여 인사를 했다. 적어도 170명 정도가 우리 집을 방문했다. 우리는 저녁에 축하 행사를 하려고 병원 진료소에 갔다. 그날 밤, 어니와 홀랜드 씨를 비롯한 직원들이 보여준 장기는 정말 믿기 힘들 정도로 대단했다. 나의 합창대가 노래를 한 곡 부르고 나는 솔로로 피아노를 연주했다. 막간에 우리는 땅콩을 많이 먹었다. 연휴는 3일간 계속 되었다. [손님들을 즐겁게 해 줄] 음식이나 물건들이 없는 경우라면 신년 연휴는 아주 낭패였다.

2월 어느 날, 일본 관리들이 와서 우리 사진을 찍었다. 나는 무슨 영문인지 몰랐다. 전투는 점점 더 가까이에서 벌어졌다. 밤에는 상당히 시끄러웠다.

그 당시 중국은 아편의 후유증이 여전히 심각했다. 아편 중독을 끊으려는 환자들이 우리에게 찾아왔다. 그들은 해골 같은 몰골이었으며, 회색빛 피부와 아무런 식욕도 없었고, 이상하게 빤히 쳐다보았다. 환자들이 아편 흡연을 위해 어떤 짓도 할 수 있었기 때문에 그들과 그들의 가족은 사회에서 외면당했다. 우리가 오늘날의 현대적인 치료책을 갖고 있었더라면 얼마나 좋았을까! 그 당시 아편 환자들이 치료를 견딘다는 것은 완전히 지옥과 같은 고통이었다. 그러나 우리는 많은 아편 환자들을 완치시켰다. 그들은 죽는 날을 고마워했다. 때로 치료를 하는 동안 그들은 아주 난

폭해지고 위험했다. 그러나 우리는 살아남았고 그들과 우리 자신을 위해 간절히 기도했다.

아주 특별한 치료방법으로 초콜릿, 버터, 밀크, 설탕 따위로 만든 연한 캔디나, 뜨거운 초콜릿을 만들기도 했다. 그러나 설탕을 구하기가 힘들어졌고 사탕은 모두 사라진 것처럼 보였다. 여하튼, 없이 산다는 것은 몸매에는 좋았다.

1941년 3월, 봄이 되자 빈대가 생겼다. 미국에서는 빈대를 보기만 했을 뿐이었다. 나는 곧장 빈대를 알아보았다. 그 당시 우리에겐 디디티DDT도 없었다. 빈대는 환자들을 괴롭혔는데 그 중에서 몸을 깁스한 환자들이 가장 많이 시달렸다. 우리는 토치램프를 사용하여 철제 침대를 "그슬리고" 침대 다리를 등유가 든 작은 깡통(전에 일본 귤을 보관했던 깡통이었다)에 담그고, 깨끗한 짚 매트리스와 베개를 만들고, 깁스를 교환하고, 침대를 벽에서 떼냈다. 아이들의 웃는 얼굴은 그 모든 수고에 대한 충분한 보답이 되었다. 환자들은 내가 토치램프를 갖고 가면 좋아했다. 그들은 잠시 동안 그들의 침대에서 빈대가 사라진다는 것을 알았다.

병원 직원들의 급료를 올렸다. 인상된 한 달 급료는 미국화폐로 1.5달러였다. 그것은 겨우 생계비 수준이었지만 병원이 줄 수 있는 최대치였다.

집에서 오는 편지가 점점 더 늦어졌다. 전투가 심할 때면 언제나 우편물 배달이 중단되었지만 결국에는 도착하긴 했다. 우리는 계속 편지를 썼다. 1939년 9월부터 1941년 2월까지 나는 업무상 편지를 제외하고 천 통의 편지를 써서 보냈다.

한 동안 아침에는 크고 작은 수술 일정이 많이 잡혀 있었다. 보통 나는 주요 수술 환자를 깨끗이 씻겼다. 날씨가 더 차가워져서 오후에 진료소문을 열었다. 여가시간을 어떻게 보냈을 것 같은가? 어니스트는 여가시간에 정원을 가꾸었는데 실력이 대단했다. 우리는 짧은 시간 동안 테니스를 쳤다. 나는 오랜 시간 동안 피아노를 연주했다. 저녁에는 병원의 다른 사람들과 오락을 하며 보냈다.

오래지 않아 한센병 환자들을 보았다. 그들은 다소 거칠었다. 그들을 격리시킬 법률 규정이 없었다. 인근에 그들이 갈 수 있는 곳이 있었지만 그들은 그곳에 가려고 하지 않았다. 그래서 다른 사람들이 한센병에 감염되었다. 그 당시 한센병 치료법은 대풍자유를 엉덩이 근육에 주사하는 것이었다. 그 주사는 아주 고통스럽지만 항상 치료효과가 있는 것은 아니었다. 그 치료법은 병의 진행을 늦출 뿐이었다. 대풍자유는 구하기가 쉽지 않고 아주 비쌌다. 병원 근처에 한센병 요양소가 있었지만 그 당시에는 한센병자들을 그곳에 보낼 법률 규정이 없었다.

외국인인 나는 양잠에 흥미를 가졌다. 어떤 사람이 친절하게도 새로 부화한 누에 백 마리를 나에게 주었다. 어니스트 역시 누에에 관심을 가졌다. 우리는 마치 작은 꼬마인양 앉아서 누에들을 지켜보곤 했다. 어니스트의 관심은 그 정도가 전부였다. 그는 너무 바빠서 누에를 위해 연한 뽕나무 잎을 딸 수 없었기 때문이었다. 백 마리의 누에는 실크 스타킹 한 켤레의 절반을 충분히 만들 정도의 실크를 만들어냈다.

[원고 중 분실된 부분에는 틀림없이 누에를 돌보고 먹이는 내용을 다루었을 것으로 생각된다. 나는 누에를 돌보고 먹이를 주었던 것을 기억하고 있다. 새로 부화된 누에는 이 글에 적힌 숫자 "1" 정도의 크기였다. 누에들이 자라면 한 마리씩 어제의 뽕나무에서 새로 따온 연한 잎으로 조심

스럽게 매일 옮겨주어야 했다. 누에가 아주 작을 때에는 그 작업이 아주 까다로웠다. 누에를 옮길 때에는 깃털이나 작은 솔을 이용해야 한다. 누에가 점점 자랄수록 점점 더 많이 먹으며, 옮기기도 더 쉬워지고 똥도 더 크다.]

…누에는 끊임없이 먹어대면서 작은 새끼손가락(나의 새끼손가락은 제법 크다)크기 만큼 자랐다. 내 친구가 옷장 서랍에 짚을 채운 다음, 누에 애벌레를 짚에 올려놓아 고치를 만들게 하라고 나에게 말했다. 누에들은 고치를 만들 때가 되자 고개를 쳐들고 둥글게 흔들었다. 우리는 누에들이 고치를 짓는 것을 보았다. 누에들은 고치 안에서 계속 실을 뽑아냈다. 누에들의 움직임이 서서히 느려지더니 마침내 멈췄다. 이제 학교에 [병원 구역에 인접한 골목길 건너편에 위치한 감리교 미션 학교였다] 그것을 가져갈 시간이 되었다. 그곳에서 학생들은 누에고치를 끓는 물이 담긴 큰 통에 넣었다. 어떤 사람이 젓가락으로 누에고치의 실 한 가닥을 집더니 고치의 실이 다 풀릴 때까지 계속 젓가락을 돌렸다. 그러자 고치 안에 있던 번데기가 나왔다. 번데기를 좋아하는 사람들은 그것을 콩 간장에 살짝 찍어 간식으로 먹었다. 나는 핑계를 대고 황급히 그 자리를 피했다. 누에고치를 [삶지 않고] 휴면 상태로 두면, 적당한 시간이 지나면 누에나방이 고치를 뚫고 나온다. 누에나방들은 몇 마리씩 떼를 지어 짝을 짓는다. 나는 암컷 나방이 다음 시기를 위해 알을 낳도록 종이를 놓아두었다. 다음 시기가 돌아왔을 때 알을 부화시키려고 알을 낳은 종이를 실크로 덧댄 내 옷 속에 두었다. 짜잔! 새로운 누에들이 태어났다. 누에나방이 고치에서 나올 때 고치에 구멍을 뚫고 나오기 때문에 그 고치는 실크를 뽑아서

스타킹이나 옷을 만드는 데 사용할 수 없다. 그러나 "망가진 실크"도 나름대로 쓸모가 있었다. 우리는 그것을 겨울옷을 덧대는 데 사용했는데 아주 따뜻했다.

나는 이제 병원에서 전임으로 일하고 있어서 좀처럼 진료소에 갈 시간이 없었다. 어니스트가 큰 수술을 해야 할 경우, 나는 수술실에서 같이 일했다. 그렇지 않은 시간에는 청소를 하고 재고물품을 정리하고 벌레들을 잡았다. 4월 16일, 흥미 있는 환자가 찾아왔다. 임신 12개월째인 것처럼 보이고, 몸무게가 약 45kg인 여자가 시골에서 찾아왔다. 예전부터 그녀의 가족들은 그녀가 아이를 낳지 못했다는 이유로 그녀를 놀렸다. 그녀는 죽을힘을 다해 수 십 킬로를 걸어서 병원에 왔다. 그것은 위험한 수술이었고 그녀도 그것을 알았다. 어니는 18kg짜리 난소낭종을 제거했다. 우리는 수술 전에 그녀의 모습을 사진으로 찍고, 수술 후에 낭종의 무게를 쟀다. 하나님께 감사하게도 수술은 성공적이었다. 그 환자는 수술 후 해골 같은 모습이었다. 병원을 떠나기 전 그녀는 아주 열성적인 기독교인이 되어 병동의 다른 환자들에게 전도했다. 그녀가 떠난 후 9kg의 난소낭종이 있는 다른 여자가 병원에 왔다. 그녀는 수술 받는 것을 두려워했다. 새로 기독교인이 된 여자는 수술 의사가 하나님을 자기편으로 두고 있기 때문에 두려워할 필요가 없다고 그녀를 설득했다. 먼저 온 여자는 기뻐하면서 집으로 걸어서 돌아갔다. 나중에 우리는 그녀의 마을에 사는 모든 사람이 그녀의 증언으로 인해 기독교인이 되었다는 소식을 들었다.

4월이 되면 봄이 무르익거나 여름이 시작되고 병원 벽과 배수관이 열기를 뿜어냈다. 그 병원을 건축한 사람들은 난창의 기후를 고려하는 것을 잊었던 것이었다.

4월 15일, 처음으로 수막염 환자가 찾아왔다. 나는 대학원과정의 격리치료 기술을 이수하지 않았기 때문에 전염병을 다루는 데 부족함을 많이 느꼈다. 그러나 우리는 최선을 다했다. 우리가 알기론 그 당시 다른 수막염 환자는 없었다.

4월 17일 뉴욕의 선교위원회 총무로부터 편지가 도착했다. 편지 내용은 미국과 일본의 관계가 심각해지고 있으며, 난창에서 빠져나오는 것을 고려해야 한다는 것이었다. 그것은 우리의 결정에 달려 있었다. 우리는 자연스럽게 함께 모여서 그 문제를 놓고 기도했다. 우리는 남기로 결정하고 그 문제에 대해 가족들에게 편지를 썼다. 또한 상황이 나빠질 경우 미국으로 가지 않고 중국 서부로 갈 것이라고 말했다.

우리 남자 간호사 중의 한 명(리 달리Li Da-li의 아들 "작은 리" 또는 리 시아오Li Hsiao)이 결핵에 걸렸다. 그는 조만간에 휴가를 가야할 많은 사람들 중의 한 명이었다.

5월이 되자 그 전 해 12월에 주문한 물품이 상하이에서 도착했다. 우리는 정말 행복했다! 물품 상자에는 깡통 쨈, 커피, 코코아, 타피오카, 밀가루, 바닐라, 정원에 심을 각종 씨앗이 들어있었다. 그리고 몇 가지 개인용품과 병원 물품도 들어있었다. 어니가 입을 두꺼운 내복도 왔는데 꼭 필요한 물건이었다. 이런 물건들은 아주 오래 오래 사용해야 했다.

이 무렵부터 사역에서 오는 피로가 쌓여 문제가 나타나기 시작했다. 어니와 나는 체중이 줄었고 어니는 위장 장애를 앓았는데 십이지장 궤양 같아 보였다.

그 맘 때쯤 병원에 사용하는 침구류나 의복을 넣어두는 벽장에서 벼룩이 발견되었다. 벼룩을 제거하기 위해 방을 완전히 밀폐하고 유황을 태웠다.

또 우리는 병원에서 전기를 이용할 수 있게 되었다. 우리는 오랜 동안 일본인들에게 전기공급을 요청했었다. 쥐가 여러 가지 문제를 일으켜서 쥐를 잡았다.

[원고의 26쪽은 분실되었다. 아마도 벼룩에 관한 유명한 이야기가 그 페이지에 적혀 있었을 것이다. 어니와 힐다가 사는 집에도 쥐가 있었다. 미국산 치즈를 사용하는 쥐덫은 효과가 없었다. 그 쥐들은 약삭빠른 중국 쥐였다. 러그 양Miss Rugg – 중국내지선교회 소속의 깔끔하고 예의바른 영국 출신의 독신 여선교사– 이 잠시 그녀의 고양이를 빌려주겠다고 말했다. 그녀는 인력거에 고양이를 태우고 왔다. 고양이는 즉시 굴뚝을 타고 올라갔다. 밤마다 힐다는 고양이에게 우유를 주었다. 매일 아침이면 검댕이가 묻은 고양이 발자국이 빈 우유사발 주변 마루에 찍혀 있었다. 두 주 후 러그 양이 고양이를 가지러 왔다. 그녀가 고양이를 부르자 즉시 그녀의 무릎 위로 뛰어올라 갔고, 그녀는 고양이와 함께 인력거를 타고 떠났다. 쥐들이 모두 사라졌지만 끔찍한 벼룩을 이미 옮겨놓았다. 어떻게 하겠는가? 어니와 힐다의 조수가 그 해결책을 제시했다. 조수와 그의 아들은 바지를 걷어 올리고 집으로 들어갔다. 그들은 약간 이상한 소리를 냈다. 잠시 후 그들이 다리는 벼룩으로 뒤덮여 있었다. 그들은 밖으로 나와서 벼룩을 죽이고 다시 집으로 들어갔다. 그 과정을 몇 번 반복하자 벼룩이 모두 사라졌다.]

끔찍한 열기와 습도 때문에 옷과 책에 곰팡이가 피었다. 햇볕이 좋고 건조한 날에는 책과 옷을 말리려고 밖에 내놓았다.

정치적 상황이 점점 악화되자, 간호사와 간호보조사 중 일부가 떠났다. 그 때문에 우리의 업무가 더 과중하게 되었다. 1941년 7월 28일, 일본인들이 보유한 미국 채권이 동결되었다. 7월 29일에 미국인이 보유한 일본 채권도 동결되었다. 8월 1일, 일본 선박이 샌프란시스코에서 억류되었다. 8월 2일부터 미국에서는 시민들에게 실크 양말이 판매되지 않았다. 8월 9일, 전신서비스를 제외하고는 일본과의 모든 관계가 중단되었다.

그 무렵 나는 나의 중국어 실력에 자부심을 느꼈다. 그러나 일상적인 용어 이외의 말을 사용할 때에는 어려움을 겪었다. 나는 옷에 시침질하여 주름을 많이 넣었다. 우리는 재봉틀이 없었기 때문에 그 옷의 재봉을 맡기려고 재봉사를 불렀다. 내가 오후 늦게 집에 돌아왔을 때, 재봉사는 주름을 다 제거하고 옷을 다림질을 하고 있었다. 나는 주름 잡기 위해 다시 시침질을 해야만 했다.

무더위와 정치적인 긴장 때문에 우리는 아주 예민해졌다. 다른 사람들과 걸핏하면 다투었다. 선풍기도 없었다.

8월 1일, 병원에 맹장이 파열된 아이가 왔다. 그 아이는 항생제 없이 살아남았다. [그 당시는 항생제가 아직 개발되지 않았다.] 그 당시에는 매우 드문 일이었다.

수많은 주혈 흡충(장흡충) 환자가 병원을 찾아왔다. 그 당시에는 이 병에 대한 치료법이 아주 가혹했기 때문에 주의 깊은 간호가 필요했다. 그들은 약을 복용한 후 깊은 잠에 빠졌다. 침대에 누운 환자들에게 강제로 장운동을 일으켰다. 우리는 침대를 깨끗하게 세탁했다. 요즘 치료법은 그때와는 아주 다르다. 환자들은 강에서 멱을 감을 때 흡충에 감염되었다.

9월 6일, 병원 간호사인 린 양Miss Lin이 맹장염에 의한 통증발작에 시달렸다. 그녀의 어머니가 수술을 허락하지 않았다. 이번이 세 번째 발작이었기 때문에 우리는 "긴"이야기를 나누어야 했다. 밤늦게 도시의 전기가 나갔다. 우리는 척수 마취제를 준비해야 했다. 마취 전문의사도 없었기 때문에 가끔씩 문제가 생기기도 했다. 이 때문에 어니스트는 척수 마취를 위해 특수한 수술대를 고안했다. 그것은 아주 효과가 좋았고 어니스트는 수술을 하면서 마취제의 양을 조절할 수 있었다. 불행하게도, 이 수술대는 모든 환자에게 사용할 수는 없었다. 그 한 예로, 양 다리를 절단한 후앙 씨Mr. Huang에게는 에테르 마취법을 사용했다. 후앙 씨는 거지였다. 리비 박사가 그에게 에테르 마취에 대해 가르쳐 주었지만 불행히도 그는 에테르 마취처방의 위험성을 깨닫지 못했다. 이것이 어니스트가 척수마취 전용 특수 수술대를 개발한 주요한 이유였다. 나는 항상 어니스트가 환자 기록을 남기고 그가 수술실에서 사용하는 치료절차에 대해 기록을 남기기를 바랐다. 그러나 그는 시간이 없었고 구술녹음기도 없었다.

아메바 이질 환자가 많았다. 우리는 많지 않지만 (아메바 이질약인) 에메틴을 갖고 있었다. 이 질병에 좋은 중국 약초가 있었는데 오늘날에도 사용된다. 그 약초의 이름이 야추Ya Tzu 또는 야단주Ya Dan Zu였다고 기억한다.

다음은 그 당시 병원 직원 명단이다.

병원장	릴랜드 홀랜드 씨
원무과	창 씨
	리 달리 씨
	에블린 가오 양
진료소	?
목사	왕신칭 씨
내과의사	프리츠 피셔 박사
외과의사	어니스트 W. 와이스 박사
수간호사	팬 여사
팬의 보조원	힐다 와이스 여사
수술실 관리자	팬 씨
수술실 관리자 보조원	라오 코
병실 간호사	호 씨
	호 여사(짜오 양)
	리 씨(시아오 리)
이다 칸 여성병원 간호사	린 양
	취 양
	차오 양

9월 초, 병원 수위의 외동딸인 초초라는 꼬마가 신장염으로 매우 아팠다. 그 아이는 작고 깜찍한 소녀였는데 머리에 꽂으라고 아침마다 내게 작은 꽃을 주었다. (그 꽃의 향기는 바나나 향과 비슷했다.) 며칠 후 아이는 죽

었다. 초초는 양부모가 아이를 낳을 수 없었기 때문에 입양한 아이였다. 아이가 강둑에서 버려져 있는 것을 발견하였다. 장의사도 없었고 시신을 염하지도 않았다. 가족들이 소나무 함을 만들어 그 안에 흰 천을 깔고 표백제를 많이 뿌린 다음 시신을 그 속에 넣었다. 간단한 장례식이 거행된 다음 관을 땅에 묻었다. 흙이 관위로 떨어지는 소리를 들을 때 나는 거의 주체할 수 없을 지경이었다. 그 자리에서 나의 장례식은 간단하게 하리라 결심했다. 심지어 화장을 생각하기도 했다.

점점 불길한 소식이 들려왔다. 9월 25일에 소련의 레닌그라드가 독일에 넘어갔다. 중국 서부의 장사長沙가 일본에 함락되었다. 그 다음 며칠 동안은 아주 시끄러웠다. 중국 국민당 군들이 30리 [10리는 4km에 해당됨] 밖에 있다는 소문이 돌았다.

소란하고 불안했지만 우리는 사역을 계속했다. 병원 일 이외 우리는 직원들뿐만 아니라 환자들과도 함께 예배를 드렸다. 우리는 이틀에 한 번씩 각 병동에서 15분 동안 짧게 예배를 드렸다. 우리는 환자들에게 인쇄된 악보를 나누어주고 악보를 읽고 부르는 법을 가르쳐 주었다. 낮 동안 그들이 작게 노래하는 소리를 들었지만 그날 저녁 무렵에는 소란해서 거의 그들의 노래를 들을 수 없었다. 그들이 특히 좋아한 노래는 "천국은 나의 집Heaven is My Home"이었다.

여름 무더위 때문에 잠시 산으로 휴가를 떠나기로 했다. 먼저 지우장으로 간 다음 쿨링까지 갔다. 코럴 휴스턴과 피셔 박사가 며칠 동안 동행하다가 세계정세 때문에 돌아갈 수밖에 없었다. 우리 일행 중 나머지 사람들은 돌아가지 않았다. 랄프 워드 감독과 부인이 와서 총회를 개최하고 선교사들을 만나기로 예정되어 있었다. 그들은 우리를 위해 캔디와 치즈를 가져올 예정이었지만 지우장에 머물렀다.

10월 초, 병원 간호사인 호 씨는 짜오 양과 결혼할 것이라고 나에게 말했다. 그녀는 간호사의 보조원이었다. 호 씨의 첫 부인은 출산(여섯 번째 출산)을 하다가 죽었다. 그는 자신의 결혼식을 우리 집에서 할 수 있는지, 그리고 결혼행진곡을 연주해 줄 수 있는지 물었다. 그것은 나에게 대단한 영광이었다. 나는 홀랜드 씨에게 그 사실을 말했다. 그러한 영예를 받아들이면서 어니와 나는 신랑과 신부의 대부와 대모가 되었다. 우리가 난창에 온 이래 호 씨가 이렇게까지 우리를 소중하게 대한 적은 없었다.

10월 초순, 나는 건강이 썩 좋지 않았다− 약간의 메스꺼움, 열, 설사가 있었다− . 호 씨는 10월 10일− "쌍십절"이라고 불리는 이 날은 중국인에게 중요한 날이다 [이 날은 중국이 공화국이 된 날이기도 하다] − 에 결혼식을 올릴 계획이었다. 그날도 상당히 몸이 아팠지만 결혼식은 그대로 진행되어야 했다. 몸이 나아지지 않고 더 나빠졌다. 피셔 박사는 내가 임신했을지도 모른다고 말했다. 나는 그의 말을 비웃었다. 두 명의 의사가 내가 아이를 절대 가질 수 없을 것이라고 말했기 때문이었다. 그러나 오래지 않아서 토끼 시험 [그 당시에 사용된 임신 테스트 방식] 에서 예상과 다른 결과가 나왔다. 태아를 유산할 가능성이 높다고 생각했기 때문에, 어니와 나는 일반적인 유산 위험이 높은 기간이 끝나면 내가 상하이를 경유하여 마닐라 [필리핀] 로 먼저 간 다음 어니가 올 때까지 기다리기로 결정했다. 상황이 악화될 경우 나는 미국으로 갈 예정이었다. 그래서 우리는 통행증을 신청했다. 우리는 기다렸다. 우리 구역으로 통하는 강의 수문이 닫혔고 일주일 후에는 다른 수문이 닫혔다. [일본인들이 그랬다.] 우리가 신청한 통행증은 거절당했다. 일본인들에게 이유를 묻자 그들은 화를 내면서 말했다. "지금은 아무도 이동할 수 없어!" 우리의 통행증이 거절당했다는 내용의 편지를 부모님에게 쓰기가 힘들었다. 임신했다는 사실을 그들에게 말할 수 없어서 더욱 더 힘들었다.

11월의 날씨는 추웠고 땔감은 귀했다. 병실 난방을 할 수 없었다. 수술실에 작은 양철난로가 있었다. 마취제로 에테르를 사용할 때는 환자의 체온을 유지하기 위해 뜨거운 물을 사용했다. [에테르는 인화성 물질이다] 우리는 아기 침대에 패드를 덧대고 그 아래 온수병을 넣어서 미숙아용 인큐베이터를 만들었다.

12월 4일, 모두 난창에서 대피하라는 감독의 편지가 왔다. 그는 우리가 통행증을 신청했다가 거절당했다는 사실을 몰랐다. 또한 내가 임신 중이며 몸무게가 약 9kg이 빠졌다는 사실도 몰랐다. 중국인들은 나에게 아주 친절했고 내 입맛을 돋우기 위해 온갖 음식을 갖다 주었지만 별 소용이 없었다. 리 달리는 미국식 양파절임 통조림을 구해오기도 했다. 나는 매일 병원에서 일하려고 애썼다. 그러나 점심식사를 병실로 가져올 때면 나는 개에게 쫓기는 들고양이처럼 사라졌다. 12월 1일, 내 몸 상태가 좋아지기 시작했다. 우리는 중국어 공부를 계속하면서 시험 준비를 했다. 12월 8일, 시험을 보고 있을 때 일본 관리가 와서 모든 외국인들은 최대한 빨리 헌병 사무소로 가라고 말했다. 우리는 전쟁이 시작되었다고 거의 확신했다. 만약 투옥된다면 따뜻한 옷을 충분히 입어야 하기 때문에 우리는 단단히 입었다. 두 줄로 늘어서자 드디어 지휘관이 일본과 미국과의 관계가 더 악화되었다고 말했다. 그것은 형식적인 행사였다. 당분간 여느 때처럼 우리의 사역을 계속하라는 말을 들었다. 우리의 생명과 개인 재산은 보장되었다. 경비병이 병원 정문에 배치되었고, 병원구역을 순찰했지만 우리는 동요하지 않았다. 그날 늦게 헌병 중 한 명이 방문했다.(츠네시Tsneshi 장교) 그는 우리에게 전쟁 선전포고가 발표되었다고 말했다. 그 때 왕 목사(왕 서 무Wang Sher Mu)가 우리와 함께 있었다. 그는 당당한 목소리와 태도로 일어서서 시편 46편을 읊었다. 그것은 츠네시 장교에게 아주 큰 인상을 남겼고 우리에게는 위안을 주었다. 우리는 집으로 가서 일꾼들에게 전쟁에 대해 알려주고 짐을 싸서 언제든지 중국 서부로 떠날 준비를 했다. 병사들이 저녁에 릴랜드 홀랜드의 라디오를 듣기 위해 들렀다. 그의 라디오는 아주 좋은 것이었다. 우리는 마닐라, 호놀룰루, 홍콩, 싱가포르에 대한 기습공격 소식을 들었다.

그 때부터 일하기가 점점 어려워졌다. 진료소로 의약품을 가져갈 때마다 우리가 탄 인력거를 수색했다. 병원 문을 출입하는 모든 사람들을 검문했다. 병원 직원들에게 병원을 그만두고 일본을 위해 일하라고 집요하게 설득했다. 병원 직원들은 충성심이 대단했다. 일본인들은 미션 학교와 건물을 "빌리려고" 시도했다. 그들은 학생들의 가정을 방문하여 학부모들이 자녀를 우리 학교에 계속 보낼 경우 쌀과 소금, 심지어 그 도시에 살 권리까지도 박탈하겠다고 위협했다. 그렇게 하여 2월에 학교들이 폐쇄되었다. 일부 교사들은 중국 서부로 몸을 피했다.

12월 9일, 라디오를 통해 하와이 진주만에서 오클라호마 호와 웨스트 버지니아 호가 침몰했고, 마닐라에 있던 96대의 비행기가 파괴되고, 2백 척의 배가 태평양에서 나포되었다는 소식을 들었다. 예배를 드리기 위해 일요일까지 기다리지 않고, 대규모 세례식을 거행하고, 우리의 소유물을 중국인들에게 나누어주었다.

12월 10일 [영국] 프린스 오브 웨일즈Prince of Wales 호와 다른 큰 배들이 침몰했다. 우리는 샌프란시스코와 호놀룰루가 폭격당하고, 마닐라와 싱가포르가 함락되기 직전이라는 소식을 들었다.

12월 11일, 약 2천3백 명의 일본계 미국인과 독일계 미국인이 미국에서 강제 수용되었다.

12월 12일, 독일과 이탈리아가 미국에 대해 선전포고를 했다.

12월 17일, 뱅크맨 씨Mr. Benkman가 우리에게 전보를 보내어 더 이상 후원금을 보낼 수 없다고 말했다. 무슨 수로 직원들에게 월급과 해직수당을 줄 것인가? 미국 영사관에서도 비슷한 편지를 보냈다.

12월 19일, 일본인들이 와서 우리의 단파라디오를 가져갔다. 우리는 미국의 소리Voice of America 방송이나 영국 BBC방송을 들을 수 없었다. 그때부터 우리는 모든 소식을 일본군 장교나 현지 중국인들에게서 들었다. 일본인들이 카메라와 자전거도 가져갔다. 12월 한 달 동안 내 치아 속에 넣은 충전재가 빠져버렸다. 치과의사에게 갈 방법이 없었다. 통증이 시작되면, 남편에게 부탁해서 이빨을 뽑을 수밖에 없었다.

더 이상 들어오는 수입이 없어서 우리가 신임하는 미숙련 노동자 [여러 가지 막일을 하는 저임금 노동자] 중 한 명을 중국 서부로 보내 슈베르트 [선교 기금을 관리하는 감리교 선교사] 를 만나서 직원 월급과 해직수당을 지급하고 우리의 생활비로 사용하기 위해 1만 달러를 갖고 오라고 시켰다. 그가 전선을 뚫고 갔다가 다시 돌아올 수 있을지 아무런 보장이 없었다. 우리는 아무런 질문도 하지 않고, 오직 그가 다시 돌아올 수 있기를 기도할 뿐이었다.

우리의 성탄절은 아주 조용했다. 우리는 정원에서 수확한 농산물을 서로 교환하면서 성탄절을 축하했다.

1942~1943년
끝까지 충성하다

1942년 1월 5일, 일본인들이 병원 물품 재고조사를 하라고 강요했다. 그 작업을 하는 데 몇 시간이 걸렸다. 올 것이 온 것처럼 보였다.

우편물이 가기는 갔지만 배달이 늦어졌다. 나는 1942년 1월 18일에 어머니에게 편지를 보냈는데 어머니는 1943년 1월에 그 편지를 받았다. [일본과 미국과의] 전쟁이 시작되기 전에 나는 일주일에 한 번 부모님께 편지를 썼지만 이제는 한 달에 한 번 밖에 편지를 쓰지 못했다. 우리는 미국에서 보낸 편지의 일부를 받지 못했다. 병원 일이 점점 줄어들자 우리는 직원들을 가급적 빨리 떠나보내려고 노력했다. 내가 대부분의 시간을 집에서 보내게 되어 우리 집 요리사를 내보냈다.

내 체형이 변하고 있었기 때문에 나는 임산부복을 마련해야겠다고 생각했다. 이용할 천이 아무것도 없었다. 에블린 가오가 약간의 천을 갖고 있었는데 짧은 겉옷 두 벌을 만들기에는 충분했다. 나는 내 스커트 두 벌의 앞부분을 잘라내어 임산부복으로 입었다. 일본인들은 나와 루스 다니엘스가 아기 바구니와 아기 옷을 구하려고 이다 칸 병원 [감리교 여성병원] 에 가는 것을 막았다. (여러 다른 면에서 일본인들은 매우 인간적이었다.)
나는 두 벌의 아기용 옷을 짓기에 충분한 플란넬 천을 갖고 있었다. 그것
이 아기가 가질 수 있는 유일한 새 물건이었다.

어니가 계속해서 스트레스에 시달리기 시작했다. 그는 십이지장 궤양
에 걸렸다. 다행히도, 우리가 기르는 소가 충분한 우유를 생산하여 궤양
증상을 완화시킬 수 있었다.

이 무렵, 피셔 박사 부부는 아주 불안해하고 있었다. 일본 헌병이 여러
번 그들에게 찾아와서 여권을 보여 달라고 했다. 피셔 박사는 유태인이었
기 때문에 자신의 여권을 보여줄 수 없었다. [미국 감리교 선교위원회가
주는] 월급이 중단되었기 때문에 그들은 일본인 병원에서 일하는 것 이
외 달리 선택의 여지가 없었다. 피셔 박사는 자신이 무슨 수를 쓰더라도
우리의 아기의 분만을 도와주겠다고 약속했다. 그들은 심각한 압력에 시
달리고 있었다.

2월 초 또는 1월 말 경, 우리는 영국의 중국내지선교회China Inland Mission
로 옮겨져서 억류될 것이라는 소식을 들었다. 식료품과 옷, 개인물품을
가져가는 것이 허용되었다. 우리는 짐을 싸기 시작했다. 다행스럽게도,
나는 많은 것들을 깡통에 넣어두었는데 그것들은 모두 식료품으로 간주되
었다. 옳은지 그른지 모르겠지만, 어니는 박스 하나를 개조해 바닥에 비
밀공간을 만들어 등유 한 통을 보관했다. 우리는 난창을 떠날 때까지 그
등유를 이용하여 램프를 켰다.

어느 날, 어니가 도심으로 걸어갔는데 그곳에서 다름 아닌 우리가 신
임했던 미숙련 노동자를 만났다. 그 직원은 어니를 모르는 척 행동하면서
어디에서 만나서 이야기를 할지 아주 재빨리 말했다. 그는 1만 달러를 실

크로 덧댄 외투 속에 넣어갖고 돌아왔던 것이다. 우리가 사랑하고 신뢰했던 그 직원이야말로 최고의 영광과 찬사를 받기에 합당했으리라. 그 돈이면 직원들의 월급과 3개월간의 해직수당을 주고 우리가 떠날 때까지 생계를 유지하기에 충분했다.

3월 3일, 병원이 3월 7일자로 폐쇄된다는 통보를 받았다. 우리는 그날 이동할 예정이었다. 일본인들은 우리가 직원들에게 월급 대신 담요와 목화솜 이불을 나누어주는 것을 허용했다.

집을 떠나야 할 날이 다가왔다. 이사할 물건들은 검사를 위해 마당에 두었다. 일본인들은 그들이 원하는 것은- 타자기, 재봉틀, 바닥 깔개, 의자들- 무엇이든지 마음대로 가져갔다. 나는 의자에 앉아 있었기 때문에 그 의자는 챙길 수 있었다. 나는 암소와 씨름했다. 우리는 소를 나무에 매어 두었다. 나는 내 부른 배를 가리킨 다음, 소를 몰고나와 트럭 뒤에 묶었다. 우리는 도시를 가로질러 중국내지선교회로 갔다. 릴랜드 홀랜드와 어니와 나는 한 집 이층의 일부를 사용했다. 넬슨 씨와 루스 다니엘스, 코럴 휴스턴, 에블린 가오는 다른 집의 이층을 사용했다. 두 집의 아래층은 부엌과 선교회 업무용으로 사용되었다. 피셔 박사 부부는 일본인들이 제공한 다른 집으로 이사했는데 우리 집과는 도보로 약 5분 거리였다.

이사한 날 일본 헌병이 와서 우리가 매일 이동할 수 있는 범위를 가르쳐주었다. 그 이동 범위에는 프랑스 가톨릭 병원이 포함되었지만 피셔의 집은 제외되었다. 피셔부부를 만나려면 특별 허가를 받아야 했다. 거리를 걸어갈 때 어느 누구와도 이야기 하지 않았다. 왜냐하면 나중에 그들이 조사를 받기 때문이었다. 근처에 작은 공동묘지가 있었다. 중국인들은 매장할 때를 제외하고는 그곳에 가지 않았기 때문에 가끔 나는 사람들을 피해서 그곳에 갔다. 중국인 친구들은 나를 보러 올 수 있었지만 그들 역시 나중에 조사를 받았다. 우리는 중국내지선교회의 복음 사역을 도와주었다. 그곳에는 30명 정도의 사람이 머물렀다. 그러나 그곳에 매일 머무를 수 있는 사람들의 수에는 제한이 없었다. 어니는 정원 일을 시작했다. 그 일은 멜솝 씨Mr. Melsop를 기쁘게 했다.

하나님은 신비로운 방법으로 역사하신다. 나중에 우리가 상하이에 갔을 때, 상하이에서 배를 타고 떠난 사람들에게 벌어진 일을 알았다. 그 배는 만약 내가 더 일찍 난창을 떠났더라면 타고 갔을 배였다. 그 배는 해상에서 폭격을 당해 망가진 채로 천천히 필리핀으로 갔다. 그 배에 탑승한 모든 미국인들은 그곳에 억류되었다. 그곳의 상황은 우리의 상황보다 더 심각했다. 내가 만약 필리핀으로 갔다면, 나는 미국에 도착하지 못했을 것이다. 어니스트와 나는 오랜 동안- 우리 첫아이의 출산을 위해서- 떨어져 지내야 했을 것이다.

강한 신앙을 가졌지만 때때로 나는 무서워서 주춤거렸다. 어니는 자신의 내적 감정 상태를 절대 말하지 않았지만 그 역시 때때로 두려워했다고 나는 확신한다. 나는 그 시기에 진짜 악몽을 꾸었다. 한 번은 내가 바다 한 가운데 카누를 타고 고군분투하는 꿈을 꾸었다. 또 다른 꿈은 두려운 것이 아니라 아주 멋진 것이었다. 우리는 모두 오하이오 주의 내 집 근처 큰 들판에 모여서 세상의 종말을 바라보고 있었다. 사람들이 마차를 타거나 걸어서 찬송가를 부르며 왔다. 우리는 모든 친척과 친구들을 만났다. 어니는 여기저기를 돌아다니며 일을 하고 나는 그를 따라잡을 수 없었다. 갑자기 큰 빛이 비췄다- 우리는 모두 이것이 무엇인지 알았다- . 그 후 나는 깨었다. 달빛이 내 얼굴을 비추고 있었다. 오늘날까지 그 꿈은 내 기억에 아주 생생하게 남아있다.

중국내지선교회로 옮긴 직후, 일요일 아침에 어떤 무리가 찾아와서 우리를 모두 중국서부로 데려다주겠다고 제의했다. 우리는 그것을 거절했다. 그것은 자갈길을 걷고, 강을 건너 수백(?) 킬로를 걸어서 전선을 통과한 후 사람이 살지 않는 지역을 지나 중국국경까지 간다는 의미였다. 일부 사람들은 내가 성공하지 못할 것이며 그들의 이동속도를 늦추게 할 것이라고 생각했다. 만약 도중에 체포된다면, 우리는 투옥되고 중국인들은 처형될 것이었다.

중국내지선교회에 온지 한 달이 못되어 4월 14일에 포로 교환선을 타기 위해 떠날 준비를 하라는 말을 들었다. 우리는 팔 수 있는 것은 모두 팔았다. 4월 10일, 우리는 그 배의 출항이 한 달 간 연기되었다는 통보를 받았다.

4월 18일 밤, 우리는 비행기가 도시 상공을 날아다니는 소리를 들었다. 그 비행기는 전선을 계속 넘나들었다. 아침이 되자 일본군들이 와서 미국인을 찾기 위해 우리 방을 수색했다. 나중에 미국인 5명이 탄 미국 비행기가 착륙했다는 소문을 들었다. 이때는 둘리틀 공습Doolittle Raiders – 1942년 4월 18일 제임스 해롤드 둘리틀James Harold Doolittle 중령이 지휘하는 B-25 미첼 경폭격기 편대가 일본을 폭격한 후 일부 비행기가 중국 동부지역에 착륙한 사건이다– 이 일어난 시기였다. 나중에 들리는 이야기에 따르면, 비행기 편대에서 벗어난 한 미군 조종사가 난창으로 날아왔다고 했다. 그 조종사는 자신이 중국 서부에 도착했다고 생각했다. 그 비행기는 연료가 떨어져 강에 착륙했다. 승무원들은 모두 비행기에서 내려서 중국 서부를 향해 걸었다. 조종사가 한 농부에게 중국 서부로 가는 길을 물었다. 농부는 너무 두려워서 반대방향으로 가르쳐 줘서 난창 시로 가게 했다. 그들은 체포되어 투옥되었다가 나중에 상하이로 이송되었다. 나중에 우리는 그 조종사가 처형되었다는 사실을 알았다. 코럴 휴스턴이 미국으로 돌아간 후, 둘리틀 공습의 생존자 일부를 만났다. 우리가 미국에 다시 돌아간 후, 둘리틀 공습에 참가한 군인들이 그날 모두 미국 기지로 무사히 복귀했다는 신문기사를 발견했다. [그것은 오보였다.] 그 시기에는 다른 폭격도 있었다. 한 번은 미군기가 신 공항을 폭격하여 내 친구 중 몇 명이 죽었다. 또 한 번은 미군기가 구 공항을 폭격했다. 밤에는 우리가 사는 구역과 가까운 곳에서 기관총 사격 소리가 엄청나게 났다.

[1995년 인터뷰에 따르면, 일본인들이 이 때 힐다에게 파이를 구울 수 있는지 물었다. 그것은 그들이 체포한 둘리틀 공습 포로들을 심문할 때 사용하기 위한 것이었다. 힐다는 그들에게 파이를 만들 도구나 재료가 없다고 사실대로 말했다. 오랜 세월이 흐른 2000년 초, 한 둘리틀 공습대원은 힐다와 힐다의 두 번째 남편인 다윈 앤드루스가 휴스턴 클레어우드 하우스에 살 때 그곳에 살았다.]

나는 이제 임신 8개월 째였고, 요통이 생기고 밤에는 잘 자지 못했다. 또한 양손과 팔에 신경염이 생겼다. 손과 팔은 특히 밤에 마비되고 고통스러웠다. 나는 두 팔에 부담을 주지 않으려고 베개에 올려놓았다. 현지인 약사가 맛이 끔찍한 비타민 B12가 다량 함유된 조제약을 만들어주었다. 그러나 나는 그 약과 함께 효모를 먹었다. 나는 선잠을 잤다. 설상가상 쥐들이 집을, 특히 욕실을 마음대로 드나들었다. 욕실에는 수도시설이 없었고 아주 원시적이었다. 우리는 저녁 10시까지만 작은 등유 램프를 켤 수 있었다. 그 이후 시간에는 아무 것도 사용할 수 없었다. 어느 날, 쥐들이 너무 시끄러워 나는 마침내 침대에서 일어났다. 나는 손전등을 이용해 쥐들을 구석으로 몰아붙여 성가신 놈들에게 겁을 주려고 했다. 몇 분 후, 징 박은 신발을 신은 군인들이 문을 세게 두드리면서 우리를 모두 깨웠다. 그것은 그들이 얼마나 가까이에서 우리를 감시하고 있는지를 보여주었다. 그들은 우리가 게릴라들에게 신호를 보내고 있다고 확신했다. 나는 침대로 다시 돌아갔다. 멜솝 씨, 홀랜드 씨와 어니는 우리가 그냥 쥐를 쫓고 있었다는 것을 그들에게 납득시켰다. 나는 다시는 쥐를 쫓지 않았다.

난창의 상황이 날이 갈수록 긴장이 더해갔다. 밤이 되면 일본인들은 중국인 노동자들을 집에서 데려다가 일본군 전선에 배치했다. 그 결과, [반대편에서 사격을 하던] 중국인들은 자기 민족을 죽였다. 비명소리가 끔찍했다. 곧 큰 전투가 벌어질 것처럼 보였다. 말과 병사들을 어디서나 볼 수 있었고, 점점 더 많이 왔다. 프리츠와 에미는 우리를 방문하는 것이 금지되었다.

6월 1일, 루스, 코럴, 에블린, 릴랜드에게 6월 3일에 떠나라는 명령이 떨어졌다. 그들은 내가 여행하지 않기를 바랐다. 그 여행은 하루 동안 유개화차를 타고 며칠 동안 배를 타고 가야했기 때문이었다. 일본인들은 사고가 나는 것을 원하지 않았다. 출산예정일이 다가왔다. 어니는 떠날 때를 대비해 분만도구들을 모두 챙겼다. 그들을 보내는 날은 슬펐다. 그 지역에 남은 미국인은 우리밖에 없었기 때문이었다.

출산 예정일이 다가오자 우리는 프랑스 가톨릭 병원에서 밤을 보내기로 결정했다. 모든 사람들은 아기들이 밤에 태어나기를 좋아한다는 것을 안다. 밤이 된 후에는 병원에 갈 수가 없었다. 계엄령에 따라 일몰 후에는 소등을 해야 했기 때문이다. 그래서 아기를 출산하는 날까지 매일 밤 해질 무렵에 나는 병원으로 걸어갔다. 어니는 신부들과 자고, 나는 수녀들과 잤다. 새벽이 되면 우리는 중국내지선교회로 돌아왔다. 거의 3주 동안 이렇게 하며 지냈다.

정확히 6월 15일 오전 2시. 아기가 나오려고 했다. 수녀님들은 영어를 하지 못하고 나는 불어를 하지 못했기 때문에 우리는 중국어로 대화를 나누었다. 나는 분만실로 갔다. 가벼운 마취에서 깨어나면서 "위, 위, 마드모아젤"이라는 소리를 들었다. 나는 아기가 딸이라는 것을 알았다. 피셔 박사가 제때에 도착하여 아기를 받아서 어니가 아버지가 되는 시험을 통과하도록 도와주었다. 우리가 병원비를 어떻게 지불했는지 궁금해 할지 모르겠다. 우리는 난창 병원을 폐쇄하기 전에 프랑스 가톨릭 병원에 약품이 필요하다는 것을 알았다. 그래서 우리는 일본인들의 동의하에 가톨릭 병원에 약품을 기증했다.

이상하게 들릴지 모르지만, 베티가 태어난 지 하룬가 이틀 후에 츠네시 장교와 다른 장교가 나를 만나러 와서 작은 케이크와 물로 희석해서 마실 수 있는 큰 주스 두 병— 달리 말하면, 주스 진액 두 병— 을 선물로 주었다. 나는 열흘 동안 병원에 머물렀다. [그 당시 미국여성들의 경우, 출산 후 며칠간 병원에 머무르는 것이 관례였다. 이런 관례는 2차 세계대전 후까지 바뀌지 않았다.]

중국내지선교회로 돌아온 지 일주일 후 츠네시 장교가 와서 베티에게 옷을 입히고— 베티는 옷이 한 벌밖에 없었다— 나도 가장 좋은 옷을 입고 외출을 하자고 말했다. 그는 잔디밭에서 부드러운 버들가지로 만든 의자에 앉아서 무릎에 베티를 올려놓으라고 말했다. 그는 우리의 사진을 찍었다. 그 카메라는 일본군이 징발한 우리 카메라였다! 우리는 잡담을 나누

일본군 장교가 어린 베티를 안고 있는
모습, 난창, 1942년

다가 잠시 후 그에게 아기를 안아보고 싶은지 물었다. 망설임 없이 그는 의자에 앉더니 베티를 안고 "사진을 찍어주세요."라고 말했다. [1995년 인터뷰에 따르면, 츠네시 장교는 힐다와 어니스트가 난창을 떠날 때 그들의 성경을 달라고 요구했다.]

한 달 후, 베티는 몸무게가 늘지 않고 엄청나게 울었다. 아기의 몸무게가 늘지 않았다는 것은 내 젖이 좋지 않아서 말 그대로 아이가 굶고 있다는 말이었다. 그래서 아기가 그렇게 심하게 울었던 것이었다. 다행하게도, 에블린이 나에게 분유 한 통을 주었다. 그 분유가 베티의 생명을 구했다. 그럭저럭 시간이 흐른 후, 우리는 상하이에 있는 사람들에게 모두 건강하다는 소식을 전했다. 그들이 상하이에서 미국에 계신 내 부모님께 안부를 전해주었다. 물론 어머니는 아무것도 모르고 있었기 때문에 어머니가 전화를 받았을 때 어머니는 그들에게 내가 아기를 갖는 것은 불가능하다고 말했다. 어머니에게 내 소식은 분명 충격적이었을 것이다. 7월 24일 츠네시 장교가 다시 왔다. 사실, 그는 매일 와서 우리를 확인하고 몇 번이고 똑같은 내용을 물었다. 우리는 그의 환자였다. 그는 7월 28일에 떠날 준비를 하라고 말했다. 그래서 짐을 좀 더 싼 후 남은 소유물은 팔거나 나누어 주었다.

7월 27일 오후, 우노 중대장과 헌병들이 와서 우리의 짐을 조사하고 그들이 원하는 것을 챙긴 후 앞문을 닫고 우리를 삼엄하게 감시했다. 피셔 부부만 우리를 보러올 수 있었다. 7월 28일 아침, 러그 양과 멜솝 씨(유일한 영국인)와 우리는 트럭을 탔다. 나는 베티와 함께 앞좌석에 앉았다. 사람들이 몰려나와 문에서 작별인사를 했다. 우리가 마지막으로 그 지역을 떠나는 영국인과 미국인이었기 때문에 그들은 세상의 종말이 오고 있는 것처럼 느꼈다.

차 안에 앉아있는 동안 중국 여자가 말하는 것을 들었다. "어머, 저 아기 좀 봐, 피부가 정말 하얗구나!" 베티의 머리카락은 담황색이었다. 다른 중국여자가 말했다. "아기를 매일 씻긴다는 소리를 들었어. 그래서 저렇게 하얗게 되었을 거야." 많은 중국인들에게 베티는 처음 본 금발 아기였다. 우리는 기차역까지 가서 유개화차에 태워졌다. 그날 늦게 지우장에 도착했다. 우리는 일본인 호텔에 갔다. 목욕을 하려면 호텔에 투숙한 다른 사람들과 함께 공동목욕탕을 이용해야 했다. 나는 일본여자 몇 명과 함께 목욕을 했다. 저녁 늦게 러그 양이 일본 여자들이 아주 친절하다고 말했다. 그녀는 혼자서 목욕을 했다. 어니스트와 나는 크게 웃었다. 러그 양은 호텔 투숙객이 모두 그 목욕탕에서 이미 목욕을 했다는 것을 몰랐다. 그녀는 마지막으로 목욕을 했던 것이다. 일본식 목욕탕에 갈 경우, 큰 욕탕의 가장자리에 앉아서 먼저 몸에 비누칠을 하고 물로 몸을 씻은 후 욕탕에 들어간다.

지우장에서 하루를 기다리는 동안 더 많은 선교사 포로들이 쿨링에서 왔다. (브라운즈Brown 부부, 마세이즈Massay 부부, 커프Cuff 부부, 허버트Herbert 부부, 프라이스 여사Mrs. Price, 로긴스 양Miss Roggins, 찰톤Charlton 부부, 존Jone 부부) 우리는 드디어 상하이까지 갈 배에 태워졌다. 선실 당 네 명이 들어갔다.

우리는 8월 1일에 상하이에 도착하여 콜롬비아 컨트리클럽으로 이송되었다. 우리는 얼음물과 차가운 음료수를 마시고 선풍기 바람을 쐬었다. 잠은 접이식 간이침대에서 잤는데 사이에 지나다닐 수 있는 공간이 있었다. 클럽에는 약 2백 명이 있었다. 남자들은 감금되었다.

영국인 포로 교환선이 다음 날 아침에 떠났기 때문에 우리는 멜솝 씨를 다시는 보지 못했다. 러그 양은 너무 아파서 떠날 수 없었다.

상하이에 처음 도착했을 때 우리는 다소 자유롭게 주위를 돌아다녔다. 우리는 라이트 씨 부부Light, 호크스Hawks, 거트루드 워트만Gertrude Waterman, 릴리 스티븐스Lilly Stevens, 맥린 학교McLyne School에서 근무하는 여자들 [모두 선교사들이었다] 을 만났다. 우리는 랄프 워드 감독을 방문했다. 피셔박사의 친구인 쿰피Kumfi 씨의 집도 찾아보았다. 우리는 1942년 11월 또는 12월경에 피셔 부부가 둘째 딸을 낳았다는 소식을 들었다. 피셔 부부는 일본인들이 다시 그들의 여권을 보여 달라며 강한 압력을 넣고 있다고 느꼈다. 그래서 어느 날 밤 그들은 일본군이 점령하지 않는 중국 서부를 향해 걸어서 길을 떠났다. 그들은 아이들에게 수면제를 먹이고 자기들과 자녀들은 중국옷을 입었다. 그들은 아이들을 바구니에 담고 중국인 노동자들처럼 어깨에 맨 장대에 바구니를 걸어서 운반했다. 그들은 그들의 친구와 일본인 경비병들에게 결혼식에 간다고 말했다.

[수십 년이 지난 후, 힐다와 어니스트는 시애틀에서 피셔 가족을 만났다. 2차 세계대전이 끝난 후, 피셔 가족은 난민으로 캐나다에 이민을 가서 캐나다 시민이 되었다.]

첫 번째 무리가 컨트리클럽을 떠난 후, 블럼 박사 부부Dr. and Mrs. Bloom, 루이스 박사 부부Dr. and Mrs. Lewis, 앨리지 박사 부부Dr. and Mrs. Alridge, 프록터 씨Mr. Proctor, 브리슨 박사Dr. Brison, 사운더스 씨Mr. Saunders [모두 선교사들이었다] 와 같은 사람들이 다시 왔다. 나중에 다른 포로 교환선이 영국으로 갔다.

유명한 컨트리클럽에 온 지 3주 후, 우리는 헤이그 가 540번지로 이동했다. 그곳은 이전에 풀러 가족의 집이었다. 그 후 5개월 반 동안 우리는 다른 네 가정의 가장– 프랭크 게일 목사Rev. Frank Gale, 알베르트 스튜어드 Dr. Albert Steward, 구스 나스미스Gus Nasmith, 릴리 스티븐스Lillie Stephens — 들과 함께 지냈다. 우리가 그곳에 정착하기 전까지 스튜어드 박사가 그 집에서 살고 있었다. 우리는 회의를 하여 각자의 역할과 책임을 나누었다. 나는 그곳에서 함께 보낸 시간을 결코 잊지 못할 것이다. 그들은 여러 면에서 훌륭하고 유익한 사람들이었다. 그 집에 있는 동안 우리는 고국에 있는 여느 미국인들처럼 지냈다. 문밖을 나설 때에는 미국인임을 표시하는 붉은 완장을 차야했다. 우리가 가서는 안 되는 곳도 있었다. 나는 아기를 돌보고 중국어를 공부하느라 사역을 중단했다. 어니스트는 스위스 영사관을 통해 미국인들을 조직해달라는 부탁을 받았다. [스위스는 중립국이었기 때문에 2차 세계대전 동안 상하이에서 미국인에 관한 업무를 취급했다.] 그것은 우리가 모두 임시직으로 근무할 수 있는 좋은 기회였다. 또한 그것은 어니스트가 매일 도심으로 나가야 한다는 것을 의미했다. 누가 다음 포로교환선을 탈 것인가? 9월 10일에 콘테 베르데Conte Verde 호가 출항한다는 소문이 나돌았다. 그것은 뜬소문이었다. 그러나 미국으로 가기 위해 계약서에 서명했다. 그 배가 2주간 연기되었다는 소문이 돌았다. 그것 역시 뜬소문이었다.

그러는 동안 우리는 아기 때문에 아주 행복한 시간을 보내고 있었다. 아기는 옹알이도 하고, 미소를 지으며 소리 내어 웃었다. 우리는 중고 유모차를 샀다. 아기는 유모차 안에서 오랜 동안 잠을 자기도 하고 타고 다닐 때에는 좋아했다. 포로수용소로 갈 때 그 유모차를 가지고 갔다.

그 무렵, 어니는 워드 감독, 번디 리Dr. Bundi Li, 핀란드 총영사관 애봇 초우 쿵Abott Chou Kung, 그리고 다른 몇몇 사람들로 구성된 토론 모임에 참여했다. 다양한 종교에 관해 논의하는 철학 토론모임이었다.

그 때까지 영화관에 가는 것이 허용되었다. 우리는 고전영화를 제법 많이 보았다. 9월 16일, 영화관과 댄스 홀, 다른 오락 장소에 갈 수 없다는 명령이 발표되었다. 그리고 콘테 베르데 호는 출항하지 않았다.

설탕이나 마가린을 사는 것은 거의 불가능했지만 10월 25일 어니의 생일에 케이크를 만들어 줄 수 있었다. 11월 1일 우리는 가족들과 친구들에게 성탄 카드를 부쳤다. 하지만 그 카드들은 결국 그들에게 전달되지 않았다.

모든 미국인들을 따로 골라내어 지하 수용소에 감금할 것이라는 소문이 널리 퍼졌다. 모든 남자들이 짐을 쌌다. 그러나 11월 12일 일본인들이 미국인들을 개인별로 방문하여 여러 가지 서식을 작성하게 했다.

나는 치아를 치료할 필요가 있었다. 우리는 제법 평판이 좋은 백 러시아계 치과의사 한 명을 찾아냈다. 첫 번째 치료는 좋았지만 다음번에 갔을 때 의사가 국소마취제인 노보카인을 내게 주사하자 나는 기절했다. 알레르기 반응이었다! [약 40년 후, 샌프란시스코에서 검사한 결과, 힐다는 노보카인이 아니라 치과용 노보카인 물약에 통상적으로 들어가는 소량의 아드레날린에 알레르기 반응을 한 것이었다.]

일본인들은 다시 명령을 내려 집에 있는 모든 가구에 꼬리표를 붙이고 물품목록을 제출하라고 했다.

이 무렵 날씨가 점차 추워지고 있었다. 어니는 방안의 한기를 없애기 위해 양철 난로를 찾았다. 습한 날씨 때문에 어디에서든 기저귀를 말릴 수 있는 곳이 필요했다. 양철 난로가 아주 유용했다.

12월 14일 상하이에서 공급 경보 소리를 들었다. 12월 17일 도쿄가 폭격을 당했고, 콘테 베르데 호가 2월 30일에 출항한다는 소문이 돌았다.

중국인들 사이에는 기근이 극심했다. 어니는 매일 아침 일찍 도심으로 가는 길에서 전날 밤 죽은 시신을 최소한 한 구 이상 보았다.

1943년 1월 23일, 한 무리의 사람들이 지하 수용소에 갈 준비를 하라는 명령을 받았다. 1월 31일 한 무리의 남자들이 푸퉁 수용소P'u T'ung Camp로 갔다. 2월 5일, 게일 씨와 나스미스 씨가 AAC수용소로 갔다. 우리는 우리 차례가 금세 다가올 줄 알았다. 2월 7일 우리는 스미스 박사Dr. Smith의 소식을 들을 수 있는 마지막 기회일지도 모른다고 생각하면서 교회에 갔다. 우리는 우리의 소지품이 제한될 것이라는 것을 알았다. 그래서 견과류를 사서 껍질을 벗기고 알맹이만 골라냈다. 알맹이는 껍질이 그

대로 있는 경우보다 부피를 적게 차지했기 때문이었다. 견과류는 단백질을 얻기 위한 것이었다. 2월 15일 아침, 우리는 프랭크 게일Uncle Frank Gale과 구스Uncle Gus가 수용소로 걸어가는 것을 보았다. 우리는 그들과 더 이상 함께 갈 수 없을 때까지 그들의 짐을 들고 거리를 같이 따라 갔다. 전쟁이 끝난 후 난창에서 다시 프랭크를 보았지만 구스는 보지 못했다. 알Uncle Al이 호출을 받았다. 그가 떠나기 전, 릴리와 어니와 나도 호출을 받았다. 우리는 알이 떠나는 것을 배웅했다. 2월 25일 릴리는 차페이Chapei로 이송되었다. 우리 역시 그곳에 가게 될 것이라고 생각했다. 그러는 동안, 집이 폐쇄되고, 최종 중국어 시험을 치고, 물품 몇 가지를 장만했다. 그리고 우리에게 소포를 부쳐달라고 어떤 분에게 부탁을 하고, 가방을 한두 개 싸고, 그 밖에 일상적인 일들이 이어졌다.

차페이(Chapei)

3월 2일 자정, 트럭 한 대가 와서 우리의 가방과 침구를 차페이 수용소로 싣고 갔다. 우리는 한밤중에 자질구레한 물건을 정리했다. 아침이 되자 우리는 차에 태워져 컨트리클럽으로 갔다가 오래된 중국대학인 차페이로 이송됐다. 우리가 2층에 있었는지, 3층에 있었는지 기억할 수 없다. 우리 방에는 네 가정이 있었고 각 가정에는 세 명의 가족이 있었다. 그 방의 제일 먼 쪽 끝에는 모건 씨 가족이 있었다. 그들은 호주 출신이었는데 사업을 했다. 모건 부인은 약물 중독자였지만 차페이에 있는 동안 약물복용을 중단했다. 그래서 종종 어려움을 겪었다. 그들의 아기는 사랑스러웠다. 그들 옆에는 랑에 Lange 씨 가족들이 있었다. 그는 네슬레 유제품 회사의 대표였다. 그들은 캐나다 출신이었다. 그들의 작은 딸은 베티와 같은 나이었는데 우리의 유모차에 자주 같이 태우기도 했다. 랑에 씨 가족 옆에는 터커 Tucker 씨 가족이 있었다. 그들은 캐나다 출신의 유태인이었다. 그는 빈틈없는 사업가였으며 베티를 좋아했다. 그는 직접 손으로 온갖 물건을 만들 줄 알았다. 그의 아내는 피아니스트였고 하얼빈에서 콘

서트를 개최한 적도 있었다. 피아노도 없고, 음악도 없이 철조망으로 둘러쳐진 수용소에 있는 것은 그녀에겐 매우 힘든 일이었다. 그들의 어린 아들인 데이비드는 약 9살로 몹시 신경이 예민해서 밤에 자주 침대에 오줌을 쌌다. 우리는 데이비드를 의학적인 면에서 최대한 도와주려고 했다.

우리는 터커 씨 가족 옆에 1인용 침대 두 개, 베티의 침대, 접이식 카드놀이용 탁자 한 개, 두 개의 접이식 의자를 나란히 놓았다. 1인당 할당받은 공간은 12m²이었다. 맞은편에는 빌 어웨드Mr. Bill Awad와 그의 어린 두 아들 빌 주니어(13세), 필립(9세 또는 11세)이 살았다. 어웨드 씨는 장식끈 등을 수입하는 사람이었다. [그의 아내는 수용되지 않았다.] 우리는 나중에 뉴욕에서 그를 만났다.

우리는 오전 10시 반에 헤이그 거리에 있는 집을 떠났다. 우리는 우리의 방과 침구를 찾아서 정리를 하고 잠을 잘 준비를 했다. 우리가 처음 한 일은 저녁 8시에 점호를 받는 것이었다. 일본군 장교와 통역자가 오후 8시에 수용소를 한 바퀴 둘러보았다. 한 사람이 일본군 장교보다 앞서 다니면서 우리가 제때에 방에서 나와 서 있도록 했다. 우리는 차려 자세로 서 있다가 이름이 호명된 후 해산했다. 만약 아기가 함께 있지 않은 경우, 장교는 방으로 들어와서 방안을 살펴보았다. 그 후 점호해제 사이렌이 울릴 때까지 방에 들어가 있었다. 그 때부터는 사이렌이 울릴 때까지 화장실에 갈 수 없었다. 그것은 1,066명이 모두 호명될 때까지 기다려야 한다는 것을 의미했다. 매일 아침 9시와 저녁 8시에 점호가 있었다. 누군가가 자신의 위치에 있지 않을 경우, 우리는 모두 그 사람이 나타날 때까지 꼼짝할 수 없었다.

우리는 아침식사로 굵게 빻은 밀, 차, 빵을 먹었다. 굵게 빻은 밀에 대해 얽힌 이야기가 많다. 수용소로 들어가기 전 몇 해 동안, 굵게 빻은 밀이 적십자를 통해 중국인들에게 제공되었다. 일본인들은 그 밀이 중국인들에 전달되지 못하게 막았다. 그러나 우리 미국인들과 유럽인들이 수용소에 수용되었을 때 일본인들은 그 밀을 우리에게 주었다. 덥고 습기가 많은 날씨 속에서 밀은 발아하거나 벌레가 꼬였고, 벌레는 나중에 유충이 되었다. 설거지나 힘든 일, 의료 활동을 할 수 없는 사람들은 할당된 작업시간에 야외작업장에 앉아서 밀에서 천연 단백질을 추출하는 일을 했다. 우리는 가끔 굵게 빻은 밀에 가루우유를 섞어서 먹기도 했다. 보통 사람들은 배가 몹시 고플 때가 아니라면 그것을 먹지 않으려고 할 것이다.

처음 수용소로 들어간 사람들의 좋은 계획 덕분에 수용소 사람들은 조직을 만들어서 부엌을 설치하고 우리 방 벽을 따라 선반을 달고, 처마에서 달아내어 만든 샤워시설을 짓는 것을 감독하고 사무실 등을 지었다. 이 조직은 일본인 장교와 아주 긴밀하게 협력하여 수용된 사람들이 잘 적응하여 지낼 수 있는 법과 규정을 만들었다. 우리는 점심으로 물고기, 쌀, 양배추를 먹었다. 물고기는 고약한 냄새가 나는 땅콩기름에 튀겼고, 양배추는 자주 너무 푹 삶았다. 어쩌다 한 번씩 소고기 스튜를 먹었다. 저녁에는 남은 음식을 수프로 만들어 먹었다. 요즘에도 나는 물고기나 물고기 수프, 삶은 양배추를 그리 좋아하지 않는다. 아이들이 이런 음식을 먹는다고 상상해보라. 아이들은 6살까지 하루에 우유 470mL와 계란 한 개를 받았다. 아이들은 일주일에 한 번 사과를 받았다.

하루 일과는 다음과 같았다. 오전 7시에 기상, 7시 30분에 아침식사, 7시30~8시30분까지 아기들을 위한 음식과 온수공급, 9시에 아침 점호, 9시 30분에 식수 제공, 11시에 아기 식사, 11시 30분에 점심식사, 2시~

3시까지 아기 젖병소독, 3시에 식수공급, 2시~5시 설거지, 5시에 아기 음식제공, 5시 30분에 저녁식사, 7시에 식수 제공, 오후 8시 저녁 점호, 오후 10시 소등.

물론 우리는 각자 이런 일들을 한 것이 아니라 서로를 위해 이런 일들을 했다. 어니는 종종 아기 음식이나 물을 가지러 가서 우리 방의 사람들에게 필요한 것도 가지고 왔다.

옷 세탁이 문제였다. 달개 지붕 아래 수도가 있었다. 우리는 낡은 빨래판을 사용했다. 침대 시트를 빠는 것도 문제였다. 어니는 커피 깡통을 이용해 흡입식 세탁도구를 만들었다. 그것은 아주 효과가 좋았다. 우리는 아주 좋은 면도용 비누를 이용하여 비눗물을 만들었다. 날씨가 좋은 때면 언제나 건조구역을 만들었다. 도둑이 문제였다. 빨래가 마를 때까지 누군가가 세탁물을 지켰다.

아주 긴 헛간이 있었는데 다용도로 사용되었다— 일요일에는 교회로 이용되었다. 먼저 가톨릭, 그 다음 유태인, 마지막으로 개신교가 예배를 드렸다. 저녁에는 그곳에서 봉사활동을 했다. 주중에는 아이들을 위한 학교가 열렸다. 학교 시작 전과 방과 후에는 굵게 빻은 밀을 손질하거나 합창단 연습 등을 했다. 수용소에는 다양한 부류의 사람들이 있었다— . 의사, 선교사, 사업가, 교수, 대학 총장, 매춘부 등등. 우리가 "캐롤"과 "치타"를 만난 것은 행운이었다. 그들은 유명한 무용가로 우리에게 즐거운 시간을 제공했다. 의료위원회는 금세 바빠졌다. 나는 하루에 두 시간 진료소에서 간호 일을 하거나 식당에서 설거지를 하는 일을 택했다. 우리 중 한 명은 항상 베티 곁에 있었다. 어니와 나는 진료소에서 시간을 번갈아가며 일했다. 나는 하일라 워터스 박사Dr. Hyla Waters를 도왔다. 제일 먼

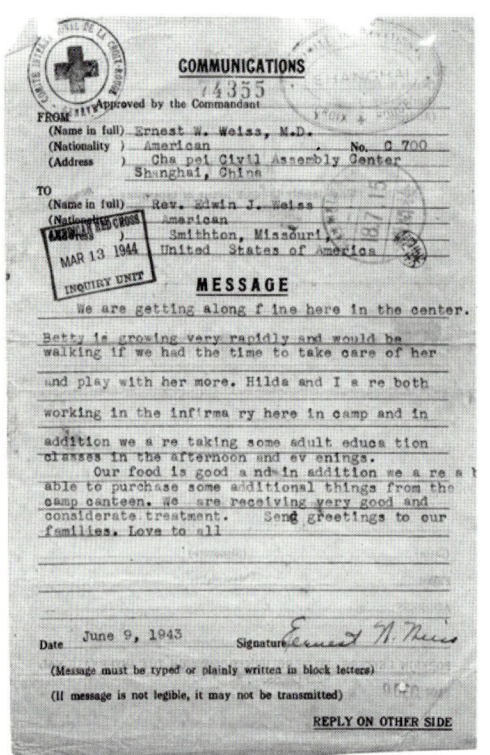

차페이 수용소에서 어니스트가
국제적십자를 통해 미국에 보낸 메시지,
1943년.

저 한 일은 예방접종이었다. 감기와 전염병이 기승을 부렸다. 제일 먼저
치료한 질병은 이른바 기관지염이라고 불리는 유행병이었다. 아기들은
기관지염과 함께 다른 많은 질병도 함께 걸릴 수 있었지만 우리는 그것에
대해 전혀 생각하지 않았다. 그러나 돌아보건대, 그것은 아마 가벼운 소
아마비 증상이었을 것이다. 베티가 걷기 시작하자 걸음걸이가 이상했다.
베티는 등이 굽는 척추만곡병에 걸렸다.

수용소 사람들이 심하게 아프면 [수용소 외부에 있는] 병원으로 데
리고 갔다. 의사가 환자와 같이 가야했다. 그렇게 하여 외부 소식이 수용

소 안으로 전해졌다.

수용소에 도착한 지 약 한 달 후, 친구들을 통하여 "적십자"의 구호물품이 전달되기 시작했다. 그 물품은 우리가 음식을 보충하기 위해 요청한 꿀, 설탕과 베티를 위한 오렌지와 토마토 주스, 그리고 비누와 같은 것이었다. 물품배급소가 설치되었다. 스위스 영사관을 통해서 우리는 화장지와 같은 필수품을 얻었다. 우리는 한 달에 화장지 1개를 받았는데 그것으론 종종 부족했다. 내가 어떻게 일기를 썼을지 궁금할 것이다. 부활주일에 개인마다 우유 한 병과 부활절 달걀 두 개를 받았다. 아이들은 풍선을 받았다. 부활절 직후, 한 사람당 설탕 450g을 받았다. 5월 5일에 우리는 개인마다 사과 한 개를 받았다.

그동안 우리는 공습을 받았고 멀리서 폭격당하는 소리를 들었다. 그 무렵, 우리는 모두 계란과 사과, 그리고 적십자의 다른 구호물품을 또 받았다.

5월 10일, 내 생일날에 우리 감리교도들은 수용소 뒤편 마당에 함께 모여서 생일 "케이크"를 먹었다. 우리는 비스킷을 아껴두었다가 비스킷과 잼을 번갈아가며 쌓아올려 케이크를 만들었다. 한 사람이 초를 가져와서 케이크 위에 놓았지만 초에 불을 붙이지는 않았다. (초는 다음 생일자를 위해 아껴두어야 했다.) 에디 와이즈Eddie Wise, 페기 쿠드백Pegyy Cuddeback, 거트루드 워터만, 밀드레드 프록터Mildred Procter는 우리의 초대 손님이었다. 우리는 기쁨의 찬송을 부르고, 함께 기도했다. 5월 13일은 내 여동생의 생일이었다. 나는 여동생을 많이 생각했다. 그러나 그날 우리의 관심은 베티에게 쏠렸다. 베티가 젖병을 혼자 쥐었고, 손뼉을 쳤다.(동시에 그런 것은 아니었다.)

그 무렵, 남자들은 수염을 기르고 있었다. 이유는 한 가지였다. 돈을 아끼기 위한 것이었다. 면도기, 이발용 비누, 뜨거운 물이 귀했다.

수용소에서 가장 인기 있고 바쁜 곳은 옷 수선실이었다. 재봉틀이 [전기식이 아니라 페달식] 한 대 있었는데 숙소의 넓은 현관 끝에 놓여 있었다. 아이들의 키가 자라자 그들의 옷은 다음 세대를 위해 다시 고쳤다. 수선은 필수적이었다. 패리온 부인Mrs. Farrion과 그의 동료들은 바빴다. 실, 단추, 천 조각과 같이 우리가 기부하거나 버릴 수 있는 모든 것은 그 곳으로 갔다. 이리하여 새로 태어난 우리 아이가 새 옷을 입을 수 있었다. [베아트리체, 1945년 출생]

미용 담당자들도 역시 머리를 자르느라 바빴다. 우리는 이발비용이나 팁을 걱정하지 않았지만 파마나 머리 염색은 할 수 없었다.

규칙. 우리는 스스로 우리를 위한 규칙을 만들었다. 문제가 발생하지 않는 한 일본인들은 간섭하지 않았다. 1,066명이 함께 살기 위해서는 엄격한 규칙이 필요하다는 것을 알았다. 규칙 1호는 40와트 이상의 전구는 수용소 내에서 허용되지 않는다는 것이다. 오후 9시 55분에 전구 불빛을 깜빡이는 것은 "소등" 예고 신호였다. 오후 10시에 세 번 깜빡이면 즉시 소등해야 했다. 이 규칙을 지키지 않을 경우, 중앙 전기스위치가 내려졌다. 이 규칙은 수용소의 주간신문인 〈어샘블리 타임즈Assembly Times〉에 미리 발표되었다. 또 다른 엄격한 규칙은 야구게임에 관한 것이다. 사람들이 아무리 피곤할지라도 야구게임은 수용소 사람들의 사기에 도움이 되었다. 한번은 어떤 사람이 홈런을 쳐서 야구공이 멀리 날아가 제한구역 안으로 들어갔다. 좌익수 또는 우익수가 날아가는 공을 잡으려고 달려가다가 부지불식간에 "신성한" 지역으로 들어가 버렸다. 일본 경비병들이 항상 지붕에서 우리를 감시하고 있었다. 그들은 그 순간 조준 사격을 했

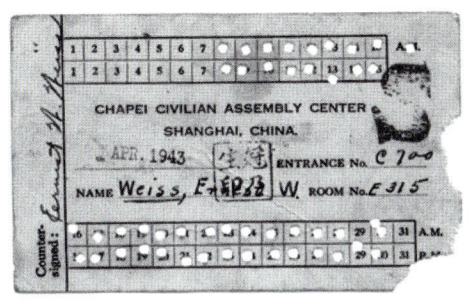

다. 그 젊은 외야수는 물론 다른 사람들도 모두 혼비백산했다. 정말 감사하게도, 경비병의 목표물은 사정거리에 약간 벗어나 있었다.

밤에 수용소 담장 너머로 메시지를 보내려는 사람들이 있었다. 종종 그들은 체포되거나 중간에 차단되었다. 그 때문에 전체 수용소 포로들이 처벌을 받았다. 일본인들이 가장 즐겨 사용하는 처벌은 하루 동안 아무도 건물 밖으로 나오지 못하게 하는 것이었다. 비오는 날에는 별 상관이 없었다. 하지만 더운 여름날 건물 안에 있는 아이들에게는 그것은 고문이었다. 더 심한 벌은 샤워를 금지하는 것이었다. 상하이의 무더위는 선풍기가 없거나 샤워를 하지 못하면 매우 불쾌했다.

수용소에 온 지 얼마 되지 않아 우리는 매일 빵을 제공받았다. 중국인들은 그 빵이 수용소로 보내진다는 것을 알지 못한 채 그 빵을 일본인들에게 팔았다. 중국인들은 가볍거나 심한 설사를 유발할 수 있는 물질을 빵 속에 넣었다. 설사병에 걸린 1,066명이 소수의 사람들을 위해 마련된 줄을 잡아당기는 구식 화장실을 사용하는 것을 상상해보기 바란다. 상당수의 변기가 고장 나 있어서 항상 수리중이거나 물이 넘쳐흘렀다. 우리는 화장실에 판자를 깔고 걸어 다녔다. 여러 가지 이유 때문에 화장실 변기

의자가 모두 제거되었다. 우리는 수용소에 갈 때 변기 의자를 사 가지고 가든지 이전에 살던 집에서 사용하던 변기 의자를 가지고 가라는 충고를 들었다. 대부분의 사람들은 자신의 변기 의자를 "액자"처럼 다루었다. 사람들이 변기 의자를 목에 걸고 홀 아래로 내려가는 것을 심심치 않게 볼 수 있었다.

어떤 경우 남자들의 역할이 완전히 바뀌었다. 우리 가까이에 살던 어떤 가족은 수용소로 온 직후, 쌍둥이를 낳았다. 그들의 아기용 변기는 화장실로 계속 오갔다. 그 가족의 가장은 상당히 성공한 사업가로 집안에 온갖 종류의 하인들을 두었다. 수용소에 온 그는 다른 사람과 똑같은 처지가 되어 아내를 도와주었다. 어느 날, 어니가 현관에서 아기용 변기를 나르고 있는 그를 만났다. 그는 혼잣말로 투덜거렸다. "이런 xx같은 아기 변기를 들고 다닐 줄은 꿈에도 생각지 못했어!"

설사와 긴장, 그 외 다른 일들 때문에 곧 우리 몸의 지방층이 사라졌다. 6개월이 지나자 어니는 몸무게가 18kg이 빠졌고, 나는 9kg가 줄었다. 대부분의 사람들이 허수아비와 같은 모습으로 변해갔다. 우리는 모두 헐렁한 옷이 유행하기 오래 전에 그런 옷을 입었다.

우리는 일본인들을 놀려주기 위해 재미있는 노래나 시를 많이 만들었다. 그것들은 숨은 의미가 담겨져 있었다. 저녁 놀이시간에 그런 노래를 불렀다. 우리는 너무 웃어서 눈물이 날 지경이었다. 경비병들은 우리가 놀리고 있다는 것을 전혀 눈치 채지 못했다. 우리는 "하나님이여 미국을 축복하소서!God Bless America"를 불렀고 [영어를 모르는] 경비병들도 우리와 함께 즐겁게 불렀다.

그림쇼릅과 송환

포로 교환선이 다시 출발할 것이라는 소식이 전해졌다. 포로교환 명단이 게시판에 붙었다. 우리는 자신의 눈을 거의 믿을 수 없었고, 귀는 더 믿기 힘들었다. 많은 찬양과 감사를 드렸다. 물론 어떤 사람도 배를 탈 때까지 그 사실을 정말로 믿지는 않았다. 너무나 혼란스러웠기 때문에 내 일기에 그 내용을 적는 일도 잊어버렸다. 우리는 소지품을 30kg까지 가져갈 수 있는 말을 들었다.

1. 의사가 처방한 전문의약품
2. 아기용 분유
3. 담요 1장, 침대 시트 2~3장, 베개 1개
4. 개인 옷
5. 출생증명서, 여권, 졸업증서, 결혼증명서, 주소록
6. 필기공책, 은제품, 그릇, 책, 사진, 손전등, 전기제품은 소지할 수 없음.

어웨드 씨는 아내가 상하이에 있기 때문에 고국으로 돌아가지 않기로 했다. 그러나 그의 두 아들은 뉴욕의 가족들에게 돌아가기로 했다. 우리가 두 아들을 돌보아주기로 했다. 그 대신 어웨드 씨는 물건을 가득 넣은 우리의 큰 가방을 맡아주기로 했다. 가방에는 은제품, 수집한 우표, 여분의 침구, 약간의 면제품과 사진이 들어 있었다. 그는 그의 이름을 가방에 적으면서 전쟁이 끝난 후 우리가 다시 중국으로 돌아올 때까지 그것을 보관하겠다고 말했다. 그렇지 못할 경우 가방을 우리에게 배편으로 부치겠다고 했다.

일본 당국은 수용소 안에 [서구와 일본의] 이중간첩이 있기 때문에 우리의 가방을 철저하게 조사하겠다고 위협했다. 그들은 의심이 가는 사람들의 가방의 안쪽 면을 찢었다. 또한 의심이 갈 경우 몸수색뿐만 아니라 우리의 지갑과 작은 가방도 뒤졌다. 그들은 심지어 여성의 질 속에 비밀 메시지를 숨겨놓는 경우가 있다면서, 그 곳도 조사하겠다고 위협했다. 독자들은 내가 종이도 없이 어떻게 여행 일지를 썼는지 궁금하지 않은가? 우리는 화장지를 3개 받았지만 베티는 그 만큼 사용하지 않았기 때문에 그것을 이용했다.

출발하는 날, 오전 8시에 조사에 응할 준비를 해야 했다. 여자들과 아이들은 한 구역에 모여서 조사를 받았고, 남자들은 다른 구역에서 조사를 받았다. 우리는 그곳에서 강낭콩으로 만든 점심을 먹었다. 수용소 소장이 사람들과 일일이 악수를 한 후 우리는 버스를 탔다. 떠날 때 그곳에 남겨진 사람들로 이루어진 오케스트라가 올드 랭 사인Auld Lang Sine을 연주했다. 우리는 차에서 내려 부두로 갔다. 그곳에서 세관 심사를 받았다. 약 오후 7시가 될 때까지 앉아서 기다렸다. 여자들과 아이들을 먼저 승선하

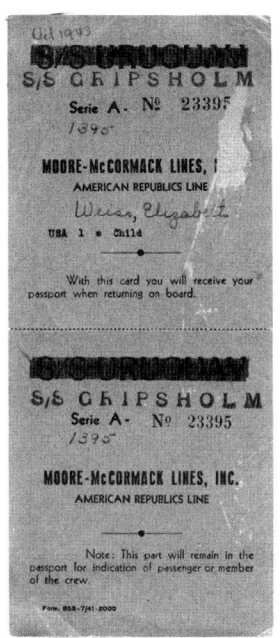

어린 베티의 그림쇼름 호 탑승 티켓,
1943년

게 했다. 어니는 오후 9시 30분쯤에 배를 탔다. 그 과정에서 분유를 잃어버렸다. 드디어 자정이 되자 잠을 잤다.

우리가 탄 배 이름은 타이 마루Tai Maru 였다. 음식은 수용소보다 더 좋았다. 아기를 위한 음식은 따로 없었다. 차 시간과 저녁 때 커피나 케이크를 살 수 있었다. 여객선 사환에게 팁을 줘야만 수건을 얻거나 목욕을 할 수 있었다. 침대 시트는 자신이 직접 세탁해야 했고, 룸 서비스는 전혀 없었다. 하지만 여자들은 남자들보다 훨씬 형편이 좋았다. 우리 배는 홍콩에서 승객을 더 태워 총 6백 명이 되었다. 여러 가지로 불편했지만, 우리는 주일 아침 예배를 드리고, 매일 성경공부반을 열었다. 1943년 9월 29일, [일본이 점령한] 사이공으로 가는 강을 타고 항해했다. 야자수가 바람에 흔들리고, 여기저기의 초가집과 벼를 심은 들판은 너무나 아름다웠다. 사이공에 가까이 갔을 때 그곳 원주민들이 우리에게 바나나를 주려고 했다. 우리는 군침을 흘렸지만 일본인들이 원주민들을 쫓아버리거나 그들의 작은 배를 가라앉혔다.

10월 2일 우리는 [일본이 점령한] 싱가포르에 도착했다. 날씨는 찌는 듯이 무더웠다. 여기저기에 흩어져 있는 오두막을 보았지만 배에 실린 온갖 과일들을 보자 그것은 잊어버렸다. 우리는 처음으로 그곳에서 영화를 보았다. 그 영화는 무더위에 지친 마음을 달래주었다. 그것은 아름다운 뮤지컬 영화 "메이타임Maytime"이었다. 그 때부터 여러 가지 이유로 우리의 식수는 하루에 1~2시간 이내로 제한되었다. "물, 물 어디에나 물이 있었지만 마실 물은 한 방울도 없었다." 그러나 우리는 다시 바다로 들어갔다. 바다는 냉방장치였다.

10월 4일 아주 천천히 말라카 해협을 통과하여 수마트라 섬을 따라 항해했다. 기뢰가 많이 설치된 지역을 통과할 것이라는 소문이 돌았다. 구명정이 있었지만 그것들은 거의 쓸모가 없었다. 아울러, 우리를 다 태울 만큼 구명정이 충분하지도 않았다. 그래서 우리는 밤새도록 갑판위에 나와 앉아 있었다. 틀림없이 수많은 천사들과 하나님의 손들이 우리를 돌보고 있었을 것이다. 배에는 아픈 사람들이 제법 있었다. 설상가상으로 냉동장치의 상태가 나빠서 고기가 상했다. 그 결과 적지 않은 사람들이 구토와 설사를 했다. 감리교 선교사 중 한 명인 블랙포드 양Miss. Blackford이 심하게 앓았고, 단백질이 부패할 때 발생하는 프토마인 중독으로 가벼운 심장마비를 일으켰다.

10월 15일 오전 11시 경, 우리는 인도의 고아에 도착했다. [고아는 포르투갈 식민지였기 때문에 2차 세계대전 동안 중립 지역이었다.] 짐은 내리지 않고 부두에 정박만 했다. 우리는 배에서 내려서 발을 땅에 디딜 수 있었다. 타이 마루 호와 그립쇼름 호를 나누는 통로를 오르내렸다. [엠에스 그립쇼름 호MS Gripsholm는 스웨덴 국적 선박으로 2차 세계대전 동안 민간인 포로들을 교환하기 위해 사용되었다. 스웨덴은 2차세계 대전 동안 중립국이었다.] 그립쇼름 호의 사환들은 우리에게 먹으라고 과일, 치즈, 케이크를 갖다 주었다. 우리는 곧 그 배에 탈 예정이었다. 우리는 그 배를 "천국"이라고 불렀다. 10월 19일 우리는 통로 한 편에 나란히 섰고 그림쇼름 호에 타고 있던 일본인들이 통로의 다른 편에 나란히 섰다. 우리와 일본인들 사이에는 벽이 있어서 그들을 볼 수는 없었다. 우리는 "천국"으로 갈 예정이었고, 그들은 전쟁으로 망가진 일본으로 갈 예정이었다. 그림쇼름 호의 계단을 올라가자 미국 영사관 직원의 환대를 받았다. 그는 우리와 악수를 하면 말했다. "당신은 이제 자유입니다." 다른 편에서는 적십자사 직원이 우리에게 25센트짜리 네슬레 초콜릿을 주었다. 우리는 놀라서 정말 눈이 튀어나올 지경이었다. 2년 동안 초콜릿을 본 적이 없었다. 우리는 대부분 한 번에 그것을 다 먹을 태세였다. 긴 초콜릿 조각하나를 먹고 나니 속이 느글거렸다. 갑판에 앉아서 선실과 다른 것들이 배정될 때까지 기다렸다. 그러는 동안 사환들이 갑판 위의 탁자로 음식을 나르기 시작했다. 사람들은 습관에 따라 줄을 서기 시작했다. 그러나 음식이 계속 나오자(스모거스보드: 스칸디나비아식 요리의 한 종류 – 옮긴이), 사람들은 줄을 서지 않고 입을 쩍 벌렸다. 오후 1시 반, 식사를 했다. 우리는 자신이 생각했던 만큼 많이 먹을 수 없었다. 거의 모든 사람들이 초콜릿을 먹었기 때문에 왕성한 식욕이 완화되었다. 그것은 아주 좋은 아이디어였다. 우리는 그것 때문에 오랜만에 많은 양의 식사를 하고도 배탈이 나지 않았다. 오후 6시, 우리는 선실로 갔다. 나는 헤르프스트 여사Mrs. Herbst와 90호실을 사용했다.

10월 21일, 타이 마루 호가 일본을 향해 떠날 때, 두 배에 탄 기독교인들이 모여 간단한 예배를 드리고 "우리 다시 만날 때까지God Be with You Till We Meet Again"라는 찬송가를 불렀다. 그날 늦게 한 호텔 문 가까이에 있는 해변에 가서 아름다운 꽃과 나무, 새 등을 볼 수 있도록 허용되었다. 우리는 바다에서 죽은 한 남자를 위해 간단한 장례식을 치렀다.

우리는 1943년 10월 22일에 출항했다. 그날, 우편물이 우리에게 전달되었다. 우리는 거의 하루 종일 편지를 읽으며 보냈다. 계속 항해하는 동안 날아다니는 물고기를 보았다. 날씨는 한결 더 서늘했다. 10월 26일, 적십자가 각 개인에게 옷, 비누, 치약, 내복, 신발을 주었다. 마치 성탄절 같았다.

베티가 기침과 감기로 매우 아팠다. 11월 2일, 우리는 작은 전용선실로 옮겼다. 11월 3일 남아프리카 공화국의 엘리자베스 항구에 도착했다. 사람들이 두 팔을 벌려서 우리를 환영했다. 시장이 그 도시를 "열린 도시"로 선포했다. 어떤 현지인 가족이 우리를 자기들 집에 초청하여 하룻밤을 지내도록 하겠다고 말했다. 그들은 하이드Hyde 가족이었다. 이들은 누굴까? 그들은 뉴욕 주 글로버스빌에 있는 한 교회 교인들과 관계를 맺고 있었다. 그 교회는 우리의 사역을 후원했던 교회였다. 그들은 우리를 데리고 코카콜라 공장, 파이어스톤 회사, 캐즈베리 초콜릿 회사를 구경시켜주었다. 하이드 씨는 코카콜라 공장의 관리자였다. 우리는 원할 때면 언제나 마음껏 콜라를 마셨다. 다음 날, 하이드 부인이 나를 데리고 가서 쇼핑을 시켜주었다. 나는 5년 만에 처음으로 울워쓰Woolworth 상점을 보았다. 아름다운 봄 날씨였다. 도시는 아주 깨끗했고, 지붕이 붉고 벽이 황갈색인 집들이 있었다. 도시의 인구는 약 만 명의 영국인, 20가구의 미국인, 흑인, 네덜란드인, 원주민으로 구성되었다. 배에서 내린 사람들이 그 날 그 도시의 모든 초콜릿을 다 샀다는 말이 들렸다. 그곳에 사는 사람들은 초콜릿을 사려면 다음 초콜릿이 배송될 때까지 기다려야 했을 것이다.

우리는 11월 4일 다시 항해를 시작하여 희망봉 앞을 지났다. 11월 5일 우리는 이미 높은 파도의 영향을 느끼고 있었다. 빌리 어웨드 씨가 아주

의료선교사 와이스 부부의 헌신

아팠는데 말라리아인 것 같았다. 유명한 새인 알바트로스가 배를 따라왔다. 얼마나 당당하고 위엄 있는 새인가! 고래도 역시 우리와 함께 항해했다. 저녁에는 영화를 보았다. 6주 동안 우리는 많은 영화를 섭렵했다.

희망봉 주변의 파도가 너무 높아서 뱃머리가 다음 파도 속으로 들어가고, 배 후미의 프로펠러가 물 밖으로 완전히 드러나서 휙휙 소리를 내며 돌아갔다. 그런 다음 뱃머리가 다시 솟아올랐다. 사람들은 파도의 높이가 12m는 될 것이라고 말했다. 나는 그 말을 그대로 믿었다! 그 무렵, 머틀 웰스Myrtle Wells와 나는 가까운 친구가 되기 시작했다. 우리는 갑판으로 나가 아이들을 산책시켰다. 사실, 베티는 배위에서 걸음마를 배웠다. 우리가 육지에 내렸을 때 베티는 술 취한 선원처럼 걸었다. 머틀과 나는 많은 시간을 같이 보냈다. 수십 년 동안 우리는 계속 연락을 하고 지냈다. 그녀의 자매인 앤 호이징가 박사Dr. Ann Huizenga 역시 좋은 친구였다. 우리는 새넌 웰스Shannon Wells가 최초의 여성 우주비행사가 될 줄은 꿈에도 몰랐다.

그 후 6주간 항해할 동안 우리 배의 320km 이내에는 다른 선박이 전혀 없었다. 우리는 매 15분마다 세계에 우리의 위치를 알려야 했다. 밤이 되면 배는 타임스퀘어 광장처럼 불빛을 밝혔다. 그런 방식을 통해 우리가 포로 송환선이라는 것을 다른 사람들에게 분명히 알렸다.

그 6주 중 어느 때에는 우리 배가 사가소 해Sargasso Sea 근처에 있었다. 그 바다는 많은 배들이 실종된 곳이었다. 바다 속에서 해초가 소용돌이치는 것을 보았지만 프로펠러를 휘감을 정도는 아니었다.

11월 14일 해질녘에 아름다운 항구인 브라질의 리우데자네이루 항에 다가갔다. 다음 날, 우리는 빛나는 광경을 보았다. 코르코바도 산 정상에 그리스도상이 있었다. 그리스도상이 구름 속으로 들어갔다가 나왔다. 그것은 케이블카로 두 개의 산봉우리 - 수가로프산와 우르카산 - 와 연결되어 있었다. 정오 경 부두에 정박한 후 감리교 선교사들과 만났다. 콥 양 Miss Cobb이 우리의 안내자였다. 우리는 베네트 대학으로 가서 점심을 먹고 식물원을 구경했다. 식물원은 완전히 별천지였다. 온갖 종류의 야자수(파테르 야자나무), 고무나무, 개불알난과 수많은 백합과 같은 온갖 꽃들, 양란 전시회 등이 있었다. 수천 종의 난이 있었다. 다음 날, 우리는 혼자만의 시간을 가졌다. 브라질 사람들은 매우 다정했다. 대부분의 사람들이 우리의 어깨를 두드려 주면서 난 전시회를 보았는지 물었다. 난의 가격은 비쌌다. 자명종 시계의 가격이 160쿠루제이로(Cr), 스타킹이 29Cr, 소다수가 5Cr, 사과 몇 개가 미국화폐로 20센트였다. 항구를 떠날 때 코르코바도 산 정상의 그리스도상이 보이지 않을 때까지 갑판 위에 있었다. 그리스도상은 브라질과 이웃국가 간의 영원한 평화를 상징하기 위해서 그곳에 세워졌다고 했다.

11월 21일, 우리는 인도양에서 떠온 바닷물로 베티에게 세례를 주었다. 베티는 진짜 국제적인 아기였다. 베티는 일본인들이 점령한 중국에서 미국인 부모에게서 태어났고, 프랑스 가톨릭 병원에서 태어나자마자 일본의 포로가 되었고, 독일과 유태인 의사와 멕시코 간호사가 분만을 도왔고, 이제는 감리교 선교사인 호크 박사가 바다에서 세례를 베풀었다.

11월 22일, 어니스트가 매우 아팠다. 그를 간호하기 위해 작은 선실로 옮겼다. 그의 체온이 가끔 40℃까지 높이 올랐다. 어니는 기후가 바뀔 때 자주 발병하는 심각한 종류의 말라리아에 걸린 것 같았다.

11월 29일, 짐을 꾸리면서 자유의 여신상을 보고 우리의 발을 미국 땅에 딛기를 고대했다.

미국

1943년 12월 1일, 배가 항구에 도착했다. 줄을 서서 배에서 내리기만을 기다리고 있는데 조사를 위해서 하루 밤 동안 배에서 머물러야 한다는 말을 들었다. 미국 연방수사국이 중국 내륙에 살았던 모든 미국인들을 조사했다. 다음 날, 우리는 [그 당시 감리교 선교위원회 주소지였던] 5번가 150번지로 빨리 갔다. 얼마나 놀랐던가! 아버지가 우리를 만나러 그곳에 와 계셨다. 우리는 차일드 레스토랑에서 점심을 먹었다. 저녁에는 본 박사 부부의 집에서 식사를 했다. 선교 보고도 하고 신체검사를 받았다. 우리는 12월 7일 벅 힐 폴스Buck Hill Falls에서 개최된 선교총회에 참석해달라는 요청을 받았다. 아버지와 함께 집으로 돌아가지 못해서 정말 아쉬웠다. 특히 아버지는 베티를 보자마자 사랑에 빠졌기 때문에 더욱 그랬다. 그러나 선교위원회의 지시를 받았기 때문에 참석하지 않을 수 없었다. 우리는 일부러 시간을 내서 아버지와 함께 라디오 시티Radio City에 갔다.

12월 14일, 오하이오 주 마리온에 도착하여 어머니와 친척들, 친구들

힐다의 동생 매그들린과 그의 남편 플레치
1942년

을 만났다. 우리는 빌 플레치 [매그들린의 남편] 를 처음 보았다. 우리는
앞으로 오랜 기간 동안 빌이 우리에게 어떤 의미가 있는지 몰랐다. 우리
는 3개월간의 휴식기간을 가질 것을 권고 받았지만 사람들이 우리의 사역
에 관심이 많았기 때문에 계속 아주 바쁘게 지냈다.

1944년

1944년 1월 초, 우리는 텍사스에 있는 어니스트의 가족, 친척, 친구들을 방문하고 있었다. [만날 사람들이 아주 많았다. 어니에게는 거의 50명의 사촌과 또 그 정도의 고모, 이모, 삼촌, 조카들이 있었다.] 그때는 텍사스의 전형적인 1월 날씨답게 많은 비가 내려서 길이 진흙탕이었고, 사람들은 목감기에 걸렸다. 베티는 그 당시 거의 내내 아팠다. 우리는 오하이오 주로 돌아가 우리의 후원교회를 방문했다. 우리는 끊임없이 여행 가방을 싸고 풀고 있는 것 같았다. 그 여행 중 한 여행을 통해 우리가 하나님의 손 안에 있으며 그분은 우리가 해야 할 일을 더 많이 갖고 있다는 것을 깨달았다. 우리는 펜실베이니아 주와 뉴욕 주로 갔다. 우리는 오하이오 주 클리블랜드에서 기차를 갈아타야 했다. 날씨– 눈과 얼음– 때문에 우리 기차가 클리블랜드에 늦게 도착하는 바람에 갈아타야할 기차를 놓쳤다. 밤늦게 아기와 함께 있는 것은 그리 즐거운 일이 아니었다. 우리는 모두 마음이 언짢았다. 우리는 기차역에서 기다렸다. 마침내 기차를 탔지만 미처 좌석을 예약하지 못했다. 우리는 잠을 잘 수 있는 자리가 나기를 기다리며 앉아있었다. 잠시 후 차장이 우리에게 말했다. "앞 기차를 놓친 것이 다행스러운 일입니다. 그 기차는 애쉬타불라 외곽에서 사고가 나서 많은 승객들이 죽었습니다."

글로버스빌에서 우리의 후원 교회를 방문하던 중 하이든Hydon 가족을 만나서 무척 기뻤다. 그리고 우리는 펜실베이니아 주 케인으로 갔다. 클리랜드 부부를 보지 못한 것이 매우 서운했지만 그들은 미국정부에서 일하고 있는 중이었다. 우리는 파머 가족과 클리랜드의 친척들을 만났다.

휴가 중에 잠시 누렸던 특별한 즐거움은 메이어 조부모님 집에서 저녁을 먹으면서 함께 보낸 시간들이었다. 할머니는 여느 때처럼 이리저리 바쁘게 돌아다녔다. 할머니는 내가 맛본 것 중에서 최고인 으깬 감자요리를 준비했다. 또 다른 즐거움으로는 집에서 연례적인 돼지 도축을 한 것이었다. 그것은 가족행사였다. 모든 삼촌, 이모, 고모들이 같이 모여서 돼지고기를 자르고 저미고 갈았다. 우리는 소시지를 많이 만들었다.

[1995년 인터뷰에 따르면, 힐다와 어니스트는 1944년 초 지역 교회에서 많은 이야기를 했다. 3개월 동안 거의 90회의 모임을 가졌다. 사람들은 중국 이야기를 매우 듣고 싶어했다. 그들 중 대부분은 적을 "증오할 수 있는" 근거가 되는 내용을 듣고 싶어 했다.]

4월 어니는 신시내티 종합병원의 3개월 과정 강좌를 듣기 위해 신시내티로 갔다. 빌 플레치는 군대에서 훈련을 받았다.

1944년 7월 15일, 우리는 디트로이트로 가서 1946년 7월까지 그곳에서 살았다. 어니스트는 헨리 포드 병원의 외과와 [미시간의] 앤 아보

대학에서 외과 석사 과정을 공부하며 시간을 보냈다. 어니스트와 램 박사 Dr. Lam는 1950년 10월에 발행된 〈미국외과학회American Journal of Surgery〉 지 4권 80호 452∼454쪽에 "탄탈륨 튜브를 이용한 혈관 비봉합 접합술 Tantalum Tubes in the Non-Suture Method of Blood Vessel Anastamosis" 논문을 발표했다. 이 논문은 헨리 포드 병원의 후원으로 이루어졌다. 이 논문은 타박상을 입거나, 손상되거나, 절단된 혈관수술에 획기적으로 기여했다.

그 당시는 전쟁 중이었다. 우리는 매일 아침식사를 함께 했다. 오전 8시, 어니는 병원으로 출근했다. 우리 집은 병원에서 걸어서 5분 거리였다. 나는 정오에 어니의 전화를 받고 점심을 그의 책상에 놓아두었다. 그는 자리에 없었다─ 그는 휴식시간이 없었다─ . 동일한 과정이 저녁에도 반복되었다. 그는 보통 자정이 되어서 집에 왔다. 때때로 저녁이나 주말에 시간이 났다. 그런 때면 선교에 대해 허심탄회하게 이야기를 나누었다. 가끔씩 우리는 석사 과정을 이수하고 있는 다른 의사들과 그들의 아내들과 함께 모였다.

비록 에드와 헬렌 와이스의 집이 반대편에 있었지만 같은 도시에 살아서 아주 좋았다. 주일이 되면 우리는 도시를 가로질러 그들의 교회로 갔다. [어니스트의 형인 에드윈 와이스 목사는 오랜 동안 디트로이트에서 감리교회 목사로서 사역했다.]

11월, 메이어 할아버지가 돌아가셨다. 나는 장례식에 참석하려고 오하이오 주로 돌아가려고 계획을 세웠지만 베티가 아팠다.

1945년

1945년 1월, 어머니가 갑상선 수술을 받기 위해 디트로이트에 왔다. 나는 헬렌 와이스가 베티를 돌보아주는 동안 최대한 어머니와 함께 시간을 보냈다.

5월, 입덧을 했다. 1945년 12월 28일, 우리는 여자 아기를 선물로 받았다. 우리는 아기를 베아트리체 앤이라고 불렀다. 내가 병원에 있는 동안 베티는 헬렌과 함께 있었다. 그 때 베티는 아주 심한 홍역에 걸렸다. 병원에서는 독감이 번지고 있었다. 그래서 우리 입원환자들은 스스로 자신을 돌보아야 해야 했다. [전쟁 중이라 간호사가 부족했기 때문이었다.] 나는 어머니가 와서 며칠 도와줄 것이라고 기대했지만 어머니도 독감에 걸렸다. 어니는 최선을 다해 여러 가지 일을 잘 처리했고 세탁도 했다. 세탁할 때 그가 자신의 검은 양말을 아기 기저귀와 같이 넣었다. 기저귀가 분홍색으로 변했다. 물론 당연한 일이겠지만, 외과 의사들은 수술실에서 최선을 다해 수술을 했다. 베아트리체가 태어난 지 약 2개월이 되었을 때, 유선염이 심해서 며칠 동안 병원을 다녔다. 시어머니 [어니의 어머니] 가 난생 처음 비행기를 타고 미시간으로 왔다. 그녀는 먼저 에드와 헬렌과 함께 있다가 나중에 우리와 함께 지냈다.

전쟁이 끝나자마자, 선교위원회는 우리에게 중국으로 다시 돌아가라고 요청했다. 어니스트는 나와 아이들보다 몇 달 전에 먼저 갈 수 있었지만 우리는 가족이 함께 가기를 원했다. 선교위원회는 어니스트에게 난창종합병원의 원장직을 맡아달라고 요청했다. 그는 치퉁지 박사 Dr. Ch'i Tong Ji가 난창병원의 원장 또는 원장 직무대리를 맡고 있다는 소식을 들었기 때문에 그 제안을 거절했다. 치 박사는 창사 의학교에서 교육을 받았는데 그 학교는 아주 훌륭한 학교였다. 어니스트와 나는 이제 중국인들이 자기 나라에서 지도적인 역할을 해야 할 때이며, 우리가 자문역할을 수행하거나 부서장을 맡고 필요할 경우 다른 지역으로 순회하는 역할을 함으로써 중국에 더 잘 봉사할 수 있다고 강하게 느꼈다. 그것은 최상의 결정이었다. 어니스트는 마침내 외과 부장직을 받아들였다.

1946년

1946년 7월, 우리는 중국으로 돌아가기 위해 미국 서부해안으로 갈 준비를 했다. 그러나 우리는 내 여동생의 첫 아기를 보고 떠나기로 결심했다. 그래서 부모님과 함께 좀 더 같이 지냈다. 우리는 어느 날 저녁 수박을 잔뜩 먹은 후 막 잠들었다. 빌이 전화를 걸어서, 산모가 수박을 많이 먹은 후라서 그런지 사내 아기가 헤엄치듯 나왔다고 전했다. 빌과 매그들린이 처음으로 부모가 되었다. 빌은 아기가 태어난 지 몇 분 만에 옹알이를 하면서 깔깔대며 웃을 것으로 기대했던 것 같았다. 그는 작고 붉고 쭈글쭈글한 아기, 적어도 6개월 된 아기와는 다른 아기를 보고 놀랐다. 그러나 시간이 지나서도 빌은 그의 아들 게리에 대해서 제대로 말을 하지 못했다. 3일 후, 우리는 신시내티를 경유해 텍사스로 갔다. 그 때 부모님을 떠나는 것이 힘들었다. 그들은 어니와 내가 중국으로 돌아간다기보다는 이별하는 것으로 받아들였을 것이다. 나는 우리 때문에 그분들이 기도하고 염려하는 일이 공평한 일인지 많이 자문했다. 그것은 어려운 결정이었다. 시어머니는 그것에 대해 알았다. 그녀는 내가 어니에게 선교사역을 포기하라고 결코 요구할 수 없다고 말했다. 그것은 우리가 미국에서 지낸 정말 행복했던 시간 가운데 있었던 옥의 티였다. 이 고민은 우리가 공산주의자들을 경험한 후인 1951년에 더 심각하게 되었다.

텍사스에 있는 가족들을 분주하게 방문 한 후, 폴 목사와 마리 와이스는 우리와 함께 출발하여 칼스배드 케이번스까지 여행했다. [폴은 어니의 여러 형들 중의 한 명이었다.]

어린 아이 두 명과 함께 모하비 사막을 통과하는 것은 작은 일이 아니었다. 그러나 베티와 베아트리체는 여행을 아주 잘했다. 우리는 캘리포니아에서 여러 선교사 친구들을 만났다— 심프슨Simpson 가족, 홀랜드Holland 가족, 스튜어트Stewart 가족— . 우리는 곧 배를 탈 것이라고 생각했지만 항만노동자들이 장기 파업을 벌였다. 호텔에서 며칠 묵은 후, 밀 벨리에서 숙박할 집을 찾았다. 우리는 휴이트 부인Mrs. Hewitt이 휴가를 보낼 동안 그녀의 집에 머물렀다. 또 운이 좋았다. 상하이에서 만난 적이 있는 약사인 존스가 우리에게 다우니빌 근처 산장을 사용하도록 해주었다. 시에라네바다 산맥에서 아름다운 휴가를 보냈다. 우리는 밤에 숲에서 나온 사슴들을 지켜보았다. 어느 날 아침, 곰의 배설물을 발견했다. 그 후로 날이 저물면 바깥에 나가지 않았다. 산장 관리인 레이먼드 씨Mr. Raymend와 펜필드 부인Mrs. Penfield이 금광과 그 지역의 다른 흥미 있는 것을 구경시켜 주었다. 우리는 아주 좋은 친구가 되었다. 어니는 파업이 끝났는지 확인하려고 이틀마다 다우니빌로 내려갔다. 마침내 파업이 끝났다는 소식이 왔다. 우리는 배를 타기 위해 샌프란시스코로 떠났다.

1946년 9월 28일에 예전에 군함이었던 마린 링스 호SS Marine Lynx를 타고 출항했다. 배에는 약 2백 명이 승객이 있었고 우리 선실에는 36명의 여성과 아이들이 있었다. 식당은 갑판에 있었는데 개방된 계단을 이용하여 올라갔다. 내가 두 아이를 데리고 식당, 욕실, 화장실 등으로 가는 그 계단을 어떻게 다녔을지 상상할 수 있겠는가? 남자들은 다른 갑판에 있었다. 베티는 전용 침대를 사용했고 나도 그랬다. 베아트리체가 배에서 돌아다니지 못하게 하기 위해 간이침대를 놓을 자리에 유아용 안전 울타리를 만들었다. 베아트리체는 그 안에서 자고 놀았다. 여자 승객의 약 삼분의 일이 바다멀미를 했다. 나는 코럴 휴스턴이 계속 아팠던 것으로 기억한다. 천사와 같은 아이들이 없는 여자들은 아이가 딸린 여자들을 도와주었다. 그 여행 이후, 나는 우리 주님께서 지극한 복 한 가지를 잊었다고 종종 말했다. 그 복은 이것이다. "미혼 여성에게 복이 있나니, 그들이 자비의 천사가 될 것이다." 두 주일 동안의 그 여행은 기억에 남을 소중한 여행이었다.

2차 중국 선교
(1947~1951년)

다시 중국에 가다

1946년 경, 선교위원회는 필리핀에 있던 미 육군으로부터 잉여 병원 장비를 구입했다. [초기 육군이동병원의 전신] 그 장비들은 중국 남부에 있는 선교 병원들에게 배분될 예정이었다. 우리가 상하이에 도착하자 어니스트는 그 병원 장비를 배분하는 조직의 일원으로 선발되었다. 장비를 배분하기 전에 어니스트는 난창병원의 사람들과 선교사들을 만나보고 그들이 필요한 것이 무엇인지 파악하려고 난창을 "급히" 방문했다. (그 당시 그곳에 있던 선교사들은 코럴 휴스턴, 루스 다니엘스, 프랭크 게일 목사, 거트루드 콘이었다.) 어니스트는 병원을 둘러보고 가슴이 아팠다. 모든 철제 파이프, 펌프, 전기시설, 창틀, 엘리베이터 등이 파손되어 있었다. 일본군들이 파괴하지 않는 물건들은 그들이 떠난 후 파괴되었다. 치 박사와 몇몇 다른 의사들이 수행했던 사역이 그에게 큰 감동을 주었다. 그들은 아주 어려운 환경에서 의료 활동을 재개시켰다. 전쟁 후, 국제적십자사뿐만 아니라 몇몇 유엔 기구들도 도움을 주었다. (중국구제부흥기구CNNRA, Chinese National Relief and Rehabilitation Administration과 국제연합구제부흥기구

UNNRA, United Nations Relief and Rehabilitation Administration 등) 그 당시 개교한 국립 의과대학National Medical College은 난창종합병원 측에게 의과대학생을 교육해주고 아울러 레지던트와 인턴에 대한 훈련도 제공해달라고 요청했다.

1946년 10월 상하이에 도착하자 엔더스 부부가 우리를 맞아 주었다. 그들은 우리가 그곳에 6주 동안 머물 것이라는 것을 몰랐다. 우리 역시 알지 못했다. 우리는 그곳 물가에 충격을 받았다. 캔디는 1,800맥Meck, 비누 두 개가 660맥, 커피 450g이 3천맥, 뜨개질용 양모 450g 당 8만~10만맥, 유모 인건비(오후시간 동안)가 6천~7천맥이었다.

우리는 차페이 수용소에서 이웃이었던 어웨드 가족에게 연락했다. 그들은 식탁용 은제품, 우표, 그림 등을 넣은 우리 가방을 보관하고 있었다. 며칠 후 베티와 베아트리체가 이질에 걸렸다. 베티는 곧 회복했지만 베아트리체는 점점 더 악화되었다. 우리는 마침내 베아트리체를 중국내지선교회 병원으로 데리고 갔다. 그곳에서 우리는 베아트리체가 아메바로 인한 이질에 감염되었다는 사실을 알았다. 베아트리체는 바나나를 집어서 껍질을 벗기지 않고 입에 넣었던 것이다. 아이는 마치 작은 허수아비 같았다. 아이가 건강을 회복하여 다시 여행을 떠날 시간이 되었다.

상하이에 돌아온 후, 어니스트는 난창종합병원으로 가져갈 물품들을 모아서 11월 23일 경에 떠날 계획이었다.

어떤 배도 아이가 딸린 서양 여자들을 중국 내지로 태워주려 하지 않았다. [그 당시는 전쟁 직후라서 모든 것이 궁핍하고 어려웠기 때문이었다.] 그래서 나는 아이들을 데리고 비행기를 타고 가서 어니가 배를 타고 지우장에 도착할 때까지 기다리기로 했다. 그것은 잊을 수 없는 여행이었다. 비행기를 탈 때 작은 여행가방 한 개와 3인분의 식량만 허용되었다.

다행히도 베아트리체는 유아용 변기에 익숙했지만, 아직도 유아식을 먹고 있었다. 나는 뭔가 방법을 찾아야 했다. 큰 바구니에 보온병을 담고, 바구니 옆에는 베아트리체의 하얀 에나멜 변기를 매달았다. 1946년 11월 27일, 상하이의 날씨는 좋았다. 우리는 가을철에 맞게 옷을 입었다. 베티는 깜찍한 푸른색 눈옷을 입었다. 우리가 탄 비행기는 오전 7시 45분에 상하이를 출발해서 오전 10시경에 난징南京에 착륙했다. 우리 비행기는 DC3기였는데 좌석은 1인용 접의자였다. [군용기를 개조한 것이었다.] 승객들 중 한 사람은 아이들 중 한 명을 붙들어야 했다. 난징에 도착했을 때, 우리가 태풍의 한 가운데 있기 때문에 지우장으로 갈 수 없다는 말을 들었다. 비록 마루바닥에 자야한다고 해도 상하이로는 돌아가지 않을 작정이었다. 난징의 선교사들이 그전에 막 도착하였지만 손님들을 맞을 형편이 아니었다. 그러나 최소한 우리는 마루바닥을 찾을 수 있었다. 매우 일찍 일어났기 때문에 점심을 먹기로 했다. 우리는 선교사들이 일상적으로 먹는 점심을 먹었다– 땅콩버터 샌드위치, 삶은 계란, 사과 또는 복숭아– . 베아트리체의 얼굴과 턱받이는 파블럼 [그 당시의 유아용 시리얼] 투성이였고, 베티는 삶은 계란을 먹었다. 조종사가 사무실에서 나와서 큰 목소리로 말했다. "지우장으로 가실 분들은 모두 떠납시다!" 나머지 사람들은 식사를 하거나 잘 곳을 찾아 어디론가 갔다. 그래서 중국인노동자가 파블럼으로 옷과 턱받이가 뒤범벅된 베아트리체를 안았고 다른 사람이 삶은 계란을 먹고 있는 베티를 안았다. 내가 생각한 것은 오직 아이들의 옷뿐이었다. 나는 난창에 세탁소가 없다는 것을 알았다. 그러나 우리의 일차적인 관심사는 지우장에 도착하는 것이었다. 우리가 태풍의 한 가운데 있다는 것을 틀림없는 사실이었다. 나는 승객 중 한 분이 베티를 돌보아주어서 기뻤다. 승객들이 모두 비행기 멀미를 했다. 그러나 모든 일에는 끝이 있는 법이다. 우리는 곧 지우장에 다가가고 있었다. 비가 억수같이 내리고 바람이 거세게 불고 있었다. 조종사는 양쯔강을 가로지르는 동안 공항을 계속 찾았다. 강폭이 1.6km이상인 것처럼 보였지만 실제로는 그보다 작았다. 공항은 보이지 않았지만 비행기는 하강하고 있었다. 우리는 공항의 중앙에 착륙했다. 놀라지 마시라! 프랭크 게일 목사가 우리를 기다리고 있었다. 그는 계획대로 난창으로 돌아가지 않고 우리를 만나기 위해 그곳에 머물렀던 것이었다. 그는 자신이 우리를 난창으로 곧바로 데려다 줄 수 있을 것으로 생각하고 있었다. 비가 퍼붓고 바람이 사방으로 불어대는 가운데 공항의 진창길을 걸어 나오면서 우리는 흠뻑 젖고 말았다. 프랭크가 비옷 등을 미리 챙겨왔다. 드디어 통통거리는 작은 배를 타고 양쯔강을 거슬러 올라가는데 한 동안 우리가 목적지에 도착할 수 있을지 의구심이 들었다. 마침내 강가에 내려 감리교 선교회 사무실에 도착하자 지금까지 여러 번 그랬듯이 하나님께 감사드렸다. 퍼킨스 가족들이 그날 밤 우리를 재워주었다. 옷을 갈아입고, 올챙이배처럼 둥근 난롯가에서 젖은 옷을 말린 후 따뜻한 음식을 먹으니 정말 기분이 좋았다.

프랭크 "아저씨"가 다음 날 난창으로 가서 트럭을 빌려왔기 때문에 선교회 사람들이 우리들에게 어니를 기다리지 말고 난창으로 가자고 성화를 부렸다. 어니가 지금 무엇을 하고 있는지는 아무도 몰랐다. 우리는 성탄절이 되어서야 어니를 볼 수 있었다. 화창한 다음 날 아침 일찍, 선교회에서 트럭 [낡은 천을 덮은 군용 트럭] 을 몰고 왔는데 짐칸에 물건이 가득했다. 트럭은 UNRRA의 밀가루 포대와 무거운 상자를 운반하는 중이었다. 우리는 밀가루와 상자가 실린 짐칸에 탔다. 앞으로 160km를 가야했다. 도로는 엉망이었다. 우리는 페리를 타고 강을 건너야 했다. 강에 도착했을 때 태풍을 만났다. 페리가 파손되었다. 그 때는 오후 1시 경이었고 비가 억수같이 쏟아져서 여관에 가는 것도 불가능했다. 그뿐만 아니라 기온마저 떨어지고 있어서 그날 밤에 첫 눈이 내릴 듯했다. 프랭크는 준비성이 있는 사람이었다. 그는 가지고 있던 실크를 덧댄 몇 벌의 중국 외투를 우리에게 입혀서 그날 밤 트럭 짐칸에서 지내는 동안 우리 몸을 따뜻하게 했다. 음식은 현지의 여관에서 가지고 왔다. 덕분에 긴 밤 동안 편안한 밀가루 베개를 베고 잤다.

다음 날 아침 11시 경, 페리가 수리되어 우리는 길을 떠났다. 몇 가지 일은 내 상상을 초월하는 일이었다. 한 번은 트럭이 무언가에 아주 세게 부딪혀서 상자 한 개가 트럭 꼭대기까지 날아올랐다가 작은 하얀 에나멜 유아용 변기위로 떨어졌다. 유아용 변기가 망가져서 아코디언 모양처럼 돼 버렸다. 그건 감당하기가 참 버거웠다! 그러나 무사히 예정된 시간에 난창에 도착했다. 그 날은 추수감사절 다음 날이었다. 우리는 몸이 뻣뻣하고 지쳤지만 아주 행복했다. 아이들이 폐렴에 걸리지 않은 것이 그저 신기할 뿐이었다. 아이들은 감기조차도 걸리지 않았다.

이전의 선교사들이 살았던 집이 텅텅 비어있었기 때문에 [전쟁 중에 약탈당했다.] 우선 우리보다 먼저 돌아온 독신 여자들- 루스 다니엘스, 코럴 휴스턴, 거트루드 콘- 과 함께 지내기로 했다. 다음 날, 중국인 친구들이 방문했다- 이전의 우리 집 요리사, 병원 직원들 등- . 나는 목수를 불러서 우리가 살 집에 필요한 몇 가지 가구를 만들어 달라고 했다. 우리가 살 집은 예전에 슈베르트 가족이 살던 큰직한 이층집이었다. 집은 전쟁과 방치로 파손된 부분이 수리된 상태였다.

도착한 지 3주 후, 어니가 선교회 화물을 실은 배들 중 한 척이 상하이 황포Whangpo 항에서 침몰했다는 전보를 보냈다. 그들은 50톤의 화물중 1톤만 회수했다. 다음 날, 구조활동을 통해서 병원침대, 창문 유리, 일부 약품을 회수했다. 나는 우리의 개인적인 짐들이 그 배에 실려 있었을 것이라고 생각했다. 그러나 나중에 온 답장에는 우리 짐이 무사하다는 내용이 적혀 있었다. 우리는 어니가 배를 타고 와서 성탄절을 우리와 함께 지내기를 기대했다. 실제로 그는 성탄절 전날 오후 6시에 난창에 도착했다.

　　어니스트와 치 박사가 지우장에 도착하여 모든 화물을 3척의 배에 옮겨 실었다. 치 박사와 다른 병원 직원들은 화물을 실은 배들을 타고 난창의 파양호를 건넜다.

　　어니스트가 지우장에서 작은 짐을 앰뷸런스에 싣고 난창에 왔다. [그는 아프지 않았다. 그 앰뷸런스는 그가 지우장에서 난창으로 직접 몰고 올 수 밖에 없었던 것이다.]

1947년

　　우리가 살 집으로 이사하여 짐을 풀었다. 설날에 베아트리체와 베티와 나는 설사와 오한, 고열로 많이 아팠다. 베티는 정신이 혼미했고 나는 기절했다. 어니는 무사했다. 설사병의 원인을 추적해본 결과 거리에서 산 과자에 문제가 있었다. 거리에서 산 모든 식품은 비위생적이었기 때문에 반드시 껍질을 벗기거나 데치거나 오븐에 다시 구워야 했다. 어쩌다보니 내가 그 과자를 다시 굽는 것을 깜빡했다. 아이들과 내가 중국인 손님들과 함께 그 과자 중 일부를 먹었던 것이다. 베티와 나는 며칠만에 회복했지만 베아트리체는 회복하는 데 시일이 걸렸다.

　　1월 중순경, 우리는 병원에서 일을 시작할 준비를 마쳤다. 어니는 병원 물품을 배분하고 정리하기 위해 상하이로 돌아가야 했다. 그러는 동안, 우리는 어니가 일했던 [디트로이트에 있는] 헨리 포드 병원으로부터 소포를 받았다. 그 소포에 붙은 관세가 20,250 중국 달러였다!

　　어니는 좋은 시기에 떠났다. 그 때부터 4월에 그가 돌아올 때까지 아이들이 번갈아 가며 아팠다. 먼저 베티가 백일해에 걸렸다. 베아트리체는 미국을 떠나기 전에 너무 어려서 백일해 예방백신을 맞지 않았다. 그래서 정말 걱정이 되었다. 백신을 구해서 베아트리체에게 주사했지만 때는 이미 너무 늦었다. 아이는 기침을 하기 시작했다. 만약 아이가 백신주사를 맞지 않았다면, 증세가 심했기 때문에 필시 죽었을 것이다. 어느 날, 베아트리체가 일 분 정도 호흡을 멈추었다. 나는 치 박사를 불렀다. 그가 나에게 좋은 조언을 해주었다. 그는 그의 아들이 [백일해 때문에] 2분 정도 호흡이 멎었지만 살았다고 말했다. 사람을 보내 어니를 오게 한다 해도, 그가 도착할 즈음이면 베아트리체는 상태가 호전되었거나 더 악화되어 있을 것이었다. 아이가 죽었다 해도, 어니는 역시 제때에 여기에 도착하지 못할 것이었다. 그 시기가 베아트리체에게 결정적 전환점인 것처럼 보였다. 그 직후, 베티가 아주 아파서 발진이 났고, 그 후에는 눈이 빨갛게 충혈됐다. 베티는 중국인 유치원에서 이런 질병을 옮아왔다.

2월 20일, [미국에서] 소 몇 마리를 병원에 보냈다. 프랭크 게일과 나만 우유를 짜 본 경험이 있었기 때문에 우리는 소를 관리하면서 다른 사람들에게 소 관리법을 가르쳐주는 책임을 맡았다. 소젖을 짤 때 사람들이 주위에 모여서 큰 서양 소들과 우유를 짜는 외국인 두 명을 구경했다. 텔레비전에 방영되지 않는 것이 너무 아쉬웠다. 소를 돌보는 것은 짐이라기보다는 선물에 가까웠기 때문에 한동안 그중 두 마리를 선교 주거지로 데리고 왔다.

3월 중순, 베티가 수두와 기관지염을 앓았다. 나는 틈틈이 상하이에서 병원으로 보낸 약품이나 물품을 풀어서 정리했다. 물품의 사용설명서가 모두 영어로 되어 있었기 때문에 그것을 중국어로 다시 적어야 했다. 나는 완벽한 재고목록과 함께 재고실 선반에 물품을 보관했다.

난창에서 익명의 중국인 친구들과 함께 한 베티, 1947년

　　나는 일부러 시간을 내어 외과수술에 대해 관찰하고, 수술기법들을 개선할 수 있는 방법을 살펴보고 어니에게 그것을 제공하려고 했다. 그것들은 아주 좋았다. 그중 일부는 상하이 의과대학과 마가렛 윌리엄슨 병원[선교 병원]에서 훈련받은 것이었다. 나는 의사와 간호사가 수술실에서 서로 의사소통하는 방법에 특히 관심을 두었다. 그것은 수술실 바깥과는 정반대였다. 통상적인 예의범절은 사라졌다. 그들은 서로 아주 솔직해졌다. 물론, 그들은 예의를 갖추었지만 수술실에서는 솔직함이 반드시 필요했다. 또한 나는 하루에 한 시간 짬을 내서 교사에게 중국어를 배웠다.

　　문제점들은 항상 사방에 도사리고 있었다. 우리는 전염병 소동을 겪었다. 어니에게 백신을 보내달라는 전갈을 보냈다. 백신도 도착했고, 의사와 간호사와 경찰이 한 팀을 이루어 도시 여기저기 집집마다 돌아다녔다.

나는 함께 따라가고 싶었지만 중국인 직원이 외국 여성 때문에 큰 소동이 일어날 수 있다고 말했다. 매일 병원직원 3분의 1이 백신 접종을 받았다. 백신 "부작용"이 심하게 발생하여 병원 사람들이 집단으로 아팠다.

이제 이야기의 방향을 상하이로 돌려보자. 어니스트는 침몰한 물품에 대한 보상으로 5천 달러를 받았다. 사실 손실액은 약 1만 달러였다. 그는 결국 상하이에 있던 물품과 미국에서 온 침대를 함께 수송할 배를 구했다. 4월 초순, 큰 배에 지우장과 난창에 있는 3개 감리교 병원에 제공할 250톤의 화물을 실고 출발했다. 4월에는 강과 파양호의 수위가 높았기 때문에 어니스트는 큰 배를 이용하여 상하이에서 난창까지 수송할 수 있었다. 그는 선원들과 함께 배에서 지냈다. 어니스트는 4월 18일에 지우장에 도착했다. 그곳에서 물품을 하역하기 위해 3일을 대기한 후, 파양호에서 3일간 더 배를 타고 항해했다. 그는 4월 23일 혹은 24일에 난창에 도착했다. 선원들은 어니스트가 아주 호기심이 많은 사람이라는 것을 알았다. 그는 그 배에 타고 같이 음식을 먹고 자면서 여행한 최초의 외국인이었던 것이다. 그들은 그가 타자기로 편지를 치는 것을 보았다. 어니스트는 머리맡에는 부의 여신이 있고 발치에는 다산의 여신이 있는 선장의 선실에서 잘 수 있도록 허락 받았다. 그것은 전혀 효과가 없었다. 그는 부자가 되거나 아이를 더 갖지 못했기 때문이다. 그는 뱃사람들의 미신과 습관에 대해 아주 많이 배웠다.

4월 28일, 미국에서 소포가 왔다. 5kg짜리 소포에 붙은 관세가 4만 2천 중국달러였다. 우리는 또한 국제구호위원회IRC, International Rescue Committee로부터 물품을 얻었다. 치 박사가 그 물품을 담당했지만 그가 부재중일 때는 내가 그것을 관리했다. 난청南城의 가톨릭 수녀들이 IRC 물품을 가져가려고 왔기 때문에 우리는 지우장에 전화를 해야 했다. 전화 통화를 하는 데 두 시간이 걸렸다. 그 수녀들은 아일랜드 사람이었다.

힘든 와중에서도 즐거웠던 시간도 있었다. 거트루드 콘은 내가 피아노를 연주할 수 있다는 것을 알았다. 그래서 그녀는 내가 교회에서 봉사하게 했다. 가끔 그녀가 행사를 개최할 때 나는 그녀와 함께 갔다. 그녀는 꾀꼬리 같은 목소리를 갖고 있었다. 어느 날 저녁, 우리는 정부 관리의 집에 초대받았다. 난창의 관리들은 자녀들을 볼드윈 [기독교계] 학교나 주창 학교에 보냈다. 가끔 아이들을 통해서 부모가 기독교인이 되기도 했다. 관리들 중 한 명이 기독교인이 되어 세례를 받았다. 그는 감사의 뜻으로 거트루드에게 자신의 집에서 노래를 불러달라고 부탁했다. 또 우리는 아내가 기독교인인 가정에 초대받았지만 그녀의 남편이 신앙을 갖게 하지는 못했다. 그녀가 죽은 후 남편이 집으로 우리를 초대했다. 얼굴에 눈물을 줄줄 흘리면서 그는 자신의 유일한 소원이 아내가 죽기 전에 그가 세례 받는 모습을 보여주는 것이었다고 말했다.

어니가 도착한 직후, 기독교청년회 [YMCA, Young Men's Christian Association] 의 루이스 짜이 Louis Tsai가 미국에서 돌아왔다. 우리는 그에게서 고국의 소식을 듣고 싶었다. 그가 받은 인상은 다음과 같았다. ① 상점들은 주일에 문을 닫았다. ② 여성들의 모자가 아주 이상했다. ③ 뉴욕의 기차역, ④ 13~14세의 청소년들의 자유, ⑤ 뉴욕의 자동판매기, ⑥ (교육과 능력 면에서) 뛰어난 여성들, ⑦ 부자와 빈자 모두를 위한 난방 주택, ⑧ 훌륭한 교육, ⑨ 미국 YMCA에서 기독교 신앙의 부재, ⑩ 나무나 다른 재료로 만든 박스의 심각한 낭비. 또한 그는 편리한 주택, 냉장고, 가구당 라디오 2대, 자동차 1~2대, 층마다 양탄자가 깔려 있는 등 모든 것이 풍요롭다는 것에 깊은 인상을 받았다. 요즘에는 [1979년] 그가 말한 내용에 대해 의구심이 든다.

상하이에서 난창으로 가는 배를 구해서 물품을 지우장과 난창으로 수송하는 데 든 비용은 4천만 중국 달러였다. 이것을 생각할 때, 고국 사람들은 이처럼 엄청난 양의 물품과 돈을 다루게 할 만큼 선교사들을 크게 신뢰했다고 볼 수 있다. 그 당시 환율은 미국 1달러당 1만2천 중국달러였다.

배에서 물품을 하역하는 데 3일이 걸렸다. 병원 물품은 병원으로 보내고 우리의 물건은 집으로 가져왔다. 병원의 모든 빈방에서 물품을 다시 포장하거나 물품 포장을 풀었다– 바퀴가 달린 붕대교체용 새 카트, 수술침대, 들것, 엑스레이 촬영장치, 냉장고 등– . 약품과 외과용 장비는 더 많았다. 병원의 내 사무실은 물건으로 가득 찼다. 그리고 나의 일이 시작되었다. 나는 들어온 물건들의 재고목록을 만들고 영어로 된 이름을 중국어로 번역했다. 우리 두 사람은 매일 오후 6시까지 병원에서 물품 포장을 푸는 일을 도운 다음, 집으로 와서 개인 짐을 풀었다. 그 때 우리는 큰 결정을 내렸다. 그 때부터 우리는 우리 자신이 직접 물품 [부패하지 않는 식품이나 다른 물품] 을 포장하기로 결정했다. 새 재봉틀이 수송 도중에 망가졌다. 그런데 그것은 넣은 상자는 멀쩡했다! 누군가가 상하이로 갈 때 재봉틀을 가지고 가서 수선해야 했다. 우리의 식기류를 포장했던 사람들이 제대로 포장을 하지 않았다. 소금 상자가 터져서 모든 철제 주방기구가 녹이 슬었다. 유리 제품 중 최소한 50%가 깨졌다. 빵을 굽는 데 쓰는 주방기구들은 너무 구부러지고 뒤틀려서 수리가 필요했다. 고기를 가는 기구나 다른 도구들에 붙은 손잡이들은 완전히 분실되었다. 그러나 침대와 매트리스는 상태가 좋고, 상당수의 병원 물품도 망가지지 않았다.

베아트리체는 거의 5개월 동안 아빠를 보지 못했기 때문에 사실 아빠를 알아보지 못했다.

어니스트가 도착하고 짐도 풀고 나니 중국인 직원들과 목사들, 그 외 다른 사람들과 즐거운 시간을 보낼 기회를 갖게 되었다. 우리는 가능한 현지의 관습을 따르려고 노력했다. 함께 식사를 하는 것은 같이 일하는 사람들을 알고 이해하는 데 가장 좋은 방법이었다. 우리는 사람들을 섞지 않으려고 신경 썼다. 이를테면, 노동자 그룹 [블루칼라 그룹] 을 더 고위 직급인 간호사나 의사들과 같이 있게 하지 않았다. 우리에게는 요리사와 아이를 돌보아 주는 보모가 있었기 때문에 나는 자유롭게 병원에서 일하고 가정 일은 신경 쓰지 않아도 되었다. 요리사는 매일 거리로 나가 고기와 신선한 야채와 다른 식료품을 사 왔다. 시장은 적어도 1.6km정도 떨어져 있었다. [그래서 요리사는 걸어가거나 인력거를 타고 갔다.] 다림질은 숯을 넣은 다리미로 했다. 어느 정도 시간이 흐르자 몇 년 전의 생활로 어느덧 바뀌어 갔다.

병원은 장티푸스, 전염병, 폐렴, 결핵, 심한 복부종양과 치루종양 환자들로 가득했다.

암시장의 환율은 1미국달러당 3만 중국달러였고 공식 환율은 1미국달러당 1만2천 중국달러였다.

1947년 5월 19일, 우리는 병원에 새 냉장고를 설치했다. 냉장고는 가솔린으로 가동되었고 아주 조용했다. 그 기계를 가동하는 데 일주일에 가솔린 19리터가 들었다.

5월 27일, 현지 대학생들이 파업을 일으켰다. 그 학교는 정부가 운영하는 학교였다. 학생들은 우리 병원의 환자였다. 학생들이 승리했다.

힐다, 어니스트, 베아트리체, 베티, 난창에서,
1949년(겨울). 힐다와 두 딸들은 중국옷을
입었다.

1947년 6월 7일, 우리는 정부의 간호학교와 모임을 갖고 새로운 계약을 맺었다. 그 학교가 새로운 병원을 건축하고 있었기 때문에 재학생 3분의 1이 7월 1일자로 난창종합병원을 떠났다. 3분의 1은 방학 중이었고, 3분의 1은 우리 병원에 남았다. 나중에 우리는 간호학교를 개설하는 방안을 검토했다. 이를 위해 중국인 간호사를 모집했고 나는 자문위원을 맡았다.

6월 30일, 작은 홍수가 발생했다. 물이 강둑을 넘더니 우리 집이 있는 언덕까지 차올랐다. 우리 집 옆에는 병원이 있었다.

1947년 6월 23은 단옷날이었다. 우리는 이날 쭝쯔Tsung Tzu를 먹었다. 쭝쯔는 찹쌀을 옥수수 잎으로 돌돌 만 다음 증기로 쪄서 따뜻할 때 먹는 음식이었다. 찹쌀을 설탕에 찍어 먹는다. 이 음식을 너무 많이 먹으면 호

수에 가라앉을 것이다! [찹쌀 요리는 아주 끈적끈적했다.]

우리 아이들은 아주 빠르게 적응했다. 베아트리체는 모든 사람들에게 인사를 했고 벌써 중국말을 많이 할 줄 알았다. 베아트리체는 지치면 천 조각을 쥐고 엄지손가락을 입에 넣은 후 엄지손가락과 주먹을 그 천 조각으로 덮었다. 베티는 꽃을 좋아했다. 그 아이는 꽃을 따 머리나 단추 구멍에 꽂거나 사람들에게 주었다. 두 아이들은 옆집에 사는 치 박사의 딸들과 금세 친구가 되었다.

7월 8일, 시골로 소풍을 갔다. UNNRA 소속 직원들이 지프와 무기 수송차량에 태우고 갔다. 여행거리는 60리였다. [1리는 400m이다] 다리가 파손되어서 더 갈수 없어서 다리를 수리할 때까지 기다렸다. 우리는 마지막 판자에 못을 박을 때까지 기다렸다.

내가 난창에서 만난 사람 중에서 가장 훌륭한 여성은 로이스 왕Lois Wang이었다. 음악 때문에 우리 사이가 서로 가깝게 되었다고 생각한다. 우리는 금세 좋은 친구가 되었다. 그녀는 미국에 가서 1년간 공부를 할 예정이었다. 얼마나 그녀가 그리웠던지! 그 때 우리들 가운데 최고의 학자인 사람도 미국에 갈 예정이었다. 그는 사교적인 바람둥이가 아니라 훌륭한 기독교인이었다. 그의 이름은 추Ch'u 목사였다. 나중에 이 두 사람은 우리에게 대단히 큰 의미를 지니는 사람이 되었다.

우리는 자전거를 많이 이용했다. 선교회는 구호용 옷으로 포장해서 우리에게 자전거를 보내주었다. 구호용 옷에는 아동용 옷과 야외놀이용 옷이 많았다. 나는 모든 물품을 정리하여 손님방에 보관했다. 어느 날, 베티가 친한 친구 두 명을 손님방에 데리고 가서 야외놀이용 옷을 세벌씩 주었다. 나중에 내가 그것을 알게 되자 베티는 거리에 나가서 그 두 아이에게 모자를 사주라고 졸랐다.

좋은 소식! 난창과 지우장 간의 철도가 완공되었다. 우리는 유개화차를 타고 9시간 만에 지우장에 갈 수 있게 되었다. 날씨가 더워져서 아이들을 쿨링의 시원한 산으로 데려갈 시기였다. 오래전에 서양 여자들이 여름에 작은 아이들을 산에 데리고 가기 전까지는 많은 아이들이 죽었다는 얘기를 들었기 때문에 우리는 아이들을 산으로 데리고 갔다. 우리는 7월에 중국구제부흥기구CNNRA의 차량을 타고 갔다. 160km를 가는 데 12시간이 걸렸다. 노상강도가 심했기 때문에 무리를 지어 움직였다. 우리는 트럭 두 대와 버스 한 대를 타고 여행을 했다. 각 트럭마다 두 명의 병사가 탔다. 우리가 멈춰 서는 곳마다 〈걸리버 여행기〉의 걸리버 같았다. 중국 사람들은 "서양 귀신"을 보려고 나왔다. 오후 8시경에 지우장에 도착한 후, 우리는 빌리 존스[여자 선교사]의 집에서 밤을 지냈다. 어니와 치 박사는 다음 날 아침 상하이로 가는 비행기를 타려는 계획을 세웠지만 비행기가 취소되는 바람에 우리와 함께 산으로 갔다. 우리는 버스로 지우장에서 출발하여 산기슭으로 갔다- 거리는 약 14km였다-. 우리는 가마를 타고 산으로 올라갔다. 각 가마에는 네 명의 가마꾼이 붙었다. 가마꾼들은 보통 하루에 몇 번씩 산에 올라 다닌다고 하지만 우리에게는 그 일이 정말 고된 노역처럼 보였다. 아이들은 가마를 좋아했다. 우리의 가방, 음식, 그 외 물품들은 중국 노동자들이 등에 지고 날랐다. 산기슭에서는 매우 더웠지만 산 위의 계곡은 서늘해서 스웨터가 필요했다. 2시간 반 동안 가마를 탔다. 우리는 구름 구경을 즐겼다. 베티는 구름이 산 아래로 흘러 내리면서 우리를 스쳐 지나자 아주 흥분했다. 기후가 바뀜에 따라 재배하는 농작물도 달라졌다. 우리는 그 곳에서 아일랜드 감자와 대황을 구했다.

나는 대황을 통조림으로 만들려고 깡통 몇 개를 가져갔다.

　며칠 후 어니와 치 박사는 구급차를 가져오기 위해 상하이로 갔다. 그들은 그것을 교대로 운전하며 돌아왔다. 돌아오는 길에 치 박사의 통역을 통해 여러 차례 협상이 이루어졌다. 구급차는 미국에서 올린 스톡웰 박사 Dr. Olin Stockwell [감리교 선교사] 에게 보낸 것이지만 그 차를 중국의 다른 지역에 있는] 그에게 보낼 방법이 없었다. 그래서 우리 병원이 그 구급차를 샀다.

　그때, 나는 처음으로 초능력을 실제로 경험했다. (그 때 이후로 나는 그런 경험을 많이 해왔다) 어니와 치 박사는 7월 26일에 상하이에서 난창으로 출발했다. 첫날 그들은 약 160km 떨어진 항저우杭州로 갔다. 그것은 그리 나쁘지 않았다. 그들이 장로교 선교회에 머무르는 중에 펜실베이니아 주 케인에서 온 몇몇 친구를 만났다. 어니가 그의 어머니에게 쓴 편지에 따르면, 그 구급차는 패티 씨Mr. Pattee [감리교 선교사] 에게 보낸 다른 차량과 함께 철도로 수송되었다. 세 사람은 란시蘭溪에 도착할 때까지 차량과 함께 차 바닥에서 잤다. 그들은 기차 엔진에서 나오는 연기와 그을음으로 뒤덮였다. 그곳에서 그들은 구급차를 운전하기 시작했다. 그 지역부터는 노상강도가 나타나는 곳이었다. 다리들이 망가져 있었다. 그들은 배를 만나 차와 구급차를 싣고 강을 건너기 위해 많은 돈을 지불했다. 강을 건너는 유일한 방법은 가로 방향으로 놓인 통나무나 철도침목 위에 차를 올려놓는 것이었다. 어떤 곳에서는 병사들이 그들의 목숨을 구해주었다. 잠잘 곳을 찾는 것도 매우 어려웠다. 그들은 마침내 그 때 우연히 들렀던 마을의 유력한 상인에게 가서 자신들의 곤경을 말했다. 주님께서 그 문제에 손을 펼치셨다. 상인은 차량을 자신의 집 밖에 갖다 두고 4명의 경찰을 불러 지키게 했다. 상인은 그들에게 목욕을 하게하고 저녁과 잠자리를 제공했다. 그 때 나는 깨어있었고 무언가가 나에게 그 사람들에게 내 기도가 필요하다고 말했다. 나는 염려하면서 방안을 서성거렸다. 그 때 이후로 나는 깊은 잠에서 깨어나면, 항상 주님이 나에게 전해줄, 그리고 내가 따라야 할 메시지가 있다는 것을 알게 되었다.

땀이 흐르고, 지저분하고, 지친 모습으로 어니 일행이 난창에 도착했다. 난생 처음 어니의 온몸이 땀띠로 뒤덮였다.

[산 속에 있는] 쿨링은 겨울을 준비하기에 아주 좋은 장소였다. 나는 그곳에서 아이들을 위해 뜨개질로 옷을 지었다. 겨울 동안 아이들은 실로 짠 스웨터와 바지를 입었다. 바지는 바깥에 천을 덧대었다. 아이들은 한 번에 몇 벌의 스웨터를 입었다. 한 아이가 친구에게 물었다. "스웨터 몇 벌을 입을 만큼 춥니?"

쿨링은 또한 걷기에 아주 좋은 곳이었다. 사람들이 "사자 도약대Lion Leap"라고 부른 곳이 있었는데 정말 그럴듯했다. 609m의 수직 폭포가 있었다. 구름 속을 들어가면 다시 시야가 트일 때까지 멈춰 서야 했다. 그렇지 않으면 긴 절벽 아래로 추락했다. 어떤 지역에는 이상한 현상이 있었다. 아주 키가 큰 세 그루의 소나무가 마을에서 먼 곳에 서 있었다. 그 나무들은 캘리포니아의 아주 큰 붉은 전나무와 아주 비슷했다. 그 세 소나무들은 주변의 마른 소나무 옆에 있는 괴물처럼 보였다.

일몰전망대Sunset Ridge도 아름다운 곳이었다. 그곳에서 계곡 너머로 지우장 시와 양쯔강을 바라보았다. 그것을 보고 있으니 예수님이 예루살렘을 바라보며 우시는 장면이 생각났다.

서양인 사업가들뿐만 아니라 다양한 교파와 국가에서 온 선교사들이 여름에 이곳을 찾아왔다. 장개석 총통 [중국 지도자] 과 그의 아내도 그곳에 왔다. 영광스럽게도 주일 날 교회에서 그들 옆에 앉았다. 그가 경호원들과 함께 그곳에 왔을 때 우리는 기뻤다. 그 덕분에 우리도 보호를 받았다.

꽃과 새들은 계곡의 꽃과 새들과는 달랐다. 우리는 아열대 지역의 새들을 비롯한 많은 새들을 보았다. 나는 새 관찰자가 되었다.

베아트리체는 새로운 단어와 표현을 익히고 있었다. 어니가 치솟은 우표 값을 듣고 말했다. "오 이런, 말도 안 돼 !" 그때부터 베아트리체는 이러저리 걸어 다니면서 이렇게 말했다. "말도 안 돼, 말도 안 돼, 말도 안 돼."

환율이 다시 치솟기 시작했다. 1달러에 4만 중국달러로 올랐다. 계란 한 개에 600 중국달러였다.

나는 미국의 친구에게 크레용, 연필, 머리핀, 실, 비누, 작은 인형 등을 소포로 보내달라고 부탁했다. 그런 물건들은 성탄절이 될 때까지 보관해 두었다가 성탄절이 되면 병원의 모든 직원들에게 선물로 나누어 주었다. 또 중고 성탄 카드도 부탁했다. 중고 카드는 계속 다시 사용했다. 일부 학생들은 그 카드를 벽에 붙여놓았다. 우리는 소포로 보낸 음식들이 통조림으로 만들거나 완전히 밀봉하지 않는 경우 위험하다는 것을 알았다. 그렇지 않으면 음식들은 여름 더위에 온전하게 남아나질 않았다. 소포로 보내온 건조시킨 땅콩스프 믹스를 뜯어보니 곰팡이가 피었다. 건조 시리얼도 마찬가지였다. 깡통에 든 코코아 2.2kg짜리를 살 경우, 즉시 그것을 소비할 작정이 아니라면 깡통을 개봉할 엄두도 내지 못했다. 우리는 건조한 날에 식료품을 개봉하여 원하는 만큼 사용한 다음 나머지는 작은 깡통에 다시 넣어두는 법을 배웠다.

내가 함께 일한 사람 중 가장 멋진 사람은 루스 유 부인Mrs. Ruth Yu이다. 그녀와 나는 병원에서 사무실을 같이 사용했다. 우리는 많은 이야기를 서로 나누었다. 그 외 나와 같이 일한 여자들은 린 양Miss Lin, 취 양Miss Ch'i, 로 양Miss Lo 등이었다.

매년 9월 15일 경이면 날씨가 크게 달라졌다. 기온이 약 37℃에서 17℃으로 뚝 떨어졌다. 우리는 미국 아이들이 성탄절까지 날짜를 세듯이 9월 15일까지 날짜를 셌다.

우리 병원은 중국 남부 지방에서 유명해졌고, 자주 "작은 록펠러"라고 불렸다. 난창은 큰 기차역이 있을 뿐만 아니라 국제연합구제부흥기구UNNRA의 본부가 있는 곳이기도 했다. 그래서 우리 병원에는 서양인 [미국인 또는 유럽인] 환자 [서양 귀신] 가 입원했다. 서양인들에게 중국 음식은 보통 때에도 입에 맞지 않은데 아플 때면 더욱 더 그랬다! 그래서 우리는 고향에서 보내온 음식을 서양인 환자들에게 보냈다. 수술 후 그들은 회복기 동안 우리 집에서 지냈다. 중국에서 보낸 두 번째 시기 동안 우리 집에 체류 손님이 없었던 시기는 단 6주뿐이었다.

우리는 중국구제부흥기구CNNRA로부터 기저귀 천을 받았다. 아기 기저귀 없이 병원을 운영하는 것을 상상할 수 있겠는가. 어머니들은 자기 아기의 기저귀를 갖고 왔다. [이 때는 일회용 기저귀를 사용하기 전이었다.]

이제 사람들에게 병원의 넓은 현관과 병실을 청소하는 법을 가르칠 때였다. 우리는 각 청소원들에게 대걸레, 양동이와 물을 주었다. 물이 바닥에 쏟아져 있었다. 그래서 누군가가 청소 시범을 보여야 했다. 내가 각 층을 대걸레로 닦자 얼마 후 현관이 깨끗해졌다.

3200km 떨어진 베이징에서 중국어를 배웠기 때문에 우리는 난창에

서 새로운 방언을 배워야 했다. 북경에서는 여 교사를 "치아오 신Chiao Shin"이라고 불렀다. 난창 지역에서는 그것을 "라오 수Lao Shu"라고 했는데 이 단어는 북경에서 "쥐"를 의미했다. 나는 너무 당황해서 왜 여교사를 쥐라고 하는지 물어볼 수 없었다. 어느 날, 사람들이 "라오 수"가 아니라 "라오 쑤Lao Ssu"라고 말했다. 이것은 같은 단어였다. 우리는 언어를 오해해서 큰 곤경에 빠지기도 했다.

일요일 저녁, YMCA의 영어예배에 참석하려고 갔다. 가끔, UNNRA 직원들이 그들의 지프차에 우리를 태워주었다. 만약 내가 만화가라면 그 지프차의 모양과 그 차에 탄 사람들을 그리고 그 밑에 "목적지까지 모셔다 드립니다."라고 써서 보여주고 싶다. 하지만 나는 중국인들의 표현을 빌리자면 양배추 머리가 아니라 어리석은 순무 머리에 지나지 않기 때문에 다른 사람이 그 그림을 그리는 것이 좋을 것이다.

우리는 가끔 팝콘을 만들었다. 곧 그 소문이 퍼졌다. 우리 집 주위로 많은 중국 아이들이 모여들었다. 치 박사의 막내딸이 빵과 잼을 좋아했는데 간식 시간에 불쑥 나타나곤 했다. 베아트리체는 중국 음식을 먹으려고 치 부인Mrs. Ch'i 집의 현관 계단으로 가곤 했다. 베티와 치 박사의 첫째 딸도 아주 친한 친구였다.

베아트리체는 이제 진짜 말썽꾸러기가 되었다. 아이들은 집에서 저녁을 먹고 잠깐 잠을 자라고 하고 어니와 내가 저녁 외식을 하고 온 후, 내가 베아트리체가 무엇을 먹었는지 물었다. 아이는 눈을 반짝이면서 말했다. "잠을 잤어요." 나는 베티가 생물학자가 될 것이라고 생각했다. 쿨링에서 그 아이는 매미를 채집했다. 난창에 돌아온 후, 베티는 메뚜기를 채집할 때 모든 친구들에게 도와달라고 부탁했다.

우리는 간호학교를 시작했다. 그 때 최종적으로는 전임 교장을 두어야 한다는 생각을 마음에 품고 있었다. 그러는 동안 내가 교장 대리를 맡았다. 나는 임상 강의와 수술실의 기술을 가르치면서 병원 수술실에서 파트타임으로 일했다. 첫 학급의 학생 수는 5명이었다.

9월 28일, 난창 시에 큰 화재가 발생했다. 1천 가구 이상이 파괴되었고 1만 명 정도가 집을 잃었다.

그 지역에서 지진은 좀처럼 일어나지 않았다. 그러나 1947년 10월 27일 밤, 우리는 침대가 흔들리고 창문이 우르르 떨리는 소리에 깨어났다.

우리는 종종 여러 사람들과 함께 집에서 저녁을 먹었다. 어느 날 저녁, 병원 인턴과 레지던트들을 초대했다. 우리는 그들이 무엇을 좋아하는지 물었다. 그들은 이구동성으로 서양음식을 원했다. 그들 모두에게 이번 식사가 외국 음식을 처음 먹어보는 기회였다. 그래서 우리는 그들에게 하나하나씩 음식 먹는 법을 가르쳐 주었다. 재미있는 일도 벌어졌다. 우리는 잼과 빵을 대접했다. 잼은 여러 음식에 발라먹었는데, 심지어 으깬 감자 위에도 발랐다. 내 옆에 앉은 한 사람은 너무 흥분해서 얼굴에 땀이 흘렀다. 우리 집은 11월에는 난방을 하지 않았다. 식사 후에 게임을 했다. 아주 즐거운 시간이었고 좋은 우정을 나누었다.

우리 집에는 때때로 특이한 냄새가 났다. 우리 집 부엌과 거실 사이에는 미닫이문이 있었다. 쥐가 그 문 안쪽에서 죽으면 손이 닿지 않아서 꺼낼 수가 없었다. 우리는 한 동안 집에서 모임을 열 수가 없었다. 요즘 사용하는 탈취제가 있었더라면 얼마나 좋았을까.

1947년 10월, 병원에서 미숙아를 받았다. 포도당 용액을 아기에게 주사했다. 점적기dropper를 이용해 아기에게 한 번에 모유를 28g씩 먹였다.

10월 19일, 아기는 출생 때의 몸무게보다 56g 증가하여 약 2kg가 되어 집으로 갔다.

1947년 11월, 푸저우福州에서 감리교 백주년 기념행사가 개최되었다. 나는 심한 감기에 걸려서 아이들과 함께 집에 있었다. 어니는 아침 9시 경에 집을 나섰다. 점심을 먹은 후 쉬기 위해 누워서 잠을 자고 있는데 어니의 목소리가 들렸다. 나는 깜짝 놀라 깼었다. 꿈을 꾸고 있다고 생각했지만 분명 꿈은 아니었다. 그와 모든 미국인들이 비행기를 타고 난창으로 와서 우리 집 앞문으로 걸어들어 왔다. 그날 밤과 그 다음날 우리는 모두 함께 지냈다. 그 비행기는 유압장치에 문제가 생겨서 수평낙하 착륙(지면 가까이에서 기체를 미리 수평으로 해서 속도를 줄여서 낙하 착륙하는 방법 – 옮긴이)을 했다. 난창에는 비행기가 착륙할 수 있는 가장 길고 훌륭한 들판이 있었다. 그래서 비행기는 방향을 돌려서 난창으로 돌아와야 했다. 어니는 올린 스톡웰Olin Stockwell [선교사] 이 추리소설을 읽는 중에 비행기에 문제가 발생했다고 말했다. 올린 스톡웰이 갑자기 성경을 꺼냈다. 한 여자가 조종사에게 상황이 심각한지 묻자 그는 "아주 심각하다"고 대답했다. 어니는 비행기가 난창에 접근하자 안도의 한숨을 내쉬었다고 말했다. 그는 비행기가 추락한다면 적어도 사람들이 비행기를 발견할 수는 있을 것이라고 믿었다. (그 당시 푸저우의 푸켄Fukien공항 지역은 산이 많았다.) 조종사는 미국계 중국인이었고 아주 유능한 조종사였다. 그는 더 이상 선회할 수 없을 때까지 계속 상공을 돌았다. 그러다가 들판의 한쪽 끝에서 아래로 하강하기 시작했다. 하나님께서 비행기가 들판의 다른 한쪽 끝에서 멈추어 서게 하셨다. 그렇지 않았다면, 비행기가 해자에 빠졌을 것이다. 나는 감기를 이겨내고, 모든 사람들에게 음식을 대접하고 잠 잘 곳을 마련해

줄 수 있어서 매우 기분이 좋았다. 나는 그 비행기가 다음에 푸켄 공항에 왔을 때 더 행복했다.

나는 어머니에게 중국의 결핵퇴치 사역에 대해 편지를 보냈다. 편지에는 상하이의 결핵퇴치 사역을 알려주는 중국 결핵우표를 동봉했다. 의료 선교사인 호이징가 박사Huizenga가 상하이에서 결핵퇴치 사역을 벌였다. 결핵 우표는 그를 기념하는 것이었다. 호이징가 박사는 전쟁 때 포로수용소 [차페이] 에서 늙어서 죽었다. 에스 시 우S. C. Wu 박사가 그 사역을 계속하여 상당히 좋은 평가를 받았다. 우리는 2차 세계전쟁이 벌어지는 시기에 미시간 주 디트로이트에서 그를 만났다. 우 박사는 한 때 난창종합병원의 원장을 맡기도 했다.

1947년 12월, 루이스 로빈슨Miss Louise Robinson이 우리를 방문한다는 사실에 정말 흥분했다. 그녀는 역대 감리교 선교회원회 대표 중 처음으로 우리를 방문했다. 그의 도움 덕분에 난창의 오래된 이다 칸 병원 [감리교 여성병원] 을 재건축하여 결핵병원으로 사용하게 되었다.

1947년 성탄절 전 주는 특별했다. 눈이 오고, 강이 얼었다. 흥분한 미국인들이 어떻게 했을까? 우리는 아이스크림을 만들었다. 아이스크림을 먹을 때 난로 위에 앉아야할 정도로 정말 차가웠지만 너무 너무 좋았다!

한 번은 미국인 환자들을 받았는데 그들 때문에 우리는 격분했다. 레이턴 비안트Leighton Wiant는 연합형제교회United Brethren와 함께 일하고 있었다. 그는 폐렴에 걸려서 3시간마다 근육주사로 페니실린을 맞아야 했다. 그의 엉덩이는 바늘꽂이처럼 되었다. 그는 중국인 간호사들을 괴롭혔다. 간호사들은 그가 진심으로 그러는지 그저 장난을 치는 것인지 몰랐다.

그는 간호사들이 그에게 주사를 놓는 방법을 설명했다. 첫째, 간호사들이 그의 감각을 무디게 하기 위해 얼음을 넣은 알코올로 문지른다. 그 다음, 병원에서 가장 무딘 주사바늘을 찾는다. 그것은 말에게도 사용하지 않을 그런 바늘이다. 그들은 피부 바로 아래를 주사바늘로 찌른 다음 신경을 찾는다. 신경을 발견한 후, 쿡! 그에게 페니실린을 주사한다. 그리고 마치 그가 살해라도 당하는 것처럼 크게 소리친다.

성탄절 무렵에 우리의 합창단이 라디오에서 노래를 불렀다. 나는 칼 뮤엘Carl Muelle이 작곡한 "크리스마스 판타지아Christmas Fantasia" 비롯하여 몇 곡을 연주했다.

나는 베티가 성탄절 가장행렬에서 마리아 역을 할 예정이라는 것을 간접적으로 알게 되었다. 베티는 이미 중국옷을 마련해놓은 상태였다. 이를테면 나를 놀라게 할 작정이었던 것이다.

1947년의 성탄절은 특별했다. 12월 23일, 선교회 교회에서 첫 행사로 두 편의 연극을 상연했다. 아기 예수가 탄생하는 구유가 나오는 장면이 먼저 나오고, 그 다음 사내아이들이 학살당하는 비극적인 장면이 이어졌다. 마지막 즈음에 거리의 사람들이 거세게 문을 밀고 들어와 이미 사람으로 가득 찬 연극상연 장소를 또 채웠다. 그들은 이전에 구유 장면을 본 적이 없기 때문에 그 장면이 재미있다면서 웃었다. 그것은 복음을 전하기에 대단히 좋은 기회였다. 우리는 그 장면에서 멈춘 다음 그들에게 성탄절 이야기를 들려주고 연극을 계속했다. 두 편의 연극이 끝난 후, 산타 할아버지가 그들의 가족들 한 사람 한 사람에게 다가가서 작은 선물- 크레용, 비누, 바늘, 실 등- 을 나누어 주었다. 나는 집에 돌아와서 그들에게 성탄절을 더 멋지게 만들어준 모든 사람들을 생각했다. 또한 우리 합창단은 의과대학에서도 노래를 불렀고 나도 피아노를 몇 곡 연주했다.

성탄절 날, 오전 2시경, 캐럴 찬양대가 오기 시작했다. 5시 반까지 밤새도록 작은 찬양대들이 계속 왔다. 그 후 잠깐 눈을 붙였는데 우리의 작은 두 천사 베티와 베아트리체가 깨웠다. 부모님들께서 일찌감치 미리 우리에게 보낸 성탄절 선물이 거실에 놓여 있었다. 우리 두 천사에게는 인형을 보내셨다. 그 때부터 인형들이 매일 두 아이와 함께 침대에서 잠이 들었다.

성탄절 이틀 후는 치 박사의 생일이었다. 베아트리체의 생일은 28일이었다. 그래서 우리 두 가족은 함께 생일을 축하했다. 치 박사의 가족을 초대하여 서양음식을 대접하는 것이 처음이었다. 베티가 치 박사의 아이들에게 서양 식사법을 보여주는 것을 즐겁게 보았다.

1948년

베티가 중국인 학교에 다니기 시작했다. 베티는 학기말에 반에서 9등을 했다. 베티는 오전에만 학교에 갔다. 오후에는 나와 함께 지내면서 칼버트Calvert 홈스쿨 방식을 이용해 공부했다. 베티는 뛰어난 학생이었다.

중국 북부는 공산주의자들 때문에 상당히 소란스러웠다. 미국에 있는 사람들은 걱정했지만 우리는 아주 안전하다고 느꼈다.

어느 차가운 날, 한 아기가 병원 문간에 버려져 있었다. 사람들이 아기를 나에게 안고 와서 양부모가 찾을 때까지 돌보아달라고 했다. 양부모가 그 아기를 데리고 가려고 온 날, 아기가 새 가정에 행복하기를 바라는 마음으로 폭죽을 몇 개 터뜨렸다. 그런 풍습을 어떻게 생각하는가?

1948년 2월 10일은 중국의 설날이었다. 사람들이 하루 종일 우리를 찾아와서 신년축하 인사를 나누었다. 모든 사람들에게 음식을 대접해야 했다. 우리는 땅콩과 중국차를 내놓았다. 신년 축하는 3일 동안 계속되었다. 신년 인사가 끝난 후 찬장에는 남은 그릇이 거의 없었고 가족들은 모두 몸살이 났다. 땅에는 눈이 내렸고 아주 추운 새해였다. 우리는 베아트리체를 바깥에 내보내 눈에서 놀게 했다. 눈 속에서 노는 아이의 얼굴 표정을 보았더라면 좋았으련만.

사랑하는 사람들이 여러 가지 병에 걸렸다. 게일 막사 [여자 선교사] 는 수술을 받고 회복 중이었다. 우리가 가장 좋아한 간호사였던 치 양Miss Ch'i은 건강이 아주 나빴지만 페니실린 덕분에 나았다. 기독교 가정 출신의 피터는 결핵균이 뼈에 침투한 후 뇌까지 번지면서 서서히 죽어갔다. 피터는 내가 본 중 가장 큰 갈색 눈을 가진 아이였고 착한 환자였다. 그 아이는 항상 웃곤 했다.

쌀값이 1 단 [단은 중국의 도량형 단위이다] 에 120만 중국 달러였다. 일년 전만 해도 약 5만 중국 달러였다. 가난한 사람들에게 이것은 경악할 수준이었다. 간호사 중 한 사람이 일부 사람들이 쌀겨만 먹고 산다고 알려주었다. 결핵에 걸리는 사람이 많이 발생했다. 우리 병원의 의사한 명과 간호사 중 한 명이 결핵에 걸렸다. 코럴 휴스턴도 결핵에 걸렸다.

3월 1일, 우리는 간호학교를 열었다. 나는 자격을 갖춘 중국인 간호사를 찾아 넘겨줄 때까지 교장 대리를 맡았다. 어떤 측면에서 볼 때 외국인이 교장을 맡는 것이 이점도 있었다. 나는 교장 신청자에게 "아니오"라고 말하고, 철저히 자격을 검증했다. 중국인들은 친척이나 친구에게 "아니오"라고 말하지 않았다. 어린 소녀가 입학시험을 치지 않고 간호학교에 들어가려고 했다. 나는 부담감 없이 "아니오"라고 말했다. 그 소녀는 3과목 중 2과목이 낙제였기 때문에 그것은 당연했다. 그 후 그녀는 나에게 와서 자신의 능력을 보여줄 수 있는지 물었다. 나는 최대한 점잖은 말로 그녀가 그 성적으로 여자 미션 학교에 입학할 수 있는지 물었다. 그녀는 "아니오"라고 대답했다. 나는 간호학교에 들어가려면 공부를 그보다 더 잘해야 한다고 말했다.

3월 초, 우리는 흰개미 때문에 어려움을 겪었다. 우리 집은 흰개미의 입맛에 딱 맞는 나무로 되어 있는 것 같았다. 흰개미들이 집을 마구 갉아 먹었다. 금세 집의 마루에 구멍이 여러 개 생겼다. 흰개미들이 먹지 못하는 나무는 장뇌였다. 우리는 집의 토대에 시멘트를 깔거나 나무를 크레오솔 방부제로 처리했다.

그맘때, 우리는 그 지역에서 훌륭한 음악가 몇을 만났다. 그 중 한 사람이 창 양Miss Chang이었다. 그녀의 목소리는 정말 꾀꼬리 같았다. 나는 여러 번 그녀와 함께 연주했다.

부모님께서 필요한 물품을 계속 소포로 보냈다. 소포에는 매번 재미있는 신문이 들어 있었다. 그 신문들은 가장 인기가 좋았다. 신문이 너덜너덜해질 때까지 이 집에서 저 집으로 돌아다녔다.

여름 철새가 왔다. 난창은 많은 새들의 이동 경로였다. 다양한 열대지방의 새들이 주변에 많이 날아다녔다. 이 새들 중 하나가 별삼광조다. 그 새의 꼬리는 몸 길의 약 세 배이며 주황색이다. 그 새는 이 나무에서 저 나무로 날아다닐 때 꼬리가 미풍에 살랑살랑 흔들렸다.

그 새는 매우 수줍어하고 조용한 새였으며 어치와는 달랐다. 별삼광조는 "칩, 칩, 칩"하며 아주 조용히 노래했다.

여름과 함께 온갖 종류의 전염병이 발생했다. 어느 날, 남자 학교의 한 소년이 갑자기 뇌막염에 걸려서 의사가 그를 진찰하기도 전에 죽었다. 그로 인해 전 지역이 혼란 상태에 빠졌다. 그 직후, 어느 날 밤 베티가 한밤중에 깨어나서 비명을 질렀다. 내가 베티에게 갔을 때 베티는 헛소리를 했다. 베티는 머리 뒤쪽이 아프다고 했다. 우리는 베티가 십중팔구 뇌막염에 걸렸을 것이라고 확신했다. 베티를 다른 방에 누이고 마스크를 씌우고 설파제를 처방했다. 우리는 뇌척수액을 뽑아 검사하는 요추천자spinal tap를 할 수 있도록 병실을 준비시켰다. 우리가 베티를 병원으로 데리고 갈 준비를 할 때 아이가 잠에서 깨어났고 병세가 한결 회복되었다. 두통은 사라졌고, 아이는 기관지성 폐렴 초기인 것으로 판명되었다. 그 후 베티는 매 3시간마다 페니실린 주사를 맞았다.

우리는 방충망과 모기장을 충분히 받았기 때문에 병원의 모기나 파리를 제거할 수 있었다. 병원 근로자들은 각각 자신의 침대용 모기장을 받았다. 우리는 CNNRA로부터 디디티DDT를 받아서 침구에 서식하는 해충을 제거했다.

곰팡이, 곰팡이, 곰팡이! 비, 비, 비! 비가 많이 오고 무더운 날씨였다. 우리는 옷을 말릴 수 없었다. 짜지 않고 널어도 잘 마르는 천과 전기 건조기가 있었더라면! 비가 너무 많이 와서 땅이 푹푹 빠졌다. 햇볕이 강하게 내리쬘 때면 땅과 세탁물에서 김이 무럭무럭 났다. 그 결과, 세탁물에서는 쉰 냄새가 났다. 신발은 하루 밤이 지나자 곰팡이가 피었다.

우리 집은 거의 항상 사람으로 가득 했다. 그것은 난창이 여행의 중심지였기 때문이었다. 주변 지역의 사람들이 난창 병원에 가려고 우리 집에 왔다. 난창은 비행기나 기차, 버스를 타는 곳이었다. 상하이에서 쿨링으로 가려면 반드시 난창에 들러야 했다. 1948년 5월 23일, 피츠 가족(나사렛교단)이 와서 하루 이틀 정도 머물 곳을 찾았다. 그들의 아들이 매우 아팠기 때문에 그들은 더 오래 동안 머물렀다. 그러는 동안, 건축가이자 블리스 비안트 [감리교 선교사이며 음악가] 의 형제인 폴 비안트 씨Mr. Paul

Wiant가 난창에 와서 결핵병원 건축을 돕기 시작했다. 많은 사람들이 집에 머물렀기 때문에 창고를 치우고 그곳에 침대를 놓고, 아이들을 방충망이 설치된 위층 베란다로 올려 보냈다. 우리는 폴 비안트의 재치와 도움을 많이 받았다. 나중에 그가 다시 올 때에는 중국인 동업자 두 명을 데리고 왔다.

병원에는 아픈 사람들에게 관련된 문제뿐만 아니라 여러 가지 다른 문제도 많았다. 한 번은 간호사 한 명을 잃었다. 어떤 환자가 수간호사에게 그녀의 남편이 다른 여자와 함께 있는 것을 보았다고 말했다. 우리는 그녀의 남편이 그리 충실하지는 않다는 것을 알았지만 잘 되기를 바랐다. 그녀는 남편을 추궁했지만 그는 잘못을 인정하지 않았다. 그는 고자질한 사람이 누구인지 찾아냈다. 그는 그 환자와 심한 소란을 일으키고 심지어 죽이겠다고 위협했고, 우리는 그 남편에게 병원에서 나가라고 요구했다. 그 남편은 결국 우리의 훌륭한 수간호사를 데리고 떠나버렸다.

피츠 가족은 드디어 다시 출발할 수 있게 되었지만 홍수 때문에 갈 수 없었다. 결국 그들은 160km를 타고가기 위해 65달러에 트럭을 전세내고 추가로 가솔린 3.8리터당 1달러씩의 연료비를 지급하기로 했다.

어느 날 밤, 나는 YMCA의 청소년 영어클럽에서 의학과 기독교에 대해 말할 수 있는 드문 영광을 누렸다. 참석한 사람은 약 30명이었고, 그중 3명이 기독교인이었다. 모임 중간쯤에 한 소년이 "그리스도 예수"에 대해 더 알려면 어떻게 해야 하는지 물었다. 그 모임은 길었다. 그와 같이 아주 좋은 기회가 많이 있었다.

어니는 헨리 포드 병원에 있는 동안 엑스레이 촬영에 대해 공부했다. 그것은 여러 모로 도움이 되었다. 그는 지우장에 초대를 받아서 엑스레이

중국식 식사, 왼쪽부터: 베아트리체, 힐다, 베티, 치란슈, 치통지 박사, 모건 차오. 익명의 중국 여성, 건축기술자 폴 비안트, 익명의 중국 여성, 1948년

촬영기계를 설치하는 것을 도와주고 사용법을 가르쳐주었다. 어니는 장시 성에서 최고의 엑스레이 전문가로 인정받았다. 기온은 계속 찌는 듯이 더웠다. 어니가 엑스레이를 촬영하기 위해 들어간 방에는 선풍기나 에어컨이 없었다. 그래서 그곳에서 나올 때에는 땀을 비 오듯이 흘렸다.

더운 날씨 때문에 많은 일들이 힘들었다. 종합 비타민이 든 박스가 왔다. 우리는 한 번에 천까지 셀 수 있는 아이들을 빨리 찾아서 비타민제를 병에 담아야 했다. 그렇지 않으면 그 약은 녹아서 함께 달라붙어버렸다.

거트루드 콘 양이 휴가에서 돌아왔다. 그녀는 라디오를 가져왔지만 세관에 놓아두어야 했다. 그것을 찾았을 때 라디오의 모든 진공관이 사라지고 망가진 진공관이 들어있었다. 그녀는 새 라디오를 구하는 데 오랜 시간이 걸렸다.

베아트리체는 장난꾸러기가 되었다. 내가 "음식" 또는 "목욕"이라고 말하면 아이는 달려왔다. 베아트리체가 졸릴 때는 위층으로 달려가서 베개를 챙겨서 나에게 갖다 주었다.

베티의 생일이 다가와서 파티를 준비했다. 베티는 아이스크림과 중국 음식을 놓고 논쟁을 벌였다.

초여름, 우리는 고아 소년 한 명을 입양하여 길렀다. 아이의 이름은 린탱Lin Tang, 나이는 10살이며 병원에서 먹고 요리사 가족과 함께 잤다. 우리는 그를 학교에 보내고 옷을 사 주었다. 낮에는 우리 집 근처에서 놀게 하고, 저녁에는 학교숙제를 도와주었다. 나중에 우리 가족 전체가 그 아이 때문에 하마터면 죽음에 직면할 것이라는 사실을 몰랐다.

우리 집에 라디오가 생겼다. 그 때문에 우리는 정확한 시간을 알 수 있게 되었다.

1948년 6월 16일, 간호 학생들을 대상으로 최종 시험을 치렀다.

날씨가 벌써 아주 더웠다. 더위를 견디는 유일한 방법은 하루에 두 번 목욕탕에 들어가는 것뿐이었다. 펌프질하기가 힘들었기 때문에 우리는 욕실을 물로 채우고 몸을 헹구기만 했다.

1948년 6월 22일, UNNRA와 IRC에서 여러 가지 외과 도구들을 담은 상자 세 개를 보냈다.

전기 선풍기를 받았는데 그것으로 열기를 식힐 수 있었다. 수술실, 엑스레이실, 집에 선풍기를 달았다. 저녁에만 전기가 들어왔다.

7월 5일, 6일, 7일, 아주 재능 있는 가수인 포리나 창Miss Porina Chang이 공연을 하기 위해 난창에 왔다. 나는 그녀와 함께 공연했다. 몇 시간동안 연습을 했다. 그녀는 영어, 이탈리아어, 독일어, 프랑스어로 노래했다.

갑자기 아주 극심한 인플레가 발생했다. 6월 30일 우리는 미국에서 보낸 소포를 받았는데 관세가 1,500만 맥Meck이었다.

손님들이 오고가는 와중에 우리는 집 안팎에 페인트를 칠해야 했다. 페인트공 세 명이 와서 전통적인 방식으로 작업을 했다. 그들은 먼저 이전 페인트를 모두 벗겨낸 다음 다시 페인트를 칠했다. 물론 우리는 가구를 모두 다른 곳으로 옮기고 소음을 참아야 했다. 우리의 손님들은 숙식을 해결할 수 있는 한 그런 일에 개의치 않았다. 사실, 페인트공들은 일을 잘했다. 목재에 페인트칠을 마친 후, 그들은 마루에 닝포Ningpo라는 유약을 칠했다. 그 유약은 아름답게 빛났으며, 물로 씻을 수도 있고, 흰개미도 막고 연기에도 강했다. 닝포 유약의 유일한 결점은 막 칠한 후에 피부에 접촉할 경우 독성이 있다는 점이었다. 페인트와 유약을 한창 칠하는 와중에 또 다른 손님이 왔다. 그녀는 짐을 우리 집으로 미리 보냈기 때문에 나는 그녀를 방으로 안내하는 수밖에 없었다.

나는 페인트칠이 마무리되면 아이들을 산으로 데리고 가기로 계획을 세웠다. 어니와 치 박사는 병원 재정 마련을 위해 상하이로 갈 계획이었다. 우리는 지우장에 홍수가 났다는 소식을 들었다. 쿨링에 가려면 지우장을 거쳐야 하기 때문에 출발할 수 없었다. 그것은 내 생각이었을 뿐이었다! 그날 밤, 우리는 잠자리에 누워서 난창에 며칠 더 있어야겠다고 생각했다. 그러나 밤사이 베티와 나는 닝포 유약에 알레르기 반응을 보였다. 별 수 없이 집을 떠나는 수밖에 없었다.

페인트 작업이 진행되는 동안 우리는 거실에서 음식을 먹었다. 우리는 방충망이 쳐진 베란다에서 잠을 자거나 옷을 갈아입었다. 복숭아, 옥수수, 토마토를 통조림으로 만들 시기였다. 홍수 소식 때문에 우리는 장티푸스와 콜레라 주사를 맞아야 했다. 베티는 언제 주사를 맞을 것인지 매일 물었다. 베티는 산에 가려면 주사를 맞아야 한다는 것을 알고 있었다. 예방주사와 닝포 알레르기 사이에서 정말 힘들었다. 우리가 할 수 있는 일은 빨리 짐을 싸서 떠나는 것뿐이었다.

[닝포 유약은 흰개미를 쫓는 데 사용되었다. 난창지역의 흰개미는 엄청나게 갉아 먹어댔다. 한 번은 흰개미들이 힐다의 우표 수집 책을 전부 갉아 먹었다. 우표를 붙여놓은 종이도 모두 갉아먹었다. 흰개미들은 우표에 묻어있는 풀을 좋아하지 않았기 때문에 우표뿐만 아니라 종이도 먹었던 것이다!]

우리는 홍수를 용감하게 이겨낼 수 있기를 바라면서 기차표를 샀다. 지우장에 도착해서야 우리가 난창에서 떠나는 마지막 기차를 탔다는 것을 알았다. 홍수 때문에 지우장 근방의 기차선로와 도로가 유실되었다. 우리는 운이 좋았던 것이다.

음식, 식기, 옷, 다른 여름철 필수품을 가져가야 했기 때문에 짐이 모두 13개나 되었다. 짐에는 침구와 차가운 날을 대비한 양모 옷도 포함되었다. 우리는 여름옷을 입고 오전 7시 반에 집을 떠났다. 9시까지 짐들을 부치는 일을 마쳤다. 어니가 그곳에 있었더라면 더 빨리 마쳤을지도 모르지만 그는 상하이로 가고 있는 중이었다. 보통 지우장까지 기차로 세 시간이 걸리지만 그날은 5시간이 걸렸다. 홍수 지역을 천천히 통과해야 했기 때문이었다. 지우장에 도착하자마자 다시 폭우가 내렸다. 우리는 앉아서 기다렸다. 비가 그치자 한 블록 정도를 걸어서 도시를 가로질러 가는 배를 탈 수 있는 곳으로 갔다. 그곳에서 선교회까지는 갈 수 없었다. 80만 CNC을 승선료로 주고 산으로 갔다. 그곳에서 짐을 실을 트럭을 빌리고, 두 명의 짐꾼을 구해 30분을 달려 산기슭에 도착했다. 왜 두 명의 짐꾼을 구해서 함께 산에 갔는지 궁금할 것이다. 나는 베티를 가르쳤고 작은 아이는 이가 나는 시기였다. 트럭 전세 비용은 1800만 CNC이었다. 산기슭에서 우리가 산 위로 타고 갈 가마를 흥정했다. 정말 힘든 일이었다. 갑자기 나는 오랜 친구인 리우 라오 팬Liu Lao pan을 만났다. 그는 여러 해 동안 선교사들을 산 위로 데려다주는 일을 했다. 그는 마치 도둑소굴에 있는 천사 같았다. 그가 가마 일을 맡았다. 막 출발하려는데 다시 비가 내리기 시작했다. 우리는 산길이 매우 미끄럽고 어두울 것이라는 것을 알았다. 그래서 그날 밤을 산 아래에서 머무르기로 결정했다. 우리는 호텔의 위층으로 갔다. 그곳은 사실 다락방이었다. 우리는 간이침대를 설치하고 아이들과 함께 잤다.

다음 날 아침, 비스킷과 차로 아침 식사를 했다. 2시간 반 정도 출렁대는 가마를 탄 후 여름을 보낼 집에 도착했다. 아이들은 가마 타는 것을 아주 즐거워했다. 나는 걷는 것이 더 좋았지만 전 구간을 걸을 자신이 없었다. 나는 한 구간은 가마에서 내려서 잠시 걸었다. 가마비용은 모두 9천만 CNC였다. 가장 먼저 한 일은 전보를 쳐서 돈을 요청하는 것이었다. 인플레가 극심했다. 중국에 있는 동안 인플레 때문에 정말 치를 떨었다. 2년 전만 해도 환율은 1달러당 3천CNC이었는데 이제는 8백만CNC이었다.

쿨링은 아름답고 서늘했다. 우리의 여름용 별장은 "감리교 계곡Methodis Valley" 지역에 있는 산의 거의 정상부에 있었다. 식당 겸 거실에서

6개 또는 7개의 산 능선을 볼 수 있었다. 방의 벽이 유리로 된 부분이 많아서 구름이 꼬리를 물고 일어나서 산 아래로 흘러내다가 다른 산으로 올라가는 모습을 볼 수 있었다. 아마도 하나님은 분명 여기저기에 흙더미를 떨어뜨려 산을 만드는 재미에 푹 빠졌으리라. 구름 구경을 하지 않을 때에는 나는 베티에게 공부를 가르치든지, 아니면 겨울용 옷을 짜거나 편지를 썼다.

8월 3일경, 우리는 어니에게서 그와 치 박사가 상하이에서 난창으로 돌아가는 중이며 결핵 요양소 건축을 위해 300억 CNC를 사용했다는 소식을 들었다. 그것은 엄청난 액수였다. 같은 날, 나는 유리컵 몇 개를 사려고 산을 내려갔다. 컵 하나에 40만 CNC였고, 쌀 한 탄[an]이 3200만 CNC였다.

공부하고 물가가 치솟는 것을 알아보는 틈틈이 새들을 구경했다. 박새가 몸을 거꾸로 한 채로 불이 탈 때와 같은 소리를 내는 모습이 환상적이었다. 또 남중국의 어치는 아주 시끄럽고 매우 화려했다. 이름을 찾지 못한 어떤 새는 전반적으로 색이 검었지만 날개에 삼각형 흰색과 꼬리에는 오렌지색이 있었다.

물이 빠지고 있다는 소식이 들렸다. 물가는 여전히 오르고 있었다. 등유 340g이 30센트였다. 물이 빠지는 동안 [그 도시의] 수영장 물도 빠져버렸다. 사실, 수영장에 틈이 생겨서 수리가 필요했다. 그래서 수영장이 말라버렸다. 어느 날 저녁을 먹은 후, 베티와 친구가 산책을 갔다. 그들은 기분전환을 위해 베아트리체를 데리고 가고 싶어 했다. 나는 승낙하면서 수영장에 대해 주의를 주었다. 수영장 주위에는 철망이 쳐 있었지만 누군가가 일부를 망가뜨려 놓았다. 베티와 친구는 이야기에 빠졌고,

물론 베아트리체는 이리저리 다니다가 수영장까지 갔다. 수영장 주위로 폭이 약 30cm되는 시멘트 보도가 있었지만 베아트리체는 더 가까이 가보려고 했다. 베아트리체는 머리부터 떨어졌다. 더 큰 소녀들이 작은 딸이 떨어지는 것을 보고 아이를 집으로 데리고 왔다. 나는 딸을 씻기고 상처 부위를 싸맸다. 그러나 딸이 창백해지면서 토하기 시작하자 겁이 났다. 뇌진탕이 생긴 것 같았다. 나는 딸을 지우장으로 데리고 간다는 전보를 보냈다. 그러나 사람들은 더위가 너무 심해서 여행을 할 경우 아이에게 해로울 것이라는 전보를 보냈다. 그래서 우리는 그냥 맘을 졸이며 기다릴 수밖에 없었다. 나는 딸아이 곁에 밤새도록 앉아있었다. 아침 무렵 베아트리체가 한결 나아졌지만 눈꺼풀이 검푸르고, 부풀어 올라 눈을 덮었다. 일요일이 되자, 베아트리체는 주일학교에 가고 싶어 했다. 우리는 보내지 않기로 했다. 딸의 검은 눈을 보면 설교가 중단되거나 사람들이 놀라서 달아날지도 모를 일이었다. 부상에도 불구하고 베아트리체는 베티의 작은 책을 요리사에게 보여주면서 그 뜻을 설명해주는 모습을 보았다. 베티가 베아트리체에게 그 책을 가르쳐준 적이 있었다.

검고 망가졌던 코가 제모습을 갖추었다. 아이들과 함께 산책할 동안, 베티는 고개를 숙인 채 계속 앞을 보지 않았다. 한 번은 걸어서 교회로 가는 길이었다. 눈을 들어보니 바로 앞에 장개석 총통과 그의 부인이 있었다. 옆으로 비켜서자 부인이 온화하게 웃었다. 그들은 작은 어린이들을 보려고 교회로 가던 길이었다. 나중에 그들을 교회에서 보았다. [장개석 총통의 부인과 그의 자매들은 중국 감리교회와 관련을 맺고 있었으며 영향력이 컸다.]

어니가 마침내 산에 도착했다. 첫날 그는 거의 침대에 누워 지냈다. 그가 의자에 앉을 수 있게 되자 그는 계속 그곳에 앉아 있었다. 그는 난창병원이 혈액은행용 냉장고를 구하는 중이라는 소식을 전했다. 또한 아이들의 할머니가 만든 여자아이 옷 몇 벌이 든 소포가 왔다. 관세가 6천300만 CNC였다.

어니가 도착한 지 며칠 만에 중국통화가 CNC에서 은화로 바뀌었다.

한 선교사 가족이 애완용 토끼를 키웠다. 그들은 산 아래로 내려갔다가 곧 [1년간 미국으로] 휴가를 떠날 예정이었기 때문에 그 토끼를 베티에게 주었다. 이거 참, 며칠 동안 두 딸이 누가 토끼 먹이를 줄 것인지를 놓고 싸움이 벌어졌다. 정말 귀여운 토끼였다. 토끼는 우리 손에서 직접 음식을 받아먹었고 심지어 캔디도 먹었다.

또 다른 선교사 가족이 큰 노란색 고양이를 주었다. 그들 역시 휴가를 떠날 작정이었다. 나는 고양이와 토끼 중 어느 쪽이 이길지 궁금했다. 고양이는 귀한 동물이었다. 드디어 우리가 난창으로 돌아갈 날이 되었다. 고양이와 토끼를 어떻게 산 아래로 옮겨야 할까? 그리고 아이들과 짐은? 베티는 토끼를 튼튼한 끈이 달린 설탕 자루 속에 넣었다. 베티는 유모와 함께 한 가마에 타고 갔다. 나는 베아트리체를 무릎에 앉히고, 고양이를 바구니에 붙들어 매고 그 안에 조금씩 뜯어 먹도록 고기 한 점을 넣어 주었다. 우리는 산 아래까지 잘 내려갔다. 그곳에서 연합 형제단 소속의 독신 남자 [선교사] 들과 합류하여 트럭에 짐과 가방을 싣고 기차역까지 갔다. 트럭은 거의 수명이 다 되어 시커먼 연기를 뿜어대고 털컥거리며 힘겨운 소리를 냈다. 트럭이 우리에게 배기가스를 뿜어대는 바람에 매우 힘들었다. 그러나 그것 이외는 교통수단이 없었다. 그래서 우리는 모두 짐 위에 올라탔다. 이리 쿵 저리 쿵 서로 몸을 부대끼며 타고 갔다. 얼마

되지 않아, 유모인 시웅 사오 Hsiung Sao 의 얼굴이 종잇장같이 창백해 보였다. 그녀는 무언가 움직임을 느끼거나 움직이는 것을 볼 때면 언제나 멀미를 했다. 그녀는 아주 힘들어했다. 그래서 내가 두 아이를 맡았다. 잠시 후 베티가 멀미를 하더니 나에게 토끼를 맡기려고 했다. 그런데, 얼마 지나지 않아 토끼가 귀를 축 늘어뜨리고 몸을 가누지 못했다. 우리 모두가 멀미를 하는 것 같았다. 그래도 우리는 계속 갔다. 고양이를 돌보던 소년들 중 한 명이 말했다. "고양이 좀 보세요!" 고양이가 눈을 가늘게 뜨고 있었다. 고양이는 완전히 바구니 바닥에 납작하게 퍼져서 고기도 토끼도 어떤 것에도 관심이 없었다. 다른 사람들은 지우장의 선교회 사무실에 도착할 때까지 무사했다. 그곳에서 우리는 선교회 사람들과 함께 점심을 먹었다. 그 시간 내내 고양이와 토끼는 나란히 앉아 있었다. 고양이는 토끼를 쫓을 마음이 나지 않았고 토끼는 너무 멀미가 심해서 그 괴물 같은 고양이를 무서워할 겨를이 없었다. 우리는 기차를 탄 후, 다시 두 동물을 몇 시간 동안 나란히 두었다. 동물을 비롯한 모든 피조물들에게 평화가 찾아온 것처럼 보였다.

난창에 도착한 후, 두 동물을 따로 분리시켜 놓아야 했다. 우리가 늘 토끼를 지켜볼 수는 없었다. 어느 날, 토끼가 너무 멀리 달아나서 그 층의 끝까지 갔다. 고양이는 쥐를 잘 잡아서 키울 가치가 있었다. 그러나 어느 날, 고양기가 지붕 위 배수구 속으로 들어가 버렸다. 아마 쥐를 쫓아간 것 같았다. 우리는 고양이가 우는 소리를 계속 들었지만 위치를 알 수 없었다. 고양이를 발견했을 땐 너무 늦었다. 고양이는 허약해져서 살아나지 못했다. 지금까지도 나는 산에서 집으로 올 때, 두 아이와 두 동물이 멀미를 하던 모습을 잊을 수 없다.

산을 내려온 지 하루 이틀 후, 우리는 중국식당에서 선교사들과 저녁을 먹었다. 그곳에서 우리는 사무엘 마펫Samuel Moffett가족을 만났다. 그때만 해도 나중에 우리가 한국에서 사무엘 마펫을 만나고 그의 두 번째 결혼식에 참석하게 될 줄은 몰랐다. 그들은 우리에게 큰 사랑을 베풀었다. 특별히 어니가 1974년에 뇌졸중에 걸렸을 때 특히 큰 사랑을 보여주었다.

선교사역에 복귀하다

산을 내려온 후 우리는 완전히 업무에 복귀하였으며, 여러 회의에 참가하고 방문자들을 많이 만났다. 그 중 한 사람이 우 박사였다. 그는 감리교 선교사인 페니 엘마 페니백커 Penny Elma Pennybacker와 결혼했다. 우 박사는 결핵의 권위자였다. 상하이에 갔을 때 우리는 우 박사의 집을 방문하여 그들의 자녀인 애니와 프랭크를 만났다. 워드 감독 부부도 방문했다. 워드 감독은 캔디 만드는 것을 좋아했다. 그래서 돌아오는 길에 어니와 워드 감독은 캐서린 워드와 내가 다른 일을 하고 있는 동안 설탕을 녹여 태피 캔디를 만들었다. 폴 비안트도 왔다. 그는 결핵 병원 건축을 도와줄 예정이었다.

1948년 9월 16일, 새로운 간호학생 [제2기] 을 선발하기 위해 입학시험을 쳤다. 지금까지 13명의 학생을 선발했다. 1기 학생들 중에는 9명이 남았다.

우리는 이제 하루 24시간 동안 전기를 이용할 수 있게 되었다.

9월, 병원의 이름을 새로 바꾸었다. 난창 감리교 종합병원/수잔 토이

기념병원Susan Toy Ensign Memorial Hospital과 이다 칸 기념 결핵 요양소.

10월, 병원은 독감, 장티푸스, 말라리아, 그 외 여러 가지 이상한 병에 걸린 환자들로 가득했다. 수간호사인 유씨 부인Mrs. Yu이 2주간의 간호사 협의회에 참석하러 광둥으로 갔다. 그녀가 자리를 비울 때 내가 그녀의 일을 대신하게 되었다.

늦여름철인 수개월 동안 환율이 바뀌었고 환율 변화가 도움이 되는 듯 했다. 우리는 모두 용기를 얻었다. 그러나 11월이 되자, 가격이 다시 뛰기 시작했고, 모두 다시 금융위기가 다가오고 있다는 사실을 알았다. 우리는 많은 식료품을 통조림으로 저장하고, 설탕, 밀가루를 미리 구입했다. 우리가 그렇게 한 것은 천만다행이었다. 왜냐하면 2주 후에 우리는 계란, 밀가루, 쌀을 살 수 없었기 때문이었다. 공산주의자들이 금융위기의 배후라는 말들이 나왔다. 11월 10일, 정부가 수도를 난창이나 광둥으로 옮길 것이라는 소식이 전해졌다. 난창에는 큰 공항이 이미 들어서 있었기 때문에 "항공"교통의 중심지가 되었다. 외국인과 중국인들이 모두 2월 달 내내 중국을 벗어나기 위해 상하이에서 출발하는 배나 비행기를 예약했다. 미국 영사관도 11월 말까지는 피난할 준비를 하라고 충고했다. 개인당 소지할 수 있는 짐은 45kg까지 허용되었다. [공산주의자들이 중국의 여러 지역을 점령하기 시작했다. 미국은 냉전 중이었다.] 그런데 11월 26일, 어니가 열과 오한이 났는데 폐렴인 것처럼 보였다. 그래서 나는 떠나지 않았다. 그러나 연합 형제단 소속 선교사들은 외곽지역에서 피난했다. 나는 12월 1일에 떠날 계획이었다. 그동안 나는 상하이로 가기 위해 큰 가방 세 개를 쌌다. 그곳에서 어니가 우리와 합류할 때까지 머무를 작정이었다.

스튜어트 대사 [미국 대사] 가 날씨가 좋아지는 대로 중국에 와서 새로운 수도를 물색하는 것을 도와줄 예정이었다. 그것은 정부의 고위 관리가 머무는 한 우리도 머물 수 있다는 의미였다.

12월 1일이 되어도 어니가 상당히 아파서 여전히 침대에서 일어나지 못했다. 나는 그를 두고 떠날 수 없었다. 그때쯤 되자 그의 병이 깊어져 폐렴이 되었다. 12월 17일, 처음으로 그의 열이 내렸다. 12월 19일, 베아트리체가 어니와 같은 폐렴으로 매우 아팠다. 사실, 나는 어니가 건강을 회복한 후에 떠나기로 계획을 세웠다. 우리는 성탄절 후 곧바로 떠나기로 다시 계획을 세웠는데 베티가 하루 밤사이에 귀에 심한 염증이 생겼다. 어니가 말했다. "주님이 우리의 기도에 응답하는 것 같군요. 당신이 여기에 머물기를 바라시는 것 같아요." 그래서 우리는 싸두었던 짐을 풀고, 감독에게 가족 전체가 중국에 남겠다는 편지를 써 보냈다.

기도 응답 이외에 다른 사건이 중국을 떠나려는 우리의 계획을 바꾸어 놓았다. 어니와 치 박사는 아주 가까운 친구 사이로 많은 아이디어를 나누었다. 그 중 일부 아이디어는 그들끼리의 비밀이었다. 사실, 그들은 피를 나눈 형제가 되었다. [그들은 피 한 방울을 서로 교환했다.] 어느 날, 그에게 우리가 중국을 떠나는 문제에 대해 물었다. 그는 다소 길게 대답했다. 그때 그의 나이는 40세쯤이었다. 그는 중국에서 40여년을 살면서 전쟁과 전쟁의 소문을 들었고, 군대가 오기 전에 피하거나 도망하기도 했다고 말했다. 이제 아내와 아이, 나이든 부모님도 있는데 그가 어디로 도망을 가겠는가? [그와 그의 가족은 난창지역 출신이 아니었다.] 치 박사는 훌륭한 기독교인이었다. 그가 한 말 때문에 우리는 깊이 생각한 후 중국을 떠나지 않겠다는 결정을 내리게 되었다. 보통의 중국인들은 그렇게 단도직입적으로 대답을 하지 않는다. 그러나 치 박사와 어니는 아주 가깝기 때문에 그들은 생각을 서로 나누고 서로에게 정말 정직하다는 것을 알았다. 이것은 중국인들이 타인에게 거짓말을 한다는 말이 아니라 진실이나 대답을 항상 직접적으로 표현하는 것이 아니라는 의미이다. 그것은 문화적인 현상이다. 이러한 사고방식을 제대로 이해하려면 중국에서 오랫동안 살아보아야 한다. 자, 앞의 이야기를 계속해보자. 치 박사는 선교사들이 짐을 쌀 수 있다고 말했다. 문제가 생길 때 그들은 고국으로 돌아가거나 안전한 장소로 피하여 전쟁, 혁명, 소요사태가 끝나기를 기다리다가 돌아와서 다시 시작할 수 있다. 그러나 그는 지금 떠나지 말고 결과를 지켜보아야 한다고 말했다. 또한 그는 우리가 그와 중국인들에게 힘겨운 부담이 될 경우, 그 사실을 우리에게 알려주겠다고 말했다. [그는 그렇게 했다.] 그는 우리가 눈과 귀를 계속 열어야 하지만 입은 닫고 중국인의 판단을 신뢰해야 한다고 덧붙였다. 와우! 그 대화는 쐐기를 박는 것이었다.

1949년

1949년 1월 5일, 정치적인 상황이 불안정했다. 그러나 난창은 아주 조용했다. 현 정권(국민당)의 지도자(장개석 총통)는 좋은 사람이지만 그의 수하들이 정치를 망치고 있다(온정주의와 부패)는 말이 돌았다. 여러 해동안 내가 본 바에 따르면, 중국인들은 가족 유대가 아주 강해서 친척들이 비록 일할 능력이 없거나 나쁜 사람일지라도 관직에 임명했다. 그것이 중국에 해를 끼치는 것 같았다. 그것은 병원 사역에서도 마찬가지였다.

1월, 날씨가 좋아져서 시멘트를 부어 결핵병원 건물의 기초를 만들었다.

트라울슨Traulson 가족이 1월 10일 떠났다. 트라울슨 씨는 국제연합구제부흥기구UNNRA의 책임자였다. 그들이 유개화차를 타고 상하이로 가는데 3~4일이 걸렸다. 그 당시 여행하는 사람들은 모두 몸을 따뜻하게 하기 위해서 땔감을 가지고 가야 했다.

1월, 상하이에 있는 ECA [?]에서 병원에 약품 23상자를 보냈다. 그 상자들 안에는 여러 가지 다양한 약품이 들어 있어 분류하는 데 시간이 많이 걸렸다.

2월, 건축기술자들(도널드 슈Donald Hsu, 모건 차오Morgan Tsao, 폴 비안트)이 결핵 병원을 짓는 일을 시작했다. 그들은 상황을 파악하기 위해 3~4개월 전에 이미 여기에 도착했었다. 그들은 잠시 머무를 예정이었다. 그들은 우리와 함께 식사하고 잠을 잤고 세탁은 병원에서 했다. 비안트 씨가 며칠 후에 상하이로 돌아갔다.

간호학교용 책을 집필하는 일을 마무리했다. 헝 양Miss Heng이 그 책을 중국어로 쓰고 나는 영어로 썼다. 나는 그 책을 한 부도 얻지 못했다.

3월에 비행기로 상하이에 갔다. 2시간 15분이 걸렸다. 우 씨 가족을 비롯한 오랜 친구 몇 명을 만났다. 우리는 이비인후과 전문의 던랩 박사 Dr. Dunlap에게 진찰을 받으려고 찾아갔다. 그는 베티의 편도선을 제거하기 전에 몇 가지 처치를 받아야 한다고 말했다. 그것은 내가 더 오래 머물렀다가 나중에 혼자 난창으로 돌아가야 한다는 의미였다.

우리는 즐겁게 쇼핑을 했다. 마치 미국에 있는 것 같았다. 아이들은 물건들을 보고 기뻐서 비명을 질렀다. 어느 날 밤, 우리는 저녁으로 스테이크를 먹었다. 그것은 3년 만에 처음 맛보는 특별한 요리였다. 우리가 난창에서 유일하게 구할 수 있는 소고기는 물소 고기였다. 그것은 물소가 평생 고역에 시달리다가 죽은 뒤에 도축하여 잡은 것이었다. 그 고기는 아주 질겼다.

치아치료를 받는 중에 나는 두 번이나 기절했다. 치과의사가 나에게 절대로 다시는 국부마취를 하지 말라고 말했다. 치아를 뽑을 때마다 전신마취를 해야 하는 상황을 상상해보라. 그래서 오랜 세월 동안 나는 6개월마다 치과의사에게 갈 때, 비마취성 진통제로 버텨야 했다. 고속 드릴 기

계가 얼마나 고마운지! [과거에는 치과용 드릴이 속도가 낮아서 치료하는 데 시간이 더 오래 걸렸다.]

던랩 박사는 우리에게 집으로 갔다가 나중에 다시 와서 베티의 편도선 수술을 하자고 말했다. 베티가 편도선을 제거할 정도로 자라지 않았기 때문이었다. 그래서 우리는 난창으로 돌아갔다.

상하이에는 점점 사람이 늘어나 인구가 5백만 명이 되었다. [공산당과 국민당의 전쟁이 지속되면서 수많은 피난민들이 몰려들었다.] 기차역이나 그와 비슷한 장소에 가려면 일행들을 밧줄로 묶고 다녀야할 정도였다. 어니는 짐을 들고 나는 아이들을 챙겼다. 우리가 그를 어떻게 따라갈 수 있을까? 우리는 기발한 아이디어를 내서 꽃을 사서 바구니에 담았다. 어니는 어깨에 바구니를 올려놓았다. 그런 방식으로 우리는 바구니만 바라보고 따라가 기차를 탔다. 우리는 항저우에서 하루 밤을 머물렀다. 그것은 대단한 여행이었다! 우리는 다음 날 아침에 난창에 도착할 예정이었다. 자정쯤 기차가 정차하는 것을 느꼈다. 기차에 석탄이 떨어졌다. 그래서 작은 기차가 석탄을 구하러 난창까지 가야했다! 우리는 16시간 동안 서로의 얼굴을 쳐다보며 지냈다. 다행스럽게도, 정차한 곳이 시골마을이었다. 우리는 쌀, 차 등을 샀다. 행상인들이 계속 호객행위를 하면서 물건을 팔았다. 그들은 기차 창가에 몰려와서 서양귀신들이 먹는 모습을 지켜봤다. 우리는 거의 참을 수 없는 지경까지 갔다. 우리는 상하이에서 캔디와 캔디 포장지를 샀다. 나는 포장지를 이용해 머리띠를 만들었다. 우리 아이들이 중국인 행상인들에게 그것을 팔려고 했다. 호기심 많은 행상인들이 마침내 장난인줄 알고 가버렸다. 사실, 그들은 작은 서양 아이들이 중국어를 썩 잘하는 것이 더 신기하여 왔던 것이다.

16시간 후 기차가 다시 출발했지만 곧 산기슭에서 멈춰 섰다. 난창에서 가져온 석탄의 질이 형편없어서 기차가 산위로 올라가지 못했다. 그래서 다시 충분한 증기를 모을 때까지 기다려야 했다. 기차가 다시 출발했다. 열차장이 우리가 늦을 것이라고 미리 전보를 쳤다. 그러나 그 메시지에는 두 번째 정차는 포함되지 않았다. 치 박사, 차오 씨, 운전기사는 우리가 도착하기로 예정된 시간에 난창의 기차역으로 갔다. 그들은 계엄령 [등화관제] 에 걸려서 그날 밤을 역에서 보내야 했다. 우리 집에 있는 일꾼들은 밤새 잠을 자지 못했다. 우리 기차에는 침대차 [풀만형 숙박시설] 가 있었다. 그러나 자지 않고 밤을 새는 편이 더 좋을 뻔했다. 차장이 우리를 오전 5시에 내리게 하려고 오전 3시에 깨웠다. 아이들은 집에 도착했다는 생각에 흥분하여 집에서 아침을 먹지도 못했다. 그들은 정다운 친구인 란 수Lan shu와 메이 수Mei shu를 보려고 달려 나갔다.

4월 10일, 환율이 크게 요동쳤다. 국민당이 공황상태에 빠졌다. 밤새 물가가 전날보다 3배, 4배, 때로는 8배 이상 뛰었다. 금괴나 은괴를 가지고 있을 경우는 괜찮지만 지폐를 갖고 있으면 정말 낭패였다. 이것을 대비하기 위해 우리는 선교회와 병원의 직원들에 줄 임금을 금괴와 은괴 형태로 운반했다. 그것은 아주 무거웠다. 우리는 상당히 많은 금괴와 은괴를 운반하고 있었기 때문에 난창으로 돌아가서 그것을 여러 장소에 배분하는 일이 큰 걱정거리였다. 돈이 더 많이 필요했지만 지금은 상하이로 돌아갈 적절한 시기가 아니었다. 공산주의자들이 양쯔 강 저 편에 머무는 경우에만 상하이로 갈 수 있었다.

4월 20일, 정치적 상황이 아주 조용해지자 어니는 자금을 더 구하기 위해서 상하이로 돌아기로 결심했다. 그가 떠난 지 24시간도 채 안되어 공산주의자들이 양쯔 강을 건넜다. 어니는 40시간 동안 여행 중이었지만 그가 상하이에 도착할 때까지 상황이 급변한 것을 몰랐다. 그 무렵 [공산당과 국민당간의] 평화회담이 실패로 끝났다. 그는 난창이 공산주의자의 손에 떨어진다는 생각이 들자 서둘러 난창으로 돌아가는 비행기를 예약하려고 애를 썼지만 돌아올 수 없었다. 4월 25일, 상하이, 난징, 지우장이 공산주의자들에게 점령당했다. 그 당시에는 철도가 여러 곳에서 단절되었기 때문에 내가 상하이로 가는 것은 현명한 방법이 아니었다. 그러는 동안 어니는 돈을 구해서 난창으로 돌아오려고 노력하고 있는 중이었다. 그는 비안트와 함께 머물고 있었다. 그와 폴은 금괴가 가득 든 타자기 케이스를 들고 상하이에 있는 아파트로 가는 중이었다. 상자가 무거웠다. 아파트에는 엘리베이터가 없어서 그들은 계단을 걸어 올라갔다. 도중에 타자기 케이스가 갑자기 열렸다. 쨍그렁! 쨍그렁! 금괴가 계단 아래로 떨어졌다. 어니와 폴은 서둘러 금괴를 주워 모아 대부분의 금괴를 회수했다. 그들이 금괴를 전부 회수했는지는 결코 알 길이 없었다. 어니는 비행기를 타려고 계속 노력했지만 난창행 비행기는 없었다. 그는 난창보다 먼 장사 長沙까지 가는 비행기가 있다는 말을 들었다. 그래서 그는 어떻게든 난창으로 돌아갈 수 있을지도 모른다는 희망을 품고 장사행 비행기 표를 샀다.

물론, 난창에 있던 우리도 아주 힘든 고통을 겪고 있었다. 드디어 그가 오는 도중이라는 전보가 왔다. 어니는 난창에 착륙하기를 바라면서 기도했지만 확신을 갖지 못했다. 그의 눈에 지우장과 양쯔 강이 보였다. 갑자기 그는 비행기가 파양호 위를 지나 난창으로 접근하고 있는 것을 보았다. 비행기가 착륙하고 있는 중이었다. 조종사는 비행기 연료가 필요하다는 구실로 비행기를 공항에 착륙시켰다. 사실, 비행기 연료탱크에는 장사까지 갈 연료가 충분히 남아있었다. 어니는 아무런 질문도 하지 않고 비행기에서 내렸다. 우리가 그를 만나기 위해 공항에 도착하기 전에 비행기는 떠났다. 어니를 보니 너무 기뻤다. 프랭크 게일 삼촌도 나와 함께 있었다. 그 때 나는 어니가 나에게 진심어린 포옹과 키스를 할 것으로 생각했다. 하지만 그는 작은 가방을 내손에 쥐어주고 또 다른 가방은 프랭크에게 주었다. 그 가방 때문에 내 어깨가 떨어져 나갈 것 같았다. 그 안에는 금괴가 가득했다. 우리는 많은 이야기를 나누었다. 그때 이후로 한 동안 난창으로 가는 직행 비행기는 운항하지 않았다.

어니가 4월 21~27일 동안 상하이에 있는 동안 나는 10년은 늙어버렸다. 공산주의자들이 강을 넘어왔다 난창 시를 포위했다. 난창은 무법천지였다. 치 양이 병원에서 나와 함께 지내기 위해 왔다. 모건 차오는 이미 우리 집에 머물고 있었다. 그는 낮에는 나가 있었지만 식사는 우리와 함께 했다.

저녁 9~10시경, 문을 두드리는 소리가 났다. 그 소리 때문에 정말 심란했다. 그렇게 늦은 저녁시간에 방문할 사람이 아무도 없었기 때문이었다. 문으로 나갔더니 치 박사였다. 결혼한 중국남자는 유부녀를– 특히 외국인을 그것도 밤에– 방문하지 않기 때문에 약간 놀랐다. 그는 얼굴이 창백했다. 나는 그의 윗입술에 땀방울이 맺힌 것을 보았다. 그것은 매우 흔치 않은 일이었다. 그가 아픈지 묻자 그는 아니라고 말했지만 그는 극도의 공포에 휩싸인 것 같았다. 난창 시가 무법천지 상태였기 때문에 암흑가의 범죄조직들이 활개를 쳐서 단 번에 도시의 일부 지역을 장악하여 약탈, 절도, 강간 등을 저지르고 있었다. 그는 우리가 서류함에 병원을 위해 사용할 거금을 갖고 있다는 것을 안다고 말했다. 범죄조직원들이 그날 밤

병원을 부수고 간호사들을 공격하고 우리 집에도 들이닥칠 것이라고 말했다. 그는 그가 집에 머물면서 나를 보호해주겠다고 말했다. 또한 금괴를 몇 개만 남겨두고 나머지는 모두 빨리 숨기라고 말했다. 그는 서류함을 열어놓고 그들이 원하는 것을 가져가게 하라고 말했다. 어떤 저항도 소용없을 것이라고 했다. 나는 그에게 병원뿐만 아니라 그가 보호해야할 아내와 6명의 아이들과 부모가 있으며, 혹 잊었는지 모르지만, 간호학생들도 있다고 말했다. 나는 마침내 그를 설득했다. 차오 씨와 치 양이 나를 도와 금괴를 우리가 숨길 수 있는 곳- 벽난로와 다락- 에 숨겼다. 차를 마시기 위해 물 한 주전자를 내놓은 채, 세 사람이 어두운 거실에 앉아서 기다리는데 그 순간이 영원처럼 느껴졌다. 속삭임을 멈추자 죽음과 같은 정적이 흘렀지만 우리는 모두 완전히 깨어있었다. 오전 1시경, 다시 문을 두드리는 소리가 났다. 나는 드디어 올 것이 왔구나! 하고 생각했다. 문으로 나가보니 우리가 신뢰하는 한 병원직원이 서 있었다. 그가 말했다. "와이스 부인, 범죄조직원들이 지나갔습니다. 이제 편히 주무세요." 우리는 감사의 기도를 드렸다. 우리는 잠을 자러 갔다. 하지만 나는 잠을 자지 않았다. 다른 사람들도 역시 잠을 자지 않았다고 나중에 말했다. 다음날, 우리는 무시무시한 이야기를 들었다. 여러해 전, 중국서부에서 벌어진 전쟁 [2차 세계대전] 때에 치 박사가 한 남자를 수술했다. 그 남자가 다름 아닌 그 범죄조직의 두목이었다. 그 남자가 치 박사를 보고 조직원들에게 말했다. "이 사람이 내 생명을 구해주었어! 그와 그의 병원에 관련된 것에는 일체 손대지 마." 우리는 숨겨두었던 금괴를 모두 찾지 못했다.

어니가 4월 29일 상하이에서 돌아온 후, 머지않아 난창이 공산주의자들의 손에 넘어갈 것이라고 생각했다. 사실, 우리는 그들이 곧 올 것이라

고 확신했다. 그런데 공산주의자들이 갑자기 유감스럽지만 약 한달 후에
야 우리를 "해방"시켜주기 위해 올 수 있을 것이라는 라디오 메시지를 난
창사람들에게 보냈다. 최전선에 가까이 있었기 때문에 은행사업가, 우체
국 관리, 행정장관들은 피난을 떠났다. 다른 많은 사람들도 역시 그랬다.
상점이 문을 닫고 물가는 폭락했다. 1은 달러를 주면 계란 120개를 살 수
있었다. 마찬가지로 병원의 환자수도 급격히 줄었다. 우리는 집에서 더
많은 시간을 보내면서 정원을 가꾸었다. 열차와 비행기 운행도 멈췄다.
약탈이 횡행했다. 우리는 교대로 야간 순찰을 시작했다.

며칠 동안, 앞으로 상황이 어떻게 될지 궁금했다. 1949년 5월 22일,
소란이 시작되었다. 우리는 난창 시가 공산주의자들에게 7천 달러에 팔렸
다는 소리를 나중에 들었다. 국민당 군대가 질서정연한 대오로 도시를 빠
져나가 캉Kang 강을 건넜다. 그리고 공산당 군대가 도시로 행진해 왔고 우
리는 "해방되었다." 약 이틀 동안만 전투가 벌어졌다. 우리는 하루 밤 동
안 마루에서 지냈다. 총탄이 우리 집 위로 지나갔고 그것으로 끝이었다.
병원 사역이 중단되었다.

전투가 진행되는 동안 탄약 임시저장소가 폭격 당했다. 저장소가 강
건너편에 있었지만― 적어도 1.6km 정도 떨어졌다― 그 폭발로 폭약을
실은 기차가 폭발하여 난창 시 전체가 환하게 밝았다. 어니와 모건은 게
일 박사의 집에 가서 지하실 문으로 그 광경을 보았다. 나는 바로 뒤에 서
있었다. 우리는 차례로 번갈아가며 쌍안경으로 그 불길을 보았다. 모건이
그 광경을 보는데 폭약 하나가 폭발했다. 나는 쌍안경을 통해 보면서 세
상의 종말이 다가오고 있는 것처럼 느꼈다. 한 사람이 지하실에서 개구리
처럼 도약했다. 그는 군에서 특수훈련을 받았는데 진짜 개구리처럼 뛰었

다. 정말 재미있었다.

　해방된 다음 날, 우리는 빨간 모자를 쓴 사람들 [공산주의자] 의 수를 보고 깜짝 놀랐다. 그들 중 한 사람이 우리를 놀렸다. 그는 레이먼드라는 청소년이었는데 고교졸업반으로 교회에서 적극적으로 활동하고 친구도 잘 사귀었다. 과거에 그는 합창반 소속의 다른 친구들뿐만 아니라 모건을 잘 알고 지냈다. 모건과 일부 합창반원들이 우리 집에 모여서 이야기를 나누었다. 내가 돌아보았을 때, 레이먼드가 다소 심란해하곤 했다. 그가 항상 합창단에 참여한 것은 아니었다. 틀림없이 그는 인쇄기를 돌리고 선전물을 나누어 주었을 것이다. 그런데 붉은 모자를 쓴 그를 보자 나는 정말 화가 났다. 그러나 레이먼드는 일부러 우리 집까지 와서 우리 집을 보호하겠다고 말했다. 나중에, 그가 북쪽으로 가게 되었을 때 그의 아내를 남겨두고 떠나야 했다. 그는 우리 집에 들러서 그가 어떻게 해서 몇 개 고교를 졸업하게 되었는지 말해주었고 그것은 공산주의에 관련된 모든 특별활동들을 하기 위해서라고 말했다. 뻔뻔하게도 그는 자신이 떠난 후 아내와 아기를 보살펴달라고 우리에게 요구했다. 다른 사람들도 기억에 남아있긴 하지만, 그는 내 마음 속에 뚜렷이 남아 있는 사람이었다.

　정치상황 때문에 우리는 집에 보내는 편지에 전혀 말도 안 되는 내용을 써야만 했다.

　그 무렵, 왜가리 떼가 다시 돌아왔다. 우리는 강 주변에 살았고 집 안에는 나무가 많았다. 왜가리가 강으로 날아가서 새끼들에게 주려고 물고기를 물어왔다. 왜가리들은 자주 도중에 물고기를 떨어뜨렸다. 길에서 물고기나 하얀 물보라를 맞을 수 있기 때문에 집에서 병원으로 오갈 때 우리는 큰 우산 모자를 썼다. 그리고 일명 "유리병 새Bottle bird"도 돌아왔다.

그 새는 여름에는 남쪽으로 와서 근처에서 1~2일 정도 머무르다가 날아 갔다. 유리병 새가 오는 때가 모를 심을 시기였다. 외국인들은 그 새가 "한 병 더"라고 노래하는 것 같다고 말하곤 했다. 이 새는 우리가 베이징 에 있을 때 오전 4시에 창문 바로 아래에서 노래를 불러주었다. 검은 울새 Black Robin도 왔다. 이 새는 노란 부리를 제외하고는 몸 전체가 검었다. 그 점을 제외하면 이 새는 일반 울새의 모든 특징을 갖추었다. 지면에서 깡 충깡충 뛰고, 땅속의 벌레를 잡기 위해 주의를 집중했다.

베티는 7살이 되었다. 그 아이는 이제 누에의 일생주기를 모두 관찰했 다. 누에에게 주기 위해 부드러운 뽕잎을 따오고, 고치를 틀기 위해 짚을 모았다. 베티는 달팽이도 수집하기 시작했다. 달팽이를 깡통에 넣어 부엌 에 두었다. 달팽이들이 부엌 벽을 기어올랐다. 그렇게 해서 달팽이 수집 이 막을 내렸다. 그 다음 베티는 벌을 수집하기 시작했다.

베아트리체도 역시 즐거운 시간을 보냈지만 베티와는 달랐다. 베아트 리체와 메이 수 [치 박사의 막내딸] 는 하루 종일 같이 지냈다. 베아트리 체가 아침을 먹은 후, 자신의 잼 바른 빵을 가져갔다. 어느 날 아침, 베란 다에서 자고 있을 때 "비-트리" – 베아트리체의 중국식 이름 – 라고 부르 는 작은 목소리를 들었다. 베아트리체가 메이 수에게 소리치며 중국어로 말했다. "나 아직 자. 일어나기 싫어." 우리는 조용히 웃었다.

우편물이 일시적으로 중단되었다. 그러나 주말에 우편이 다시 오기 시 작했다. 5월 31일, 상황이 "평상시"로 돌아가고 있었다. 어니스트는 의과 대학에 가서 강의를 하고, 그 외 다른 의료 활동을 할 수 있도록 허락받았 다. 병원 일이 더 줄어들었기 때문에 치 선생 [치 선생은 치 박사의 형제 였다.] 과 함께 중국어 수업을 다시 하기로 결정했다.

의료선교사 와이스 부부의 헌신

다른 정규학교들이 조기에 문을 닫고 있었기 때문에 간호학교도 일찍 문을 닫기로 결정했다. 베티는 중국학교에서 자기 반 40명 학생 중에서 8등을 했다. 나는 베티가 오후에 나와 함께 미국식 학교 [홈스쿨] 공부를 했다는 점을 감안할 때 그 성적이 훌륭하다고 생각했다. 학기가 끝난 직후, 베티는 다리 관절에 열이 나면서 통증이 생겼다. 페니실린 주사를 맞은 후 아이는 나아졌다. 우리는 베티가 척추가 굽었기 때문에 결핵에 걸렸을지도 모른다며 걱정했다.

많은 행렬과 춤이 계속 이어졌다. 인기 있는 공산주의 춤은 북춤이었다. 그래서 모든 사람들이 북춤에 참여하기 위해 북과 특별한 복장을 준비해야 했다.

정치적 상황 때문에 여름휴가 동안 산에 갈 수 없었다. 전기와 선풍기, 욕실 덕분에 여름을 편안하게 지낼 수 있었다.

비가 많이 내렸다. 사실, 홍수가 났다. 우리 집에는 몇 개의 테라스가 있었다. 낮은 테라스가 물에 잠겼다. 병원도 여러 곳이 침수되었다. 소 우리가 물에 잠겨서 소를 우리에서 꺼냈다. 둑이 붕괴되는 것을 막기 위해 5백 명의 남자들이 계속 작업을 했다.

약간의 시간 여유가 있어서 시골로 하루 동안 여행을 떠났다. 그곳은 더 시원했다. 베티는 개구리 집을 찾아냈다. 우리는 개구리를 다 잡아서 집으로 가져가기 위해 상자에 담은 후에야 쉴 수 있었다. 돌아오는 길에 개구리 한 마리가 상자에서 탈출했다. 그 사실을 눈치 채기 전에 우리 차는 폴짝거리며 뛰는 개구리들로 가득 찼다. 우리는 차를 세우고 개구리들을 잡았다. 나는 어머니에게 보낸 편지에 정원의 어느 것도 베티의 손에 남아나는 것이 없다고 썼다.

7월 1일, 간호학생들과 다른 사람들, 특히 학생들 사이에 소란이 발생했다. 무리 중의 한 학생이 아주 유능하고 졸업생처럼 행동했다. 그녀는 모든 활동을 주도했다. 나중에 우리는 그녀가 다른 학교를 졸업했지만 여름 방학동안 우리 학교에 학생으로서 전학을 왔다는 사실을 알았다. 어느 날, 그녀가 나에게 "만약 당신이 학생들에게 야간일과 그 외 추가적인 일을 계속 시킨다면 나는 떠나겠어요."라고 말했다. 나는 단단히 각오를 하고 "학생의 서류는 아침에 준비해줄 테니 떠나세요."라고 대답했다. 그녀는 중국인의 관습에 따라 어떤 변명도하지 않았다. 그녀는 다음 날 떠났다. 그 후 소란이 줄어들었다.

또 다른 말썽꾸러기는 목사의 아들인 다니엘이었다. 그는 시골에서 왔다. 그는 시골에서 제니 린드Jenny Lind [감리교 선교사] 를 만났다. 그녀는 그가 학교에 다니도록 도와주었다. 다니엘은 나쁜 무리와 어울리는 바람에 몸을 숨겨야 했다. 그가 제니에게 찾아가자 그녀는 함께 지내게 해주었다. 격변 [해방] 후에 그 역시 붉은 모자를 쓰고 있었다. 그는 나중에 외과수술을 받아야 했다. 어니가 코와 목사이의 선양조직adenoid를 제거할 때, 그의 목숨은 어니의 손에 맡겨졌다. 어니는 그에게 그가 절대로 제니를 공산당에게 밀고하지 않겠다고 약속하게 했다. 그는 약속했다. 우리가 알기로는 그는 그녀를 결코 밀고하지 않았지만 몇 가지 다른 일들은 저질렀다.

이제 상하이와 연락이 두절되었다. 우편배달부가 와서 지금부터는 우리가 외국으로 우편물을 보낼 때 홍콩을 경유해서 보내야 한다고 말했다. 그것은 오직 하나의 출구만 갖게 되었다는 것을 의미했다. 그럼에도 불구하고, 우리는 베티의 학교숙제를 우편으로 부치고 받았다. 우리는 베티가 하루 종일 놀이를 찾아냈기 때문에 매일 조금씩 공부했다. 베티와 중국인 친구들은 잠자리와 날아다니는 딱정벌레를 잡았다. 중국인 친구들은 딱정벌레를 잡아서 몸에 실을 매달아 그것들을 날려 보냈다. 아이들은 그것을 장난감 삼아 하루 종일 갖고 놀았다.

7월 4일 난창의 모든 선교사들이 함께 모였다. 벽에 적힌 글을 보니 우리는 앞으로 기쁜 일이 있을 때 함께 모일 수 없을지도 모른다는 내용이었다. 그곳에는 호주 사람을 비롯하여 18명이 모였다.

7월 9일, 우리는 우리에게 오는 수표를 교환할 수 없었다. 우리는 뉴욕에서 수표를 발행하지 말라고 요청했다. 점점 더 많은 비행기가 머리 위를 지나다니면서 선전용 전단을 뿌렸다. 병원 일이 한가해져서 나는 오후에 집에서 통조림을 만들었다. 상하이와의 연락이 두절되었지만 얼마간의 자금은 계속 전달되었다.

무더운 날씨였지만 바이올린 연주자 센 씨Mr. Sen가 왔다. 그는 8월 20일에 연주할 계획을 세우고 나에게 함께 연주하자고 요청했다. 나는 그와 함께 공연하기 위해 정말 열심히 연습했다. 그는 모차르트에서 바흐, 들드라, 피에르, 고다르 고세크에 이르기까지 길이가 긴 8곡을 연주했다. 그의 마지막 곡은 러시아 음악인 후바이Hubay 작곡의 "헤이레 카티Hejre Kati였다. 그 곡은 아주 아름답기는 했지만 연주하기 어려웠다. 그가 떠난 후, 다시는 그의 소식을 듣지 못했다.

시골지역에 살던 BSU [침례교?] 선교사들이 그들의 사역이 너무 방해받는다고 생각하고 우리가 사는 아파트 단지 내로 이사를 했다. 난징 신학교를 졸업한 목사도 우리 옆 아파트로 이사했다. 그는 교회를 아직 정하지 못한 상태였지만 아마 학교 교목이 되었을 것이다.

9월 2일경, 5월에 공산당에 의해 해방된 이후 부모님으로부터 첫 편지를 받았다. 너무 행복했다. 편지를 보낸 날짜가 7월 2일이었다.

갑자기 병원이 환자로 가득 찼다. 특별히 장티푸스 환자가 많았다.

사람들은 [공산당의 해방 이후] 공황상태를 극복하고 안정을 되찾고 있었다.

새로운 정부에 대한 어떤 점들이 일반사람들에게 강한 인상을 주었다. "군대"는 항상 나쁜 단어였고, 기만과 무질서를 의미했다. 특히 국민당 군대가 점령한 지난 몇 달간은 더 그랬다. 공산당 군대가 진주했을 때 사람들은 같은 예상을 했다. 새로운 군대는 가난했고 식량과 땔감 등이 필요했다. 그들은 물건을 빌려달라고 요청했다. 사람들은 그들이 물건을 돌려주지 않을까봐 걱정했다. 그러나 군대가 떠날 대, 주둔지는 깨끗했고, 고맙다는 말과 함께 빌린 식량을 돌려주었다. 술에 취하거나 다른 비행도 저지르지 않았다. 사람들은 매우 놀랐다. 처음으로 그들은 정부관리가 제방을 수리하기 위해 학생, 노동자들과 함께 일하는 것을 보았다. 학생들은 교육목적으로 손에 흙을 묻혀가며 기꺼이 일했다. 물론 일부는 "여러분은 정말 이 일을 하기를 원합니다."라는 반강제적인 방법으로 이루어진 것이었다. 그렇지 않은 사람들은 "시베리아"로 추방됐다.

할머니를 비롯한 모든 사람들을 대상으로 대중교육이 실시되었다. 일부 내용은 좋았다. 나는 시간을 내어 일부 교육에 참석했다. 나는 유모에게 중국어를 읽고 쓰는 법을 가르쳐주었다. 보건운동, 토지개혁 등도 있었다. 처음으로 남자들은 돈을 주고 군사훈련에서 빠질 수 없었다. 이전에는 모든 아버지들이 많은 돈을 군에 지불하거나 노동자에게 돈을 주고 그 대신 가게 했다. 노동자로 이루어진 군을 상상할 수 있을 것이다. 물론

이러한 변화는 가난한 사람들에게 큰 인상을 주었다. 가난한 사람들이 다수였기 때문에 오래지 않아 선전선동이 널리 퍼지고 받아들여졌다. 이것은 "구애"기간이었다.

혁명 후 첫 6개월 동안, 모든 사람들이 마오쩌둥의 교시를 듣고 그것을 끝도 없이 반복하기 까지 거의 모든 것이 중단되었다. 특히 학교에서 더 그랬다. 남학교(유창) 또는 난창 남학교 Nanchang Academy for Boys 는 우리 집에서 약 90m 정도 떨어져 있었다. 우리가 사는 주택구역 주변으로 작은 골목과 벽이 있고, 학교 주변도 벽이 둘러쳐져 있었다. 매일 아침 정한 시간에 학생들이 공산주의 강령에 대한 긴 연설을 들었다. 그런 다음, 학생들은 작은 모둠으로 나누어져 들은 내용을 토론했다. 각 모둠에는 공산주의자가 들어있었다. 하루 일과가 끝날 즈음이면 – 늦은 오후 – 전교생이 마오쩌둥의 강령에 대해 동일한 생각을 하게 되었다. 또한 노래를 끝없이 반복하여 불렀다. 지금도 그 노래가 내 귀에 울리는 것을 들을 수 있다. 그 노래 중 하나는 이렇게 부른다. "노 코뮤니스트 No Communist, 노 차이나 No China, 노 코뮤니스트, 노 차이나." 날씨가 아주 더워서 우리는 창문을 항상 열어두었다. 긴긴 여름 내내 학생들이 부르는 노래와 시끄러운 확성기를 통해 흘러나오는 연설을 들었다. 그 결과, 우리도 어떤 면에서 역시 교화되었다. 무슨 수를 쓰더라도 그 소음에서 벗어날 수 없었다. 6개월이 끝날 무렵, 모든 학생들과 수많은 사람들이 같은 생각을 하게 되었다. 그들의 입에서 나오는 모든 내용이 같았다. 다른 것은 용납되지 않았다.

일요일 아침에 집회를 개최한다는 이유로 교회가 탄압받기 시작했다. 교회에 가는 사람들은 나중에 조사를 받았다. 그 당시에는 선교사들은 아직 괴롭힘을 당하지 않았다.

그 무렵, 건축 중이던 결핵병원에 문제가 생겼다. 새로 짓는 건축부지가 이전에 호수를 매운 자리라는 것이 밝혀졌다. 토대를 단단히 다지기 위해 흙을 채우고 쇠기둥을 박았다. 이것 때문에 건축기간이 예상보다 훨씬 더 걸렸다.

이제 학교가 시작될 시기였다. 우리는 공산체제의 두 번째 단계 또는 "안돼, 안돼(No. No.)" 단계로 들어갔다. 새로운 책들이 학교에 배포되었다. 어느 날 나는 베티에게 학교에서 나누어준 책을 집으로 갖고 오라고 말했다. 책의 1과 제목은 이랬다. "마오 주석은 우리의 구원자이다. 그는 우리나라의 구원자다." 결국 우리는 변명거리를 만들어 베티를 중국학교에서 빼내었다. 그 결과, 베티는 미국식 공부를 더 열심히 했고 공부시간도 약간 늘었다.

미국화폐는 더 이상 교환할 수 없다.

모든 총기가 등록되었다.

비안트 씨와 슈 씨가 결핵병원 건축의 진척을 점검하기 위해 10월에 상하이에서 왔다.

11월, 나는 간호학교에서 수술실 기법을 가르치기 시작했다.(학교는 정치적 격변기에 잠시 문을 닫았었다.)

11월, 홍수피해로 병원 일부를 수리하고 페인트칠을 다시 했다. 입원환자 수가 100명이었다.

베티를 가르칠 때, 베티가 숙제를 아주 잘하면 아이에게 별을 주었다. 베아트리체는 4살이 채 안되었지만 [1949년 말경] 때때로 우리가 수업을 하는 방으로 들어오려고 떼를 썼다. 어느 날, 막내딸이 종이와 연필을 달라고 해서 주었다. 물론 막내딸은 종이에 온통 낙서를 한 다음 그것을

난창에서 거트루드 콘과 함께 피아노를 연주한
음악 행사 인내문, 1949년

나에게 주면서 별을 달라고 했다. 베아트리체는 자신의 종이가 베티의 것
만큼 똑같이 훌륭하다고 생각했다.

　　모든 어려움에도 불구하고, 우리는 헨델의 "메시아"를 현지 극장에서
공연했다. 로이스 왕이 미국에서 다시 돌아왔기 때문에 그녀는 피아노 연
주를 맡았다. 우리는 합창단에서 교대로 연주했다. 거트루드 콘은 여느
때처럼 지휘를 훌륭하게 해주었다. 그것이 그녀의 마지막 "메시아" 지휘
였다. 그녀는 자신의 앞날이 어떨지 전혀 몰랐다.

1950년

성탄절 시즌을 바쁘게 보낸 후, 우리는 멋진 신년 행사를 가졌다. 병원 사람들이 병원 잔디밭에서 저녁을 먹고 모두 함께 사진을 찍었다. 그 후 행사를 진행했다. 간호학교 각 반들이 행사에 참여했다. 신년에 적합한 춤과 연극을 공연했다. 노동자들은 전원생활을 담은 연극을 상연했는데 아주 재미있었다. 일부 직원들은 내가 아직 이해하지 못하는 뮤지컬 노래를 불렀다. 어떤 사람이 어니스트와 나를 위해 통역해 주었다. 글리 클럽Glee Club (채플 합창단)이 대중가요를 몇 곡 불렀다.

1월이 되자 점차 러시아 연극과 음악 등이 늘어났다. 볼드윈 학교(여학교)출신의 소녀들이 러시아 연극을 공연하기 위해 서양식 가구가 필요했다. 그들은 우리 가구를 빌려갔다. 우리는 그 일로 아무런 손해도 보지 않았다.

몸무게가 약 32kg되는 갑상선 환자가 병원에 입원했다. 그녀는 수술을 받았다. 그녀는 나중에 몸무게가 68kg가 되었다. 그 환자 이야기가 지방 신문에 소개되었다.

1950년 1월 22일, 모든 외교관과 영사관 관리들이 3월 달 안으로 떠난다는 발표가 있었다.

2월 7일, 우리는 정부로부터 병원에 있는 모든 물품을 등록하라는 명령을 받았다.

새로운 정부는 모든 사회활동을 간소화하는 정책을 시행했다.

2월, 쿨링 외국인 학교 출신의 아이들이 방학을 맞아 각자의 집으로 돌아가는 길이었다. 그 학생들 중 한 명이 맹장수술을 받으려고 우리 병원에 왔다.

어니스트는 특이한 외과 환자도 수술했다. 최근에 죽은 태아인줄로 알았던 것이 돌로 판명되기도 했다. 그는 또 12살 소년의 기관지에서 옥수수를 제거하기도 했다.

그 무렵, 많은 선교사들이 떠나고 있었다. YMCA의 요젠슨Jorgenson 가족은 지금이 중국을 떠날 적기라고 생각했다. 그들의 어린 아들은 베아트리체와 같은 나이였다. 그들이 함께 있을 때면 원숭이 떼보다 더 많은 문제를 일으켰다. 어느 날 인부가 소우리에 시멘트를 쏟아 붓고 있을 때 우리는 집에서 주일오후 예배를 드리고 있었다. 두 아이들은 그들의 흔적을 시멘트에 남기려고 생각했다. 그들은 그곳에서 아주 신나게 놀면서 시멘트를 머리와 옷에 묻혔다. 예배 중간에 그들이 문을 열고 들어와 현관을 지나 거실로 들어왔다. 나는 그들을 욕실에 집어넣었다.

연초 비안트 씨와 슈 씨가 다시 상하이에서 와서 결핵병원의 건축 상황을 점검했다. 그들은 건축기술자인 모건 차오를 현장에 전임으로 두어야 할 때라고 생각했다. 그 후 우리는 그를 잘 만나지 못했다. 그는 교회 예배에 참석하고 주말에만 왔다.

익명의 중국 군인, 익명의 중국 소년과 함께한
베아트리체, 1950년

　모건은 성경공부에 제법 관심을 갖고 있었다. 그래서 나는 그와 함께
성경공부를 시작했다. 우리는 그의 배경과, 그가 극복하려고 노력하는 모
든 좌절에 대해 알지 못했다. 그가 난창에 도착한 직후 그의 애인이 죽었
다. 그는 다른 문제도 갖고 있었지만 밝히지 않았다. 그는 성경을 정말 열
심히 공부하였고 아주 탐구적인 질문을 물었다. 그는 교회예배에도 규칙
적으로 참석했고 아울러 교회청년회와 다른 교회활동에도 참여했다. 그
는 좋은 테너 목소리를 갖고 있었으며 한 번은 교회에서 독창을 했다. 우
리는 그가 겪고 있는 압력에 대해 전혀 몰랐다.

　3월 21일, "좋은 보건"프로그램이 시작되었다. 공중보건 관리가 천연
두와 전염병 예방백신을 나누어주었다. 관리는 모든 병원에게 의료팀을
구성해 도시 전역의 모든 사람들에게 접종하라고 요청했다. 접종을 거부

하는 사람들은 모두 처벌한다는 내용이 발표되었다.

4월, 우리는 여행허가증을 신청하여 받은 후 상하이로 갈 작정이었다. 어니스트는 치아에 염증이 생겼고, 병원에 필요한 물품을 구입해야 했다. 그러는 동안 병원에서 일하는 직원의 아이가 디프테리아에 걸렸다. 베아트리체는 그 아이와 많이 놀았다. 그래서 베아트리체와 베티에게 항독소 혈청을 주사했다. 베티는 문제가 없었지만 베아트리체는 부작용이 생겨 두드러기가나고 심한 열이 났다. 그 일 때문에 상하이로 가는 우리의 여행 일정이 4월 20일까지 연기되었다.

열차를 타자마자 곧 베아트리체가 심하게 아팠다. 뇌막염인 것 같았다. 우리가 할 수 있는 것이 아무 것도 없었다. 막내딸은 카누를 엎어놓은 것처럼 누워있었다. 오랜 시간동안 이와 같은 자세로 있었다. 그러나 갑자기 아이가 쳐다보며 말했다. "엄마, 물 한잔 주세요." 그 말은 기도에 대한 응답이었다.

결핵병원 건축 사업이 거의 중단상태였기 때문에 기술자들도 우리와 함께 상하이로 갔다. 어니스트는 치아를 뽑고 베티는 편도선을 제거했다. 나는 마지막 사랑니를 뽑았다.

특별한 즐거움을 위해 우리는 영화 "바람과 함께 사라지다"를 보러갔다. 기차로 난창으로 돌아갈 때 24시간이 걸렸다.

우리 합창단의 실력이 탄탄해졌다. 공연에 참여하는 각 학생들의 실력도 늘었다. 모두 합해서 약 30명이었다. 우리는 식탁과 거실사이에 미닫이문을 달고 소파를 베란다에 들여놓았다. 연습 후 우리는 후식을 먹고 소파를 거실 쪽으로 옮기고 설거지를 했다.

5월 10일은 내 생일이었다. 그것은 난창에서 맞이하는 마지막 생일이었다. 나는 생일날에 심한 감기에 걸렸고 게다가 병원에는 외국인 환자들이 입원했다. (대부분의 선교사들과 다른 외국인들이 치료를 받으려 상하이로 가는 것이 힘들었기 때문에 우리 병원으로 왔다. 그럴 경우 치료기간 내내 우리 집에서 음식을 만들어 보내야 했다.) 그렇지만 생일잔치를 벌였다. 오전 6시 전에 아이들이 생일축하 노래를 부르며 나를 깨우고 나에게 사과— 중국에서는 귀한 사치품— 를 주었다. 그리고 숯불에 구운, 정말 특별한 스테이크로 마무리했다.

우리의 이웃인 슝Hsiung 목사부부가 여자 아기를 낳았다. 그들은 아기의 이름을 힐다 [영어 이름] 라고 지었다.

5월 22일, 맹장의 날이었다! 연구실 기술자(시아오 리), 유모, 킴버 덴의 아들이 모두 맹장제거수술을 받았다.

6월 6일, 병원에서 디프테리아에 걸린 아이에게 기관지 절제술을 시술했다. 콩이 기관지 안에 있었다. 아이는 살아났다!

6월, 나는 병원에서 예배 찬양대를 지휘하기 시작했다. 내겐 그럴 능력이 없었지만 해야만 할 일을 해야 할 때도 있는 법이다.

6월, 정부는 모든 병원이 콜레라와 장티푸스 예방접종을 하라고 요구했다. 일주일 안에 전 도시인구를 예방접종해야 했다. 병원직원이 한 시간에 200명을 접종해야 했다.

모건이 1950년 6월 24일에 깜짝 방문을 했다. 푸켄福建에서 일을 마치고 베이징으로 가는 길이었다. 그는 8개월 동안 대학원 공부를 하기 위해 베이징으로 가는 길이라고 말했다. 그는 재교육을 받기 위해 가고 있었다. 이제 모건과 그의 머리에서 떠나지 않던 큰 문제에 대해 더 이야기해야겠다. 우리는 이전에 그가 푸켄으로 갈 당시 무슨 사연이 있을 것으로 추측했지만 확실치는 않았다. 그는 다시 우리를 만나지 못할 것이라고 생각했기 때문에 떠나기 전에 그의 이야기를 들려주었다. 2차 세계 대전 중, 모건은 [중국 서부에 있는] 미군에 입대하여 수많은 전투를 목격했다. 의사인 그의 누이는 공산당에 입당했다. 그의 형제들도 공산주의자였다. 그러나 모건이 미군에 소속되어 있을 때 중국 서부에서 우연히 몇몇 선교사들을 만났다. 그곳에서 문제가 생겼다. 한 때 그는 자신이 만난 선교사들을 모두 사랑하고 존경한다고 말했다. 그러나 나중에 그가 상하이에 있을 때 그의 형제들과 누이가 그에게 가한 압력을 더 이상 거부할 수 없었다. 특히 그가 베이징으로 이송되었을 때 더 그랬다. 그는 우울해졌다. 그와 비슷한 다른 일들이 많이 있었다. 그래서 그는 기독교인들과 함께 있기를 원했지만 가족들이 이겼다. 그는 우리가 중국을 떠날 때까지 계속 우리에게 편지를 썼다. 우리가 곧 중국을 떠날 것이라는 소식을 듣고 그는 우리를 배웅하고 싶다고 말했다. 그러나 우리는 "안 된다"고 말했다. 우리가 난창을 떠난 직후 한국전쟁이 터졌다.

우리는 저녁식사에 새 인턴들을 초대했다. 그들은 처음으로 일반 가정에서 미국음식을 먹었다. 그들은 나이프와 포크로 음식을 먹는 것이 약간 당혹스러운 것 같았다. 우리도 일본에서 처음 젓가락으로 음식을 먹을 때 모든 사람들이 우리를 지켜보았다는 이야기를 해주면서 그들을 안심시켰다.

7월, 이전에 불문율로 통했던 "뇌물"이 더 이상 허용되지 않았다. 10%의 뇌물이 합법적으로 통하던 시절이 있었지만 이제는 전혀 아니었다.

수년 만에 가장 더운 날씨였다. 부스럼 병이 널리 퍼졌다. 더위 때문에 어니스트는 오전 5시에 수술을 시작했다.

8월 8일 어니스트가 언청이 수술을 했다. 결과는 성공적이었다.

8월 14일 게일 박사와 게일 목사가 미국으로 떠났다. [여성인 게일 박사는 이다 칸 병원에서 일했다.] 게일 박사는 얼마 동안 아팠다. 루스 다니엘 양도 떠났다.

올해 처음으로 우리는 신선한 수박을 먹었다. 그것은 다른 지역에서 수송되어 온 것이었다. 수박은 아주 맛이 좋고 가격도 적당했다.

베아트리체와 란슈 [치] 가 9월 4일부터 유치원에 가기 시작했다. 우리는 아이들의 선생님이 목사의 부인이었기 때문에 아무런 문제도 없을 것이라고 생각했다. 우리의 생각은 완전히 빗나갔다.

매년 9월 26일경, 달 축제Moon Festival라는 행사를 개최했다. 이때는 온갖 종류의 "달"과자를 살 수 있었다. 과자의 품질이 다양했다. 전통에 따르면, 이 축제날에는 이 땅의 모든 종달새가 하늘에 다리를 놓아서 서로 사랑하는 두 연인이 만날 수 있다. 새벽이 오기 전에 연인들이 자기 자리로 돌아가면 새들도 땅으로 돌아간다.

9월 11일, 학교 방학이 끝났다. 간호학교 수업이 시작되었다. 나와 베티의 오후 수업도 시작되었다. 드디어 간호학교 교장으로 춘 양Miss Ch'un을 임명했다. 우리는 이제 학생이 44명이었고, 교장이 절실히 필요했다. 수간호사인 유 부인이 모든 일을 다 처리할 수 없었다. 정치적으로 볼 때 내가 간호학교 일에 너무 개입하는 것도 좋지 않았다.

10월에는 큰 기념일이 있었다. 제1회 인민해방 기념일이었다. 그 날이 일요일이었기 때문에 할 수 없이 교회 주일예배를 오후로 옮겼다. 깃발, 등, 북, 러시안 음악과 무용 퍼레이드가 이어졌다. 마오를 그린 큼직한 새 우표가 발행되었다. 우표 색깔은 대부분 붉은 색이이었다. 약 9일

후, 세계평화청년대표Youth World Peace Representative들이 난창에 도착했다. 그들을 대대적으로 환영했다. 학생들은 염치없이 우리 집에 와서 방문객에게 주기 위해 정원의 꽃을 꺾어갈 수 있냐고 물었다. 솔직히 나는 부아가 치밀어 올랐다. "여러분들은 이 꽃들이 자본주의 국가에서 온 씨앗으로 심은 것임을 잊지 마시기 바랍니다. 이 꽃을 심고 키운 사람은 미국 자본주의자입니다. 만약 꽃을 원한다면 가져가도 됩니다."라고 나는 말했다. 그들은 당혹한 표정을 짓더니 꽃을 가져갔다.

10월 25일, 우리는 어니의 생일을 축하했다. 중국에서 맞는 그의 마지막 생일이었다. 우리는 그를 놀래주려고 했지만 베티가 미리 이야기를 해 버렸다. 제니 린드가 와서 그날 저녁에 어떻게 할 것인지 물었다. 나는 어니의 생일선물로 셔츠 몇 벌을 만들어 주었다.

전국교회위원회National Christian Council of Church가 매우 대중화되어 많은 모임을 개최했다. 공산주의자들이 이 단체에 많이 침투했다. 나는 11월 24일 감리교 선교사, 중국내지선교회 선교사, 형제단 선교사들이 모두 전국교회위원회 산하 산업노동자분과 총무와 점심을 먹었다라고 일기에 기록했다. 분과 총무가 우리에게 말한 내용에 대해 나는 "철저하게 공산주의 사상이 물들었다."라고 일기에 썼다. 점점 더 많은 교사들이 조롱을 받았고 복음주의자들은 조사를 받았다. 메츠 양이 떠났고, 린드 양이 통행권을 신청했다. 우리는 다시 주님의 인도하심을 구했다.

우리 집은 이동 동물원이었다. 우리는 베란다에 연구 실험용으로 기니피그를 키우고 있었다. 기니피그는 아주 빨리 번식했다! 어느 날, 새로 태어난 새끼가 우리에서 나왔다. 엄청난 소동이 벌어졌다. 새끼 때문에 우리는 침대에서 튀어나왔다. 작은 새끼를 다시 우리에 집어넣자 아침까지 조용했다. 설상가상으로 강아지를 키웠다. 강아지가 기니피그를 괴롭혀 겁을 주어 깨웠다. 마침내 그것들이 꽥꽥거리는 비명소리를 멈추었다. 강아지가 다른 소동을 피우기 시작했다. 어느 날, 강아지가 적수를 만났다. 마당에 있던 개 두 마리가 그를 구석으로 몰아넣었다. 한 마리가 강아지의 한쪽을 세게 부딪치고 다른 개가 다른 편을 세게 박았다. 강아지는 당황해서 어쩔 줄을 몰랐다. 나는 강아지를 구해주었고 우리는 영원한 친구가 되었다.

베티는 아직 학교에 다니고 있었고 47명중에서 3등을 했다. 베티의 성적표에 몇 가지 전달사항이 적혀있었다. "물건을 너무 쉽게 잃어버립니다. 책을 잘 간수하지 않습니다. 하지만 친절하고, 예의바르고, 총명하고, 열심히 공부합니다." 학생들 사이의 비판이 베티의 교실에서 시작되었다.

모든 것을 마무리해야 할 시기가 다가오고 있었다. 병원의 모든 것 뿐만 아니라 집에 있는 모든 것도 정부에 신고해야 했다. 중국의 신년은 큰 명절이지만 올해는 매우 단출했다. 다른 명절도 역시 간소화되었다. 그것은 선교사인 우리들이 항상 바라는 것이었다. 왜냐하면 중국 사람들이 명절을 축하하느라 빚을 졌기 때문이었다.

베아트리체는 매우 빨리 자랐고 노래를 잘 불렀다. 베아트리체는 "주를 찬양해, 주를 찬양해"라고 노래를 부르기 시작하여 "호랑이 세 마리" [중국노래] 라는 노래로 마쳤다. 베아트리체는 영어가 약간 늘었지만, 중국어를 먼저 배웠기 때문에 중국인들이 영어를 말하는 것처럼 말했다.

베티는 중국인 친구에게 중국어로 뜨개질하는 법을 가르쳐주었다. 나는 영어로도 그렇게 할 수 없었다. 베아트리체는 나에게 와서 말했다. "엄마, 개를 보세요. 개가 이렇게 했어요." 그리고는 자신의 발을 뜨개질 바

의료선교사 와이스 부부의 헌신

구니에 넣었다.

새로운 경찰들이 정기적으로 와서 칸 병원과 난창 종합병원과 여러 미션학교를 조사했다.

한 젊은 경찰관이 노래를 아름답게 잘 불렀다. 모건은 그에게 내가 독창곡 [낱장 악보] 을 갖고 있으며 그를 위해 연주해줄 수 있다고 말했다. 그래서 어느 일요일 오후에 그가 왔다. 먼저 우리는 일반 대중가요부터 시작했다. 그리고 나서 "아베 마리아"를 불렀다. 그는 정말 마음으로 그 노래를 불렀다. 그런데 갑자기 그는 공산주의자가 해서는 안 될 일을 했다는 것을 깨달았다. 그는 달리 아무런 말도 없이 갑자기 떠나면서 말했다. "나는 다시는 여기에 올 수 없습니다." 나중에 그가 가톨릭 대학을 졸업했다는 사실을 알았다. 그가 아무리 훌륭한 공산주의자가 된다 해도 자신의 과거를 완전히 지울 수는 없을 것이다.

급격한 사회 변혁에도 불구하고, 어느 날 청소년으로 구성된 합창단이 우리 집에 왔다. 잠시 한담을 나눈 후, 그들은 우리가 그들의 후원자가 되어 줄 수 있는지 물었다. 그것이 현명한 처사인지 의문이 들었지만 그들이 우리에게 그것을 요청한 사실에 전율을 느꼈다. 함께 기도하고 노래하면서 행복한 시간들을 보냈다.

그 무렵, 나는 새로운 음악 제자들을 두었다. 말하자면, 내가 아는 만큼 그들을 가르쳤다. 그들 중 한 명은 루크, 또 다른 한 명은 슝 목사 Hsiung 였다. 그들은 모두 아주 훌륭했다.

베아트리체는 속임수 놀이를 할 단계가 되었다. 우리는 위층의 침실에 있었다. 어떤 이유에서인지 베아트리체는 내가 벽장 속에 있다고 생각했다. 베아트리체는 빨리 벽장문을 닫고 어떤 소리가 들려오기를 기다렸다. 아무 일도 일어나지 않자 아이는 열쇠구멍을 들여다보았다. 어니와 나는 도저히 웃음을 참을 수 없었다. 아이의 표정이 정말 볼만 했다.

왕 목사에 대해 이야기를 하고 싶다. 그는 진주만공습 기념일 때 우리 옆에 서서 시편 46편을 읽어준 사람이다. 우리가 1946년 중국으로 돌아왔을 때, 그는 80대 안팎의 나이에도 여전히 정정했다. 그는 힘 있는 설교자였으며 모든 사람들이 존경했다. 그는 우리 병원담당 목사였다. 공산주의자들이 왔을 때, 그는 두려움 없이 그들과 이야기를 나누었다. 우리는 병원에 공산주의자인 환자도 있다는 사실을 알았다. 그래서 우리는 누가 밀고자인지 몰랐기 때문에 말과 행동을 아주 조심했다. 어느 날, 나는 왕 목사가 우리가 공산주의자라고 알고 있는 환자에게 올라가는 소리를 들었다. 왕 목사는 그 환자 옆으로 걸어가서 그와 이야기를 나누고 싶다고 했다. 환자는 약간 거부하는 듯했지만 왕 목사는 앉아서 이야기를 시작했다. 그가 말했다. "이것은 우리 병원입니다. 당신은 우리의 손님이고요. 나는 당시에게 그리스도에 대해 말하고 싶습니다. 내가 설명을 다하고 나면, 당신의 생각을 말해주세요." 왕 목사가 설명을 마치자 그 환자는 아무 말도 하지 않았다. 드디어 때가 되어 왕 목사는 인생을 마무리해야겠다고 느꼈다. 그는 옛 고향으로 돌아가 죽기를 원했다. 그것은 중국인에게 아주 중요한 일이었다.

수간호사가 재교육 수업을 받으러 가야했기 때문에 내가 아주 바빠졌다. 때로 다툼과 비판이 너무 거세어져서 수간호사는 돌아오자마자 병이 나 버렸다. 나는 많은 사람들이 그 기간 동안 위궤양에 걸렸다고 확신한다. 공산주의자들이 사람들에게 압력을 가해서 사람들이 공산주의적 사고방식에 따라 사고할 때까지 저녁 학습 시간을 늘렸다.

생쥐! 쥐! 우리는 절박한 심정이 되어 게일의 고양이를 빌렸다. 쥐들이 비누통 속으로 들어와 비누에 조각을 새겨놓았다. 쥐는 음식을 보관하는 찬장에 들어가고 화장대 서랍에도 들어갔다. 더 기막힌 것은 쥐들이 베티의 공부과제물 속으로 들어가서 병아리 그림을 먹어치운 것이다. 그 그림은 베티가 월간 홈스쿨 과제물의 표지로 쓰려고 색칠해 놓은 것이었다. 그 고양이의 이름은 팅커였다. 고양이는 모든 쥐들을 죽이느라 신이 났다.

그동안 공산주의자들이 어니에게 중국에 머무르라는 제안을 하고 있었다. 그들은 어니가 신용이 있고 훌륭한 외과의사인 것을 알았다. 그들은 우리가 선교사 주거구역에서 나와서 정부의 월급을 받으며 활동하기를 원했다. 우리는 절대로 그렇게 할 수 없었다. 먼저, 그것은 배신행위였다. 둘째, 그렇게 되면, 우리는 항상 그들의 제안을 따라야만 할 것이다. 어니는 매우 외교적으로 처신해야 했다. 우리 두 사람이 통행권을 신청했을 때 그들은 모욕으로 여기고 거절했다. 그들은 그것을 좋게 받아들이지 않았다. 그러나 그들에게 도움이 필요할 때 어니스트는 병원으로 갔다.

11월에 연합형제단선교회Brethren Service Unit가 떠났다. 그들은 더 이상 중국에서 자신들의 사역을 계속할 수 없다고 생각했다. 우리의 사역은 여전히 잘 되고 있었다.

중국인들을 포함하여 여러 사람들이 연이어 계속 떠나고 있다.

지우장의 감리교 선교사들이 떠나기 위해 짐을 싸서 난창에 왔다. 12월 28일, 퍼킨스 박사 부부, 피트맨 양Miss Pittman, 우드루프 양Miss Woodruff, 디내타Deanetta, 베시 플로에그Bessie Ploeg가 우리집 손님이 되었다.

어니스트는 점점 더 많은 일을 그를 도와주는 유능한 동역자들에게 넘졌다. 그는 문제가 있을 때에만 개입했다.

12월 12일, 우리는 병원 물품에 대한 완벽한 재고조사를 시작했다.

어니스트와 나는 휴가를 떠날 준비를 하기 위해 다음 학기동안의 일정을 줄이려고 노력하고 있었다.

12월 30일, 상하이에 있는 우리의 은행계좌가 동결되었다.

결핵 예방백신이 나왔다!

이제 공산주의의 세 번째 단계가 시작되었다. 우리는 구애기간, "안 돼, 안 돼"기간을 지나서 이제 처참하게 몰락하는 것을 보게 되었다. 다음 6개월간은 악몽이었다. 내가 생각할 수 있는 것이라곤 대양의 밑바닥에 놓인 큰 그물과 스스로 자유롭다고 생각하는 물고기들이다. 조금씩 그물이 당겨지다가 갑자기 닫히고 도망할 구멍이 사라졌다.

우리는 사람들이 밖으로는 공산주의자처럼 행동하지만 속으로는 여전히 옛날 방식으로 생각한다고 말하는 것을 종종 들었다 - 그들은 기독교인이었다 - . 우리는 그들에게 언젠가 그들이 속으로 생각하는 것을 입으로 말하게 될 것이며 그럴 경우 곤경을 겪을 것이라고 경고했다.

2차 세계대전 후 한 동안 국제연합구제부흥사업국UNNRA가 많은 식량을 중국에 보냈을 때 난창에도 통조림 형태의 식량이 많이 전달되었다. 그 중 일부 식량은 중국인들이 먹지 않았다. 가령, 치즈통조림, 분말계란, 오이피클, 소금에 절인 쇠고기 통조림, 완두콩 수프믹스, 푸딩 믹스 등을 먹지 않았다. 그것들은 10호 크기의 큰 깡통에 들어 있었다. 이 식료품 중 일부는 취급비용만 받고 선교사들에게 팔았다. 우리는 그것을 많이 사서 비상용으로 다락에 보관했다. 이제 우리 돈이 동결되었기 때문에 그것을 사용해야 했다. 6개월이 끝날 무렵 우리는 초콜릿, 버터스카치 푸딩, 다진

난창종합병원 직원들, 1949~1950년 겨울. 힐다, 어니스트, 치통지 박사 (앞줄 가운데, 왕시 목새앞줄 오른편에서 네 번째 앉은 노인)

고기, 계란분말, 치즈 통조림에 질려버렸다. 그러나 우리는 중국을 떠날 때까지 그 음식을 먹었고, 중국을 떠날 때 남은 음식은 거트루드 콘에게 넘겼다. 그녀는 그 음식을 먹고 살았다.

정부는 간호학교를 다시 열도록 허가하면서, "재교육"반도 개설하라고 명령했다. 그 지시에 모든 사람들이 들끓었다. 가령, 자본주의자와 공산주의자간의 불화가 생겼고, 사람들은 병원의 각 과장이나 원장을 비난하고, 또 미국을 비난했다. 우리는 일부 모임에 참여하여 상황이 어떻게 돌아가는지 알아보았다. 모든 모임에서 말하는 내용은 기록되었는데 그 내용은 사람들이 원하는 것과 일치하지 않을 경우 나중에 비난의 근거로 사용될 수 있었다. 그렇기 때문에 우리는 무슨 말을 하든지 입을 다물고 잠자코 들어야만 했다. 얼마나 속이 부글부글 끓던지! 사람들이 얼마나 세뇌되었던지 남편도 자기 아내를 믿지 않았고, 부모도 자녀를 믿지 않았다. 잠시 후, 큰 집단이 8개의 작은 모임으로 나누어졌다. 매번 모일 때마다 한 소집단의 일원이 다른 소집단의 일원을 비판했다. 그들은 제대로 대답해야 했다. 각 사람들은 비판받을까 두려워서 입을 여는 것도 두려워했다. 모든 것이 조사 대상이었다! 어떻게 사람이 그런 상황에서 일할 수가 있겠는가! 나는 일부 간호사 모임에 참석했으나 듣고 있기가 힘들었다. 나는 그 모임이 그들을 얼마나 힘들게 했는지 상상할 수도 없다.

그 무렵, 우리도 조사를 받고 있었다. 우리는 우리가 처음 작성한 조사 기록서 한 부를 보관해두면, 그 내용을 암기하여 다음에 또 조사를 받을 때마다 같은 대답을 할 수 있다는 조언을 받았다. 만일 사람들이 일치하지 않는 내용을 조금이라도 찾아내면 다시 그 이유를 조사했을 것이다. 한 번은 그들이 나를 혼자 있게 하더니 내가 정부에 대해 어떻게 생각하는지 물었다. 그것은 새로운 질문이었다. 나는 그 질문에 대해 미리 준비해둔 내용이 없었다. 나는 이번 정부는 새로운 정부이니까 시간을 두고 어떻게 되는지 지켜보아야한다고만 대답했다. 사람들이 일자리와 좋은 주택과 음식을 얻을 수 있는 한 우리는 아무런 걱정이 없었다. 나는 이 말을 확실히 기억해두었다가 여러 번 똑같이 대답해야 했다.

그 무렵, 우리 두 사람에게 공산주의자가 한 사람씩 배정되었다. 그들은 우리의 모든 움직임을 알았다. 그 때부터 우리는 혼자 있는 사람과는 대화를 나누지 않았다. 항상 목격자를 두었다. 아이들에게도 낯선 사람과는 이야기하지 말라고 일러주었다. 베티와 베아트리체는 다정했고, 중국어 실력이 훌륭했기 때문에 그렇게 하는 것이 어려웠다. [1995년 인터뷰 자료에 따르면, 힐다와 어니스트는 다른 사람들이 집안을 보지 못하도록 항상 창문 블라인드를 내려 두었다. 그들은 항상 두려움 속에서 살았다.]

그 당시에 사람들이 자신의 기독교 신앙을 고백하는 것을 현명한 처사가 아니었다. 성탄절 전야에 우리는 교회에 가지 말고 집에 있으라는 충고를 들었다. 어떤 사람이 와도 우리는 말을 하지 않고 그냥 바라보고 듣기만 했다. 우리는 무엇이 어떻게 될지 전혀 예상을 할 수 없었다. 교회 예배가 끝난 후, 예수탄생 장면을 연기한 사람들이 우리 집으로 왔다. 한마디 말도 없이 그들이 무대를 설치하고 연기를 할 동안 성탄절 이야기를 계속 읽었다. 우리 역시 눈물을 흘렸다. 이제부터 청년들을 만날 수도 없고, 보이는 곳에서 그들과 이야기도 할 수 없다는 것을 알았기 때문이었다. 우리는 그것이 그들과 함께 나누는 마지막 성탄절이라고 생각했다.

중국과 미국이 전쟁을 벌일 것 같았다. 우리가 은행에 맡긴 돈이 12월 30일에 동결되었다.

1951년
마지막까지 충성

우리는 중국에 머물라는 제안을 받았지만 잠시 일을 그만 두고 다시 가족도 만나보고, 공부를 더 해보고, 현대적인 신약도 더 알아 보아야겠다고 생각했다. 어니스트는 흉부 외과수술과 성형외과에 관심을 갖고 있었다. 그는 내가 간호학이나 마취학, 임상병리연구 분야에서 공부를 더하기를 바랐다. 우리는 만약 중국정부가 특별 초청장을 보내주고 미국정부가 허용한다면 1년간 휴가를 끝내고 다시 중국에 돌아오겠다고 약속했다.

그 무렵, 어니스트는 인근 수 백km 지역 내에서 훌륭한 외과의사로서 아주 유명했다. 공산주의자들도 이것을 잘 알고 그들의 환자를 그에게 보냈다. 한 번은 그들이 그가 말썽꾼으로 알고 있는 환자를 그에게 보냈다. 어니는 그 환자를 치료할 능력이 있었다. 그러나 일부 상관들이 어니스트에게 환자를 치료한 방법, 투약한 약, 사용한 수술기법을 말하라고 요구했을 때, 어니스트는 분노했다. 그는 말했다. "여기는 우리 병원입니다. 당신은 우리의 환자입니다. 여기 젊은 의사들은 나의 레지던트와 인턴들입니다. 그들은 오직 나의 지시만을 따릅니다. 만약 내 말을 따르기 싫다면 다른 병원으로 가십시오." 어니의 의료팀은 모두 감옥으로 갈 것이라고 생각했기 때문에 떨었다. 그러나 어니가 그들에게 당당히 맞서자, 상관들은 마침내 말했다. "좋습니다." 그것으로 잠시 동안의 갈등은 끝났다.

또 한 번은 그들이 어니에게 수술을 앞둔 환자가 살 것이며 아무런 문제도 없을 것이라는 서류에 서명하기를 강요했다. 어니는 다시 화를 내며 말했다. "어떤 바보 같은 의사가 그런 서류에 서명을 하겠습니까? 외과수술은 항상 위험이 따릅니다." 그들은 그런 식으로 계속 어니를 시험했다. 그 무렵, 어니가 집에 와서 누워 쉴 때 항상 가슴에 통증이 생겼다. 1월 중순, 어니는 위에 통증이 생겼다. 돌아보건대, 아마 그 위통이 심장질환의 시작이었을 것이다.

어느 날, 거트루드 콘이 베아트리체가 중국 유치원에서 무얼 하는지 아느냐고 물었다. 나는 "모른다."고 말했다. 베아트리체는 노래를 잘하고 또래의 중국 아이들보다 키가 조금 더 컸기 때문에 반에서 노래를 부를 때 리더를 맡았다. 반 아이들이 행진이나 시범공연을 할 때 베아트리체는 반을 인도하면서 춤을 추고 반미 노래를 불렀다. 그 중 일부는 듣기에 아주 거슬리는 노래였다. 그 중 한 노래가 "미국은 나쁜 큰 늑대"라는 노래였다. 베아트리체는 그 노래를 활기차게 불렀다. 어느 날, 유치원 선생이 아이들을 데리고 동물원에 가서 원숭이를 보여주었다. 그곳에서 아이들은 우리가 원숭이의 후손이라는 말을 들었다. 목사들 중 어떤 이가 말했다. "그래, 우리가 원숭이의 자손이면 어때. 우리가 원숭이를 낳는 것은 아니잖아." 어느 날, 베아트리체가 학교에서 돌아와서 맑고 푸른 하늘을 보며 말했다. "하나님은 없어." 아이에게 물어보고 학교에서 그렇게 가르쳤다는 것을 알았다. 어떻게 그런 일을 참을 수 있겠는가? 그 유치원교사는 목사의 아내였다. 그 목사는 그 일을 알고 있을까? 그는 그렇게 믿고 있는가? 그 교사는 공산주의자인가? 그 부부는 옆집에 살고 있었다. 그 교사는 직장을 유지하기 위해서는 그들이 가르치라는 내용을 가르쳐야 했다. 가족 중 한 사람이 생계비를 벌어야 했다. 왜냐하면 목사들은 곧 사례비를 받지 못하게 될 것이었기 때문이었다. 우리는 베아트리체 앞에서 극히 입을 조심해야 하고 학교를 그만두게 해야 한다는 것을 알았다. 무슨 핑계를 대지? 어린 아이들의 마음은 아주 쉽게 세뇌당할 위험이 있었다.

1951년 초, 나는 병원의 다락방과 저장실에 있는 모든 물품에 대한 재고를 공산당원들과 함께 조사했다. 재고조사에 며칠이 걸렸다. 다행스럽게도, 재고상태는 좋았다. 병원의 재정상태도 역시 좋았다.

1월 6일, 제니 린드가 떠났고 중국내지선교회 소속 사람들도 떠났다. 1월 10일, 우리는 중국을 떠나는 통행증을 신청했다. 5년간 [그 당시 감리교 선교사의 정규 사역기간] 의 중국 체류가 끝났다. 감리교 선교위원회는 우리가 안식년을 가질 시기임을 알려주었다. 곧 모든 사람들이 소문을 통해 우리가 통행권을 신청했다는 소식을 들었다. 방문객들이 오기 시작했다. 나는 최대한 빨리 병원에서 가르치는 일을 마무리했다. 마찬가지로 어니도 자문하는 일 이외는 병원 일을 모두 그만두었다. 선교위원회가 우리 부모님께 알려줄 수 있도록 우리는 제니와 다른 사람들을 통해 미국에 메시지를 보냈다.

1월 12일, 날씨가 매우 추워서 배관이 모두 얼었다.

제1회 간호학교 학생들이 졸업했다.

1월 25일은 가슴 아픈 날이었다. 학교에 보내주고, 병원에서 식비를 대주고, 밤에는 우리 집 일꾼들과 함께 자던 소년이 공산주의자들에게 우리에 대해 거짓말을 했다. 군인들이 그를 집으로 데리고 와서 우리를 비판하면서 사실대로 말하라고 요구했다. 우리는 왕 목사에게 전화를 해서 증인이 되어달라고 했다. 자초지종을 들은 후 왕 목사는 군인들에게 우리가 그 아이를 거리에서 데려와서 학교에 보내주고 먹을 것을 주고, 집에 재워주고, 저녁에는 우리 아이들과 함께 공부를 하게 했다고 말했다. 웬걸, 군인들이 그 일에 대해 크게 화를 내더니 즉석에서 그 아이를 죽이겠다고 위협하면서 총을 뽑았다. 우리는 아이의 목숨을 살려달라고 간청했지만 아이를 데리고 가버렸다. 어떻게 아이들을 세뇌해서 부모를 고발하게 하는지 알 수 있을 것이다. 그 아이는 우리를 배신하지 않으려고 했던 것 같았다.

2월 8일, 나는 하루 종일 병원에서 자원봉사를 했다. 우리는 병원 침대 시트와 베갯잇 등을 꿰맸다. 우리는 공산주의자들이 79명의 군인을 불러들이고 있는 중이라는 소리를 들었다. 그들은 대부분 결핵환자였다. 그들을 모두 입원시켜 침대에 눕히고 나니 저녁 9시였다.

2월 16일, 나는 경찰서에 호출되어 내가 언제든지 중국을 떠날 수 있는 통행증이 발급되었다는 말을 들었다. 그러나 어니의 통행증은 발급되지 않았다. 우리는 그들이 어니를 강제로 잡아두려는 의도를 파악하고 정말 분개했다. 만약 내가 떠난다면, 어니는 결코 중국에서 나가지 못할 것이라는 생각이 들었다. 중국인 친구들도 같은 생각을 하고 내게 떠나지 말라고 제안했다. 그것은 힘든 결정이었다. 분명 그들은 내가 미쳤다고 생각했을 것이다. 나가지 않기 위해 무슨 핑계를 댄단 말인가? 나는 어니가 몸이 너무 좋지 않기 때문에 고국으로 가야한다고 썼다. 또 나와 베티가 배 멀미를 해서 배를 타지 못한다고 썼다. 베티는 예전에 배를 타면 매우 아팠다. 나도 배 멀미가 심한데 어떻게 아픈 아이와 함께 여행하면서 다른 아이를 돌볼 수 있단 말인가? 당연히 나는 어니의 도움이 필요했다. 경찰이 나의 변명을 받아들이더니 어니의 통행증이 나올 때까지 머물라고 말했다. 모든 사람들이 잘 결정했다고 생각했다. 그들은 공산주의자들이 나중에 어니를 절대로 내보내지 않을 것이라고 생각했다.

외국 선교사들이 고국으로 돌아갈 때가 왔다. 중국내지선교회는 모든 인력을 2월 22일에 철수시켰고, 연합형제단도 2월 23일에 떠났다.

3월 5일, 우리는 예금통장을 비롯한 개인 소유물을 신고해야 했다. 어니는 특별한 환자가 왔을 때만 병원으로 갔다. 우편은 미국으로 잘 전달되고 있었다. 나는 중국요리를 비롯하여 집에서 여러 가지 요리를 했다. 우리는 여가 시간을 활용하여 중국어교사에게 중국어를 배웠다.

거트루드 콘은 젊은 사람들이 가장 좋아하는 사람이었다. 그녀는 젊은 사람들뿐만 아니라 다른 사람과도 함께 지칠 줄도 모르고 일했다. 또한 그녀는 감리교 총회에서 인기 있는 사람이었다. 공산주의자들은 인기가 높은 사람들은 누구나 중국인의 환심을 얻으려한다고 의심했다. 거트루드는 두려워하지 않았다. 그러나 그녀는 친절한 태도로 일부 사람들에게 돈을 빌려주었고, 예전에 미국에 갔다가 돌아온 중국 사람들의 미국 은행 계좌에 얼마간의 돈을 넣어두었다. 그런데 이 돈들이 "사라졌다"– 일부는 볼드윈 학교에, 일부는 개인들에게 빌려주었다– . 경찰이 포위망을 좁혀오자 어떤 사람이 사라진 돈에 대해 밀고했다. 조사결과, 계좌와 자금이 신고내용과 맞지 않았다. 목숨이 경각에 달리게 되면 때로는 자기가 무슨 말을 하는지도 모르기 마련이다. 공산주의자들은 거트루드를 "인민재판"

에 회부하겠다고 제안했다. 그녀는 그 말을 믿을 수 없었다. 우리의 중국인 친구들은 그들이 그녀에게 불리한 증거를 댈 것이라고 말했다. 그들은 우스꽝스러운 말로 그럭저럭 재판을 끌어가서 그녀를 추방할 수 있을 것이라고 생각했다.

그동안 경찰은 거의 매일 거트루드를 심문했다. 공개재판을 할 것 같았다. 공산주의자들은 그녀의 친구들을 불러서 불리한 증언을 하도록 강요할 작정이었다. 그녀의 친구들은 그녀를 고소할 아무런 근거도 없었기 때문에 무슨 말을 해야 할지 몰랐다. 그러나 그들은 무언가 말해야만 한다는 것을 알았다. 그들은 그녀가 국외로 추방당할 가능성이 높지만 확신하지는 못했다.

3월 20일 아침, 그들이 와서 그녀를 재판장소인 남학교 운동장으로 데리고 갔다. 운동장 한가운데 설치된 연단 위에 – 사람들이 원하는 대로 – 죄수가 서거나 무릎을 꿇게 되어 있었다. 고발장이 낭독되었다. 한 사람씩 나와서 고발된 사람을 비난했다. 이런 집회에서는 고발내용에 대해 "옳소!"라고 말하는 한두 사람이 항상 있었다. 그러면 나머지 사람들이 "옳소"라고 따라했다. 만약 따라하지 않으면 나중에 조사를 받았다. 사람들 무리 속에는 다른 사람을 감시하는 밀고자가 있었다. 재판을 시작하기 전에 모든 사람들이 재판 결과가 어떻게 될지 알거나 대략 짐작했다. 거의 하루 동안 이렇게 한 후, 마지막 요구는 죽이거나, 추방하거나, 투옥하는 것이었다. 종종 우리는 단 한 방의 총성을 들었다. 그것으로 끝이었다. 거트루드의 경우, 그녀의 고발자들은 사안을 가볍게 취급하려고 노력했다. 가령, 그들이 집에 방문했을 때 무례했다는 식이었다. 그들은 그들이 그녀의 집안으로 들어가기 전에 덧신을 벗으라고 했다고 주장했다. 우리는 어디에서는 그렇게 했다. 그런 문제로 하루 종일 말다툼을 한 후, 드디어 그들은 엄격한 가택연금이 필요하며 허가를 받기 전에는 그녀를 만날 수 없다고 결정했다. 그녀를 만나는 사람은 반정부주의자가 되고 직장을 잃었다. 거트루드는 연단에 무릎을 꿇고 하루 종일 그런 말도 안 되는 소리를 들어야 했다. 그런 후 그들은 그녀를 집으로 돌려보냈다. 의료인으로서 어니와 나는 그녀와 함께 있게 해달라고 요청했다. 그들은 그녀를 만나는 것을 허락했다. 그녀는 너무 격분해서 피를 토했으며, 음식도 전혀 먹지 못했다. 어니는 그녀를 진정시키기 위해 수면제와 구역질을 하는 위를 완화시키는 약을 먹었다.

이러한 재판이 열리면 사방에서 군중들이 몰려왔다. 거트루드의 경우, 모든 학생들과 교사, 노동자, 그녀가 함께 일했던 사람들, 공산주의자들이 그녀를 고발하라고 선정한 사람들이 참석하기로 되었다. 많은 사람들이 그녀를 위해 기도했다. 재판 받기 전날 밤, 바이블 우먼Bible Women [평신도 선교사] 과 목사들이 그녀를 위해 철야기도회를 열었다.

그것은 단지 재판의 시작에 불과했다. 우리는 날마다 군중들이 지주들이나, 그들이 반대하는 사람들을 재판하라는 소리를 계속 들었다. 그 후 총소리가 들리고 조용해지고 정적만 남았다. 어떤 재판에서는 아들이 아버지를 밀고했다. 아들이 당국에 정보를 제공하자 재판이 열렸다. 계획된 대로 그의 아버지는 총살되었다. 시체를 가져다가 매장하는 가족들도 역시 재판을 받을 수 있었다. 그 아들은 결말을 본 후 드디어 자신이 얼마나 비굴해졌는지 깨달았다. 그는 다음날 아버지의 시체를 갖고 가버렸다. 이런 일들이 거의 매일 일어났다. 이것은 숙청이었다.

이 무렵 모든 사람들이 신분증을 신청해야 했다. 그들이 요구하면 사람들은 신분증을 제시해야 했다. 그것이 없으면 취직도 할 수 없었다. 물건도 살 수도, 어떤 장소에도 갈 수도 없었다. 만약 신분증이 없는 사람을 고용하다가 잡히면 그 사람은 국가의 적으로 간주되어 경찰서로 끌려갔다. 경찰은 자기들 마음대로 신분증을 발급하고, 발급하고 싶은 않은 사람에게는 발급해주지 않았다. 특히 국민당 정부나 미국인들과 관련된 사람에게 그러했다. 공산주의자들이 비생산적이라고 생각하는 사람들이 있었다. 직접 손으로 일하거나 공장에서 일하는 사람들은 아주 생산적인 사람으로 여겼고 미술가, 음악가, 그 외 비슷한 전문가들은 비생산적인 사람으로 간주되었다. 돈이 많은 사람들은 적으로 간주했다. 공산주의자들은 토지개혁을 시작하였고 지주들에게서 땅을 빼앗는 방법을 찾아냈다. 그것은 토지를 사람들에게 나누어주는 것이었다. 농사에 대해 아무것도 모르는 도시의 소년에게 토지를 나누어주는 것을 상상할 수 있겠는가? 토지를 어떻게 이용할지 전혀 모르는 거지에게 땅을 나누어주는 것을 상상할 수 있는가? 그 결과, 약속이 이루어졌다. 곧 가난한 사람들은 더 가난해지고, 부자들 역시 더 가난해졌다. 많은 사람들이 무슨 일이 벌어졌는지 깨달을 때에는 때가 너무 늦은 후였다. 그들은 더 이상 옛날 방식으로 돌아갈 수 없었다. 그들은 목숨을 잃을까봐 두려워했다.

공산주의자에게 밀고함으로써 새로운 정부에서 높은 자리를 얻거나 호의를 입을 것으로 생각한 사람들은 실망했다. 국민당에게 빌붙은 사람들은 새로운 정부에서는 배척당했다. 그들은 군중 속으로 사라졌다. 때는 너무 늦었다. 우리가 남아있는 유일한 미국인이었기 때문에 공산주의자들은 거트루드 콘 양이 우리 집에 와서 식사하는 것을 허락했다. 우리는 여러 곳에 소식을 전하여 사람들이 와서 그녀를 만나게 했다.

어니는 건강이 별로 좋지 않았다. 그는 위에 통증이 있었다. 거트루드 콘 양의 건강이 나빠서 우리는 그녀를 우리 집으로 옮겨 돌볼 수 있게 해달라고 당국을 설득했다. 드디어 허가가 떨어졌다. 그녀는 이층에서 생활하면서 식사를 우리와 함께 하도록 허락받았다. 그것이 전부였다. 그녀는 자신의 사생활을 포기하는 것이 너무 힘들었지만 [가택연금 상태] 의 외로움은 더 견디기 힘들었다. 우리는 어렵사리 다른 사람들이 그녀를 만나게 해주었다. 그들은 우리가 망을 보고 있을 때 뒷계단으로 올라가서 그녀를 만났다.

부활절 날은 아주 조용했지만 어렵사리 아직 도시에 남아 있는 다른 서양인들을 식사에 초대했다. 중국내지선교회의 포커너 씨Mr. Faulkner와 멜솝 씨, 연합형제단선교회의 푸크넬 씨Mr. Pucknell가 왔다. [세 사람은 모두 영국인이었다.] 거트루드 콘 양도 있었다. 상하이로 가지 못하고 쿨링의 기숙학교에 있던 몇몇 아이들도 왔다. 그들은 우리 집에서 하룻밤을 묵었다. 우리는 그들을 위해 작은 파티를 열고 아이스크림을 만들어주었다. 그 중 일부는 몇 년 만에 처음 아이스크림을 먹어보는 것이었다. 그들이 사용하는 말은 우리 아이들에게 아주 이상한 것처럼 보였다. 다음 날, 그들은 홍콩을 경유해 중국을 떠났다. [영국인들은 미국인들만큼 공산주의자들과 "전쟁"을 벌이지 않았다. 그들은 공산주의자들과 외교관계를 완전히 단절하지 않았다]

어니의 통행증이 나오기를 기다리는 시간은 영원처럼 길게 느껴졌다. 긴장이 고조되고 있었다. 4월 15일, 포커너 씨, 멜솝 씨, 푸크넬 씨가 떠났다. 거트루드 양과 우리 가족만 남았다. 우리는 집 청소나 짐 싸기 등으로 시간을 때우려고 노력했다. 나는 얼후라 부르는 두 줄 현악기를 사서 레슨을 두 번 받았다. 오르간과 비슷한 소리가 나는 다른 관악기도 살 계획도 세웠다.

지금 우리는 함께 여행하면서 아이들을 도와줄 수 있도록 거트루드 양의 통행증을 얻으려고 애쓰고 있다. 공산주의자들은 우리의 이야기를 듣지 않으려고 했다. 그들은 우리가 우리의 문제를 잘 정리하면 어니스트가 갈 수 있지만 거트루드는 갈 수 없다고 말했다. 우리는 최대한 오래 버텼다. 그러나 만약 계속 버틴다면 우리 중 아무도 나갈 수 없다는 것을 마침내 깨달았다. 주변에 알려서 교회에서 작은 송별회를 열었다. 우리가 정부의 적이든 아니든 상관없이 그들은 송별회를 거부하지 않았다. 그들을 다시는 보지 못한다고 생각하니 슬펐다.

떠나기 전에 물건들을 나누어주거나 팔고, 우리의 보증인을 세웠다. 이를테면, 그 보증인은 만약 우리가 갚지 못한 빚이 있거나 죄를 범한 일이 있는 경우 그의 생명으로 우리의 "죄"를 갚는다는 서류에 서명해야 했다. 누가 그런 서류에 서명을 할 것인가? 어떤 노인이 그 서류에 서명을 했다. 그 사람은 치 박사의 아버지였다. 그는 이미 살만큼 살았기 때문에 죽는 것이 두렵지 않다고 말했다. 우리는 기차표를 샀다. 모든 것이 아주 잘 풀리는 것 같았다. 그것은 폭풍전야의 고요함이었다. 5월 6일, 출발하기 이틀 전, 경찰이 우리 집에 들이닥쳐서 모든 것을 샅샅이 뒤졌다. 우리는 그들이 무엇을 찾는지 몰랐다. 드디어 그들이 만족했는지 떠났다. 다시 우리는 모든 것이 잘되고 있다고 생각했다. 그날 밤 자정 무렵, 경찰이 우리 집 문 앞에 와서 자고 있는 어니를 불러내어 경찰서로 데리고 갔다. 그들은 그를 강한 불빛 아래 두고 간첩이라고 몰아붙였다. 그들은 기차표도 가져갔다. 그들은 어니에게 진술서를 쓰라고 하면서 그가 간첩이며 그들이 우리 다락방에서 발견한 전선으로 메시지를 보냈다고 말했다. 그 전선줄을 어디서 발견했는지 하나님만 아신다. 많은 가족들이 우리 집에 살았다. 그는 거짓 진술서에 서명할 수 없다고 말했다. 결국, 그들은 그에게 있는 사실 그대로 말하라고 했다. 그들은 어니를 집으로 데려다 주었지만 우리는 잠을 자지 못했다. 그들이 다시 와서 그를 강한 불빛 아래 앉히고 진술서를 작성하라고 요구했다. 그래서 그는 본의 아니게 잘못한 것이 있다면 – 많은 허튼 짓과 함께 – 죄송스럽다고 썼다. 영어에 아주 익숙한 사람만이 어니가 간첩이 아니며 날조된 것이라는 알았을 것이다. 마침내 어니를 놓아주었다. 그는 완전히 녹초가 되었다. 기차표를 경찰로부터 언제 돌려받았는지 기억나지 않는다. 그들은 기차표를 돌려주면서 "가시오!"라고 우리에게 말했다. 그래서 우리는 물건을 나누어주거나 팔고, 작별 인사하면서 하루를 보냈다.

5월 8일 오전 5시, 우리는 사랑하는 난창을 떠났다. 그 당시 상황 때문에 극소수 사람들만이 배웅할 것으로 예상했다. 그러나 많은 사람들이 나왔다. 우리 아이들은 당황했지만 미국의 할머니와 할아버지를 만날 것이라는 생각에 흥분했다. 가장 힘든 일은 치 박사 가족들에게 작별을 고하는 일이었던 것 같다. 그는 우리의 이웃이며, 친구, 조언자, 가족주치의, 교사, 보증인이었다. 그들 옆에는 우리 집에서 일을 해준 일꾼이 있었다. 사랑하는 유모는 우리 아이들과 함께 지냈다. 특히 베아트리체는 아기 때부터 유모랑 지냈다. 다른 일꾼들도 오래 우리와 함께 지냈기 때문에 가족 같았다. 베아트리체가 유모가 우는 것을 보고 껴안고 말했다. "내 머리카락이 검은색으로 변하고 어른이 되어 돈을 벌면 유모를 데리러 돌아올게요." 우리가 거트루드에게 인사를 할 때, 다시는 그녀를 보지 못할 거라는 것을 알았다. 그녀는 아팠다. 공산주의자들이 있는 한 그들은 그녀를 보내주지 않을 것이다. 작별인사를 나누기가 얼마나 괴로웠던지! 마침내 기차가 정차했다. 우리는 감시를 받았다. 우리는 커다란 슬픔에 정신이 멍해져서 경비병들이 그곳에 있는지 눈치 채지도 못했다.

그 여행은 길고 힘든 여정이었다. 광둥으로 가는 길은 꼬박 하루 낮과 밤을 지나 다음 날까지 이어졌다. 나는 준비해 간 샌드위치를 먹고 프토마인 독屍毒처럼 보이는 식중독 때문에 거의 죽을 정도로 아팠다. 나는 머리를 제대로 가누지 못했다. 다행스럽게도 다른 가족들은 아프지 않았다. 각자 좌석이 있었지만 누울 자리는 없었다. 다음날, 5월 9일, 엘리아스 씨 Mr. Elias가 내 곤경을 보고 갖고 있던 간이침대를 빌려주었다. 너무 고마웠다. 어니는 여행할 동안 내가 정신을 못 차리고 있을 때 아이들을 돌보았을 것이다. 우리는 오후 5~6시쯤에 광둥에 도착했다. 우리는 감시 하에 끌려갔던 다른 사람들에 대한 온갖 이야기를 들었다. 그들은 때로는 광둥에서 열차에서 내려 감옥에 투옥되거나 원래 탔던 기차역으로 돌려보내졌다고 했다. 불안했다! 기차에서 내려서 "안녕하세요. 와이스 박사님"라고 부르는 목소리를 듣고서야 마음이 놓였다. 상하이의 중국여행사 사장인 리앙 씨Mr. Liang가 서 있었다. 어니는 여행하거나 물건을 운송할 때 한 번 이상 그와 거래를 했었다. 우리는 공산주의자들의 복장을 입은 그를 보고 놀랐다. 우리의 이름을 불러 뉴아시아호텔로 일부러 데려다주려는 것을 볼 때 그의 지위가 확실한 것 같았다. 또한 그는 우리 돈을 가져가더니 홍콩에서 달러로 찾으라고 말했다. 우리는 무더위를 참으며 잠을 잤다.

다음날, 5월 10일(나의 생일날) 오전 5시에 일어났다. 바라건대, 그날은 우리가 해방되는 날이었다. 우리는 다시 열차를 탔다. 기차가 움직일 때마다 자유에 더 가까이 다가갔고, 사랑하는 중국인 친구들과 동료들에게서 더 멀어졌다. 마침내 기차가 섰다. 중국의 국경이었다. 철조망! 우리는 아직 중국에 있었고 통행증 검사를 해야 했다. 만약 그들이 자신들이 승인하지 않은 어떤 것을 찾아낸다면 우리는 투옥되거나 다시 되돌아가야 했다. 짐을 조사하고, 수화물 스탬프가 찍히고 통과되자 정말 안도의 한숨을 내쉬었다.

철조망 건너편에는 친구들이 기다리고 있었다. 그들은 난창에서 온 사람들로 아직 홍콩에서 선박 통행증을 받지 못한 사람들이었다— 맥코이 MaCoy 가족, 포커너 가족, 푸크넬 가족, 엘리엇Elliot 가족, 시얼Searle 가족, 도브 양Miss Dove, 멜솝 씨— . 그들은 내 생일을 위해 꽃과 생일 케이크를 갖고 왔다. 얼마나 좋던지!

[거트루드 콘은 몇 개월 더 난창에서 갇혀있었다. 공산주의자들은 그녀가 암으로 죽어간다는 것을 알고 국외로 추방했다. 그녀는 국경을 넘어 홍콩으로 간 후에도 하루 정도 살아 있었기 때문에 자신의 이야기를 해줄 수 있었다. 그녀는 순교자였다.]

우리는 이틀 동안 먹고 잤다. 내가 처음 한 일은 어머니에게 편지를 쓰는 것이었다. 나는 편지에 이렇게 썼다. "공산국가 중국에 있는 사람들에게 편지를 쓰는 모든 친구들에게 편지와 돈을 보내는 것을 중단하라고 전해주세요. 미국 친구들은 내말을 이해하기 힘들 것입니다. 그러나 중국 사람에게 그것은 죽음을 의미합니다. 어머니께서 우리에게 보낸 모든 편지는 마지막 편지를 제외하고는 아주 좋았습니다. 회계담당자인 맥코이 씨는 [홍콩에서] 들어오는 우리의 모든 편지를 검사하여 마지막 편지를 보관해두었습니다. 그것은 아주 현명한 처사였습니다. 다시 한 번 하나님께서 우리의 발걸음을 인도하셔서 위험에서 보호해주셨습니다. 중국인들이 우리를 믿음과 진리를 보여준 사람으로 기억해주기를 바랍니다. 우리는 새로운 사상 [공산주의 철학] 이 기독교와 갈등을 일으키지 않을 경우에만 그 사상을 받아들였습니다."

이제 지난 2년 동안 듣지 못했던 소식을 알아볼 기회가 왔다. [힐다와 어니스트는 "해방"된 이후로 단파 라디오방송이나 서양 신문을 접하지 못했다.] 우리는 곧바로 고국으로 갈 수 없다는 것을 알게 되었다. 잠시 생각할 시간을 갖고 우리가 도착한 새로운 세상에 적응해야 했다.

아무에게도 알리지 않고 홍콩에 도착했기 때문에 미국으로 가는 비행기나 배가 예약되어 있지 않았다. [한국전쟁이 계속되고 있었기 때문에 미국에서 홍콩을 오가는 여객선이 없었다. 홍콩에서 몇 주 지낸 후, 우리 가족은 브리티시 에어웨이를 타고 런던으로 가서 다시 유럽 남부의 이탈리아를 거쳐 미국으로 가는 배를 탔다. 그 당시 국제항공여행은 여객선보다 훨씬 더 비쌌다.] 드디어 우리는 영국까지 갔다. 스위스에서 잠시 머물 동안 어니스트에게 약한 심장마비가 왔다. 그래서 우리는 잠시 휴식을 취한 다음 천천히 이탈리아로 가서 배를 탔다. 뉴욕에 도착했을 때, 어니스트는 아주 건강했다. 그러나 10월까지는 병원에서 일을 하지 않았다.

1951~1955년
중국선교 이후

[우리 가족은 1951~1955년 동안 신시내티에서 살았다.]
어니스트는 신시내티 대학종합병원과 던햄 병원Durnham Hospital에서 시간
을 보냈다. 던햄병원은 흉부외과 수술과 결핵 분야의 연구로 유명했다.
그는 그곳에서 성형외과에 대해 추가 교육을 받았다. 그와 동시에 미국의
학협회 시험 A파트와 B파트를 대비해 공부했다. 그는 이 시기 동안 이틀
에 한 번 꼴로 밤마다 초청받았기 때문에 바쁘고 힘들었다. 집에 들어오
지 않는 날이 많았다.

나는 마취과 교육프로그램을 찾았다. 나는 하루 걸러 저녁 강연 초
청을 받았기 때문에 신시내티 대학의 연구훈련 프로그램 강좌를 신청했
다. 나는 그 강좌, 곧 인턴과정을 마쳤으나 대학 학점이 약간 부족했다.
1961년 인디애나폴리스에 있는 버틀러 대학에서 부족한 학점을 이수했
다. 그 결과, 나는 (미국임상의학회의) 임상병리사medical technologist 자격증
을 땄다.

[중국이 "철의 장막" 때문에 봉쇄되었기 때문에 감리교선교위원회는

어니스트와 힐다를 한국으로 파견했다.] 어니스트는 1953년 말 [이 시기는 한국전쟁이 끝난 직후였다.] 한국으로 갈 계획이었다. 그러나 그는 오토바이 사고로 한쪽 무릎을 심하게 다쳐서 한 달 가량 치료를 받았다. 그는 한 동안 힘든 일을 할 엄두를 내지 못했다. 드디어 1954년 4월에 한국으로 갔다. 아이들과 나는 1955년에 한국에 갔다. [이렇게 늦어진 것은 전쟁 직후 한국의 어려운 사정 때문이었다.]

중국의 옛 친구들에게 보내는
마지막 글
(1988년 작성)

어니스트는 1984년 11월 6일에 사망했다. 그는 사랑하는 중국과 그곳의 친구들, 동역자들에 대해 자주 말하곤 했다. 그는 그들을 간절히 만나보고 싶어 했다. 어니스트는 자신이 [먼저] 죽는다면 내가 중국으로 가서 그들을 방문하라고 말했다. 나는 1985년에 난창을 방문함으로써 그 꿈을 이루었다. 1939~1951년 동안 만났던 옛 친구들을 다시 만나고, 새로 친구들을 사귀고, 나의 제자들과 어니스트가 가르쳤던 제자들을 만나서 정말 좋았다. 그 만남은 많은 옛 기억들을 떠오르게 했다. 몇몇 사람들은 어디에 있는지 몰라서 만날 수 없었다. 그것이 인생이었다.

1985년, 중국에 많은 변화가 있었다. 의학이 눈에 띄게 발전했다. 나는 병원업무와 환자간호, 일반인들의 건강상태가 바뀐 것을 보고 깊은 인상을 받았다. 중국은 마땅히 박수를 받아야 할 정도로 발전해 있었다.

또한 교회가 중국의 발전에 기여하는 것을 보고 기뻤다. 나는 전쟁 동안 그리고 전후 몇 년 동안 작으나마 봉사했던 것과 중국의 발전에 밑거름이 되었던 것에 감사드린다.

[힐다가 1985년 간호사협의회와 난창의 옛 친구들을 개인적으로 방문했을 때 받은 환영은 정말 대단했다. 오랜 친구들은 그녀가 찍은 많은 옛 사진을 그들에게 준 것에 대해 특히 고마워했다. 1940년대부터 찍은 그들의 사진은 중국의 문화 혁명기에 모두 사라졌다.]

의료선교사
와이소 부부의 헌신
Hilda's Book

제3부

1차 한국 선교

(1954~1964년)

1955년

[한국 이야기를 소개하는 첫 페이지는 잃어버렸다. 분실된 부분에는 1955년 10월부터 시작되는 내용이 포함되어 있었다. 여기에서 힐다는 전쟁으로 부서진 한국에 대한 첫 인상과 처음 경험한 한국의 혹독한 겨울에 대해 적고 있다. 내 개인적인 기억을 더듬어 보면, 모든 곳이 황폐하고 파괴되어 있었다. 폭격당한 건물의 잔해가 여기저기 쌓여 있었다. 한국의 고기와 생산품들은 질이 낮았고 종류가 다양하지 않았고 비쌌다. 소비재 상품은 공급량이 부족하거나 거의 없었다. 힐다와 어니스트, 두 딸은 콜럼버스 기념일인 10월 12일에 인천항에 도착했다. 그들은 부정기 화물선 장 라피테 호SS Jean Lafitte를 타고 태평양을 건넜다. 어니스트는 한국어 훈련을 거의 받지 않고 곧장 세브란스 의과대학Severance Union Medical College과 그 부속병원(서울에 있는 선교 병원)으로 가서 일했다. 그것은 의료상황이 아주 절박했고, 한국인 의사들이 어느 정도 영어를 할 줄 알 것이라고 예상했기 때문이었다. 그는 그곳에서 1954~1955년까지 의사로 일했다. 첫해 힐다의 주요과제는 어학공부였다. 베티와 베아트리체는 즉

시 서울외국인학교에 등록했는데, 그 당시의 선교사, 외교사절, 사업가의 자녀 몇 명이 한 칸짜리 교실에서 공부했다. 힐다는 그들이 인천에 도착했을 때 그들을 맞아준 감리교 선교사들이 그들보다는 그들이 대만에서 가져간 바나나에 더 많은 관심을 가진 것 같았다고 기억했다. 왜냐하면 그 당시 한국에서 열대과일은 거의 구할 수 없거나 엄청나게 비쌌기 때문이었다.]

1956년

[여름휴가는 한국 서해안의 대천에서 보냈다.] 다른 사람들이 모두 수영이나 테니스 등을 하며 노는 해변에서 한국어를 공부하는 것보다 재미있는 것을 생각할 수 있겠는가? 날씨는 시원하고 가족들과 함께 지내면서 수영도 하고 사람들과도 만났다. 물건과 음식을 정리하고 난 후 나의 한국어 선생님이 도착했다. 아침에는 어학공부를 하고 나머지 시간은 여러 가지 집안일을 하거나 편지에 답장을 쓰거나 숙제를 했다. 어니는 서울로 오갔다. 서울에서 해변까지 가는 여행은 전혀 재미가 없었다. 도로는 자갈이나 작은 풀, 먼지, 많은 바퀴자국이나 움푹 파인 구멍이 나 있었다. 지프차를 타고 112km를 가는 데 거의 8시간이나 걸렸다. 도중에 한 번 정차하여 간단히 점심을 먹었다. 갑자기 차를 세우자 우리는 온통 흙먼지에 덮였다. 다른 차량이 옆을 지나갈 때는 재빨리 차 유리문을 올려야 먼지를 피할 수 있었다. 먼지 때문에 다른 차 뒤를 따라갈 수 없었다. 한두 번의 펑크는 흔한 일이었다. 그래서 어니는 서울로 오갈 때 완전히 녹초가 되고 몸이 지저분해졌다.

그해 여름, 해변에서 우리는 여러 교단의 많은 선교사들과 함께 모임을 갖고 즐겁게 지냈다. 우리 아이들은 다른 아이들과 잘 어울렸다. 선교사들 중에는 수영을 아주 잘하는 사람도 있었다. 그들은 시간을 내어 모든 아이들에게 수영하는 법을 가르쳐 주었다. 어떤 사람들은 그 행사를 진행했고, 어떤 이들은 해변의 위생문제, 규칙과 질서, 성경공부, 조개 수업, 천체 관찰 등을 맡았다. 베티는 오랫동안 조개를 수집했는데 상도 탔다.

우리는 병원 [서울의 세브란스 병원] 지붕의 슬레이트가 그 해변 근처의 슬레이트 광산에서 생산한 것이라는 말을 들었다. 슬레이트 광산에 가서 어떻게 슬레이트를 생산하는지 보고 싶었다. 아이들을 친구들에게 맡겨두고 어니와 나, 어학교사, 운전사가 함께 차를 다고 20km를 달렸디. 2시간이 걸렸다. 바위가 많은 강을 네 군데나 건넜다. 다리는 없었다. 도로는 평평한 암반으로 되어 있었다. 슬레이트 광산에 가까워졌을 때 멀리 보이는 절과 작은 마을을 제외하면 문명세계 밖에 있는 것 같았다. 우리는 산꼭대기로 올라갔다. 풍경이 정말 멋졌다. 도로는 통행할 수 없을 것 같이 보였지만 우리는 계속 갔다. 갑자기 슬레이트 광산이 나타났다. 광부들이 곡괭이로 슬레이트를 캐서 산 아래로 옮기는 것을 보았다. 산 아래 조금 완만한 평지에서 슬레이트를 기계로 잘랐다. 광부들이 그 기계를 어떻게 그곳까지 운반했는지 정말 놀라울 따름이었다.

다음 날, 서울로 출발했다. 비가 내렸다. 도로에 흙먼지가 날리지 않아서 다행이었다. 서울에서 우리를 기다린 것은 몽고메리 워드Montgomery Ward(유명한 온라인 소매업체 – 옮긴이)에게 주문한 상품이었다. 그날은 정말 기뻤다. 세탁기가 도착했다! [그때까지 손으로 세탁을 했다.] 이제 필요한 것은 물과 전기였다.

태풍이 왔다. 여느 때처럼 서울은 약간 태풍의 영향을 받았다. 그러나 그 태풍은 1956년 9월 12일 밤에 온 태풍에 비하면 아무 것도 아니었다. 집 위층에서 코를 골며 자고 있을 동안 도둑이 들어 몽땅 훔쳐갔다. 도둑이 많았기 때문에 보통 밤에는 귀중품(타자기, 카메라 등)을 위층에 두었다. 너무 피곤해서 깜빡한 그 밤에 도둑이 들었던 것이었다. 우리는 경찰에 전화를 걸었다. 하루 종일 경찰들이 집 주변을 샅샅이 조사했다. 우리는 그들에게 차와 과자를 대접했다. 그들 중 일부는 그날 밤에 우리 집에 머물렀다. 도둑들이 침실 창문 바로 아래 창문을 잘랐지만 우리는 아무 소리도 듣지 못했다. [사직동 선교사 주택구역내 주택은 담벼락으로 둘러쳐져 있었고 그 위에는 깨진 유리조각이 박혀 있었다. 그리고 집을 지키는 개도 있었고 대문도 잠겨 있었다. 많은 한국인들의 집들도 그와 비슷했다. 도둑들이 아주 많았기 때문이었다. 그렇지만 개인의 안전에 대해서는 전혀 걱정할 필요가 없었다. 살인과 강간사건은 들어본 적이 없었다.]

　　이틀 만에 도둑맞은 물건의 일부를 찾았다. 세 사람이 물건을 훔쳤다. 사실 그렇게 많이 화가 나지는 않았다. 경제상황이 너무 나쁘기 때문에 일부 사람들은 생계를 위해서 도둑질을 했다. 그렇지만 그 사건 때문에 기분이 썩 좋지는 않았다. 그 절도행위는 사전에 철저하게 계획된 것이었다. 초여름, 우리는 몇몇 인부들을 시켜 우물을 파고 파이프를 묻었다. 그들은 충분한 시간을 갖고 집을 자세히 살폈다. 그들은 모든 것의 위치를 파악했지만 한 가지는 간과했다. 그들은 어니가 아침에 얼마나 일찍 일어나는지 몰랐다. 그들은 우리 집 개가 문간에 있다는 것을 알았다. 그들은 개에게 약을 먹이고 정원을 통해 들어와서 담에 구멍을 내고 그리고 창문을 뚫었다. 그들은 시계 2개, 타자기, 사운드스크라이버 [음성기록기계] , 테이프 녹음기, 카메라와 부속장비, 축음기, 그 외 많은 물건을 훔쳤다. 어니가 아침에 일어나서 애용하는 의자에 앉았을 때, 거실 주변에 물건들이 널려 있는 것을 발견했다. 그는 속으로 물건을 제대로 정리하지 않은 사람을 못마땅하게 생각했다. 그러나 잠시 후 무슨 일이 벌어졌다는 것을 깨달았다. 그는 즉시 경찰에 전화를 했다. 그리고 유리 창문 바깥에 지문이 선명하게 남아있는 것과 정원 벽에 사다리가 있는 것을 발견했다. 일주일 만에 잃어버린 대부분의 물건을 되찾았다. 경찰은 물건들이 여러 사람들의 손을 거쳤으며 심지어 다른 도시에서 찾았다고 말했다. 상황은 점차 정상을 되찾았다. 이 무렵, 유엔 간호사회의가 개최되었다. 우리는 수도 서울에 살았기 때문에 전 세계에서 온 사람들과 친밀하게 교제할 기회가 아주 많았다.

몇 건의 결혼식을 비롯하여 즐거운 일이 많이 생겼다. 중국에서 잠시 만난 적이 있는 사무엘 마펫이 매우 아름다운 아일린Eileen과 결혼했다. 마펫의 첫 부인은 죽었다. 어니는 신부에게 키스를 해서 소동을 일으켰다. 수년 동안 마펫과 아일린은 우리와 아주 절친한 친구였다. 특히 어니스트가 1974년에 병들었을 때 그랬다.

선교사의 아내인 마가렛 무어Margaret Moore는 훌륭한 바이올린 연주가였다. 선교사의 남편들은 아주 잘 어울렸다. 우리는 일주일 한 번꼴로 모여서 음악을 들었다. 오랫동안 우리는 교회예배, 결혼식, 우리 자신의 취미로 함께 연주했다. 마가렛의 부모님도 이전에 선교사였다. 한때 그의 아버지는 세브란스병원에서 의사로 일했다.

우리는 세브란스병원과 우리 집을 조선기독교대학 캠퍼스로 옮길 계획을 했다. [이후 연세대학교가 되었다. 조선기독교 대학은 그 당시 서울 외곽에 있었고, 반면 "구" 세브란스 병원은 오래된 철도역(서울역을 말함-옮긴이) 바로 건너편의 도시 중심부에 있었다. 구 세브란스병원은 한국전쟁 동안 피해를 입었고, 또 너무 작고 시설이 낡았다. 사직동 산위에 있는 우리 집은 기존의 병원과 병원 예정부지와의 거리가 너무 멀어서 불편했다.] 그래서 부지를 찾고 있었다. 이제 한국에 온 지 1년이 되었고 차츰 적응해가고 있다. 도로는 통행하기 불편했다. 서울외국인학교는 조선기독교대학 근처로 옮겼다. 학교 사친회 모임이 있을 때는 그곳까지 차를 몰고 가야 했다. 거의 매번 우리 지프차는 구덩이에 빠졌다. 그것을 보자 어렸을 때 끔찍했던 진흙탕 길이 생각났다. 그래서 우리는 항상 부츠, 굵은 삼베자루, 곡괭이, 삽, 체인 등을 싣고 다녔다.

우리는 수도 서울에 살았기 때문에 한국을 방문하는 뛰어난 합창단이나 단체에 대한 소식을 들었다. [영국 런던의] 웨스트민스터 합창단이 이화여대에서 공연했다- 그곳에 가장 큰 강당이 있었기 때문이었다-. [여자 기독교학교인 이화여대는 선교사들이 세운 학교였다. 이 대학은 세계에서 가장 큰 여자대학이었다.] 웨스트민스터 합창단은 정말 대단했다. 미8군 합창단도 역시 아주 훌륭했지만 여성 단원이 없었다. 그들은 서울연합교회 [영어를 사용하는 교회] 에 자원봉사자를 요청했다. 그래서 우리들은 연습하기 위해 그곳에 갔다. 성탄절 즈음에 우리는 최전방 [38도선 근처에 있는 미군부대였다.] 을 방문하여 "메시아"를 공연했다.

어느 날, 안과에 갔는데 기다리는 동안 한국어를 배우려고 문장을 쓰고 있었다. 손자를 등에 업은 할머니가 가까이 오더니 내 어깨 너머로 계속 지켜보았다. 그녀는 내 실수를 찾아내고 내 연필을 집더니 틀린 부분을 고쳐주었다. 처음에는 약간 놀랐지만 나중에는 한국 사람들이 우리가

238
의료선교사 와이스 부부의 헌신

한국어를 제대로 말하고 쓰기를 바란다는 것을 깨달았다.

고향에서 소포가 왔다. 내 여동생은 내가 버터스카치 푸딩을 좋아한다는 것을 잊지 않았다. 일요일 저녁에 멋진 버터스카치 파이를 먹었다. 우리가 시어스 백화점에 주문한 물품이 도착했다– 쥐덫, 성능이 좋은 전구, 큰 용량의 코텍스–. 1년 후 우리는 드디어 전화를 들였다.

1956년 11월 20일, 크리스 젠슨 목사Chris Jensen [덴마크 태생의 감리교 선교사] 가 죽었다. 그는 공산주의자들이 침략할 당시 붙잡혀서 민간인 전쟁포로수용소에 3년 동안 투옥되었다. 11월 초, 그는 전방 지역을 돌며 설교를 하다가 심한 감기에 걸렸고 끝내 그것을 이겨내지 못했다. 그는 심장마비가 일어났지만 회복되었다. 그는 너무 급히 일어나서 이리저리 돌아다녔다. 젠슨 목사는 자문에 응하기 위해 미국대사관으로 가야 한다고 생각했다. 그는 대사관에서 집으로 돌아오는 길에 죽었다. 한국은 훌륭한 친구를 잃었다.

부모님이 소를 모두 팔았다는 소식을 전해왔다. [그분들은 이제 농사일에서 은퇴하신 것이다.] 그 이야기를 들으니 느낌이 이상했다.

우리는 미8군의 대형 버스를 타고 24사단을 방문하여 "메시아"를 공연했다. 또한 라디오에 나가서 노래를 부르고 다른 세 지역에도 방문했다. 날씨가 매우 추웠다.

12월 중순경, 장 라피테 호의 승무원들이 인천항으로 와서 우리와 함께 지낼 것이라는 소식을 듣고 깜짝 놀랐다. 실제로는 보든Borden 선장만한 사람을 대동하고 왔다. 나머지 승무원들은 배에서 이동할 수 없었기 때문에 우리가 배를 방문했다. 멋진 재회였다. 우리는 배에서 우리와 함께 지냈던 모든 사람들을 만날 수 있었다. 다만 쿠퍼 양은 세계여행 중이라 만나지 못했다.

　부모님이 성탄절에 우리에게 전화를 걸고 싶어 했지만 상황이 만만치 않았다. 국제전화를 하려면 몇 시간이 걸렸다. 그뿐만 아니라 우리가 전화를 받으려면 도심에 있는 전화국 사무소로 가야만 했다. 어쨌든 부모님은 전화했다. 부모님과의 전화통화로 잠시나마 고향에 대한 그리움을 달랬다.

　놀라지 마시라! 나는 12월 31일 미국으로 입양되는 몇 명의 고아들을 데리고 가 달라는 요청을 받았다. [그 당시, 선교사 여성들은 미국으로 입양되는 4명의 아기들을 데리고 가면 미국까지 무료로 왕복비행기를 이용하고 2주간 체류할 수 있었다. 그것은 아주 힘든 여행이지만 가족을 만날 수 있었다.] 나는 예정된 여행에 대해 모든 후원교회와 가족들에게 편지를 썼다. 어떻게 되었을 것 같은가? 그 여행은 취소되었고 난 정말 실망했다.

　1956년의 성탄절은 좋지 않은 일도 있었지만 그래도 재미있었다. 우리는 고향(오하이오)에서 전화를 받은 후 집으로 가서 [성탄절에 방문할] 미군병사를 맞을 준비를 했다. 우리는 미8군봉사회USO에 전화를 걸어 성탄절 저녁식사에 참석하고 싶은 군인이 있는지 물었다. 6명의 미군이 우리 집에 왔다. 그들은 아주 외로운 것 같았다. 멋진 식사와 놀이를 한 후 그들은 기분이 좋아졌고 모두 즐거운 시간을 보냈다. 그러나 그날은 끝이 썩 좋지 않았다. 미군들이 기지로 돌아간 후, 어니와 나는 거실 벽난로 앞에 앉았다. 어니는 커피가 생각나서 부엌으로 가서 요리용 등유 스토브에 불을 붙이고 차 주전자를 올렸다. 그는 원형 심지의 불꽃이 완전히 꺼졌는지 확인하지 않은 채 거실로 돌아왔고, 성탄절 노래를 들으며 따뜻한 벽난로 곁에 있다가 우리는 잠들었다. 얼마 후 깨어보니 코가 어쩐지 간질간질 했다. 코를 문질러보니 손이 시커멓게 되었다. 방안은 온통 연기로 가득했다. 나는 어니를 불렀다. 우리가 현관문을 열자 연기가 들어왔다. 부엌으로 가보니 천정에 있는 작은 전구 이외는 아무것도 없었다. 완전히 엉망이었다. 집 창문을 활짝 열고 연기를 몰아냈다. 그러나 천정과 벽은 형편없었다. 성탄절 다음 날, 어니는 병원에 일을 하러 가야 했다. 나머지 가족들은 며칠 동안 주방세제로 벽과 찬장을 닦았다. 우리는 몇 년 치의 주방세제를 모두 써버렸다. 솔직히 말해서 나는 화가 나서 미칠 지경이었다. 그러나 닦아도 벽은 깨끗해지지 않았다. 그런 사고는 다시 일어나지 않았다.

부엌이 엉망이 되었지만 12월 28일 베아트리체의 [10살] 생일축하 잔치 겸 우리 집에서 일을 도와주는 사람들과 그들의 가족을 초대하여 저녁식사를 했다. 1957년 1월 1일, 우리는 이승만 대통령을 방문했다. 신년 인사는 관례행사였다. 우리는 줄을 서서 대통령 그리고 영부인과 악수를 나누었다. 그것은 큰 축하행사였다. 우리 집에도 몇 사람이 방문했다. 그 중 한 사람(그리스도교회 선교사인 체셔 목사Rec. Chesshire)이 거실의 히터기 옆에 서 있었을 때 천정에 바른 회반죽이 그의 손으로 떨어졌다. 선교사들의 집 천장에 바른 회반죽이 떨어지는 경우가 상당히 많았기 때문에 천정에 합판을 대기로 결정했다. 그렇게 해서 천장 회반죽이 떨어지는 것을 막았다. 회반죽이 떨어진 것은 회반죽을 만들 때 섞는 어떤 재료가격이 비쌌기 때문이었다. 회반죽 시공자들은 그 재료를 약간 덜 사용한다 해도 동일한 공사비를 받을 수 있다고 생각했다. [전후 몇 년 동안, 한국에서 만든 많은 물건들은 품질이 조악하고 형편없었다. 거기에는 그럴만한 많은 이유가 있었다.]

1957년

1957년 1월 7일, 성탄절 소포가 왔다. 우리는 아이들을 조용히 시킬 수 없었다. 아이들은 좋아서 소리를 지르고 속옷과 스웨터 등을 입어보고 향수를 발랐다. 정말 즐거운 시간이었다.

우리도 점차 한국 가정에 초대되어 저녁식사를 나누게 되었다. 다리를 꼬고 바닥에 앉았다가 다시 일어나려고 할 때 다리가 굳어서 움직일 수 없었다. [전통적인 한국가정에는 의자를 사용하지 않는다. 사람들은 바닥에 앉고 바닥에서 잠을 잔다. 겨울철 난방은 바닥을 데우는 온돌시스템이었다.] 다리가 완전히 마비되었다. 여자들은 짧은 치마 [그 당시에 유행하던 스타일] 를 입을 수 없었다. 한국식 옷 [품이 넉넉한 치마] 을 입는 수밖에 별 도리가 없었다.

오하이오에서 온 성탄절 선물은 재미있는 주간신문으로 포장이 되어 있었다. 우리 아이들과 이웃들이 읽은 다음, 글자가 희미해질 때까지 학교에서 돌려 보았다.

우리는 항상 친구의 친구나, 친구의 친척과 우연히 만났다. 어느 날,

생거 양Miss Sanger을 우연히 만났다. 그녀는 우리는 중국에서 알고 지냈던 왐플러Wampler의 조카였다. 그녀는 미군 도서관에서 일하고 있었다. 그 후 그녀를 자주 만났다.

어느 주말, 몇몇 선교사 자녀들이 우리 집에서 밤새 놀았다. 특별히 즐겁게 해주려고 거실에 있는 따뜻하고 멋진 소파 침대에 그들을 재웠다. 아이들이 밤 11시까지 이야기를 나누기에 목소리를 낮추라고 말했다. 그들은 자정에 냉장고를 마구 뒤졌고, 새벽 3시에는 욕실에 들어갔다. 맙소사, 내 기분이 어떻겠는가?

나는 한국인 교회에 가서 주일설교를 제법 많이 알아들었다. 그러나 다음 번 갔을 때는 이전의 십분의 일도 알아듣지 못했다. 내가 한국어 교사에게 불평을 하자 그는 웃으며 말했다. "로마는 하루아침에 이루어지지 않았습니다." 그리고는 그는 열심히 공부하자고 말했다.

몇 명의 미군들이 우리 집에 다시 찾아와서 즐거운 시간을 보냈다. 그들 중 리키라는 군인은 인디애나 출신이었다.

베티는 정말 흥분했다. 베티는 "미국이 내게 갖는 의미"라는 에세이를 써서 미군이 발행하는 25달러짜리 전쟁채권을 받았다. 불행하게도, 베티는 상장수여식 날 아파서 수여식에 참석하지 못했다.

한국에 온 지 얼마 동안 우리의 편지와 소포를 미군 우편사무소를 통해 받았다. 그 후 편지만 받는 것으로 바뀌었다. 우리는 어중간한 처지가 되었다. 우리가 시어스 사에 주문한 성탄절 물건이 우리의 미군 우편주소로 배달되었다. 그 물품들은 시어스 사로 반송되었다.

그래도 결국 그 물품을 받을 수 있었다. [미군 우편사무소를 통해 받는 것이 더 안전하고 빨랐다. 소포가 국제우편으로 통해 올 때에는 소포

가 손상되거나 물건이 분실되는 경우가 있었고, 관세도 비쌌다.]

간염은 한국인과 선교사들에게 큰 고통이었다. 간염은 끓이지 않는 음식이나 오염된 분뇨를 뿌려서 키운 농작물을 제대로 씻지 않고 먹거나, 소독하지 않는 바늘을 사용하기 때문에 발생했다. 바늘을 끓이는 것만으로는 충분하지 않았다. 한국의 간염은 강한 변종이었고 선교사들은 그것에 대한 면역력이 없었다. 선교사들은 한국인 가정에서 예절을 지키고 싶었기 때문에 그들이 대접하는 음식을 먹으려고 애썼다. 딸기나 김치 [배추를 발효시킨 한국요리] 는 간염의 가장 위험한 원인이었다. 보통 간염에 걸리면 수명이 3개월을 넘기지 못했다. 몇몇 선교사들은 심하게 간염을 앓았다.

나는 한국어 공부가 아주 힘들었다. 별로 진전이 없는 것 같았다. 정말 부모님이 보고 싶었다. 내 생각엔 한국어 실력이 느리긴 하지만 확실하게 늘어가는 것 같았다. 1년 넘게 한국어 공부를 열심히 했다. [한국어 철자는 표음문자여서 배우기 쉬웠다. 그러나 한국어 자체(어휘와 문법)는 아주 어려웠다.]

젠슨 가족은 한국인 관리들과 상당한 친분을 맺고 있었다. 크리스 젠슨이 죽은 후, 마우드 젠슨 부인Mrs. Moude이 그 관계를 계속 유지했다. 어느 날, 우리는 국방장관과 그의 부인과 함께하는 저녁 식사에 초대받았다. 국방장관의 아버지는 한국 최초의 감리교 감독이었다. 그날 저녁, 그들은 한국이 일본의 식민지였을 시기 [1910 ~ 1945년] 에 대해 말해주었다. 그 당시에는 한국말을 하다가 잡히면 생명이 위험했다고 한다. 일본인들은 사람들을 동원할 필요가 있을 경우, 밤에 거리나 집에서 사람들을 잡아갔다. 그럴 때면 사람들은 며칠 동안 계속 다락에 숨어 지냈다.

우리 집은 도시 밖에서 살다가 서울의 병원에 입원하는 감리교 선교사들의 휴식과 회복 장소로 사용되었다. 우리는 그들을 대접하는 것이 좋았다. 그렇게 함으로써 그들과 더 가까워질 수 있었기 때문이었다. 입원 후, 한 동안 우리 집에서 회복기를 가졌던 사람 중에는 마조리 쇼원거트 Marjorie Schowengerdt도 있었다.

의과대학 시험이 끝난 후, 나는 어니스트가 성적표를 작성하는 것을 도왔다. 그는 의과대학에서 외과과목을 가르쳤다. 또한 1,500명에게 소식지를 보내기 시작했다. [소식지는 선교사역을 지원하는 친척과 친구들에게 발송되었다. 모든 작업은 직접 손으로 이루어졌다. 등사기를 이용하여 소식지를 복사했다.] 그것은 만만치 않은 일이었다. 미국인의 약 삼분의 일이 3~4년마다 이사한다는 것을 알고 있는가? 주소록을 갱신하는 것이 쉽지 않았다. 소식지뿐만 아니라 이 일도 내 일이 되었다. 우리는 소식지를 일 년에 네 번 발행하려고 노력했다.

어니스트는 이미 많은 수술을 하고 있었다. 그는 언청이 수술을 많이 했다. 한국에는 언청이 환자가 상당히 많았다. 또한 한국전쟁 때 화상을 입어 성형수술이 필요한 환자도 많았다. 언청이 수술은 몇 단계에 걸쳐 이루어졌다. 어느 날, 나는 어니스트에게 언청이 수술을 받는 아이들을 수술단계 사이에 왜 집으로 돌려보내지 않는지 물었다. 그는 아이들의 영양상태가 아주 좋지 않기 때문에 아이들이 집에서 돌아오면 병원직원들이 다시 그들의 건강을 상태를 호전시켜야 하기 때문이라고 말했다. 그것은 비용 면에서 효과적이지도 않고 시간도 더 많이 걸리는 일이었다.

그 당시 한국에서는 질 좋은 고기를 구하기가 아주 어려웠다. 고기를 씹고 또 씹다가 포기하든지, 압력요리 기구를 이용하여 요리를 해야 했다.

부드러운 닭고기나 소고기를 구할 수 없었다. 그래서 우리는 토끼를 키우기로 했다. 한국의 토끼는 몸이 길고, 야위고 귀가 컸다. 우리는 그 품종을 히말라야 종과 교배시켜서 상당히 부드러운 고기를 얻었다. 새끼를 낳아 기르기 위해 암컷 세 마리를 키웠다. 그중 한 마리는 아주 깔끔한 가정주부였다. 그 토끼는 먹이를 먹고 우유를 마시고 난후 빈 밥통을 차곡차곡 포개어 놓았다. 두 번째 암토끼는 정 반대로 성질이 나빴다. 으깬 콩을 주면 2분이 못되어 그릇을 엎었다. 그 토끼는 자기가 원하는 대로 해주지 않으면 토끼장 사방에 먹이를 흩어버렸다. 세 번째 암토끼는 사람이 안중에도 없다는 듯이, 전혀 배고프지 않다는 듯이 행동했다. 사육자가 등을 돌리고 나면 곧 게걸스럽게 먹이를 먹어댔다. 우리가 기르는 수컷 토끼는 거대한 녀석으로 무게가 약 4.5kg이었다. 심지어 고양이도 그 녀석을 무서워했다.

일본 벚꽃에 대해 들어보았을 것이다. 일본인들이 한 가지 잘한 일이 있다. 그들은 벚꽃 나무를 한국에 가져다가 왕궁이나 비원 등에 심었다. 나는 한국어 교사인 유 선생에게 벚꽃이 언제 만개하는지 알아보아 달라고 부탁했다. 그날, 아이들과 나, 유 선생과 그의 아내는 함께 왕궁과 대통령 관저 정원으로 소풍을 갔다. 벚꽃은 정말 아름다웠다.

한국에 약 2만 여명의 중국인들이 있다는 것을 알았다. 그들은 우리가 예전에 중국에서 지냈다는 소리를 듣고 도움을 요청했다. 오랜 세월 우리는 중국인 친구들과 많은 시간을 보냈다. 사실, 어니스트는 2년 동안 중국인 교회의 의장직을 맡았다. 그래서 많은 회의에 참석했다.

우리는 꼬리가 없는 고양이를 물려받았다. 그것은 맹크스 고양이었다. 그 고양이는 정말 예뻤고 독특한 성격을 갖고 있었다. 아울러 매일 밤 문을 긁고 나가서 밖에서 돌아다녔다. 거의 같은 밤 시간대에 울면서 돌아왔다. 한번은 그 고양이에게 화가 나서 세게 때렸다. 고양이가 조각그림 퍼즐이 있는 탁자 위로 훌쩍 뛰어 올라갔다. 뭉뚝한 꼬리와 앞발로 탁자 위의 퍼즐 조각을 쓸어버리고 벽난로 덮개 위로 뛰어올랐다. 고양이는 화가 나서 털을 곤두세우고 눈에 불꽃을 튀기면서 이렇게 말하는 것 같았다. "다시 한 번 더 때려 봐!"

미국인들이 좋아하는 한국 요리는 잡채였다. 그 요리는 만드는 데 시간이 아주 오래 걸렸지만 맛은 좋았다. 우리는 자주 그것을 만들어 대접했다. 소고기와 돼지고기를 잘게 채 썰어 불에 볶은 다음, 양파, 당근, 시금치, 당면을 같이 넣어 다시 볶는다. 잡채요리를 만들 때에는 다른 면은 사용할 수 없다.

수도 서울에 살기 때문에 여러 가지 좋은 점이 있었다. 우리는 아주 중요한 사람들을 만났다. 1957년 5월 5일, E. 스탠리 존스 [세계적으로 유명한 복음전도자] 가 여러 곳에서 연설했다. 우리는 그의 강연을 두 번 들었다.

집을 청소해야할 때가 왔다. 우리는 어니의 서재를 제외하고 천정에서 바닥까지 청소를 했다. 누구라도 어니를 제법 잘 안다면 그의 서재에서 어떤 것을 찾는 것은 물론이고 몸을 움직일 수도 없는 때가 있다는 것을 알 것이다. 오늘 사용한 물건이 바닥으로 쓰러질 때까지 어제 사용한 물건 위에 계속 쌓였다. 나는 어니에게 집 청소가 먼저고 서재는 다음이라고 경고했다. 협조를 부탁했다. 일이 뜻대로 되지 않자 나는 비서와 나머지 가족들과 일을 꾸몄다. 우리는 서재의 모든 물건을 거실로 들어내고 바닥에 왁스칠을 하고, 창문을 닦았다. 모든 물건을 서재로 다시 들이는

서울 사직동에 있던 와이스 가족의 집, 1955~60년. 집 앞에 지프차가 있다. 보통 차로는 집이 있는 사직동 산길을 올라가기가 힘들었다.

것은 어니의 몫이었다. 그런 방식으로 서류를 정리하고 책장에서 올바른 순서로 책을 정리했다. 그 방법은 1년 동안 효과가 좋았다.

1957년 5월 25일, 우리는 건축기술자인 클라크Mr. Clark 씨와 해스팅스 씨Mr. Hastings를 저녁에 초대했다. 그들은 새 병원건물과 우리 집을 오랜 동안 설계하고 있었다. 나중에 스트라우스 씨Mr. Strauss가 그들과 합류했다.

때때로 비극적인 일이 생겼다. 베티를 극장에 데리고 갔다가 집에 돌아왔는데 어떤 사람이 어니를 만나러 왔다. 그는 중국어를 할 줄 하는 의사를 찾았다. 그는 웰링턴 탱Wellington tang이 사고를 당했다는 소식을 전했다. 탱은 서울외국인학교 8학년생으로 뛰어난 학생이었다. 그와 몇몇 다른 보이스카우트 학생들이 스카우트 지도자의 충고를 무시하고 단독으로 캠핑 여행을 떠났다. 저녁에 다른 동료들이 캠핑활동을 할 동안 어린 탱이 살짝 빠져나와 우리 집 근처 산을 지나가는 3천3백 볼트의 송전탑

위로 올라갔다. 추측하건대, 그는 발이 미끄러지거나 헛디뎌서 전선을 붙잡은 것 같았다. 그는 즉사했다. 그의 아버지는 우리가 잘 아는 중국 [대만] 의 대사였다. 탱은 어니를 아주 좋아했고 장래 의사가 될 계획이었다. 그의 형제 빅터는 베티와 같은 반이었다. 미국에서는 보통 고전압 송신탑 주위는 큰 철조망이 둘러쳐 있고 "접근금지"라는 표시판이 붙어있다. 한국의 송신탑은 산위에 철조망 없이 서 있고, 한국어, 영어, 중국어로 "위험"이라는 표지판이 여기저기 붙어있었다. 탱은 수학을 아주 잘했다. 그의 아버지는 탱을 기념하며 서울외국인학교에 은 트로피 상을 만들었다. 매년 수학에서 최고점수를 받은 8학년생이 자신의 이름이 새겨진 트로피를 받았다. 2년 후, 우리의 막내딸(베아트리체)이 그 상을 받았다.

우리는 내 사촌 워렌 홀트Warren Halt [노마 세이터의 자매가 낳은 세 아들 중의 한 명] 가 공군 밴드와 함께 한국에 도착할 것이라는 소식을 들었다. 그 밴드는 이화여대에서 연주할 예정이었다. 베아트리체와 나는 공항으로 나가 그를 데리고 우리 집에 와서 점심을 먹으면서 오후 1시 반에 이화여대로 갈 때까지 쉬게 했다. 자동차가 고장 나고 전화기가 망가졌지만, 우리는 차질 없이 일을 마쳤다. 연주회가 끝난 후, 잠시 대화를 나누고 다시 공항으로 갔다.

샘플 약! 나는 그것에 대해 책 한 권을 쓸 수도 있다. 우리는 많은 양의 샘플 약상자를 받았다. 나는 그 상자를 풀어서 정리하고 약을 큰 병에 담아 큰 벽장에 넣어 두었다. 샘플 약은 아주 유용했지만 많은 노동과 수고가 필요했고, 약품명을 신중하게 적어야 해다.

나는 이제 일주일에 3일 동안 오전 시간에만 병원 일을 했다.

연세대학교에 인접한 우리의 새집에 대한 설계가 진행되고 있었다. 설계에는 어니가 집에서 선교사 환자들을 진찰할 수 있는 공간도 포함되었다.

1957년 7월 6일까지 건조한 여름이 지속되었다. 그 후 폭우가 쏟아졌다. 우리 집으로 가는 산길은 거의 모두 쓸려 가버렸다. 우기 동안 도로를 고치거나 구덩이에서 차를 빼내기 위해서 지프차에 곡괭이, 삽, 삼베 마대자루를 반드시 싣고 다녀야 했다. 폭우가 내리면 종종 전기 없이 지냈다. 우리는 콜맨 랜턴을 사용했다. 우리는 모두 랜턴 주위에 앉아서 일을 하거나 각자 등유 랜턴을 갖고 다녀야 했다.

한국어 공부는 계속 하고 있었다. 나는 설교의 일부 내용을 이해했다. 7월 7일 아침, 목사가 광고시간에 교회 화장실의 설치비용을 부탁했다. 모아진 돈이 충분하지 않았다. 마지막 시간에 어떤 사람이 자녀에게 세례를 받게 하고 그 보답으로 교회에 화장실 비용으로 충분할 정도의 답례를 했다.

우리는 간염뿐만 아니라 장티푸스에도 많이 걸렸다. 이웃 집 아이인 브라이언 릭스는 가벼운 장티푸스에 걸렸다. 간호원 선교사 중 한 사람이 장티푸스로 죽었다. 한국인들 사이에는 장티푸스가 만연했다.

우리는 새로운 K-3 사람들– 3년간 계약을 하고 한국에 온 젊은 선교사들– 을 맞이했다. 그들은 그 후로도 평생에 걸쳐서 여러 차례 선교를 떠났다. 밥 퀸랜Bob Quinlan도 그런 사람이었다. 그는 잠잘 곳은 있지만 식사를 해결할 곳이 필요했다. 그는 우리와 함께 식사를 했다. 그것은 즐거운 경험이었다. 밥은 한동안 우리 선교회에서 가장 인기 있는 사람이었다.

펜실베이니아 주 케인 출신으로서, 미8군봉사회에 속한 사람들의 전화를 받고 무척 기뻤다. 그들은 케인에 있는 교회의 클리랜드 부부를 비롯한 여러 사람들과 좋은 친구 사이였다. 그들은 미8군봉사회에서 일했기 때문에 젊지 않고 약간 나이가 있었다. 우리는 그들을 만날 때마다 항상 기뻤다.

존스 홉킨스 의과대학의 파이어러 박사Dr. Firor가 와서 함께 지냈다. 선교에 관심을 가진 많은 상류층 인사들이 선교 병원에 시간과 전문지식을 제공했다. 그 또한 그런 사람이었고 아주 적절한 도움을 주었다.

임상병리실의 일은 아주 재미있었다. 미국에 있을 때 나를 가르치는 교수와 동료들이 대부분 여자들이었지만 한국의 경우 대부분 막 고교를 졸업한 젊은 청년들이었다. 그들과 함께 일하는 것은 편했고, 그들은 아주 열심히 일했다. 그들은 낡은 장비를 갖고 최선을 다했다. 임상병리실에 때로 물이 나왔다가 나오지 않는 경우는 상상할 수 있을지 몰라도 전기가 때로 단전되거나, 전압이 과도하거나 낮은 경우 임상병리실에서 어떤 일이 벌어질지 도저히 상상할 수 없을 것이다. 우리는 전기 없이도 많은 일을 해야 했다.

손님들이 오고 가는 동안 전국에 독감이 퍼졌다. 우리는 한 명씩 독감에 걸렸고, 게다가 폭우가 내리고 태풍까지 불었다. 어느 날, 태풍 때문에 식료품 저장실과 이층 창고의 지붕 타일이 날아갔다. 구호물자를 많이 받았지만 물에 완전히 침수되었다. 아주 뜨거운 무더위 때문에 구호물품이 엉망이 되었다!

비가 많이 왔지만 우리는 새 병원을 건축하는 일에 관련된 미군 소속 사람들과 즐거운 시간을 보냈다. [미 8군은 흉부외과 설립을 지원했다.] 선교사 몇 명과 미군 고위층 인사 몇 명을 저녁식사에 초대했다. 우리는 릭스 부부 [우리의 이웃집] 와 공동으로 저녁식사를 준비했다. 덱커 장군과 그의 아내가 특별 손님이었다. 그 전날, 집안을 청소하고, 음식

메뉴를 점검한 후, 머리를 감고 말리고 있는데 여러 대의 오토바이가 우리 집 마당으로 들어오는 소리가 났다. 나는 그곳에 혼자 있었다. 문으로 나가보니 덱커 장군의 부관이 우리 집까지 오는 데 정확히 걸리는 시간을 미리 알아보기 위해 예행연습 중이었다. 그 날 저녁 다섯 사람을 우리 집에 모셔오는데 10명의 부관이 따라왔다. 집 마당은 마치 군부대 같았다. 우리가 저녁을 먹고 있는 동안 베티가 바깥의 부관들에게 샌드위치를 대접했다. (그들은 이미 저녁을 먹고 오기로 되어 있었다.) 물리치료사인 델마 마오 Thema Maw는 초대된 선교사 중 한 명이었다. 그녀는 훌륭한 이야기꾼이었을 뿐만 아니라 아주 열심히 일하는 선교사였다. 그녀는 한국전쟁 당시 선교사들의 이야기로 우리를 완전히 사로잡아버렸다. 덱커 장군과 그의 아내는 아주 멋진 손님이었다. 그 후로도 우리는 여러 번 서로 만났다. 장교 중 한 명이 저녁시간 내내 너무 흥분한 나머지 냅킨 한 장을 그의 주머니에 넣었다. 다음 날 아주 일찍 그가 지프를 타고 우리 집으로 오는 산길을 올라와서 그 냅킨을 전해주었다.

어느 날 저녁, 우리는 트로이 콤스Troy Combs의 형제인 밥 콤스에게서 전화를 받았다. (미국에 사는 트로이 콤스 가족은 내 한국어 교사의 형제인 제임스 유James Yu와 함께 지냈다.) 밥은 여러 번 우리 집을 방문했고 그와 함께 지내는 것이 좋았다.

나는 서울연합교회에서 여러 번 피아노를 연주했다. 그래서 정말 바빴다. 이제 짧은 휴가를 떠날 시간이었다. 우리는 10일 동안의 휴가를 보냈다. 나는 정말 한국어를 말하고 배우고, 잔치를 준비하고 집안을 꾸미는 일에서 벗어나서 정신적인 휴식이 필요했다. 우리는 10일 동안 대천 해변의 숙소에 머물면서 먹고 자고, 수영하는 것 이외에 아무 것도 하지 않았다. 아이들도 휴가를 마음껏 즐겼다. 그곳에 있는 동안, 우리는 1958년 봄에 작은 별장을 지을 계획으로 땅을 조금 샀다. 어니는 그곳에 있으면서 이미 부지에 소나무를 심고 별장을 설계하기 시작했다.

선교사들이 함께 모이는 곳이면 다양한 활동이 전개되었다. 그들은 대부분 일중독자들이었다. 해변에서 우리는 마치 작은 도시처럼 음악회, 수영강습, 테니스, 발리볼, 조개 공예, 성경공부반, 도서관(모든 사람이 책을 공유했다), 기도회, 멋진 주일예배 등을 개최했다. 해변에는 "가정이 있는 사람들"의 모임이라는 작은 조직이 있었다. 위원회가 선출되었다. 위원회는 그해 여름에 쓸 물건을 준비했다. 겨울 동안 상하지 않는 음식을 사서 여름시즌이 시작되면 열차로 수송했다. 의사와 간호사들은 여름 내내 그곳에 충분한 의료 인력이 있는지 점검했다. 우리는 중앙세탁소와 제빵소를 맡았다. 또 해변에 별장이 없는 사람들을 위한 숙소제공도 맡았다. 그것은 많은 계획이 필요한 일이었다. 금연 또는 금주, 적절한 쓰레기 처리, 적절한 배관시설 등이 필요했다. 모든 사람들이 보람찬 휴가를 보내기 위해 열심히 일했다.

서울로 돌아온 후, 아침을 먹고 고양이를 잠깐 밖에 내놓았다. 나는 우리 집 경비견도 밖에 있는지 몰랐다. 밖에 나와 보니 백일초 두 그루, 카네이션 두 그루, 금잔화, 글라디올러스 구근, 고양이털과 개털이 공중에 날리고 있었다. 나중에 보니 고양이가 나팔꽃 줄기를 타고 올라가는 것이 보였다.

많은 비가 내렸지만, 세브란스 병원 뒷동네에 끔찍한 화재가 발생했다. 수백 채의 작은 집들이 불탔다. 한 집에 불이 나서 연기 오르면 모든 사람들이 달려갔다. 우리는 즉시 구호용 옷을 갖고 달려갔다.

학교의 날. 이번 가을에는 아이들이 조선기독교대학 [연세대학교]으로 학교를 다녔다. 가는 길은 아주 멀고 힘들었다.

[서울외국인학교는 한국전쟁 후 2년 동안 서울 도심에 있었고, 베티와 베아트리체는 걸어서 학교에 갔다. 학교는 도심의 학교 부지를 팔고 조선기독교대학 옆에 새 학교를 지었다. 학교 건물을 짓는 동안, 일 년 정도 조선기독교 대학의 교실 4개를 빌렸다.]

베아트리체는 오후 3시 30분에, 베티는 4시 30분에 집으로 왔다. 아이들은 학교에 가기 전에 아침식사 전과 후에 각각 피아노를 연습했다. 그런 후 우리는 병원으로 출발했다.

어느 날 저녁 우리는 덱커 장군과 그의 아내의 초대를 받았다. 그들의 손님 중에는 매튜Matthew 장군과 그의 아내를 비롯하여 다른 10명의 장군이 포함되어 있었다. 다른 선교사들도 있었다. 그날은 아름다운 저녁이었다. 그들은 아주 다정했고 때때로 민간인들과 함께 있는 것을 좋아했다.

서울의학교Seoul Medical School의 간호학과에서 도와달라는 요청을 받았다. 전쟁 이후로 서울의학교는 여러 병원에서 훈련을 받은 간호사를 채용했다. 각 간호사는 자신이 훈련받은 병원에서 배운 대로 일을 했다. 그들을 한데 모아서 각 병실에서 시행할 수 있는 공통된 업무방식과 각 개별 진료과목에 해당되는 특별 업무방식을 마련해야 할 필요가 있었다. 나는 수간호사를 모아서 그들이 동일하게 일할 수 있는 업무방식을 작성하고 시범을 보였다. 그들은 교대로 각층 병실의 간호사들을 가르쳤다. 그 후 병원은 아주 원활하게 잘 운영되었다. 그들이 병원 업무를 제대로 체계화

하기 전까지 병원업무가 정말 절망적인 상황이었다.

찰스 사우어 박사_{Dr. Charles Saur} 부부가 1년 동안 휴가를 떠나 오하이오 주 델라웨어에서 지냈다. 그들이 부모님을 만나서 우리가 잘 지낸다는 안부를 전해주어서 정말 고마웠다. [사우어 박사는 의사가 아니라 목사였다. 사우어 가족은 그 당시 곧 은퇴할 준비를 했다. 그들은 오랜 동안 한국을 도운 감리교 선교사였다.]

선교사의 자녀뿐만 아니라 종종 그들의 형제나 자매도 선교사가 되었다. 서울연합교회의 성가대 지휘자는 리처드 언더우드 부인이었다. 그녀의 남편은 서울외국인학교 교장이었다. 그의 부모님은 한국에 장로교를 전파한 유명인사인 언더우드였다. 아버지는 언더우드 타자기회사를 세운 가문 출신이었다. 언더우드 가문의 한 사람은 미국에 머물며 선교현장에 있는 리처드의 부모님을 지원했다. 리처드의 형제(호레이스)는 한국전쟁 말기 판문점 평화회담 때 통역자로 봉사했다. 또 다른 형제(존)는 한국에서 선교사로 활동 중이었다. 호레이스의 아들(호레이스 주니어)은 베티와 함께 학교에 다니고 있었다. 호레이스 언더우드 부인은 서울 외국인학교에 재직하는 훌륭한 교사였다.

베티와 베아트리체는 바뀌고 있었다. 베티는 항상 깔끔한 외모에 요리와 빵 만들기에 관심이 많았고, 음악을 들으면서 힘든 일을 계속했다. 베아트리체는 젊은 숙녀로 자라서 때때로 말하지 않아도 자신의 목을 씻었다.

우리가 "고요한 아침의 나라"로 불리는 한국에 온 지 이제 2년이 되었다. 그 당시의 힘든 시대를 겪고 있는 42세의 여성으로서 솔직히 한국어를 배우면서 동시에 병원에서 일하고, 집안을 돌보고 손님 접대를 하는 것은 권할만한 것은 아니었다. 천만다행으로 그런 시기는 끝났다.

한동안 나는 감리교 구호위원회에 참여했다. 우리 집 객실에서 많은 옷 보따리를 정리했다. 우리는 우리 집에 찾아오는 사람들 중 일부는 정말로 가난한 사람이 아니라고 생각했다. 나는 가끔 찾아온 사람들을 조사했다. 어느 날, 한쪽 눈이 보이지 않는 사람이 문간에 찾아와서 어떤 선교사가 그를 보냈다고 말했다. 그는 교회의 장로이며 약 20km 떨어진 70가구의 작은 마을에 사는 사람이었다. 그곳의 사람들은 모두 한국 기준으로 볼 때 잘 사는 편이 아니었다. 그는 그 마을에서 일했다. 교회교인 수는 약 20명이었다. 그들은 그가 진흙으로 작은 교회를 짓는 것을 도왔다. 그와 그의 아내는 결핵 의심환자였고 가장 큰 자녀는 척수 결핵환자였다. 일주일에 한 번 신학교 학생이 그 교회에 설교를 하려고 갔다. 우리는 지프차에 옷을 싣고 가서 여러 가정에 나누어 주었다. 우리는 무료로 병원에서 정기 검진을 받을 수 있도록 주선해주었다.

지난겨울에는 날씨가 매우 추웠기 때문에 연료비가 아주 많이 나왔다. 그래서 어니는 다락방을 단열하는 것이 좋겠다고 생각했다. 그런데 무엇으로 단열을 하지? 먼저 다락방 안을 종이로 바른 다음 그 위에 타르를 칠했다. 그리고 그 위에 벼 왕겨와 석회를 발랐다. 그것은 효과가 아주 좋았다.

구호위원회는 많은 사람들을 도왔다. 그러나 선교사를 위한 가구위원회는 사정이 달랐다. 어디나 마찬가지로 어떤 사람들은 가구를 아주 조심스럽게 다루고, 어떤 사람들은 그렇지 않았다. 결국 선교사가 이사할 경우에는 가구를 집에 두지 않고 함께 갖고 가기로 결정했다.

이곳의 일상생활은 계획을 잘 세워야 했다. 나는 잠시 집에서 선생에게서 한국어를 배우고, 그 다음 병원의 임상병리실로 갔다가 점심을 먹으러 집으로 돌아왔다. 어니와 나는 함께 집에 오려고 노력했으며, 그런 후 잠시 어학교로 갔다가 간호학을 가르치기 위해 도심의 병원으로 갔다. 그리고 저녁에는 합창 연습을 했다. 우리는 틈틈이 편지를 썼다. 집에는 타자기가 한 대 뿐이었고, 베티가 학교에서 타자 수업을 받고 있었기 때문에 사용 순서를 정하기 위해 제비를 뽑았다. 어느 날 저녁은 아주 힘들었다. 전화가 울리는데 이웃집 아이들이 우리 집에서 피아노 연습을 하고 있었다. 그리고 베티는 타자기를 두드리고, 이웃집에서는 나보고 같이 합창단에 가자며 자동차의 경적을 울려댔다. 시끄러운 소리를 멈추어 줄 사람이 필요했다.

서울연합교회의 젊은 사람들이 가끔씩 청년모임을 가졌다. 우리 부모들이 돌아가면서 그들에게 저녁식사를 대접했다. 그들이 만나는 집으로 음료수와 음식, 접시, 은식기를 나르는 모습을 상상해보라. 우리는 종이컵도 일회용 식탁용 식기류도 없었다.

서울에는 "한국의 집"이라는 건물이 있었다. 그것은 멋진 한국식 주택처럼 지은 건물로 한국을 방문하는 수많은 관광객과 미군들이 사용하였다. 사람들이 바닥에 앉을 수 있는 큰 방이 하나 있었고, 그곳에서 한국 사람들이 부채춤, 북춤과 같은 것을 정기적으로 공연했다. 공연은 아주 훌륭했다. 그들은 다양한 미국인들뿐만 아니라 영어를 말할 줄 아는 한국인들도 연회의 주최자로 오기를 원했고, 아울러 쿠키와 같은 먹을 것을 가져오라고 부탁했다. 이런 종류의 물건들은 문화적 충격을 줄이는 데 아주 유용했다. 이런 방식으로 방문자들은 한국인들과 이야기를 나눌 수 있었다. 방문객들은 그들이 방문하는 나라를 더 잘 이해하게 되었다.

미국에 통조림 제품과 기본 생필품을 주문했다. 관세가 자그마치 100%였다! 그 말은 한국경제 기준으로 물품을 구입해야 한다는 의미였다. 미국상품의 상당부분이 암시장에서 거래되었다. [한국에 주둔한 미군들이 불법적으로 미국산 소비재를 암시장에서 거래했다.]

어느 날 저녁, 우리는 진수성찬으로 식사를 했다. 한국에는 고구마가 흔했다. 우리는 감자, 질긴 스테이크, 겨울 시금치, 우리 텃밭에서 가꾼 싱싱한 채소, 구운 사과를 먹었다.

공식 환율이 문제였다. 암시장을 이용하지 않으면서도 좋은 환율을 적용받지 못한다면 세브란스병원의 신축을 중단해야 한다고 생각했다. 미국친구들이 헌금해준 돈을 모두 다 쓰고 싶지 않았다. 미국 돈 1달러가 50센트의 가치로 평가되었다. 환율 압박이 심한 상태에서 어니가 예전에 앓았던 궤양이 다시 도져서 출혈이 생겼다. 마침내 두 여자 의사 [로버타 라이스 박사와 이름을 알 수 없는 의사] 의 충고로 어니를 며칠 동안 쉬게 했다. [세브란스 병원 신축공사는 환율문제 때문에 약 3년 동안 거의 중단된 상태였다.]

뉴욕의 감리교 선교위원회에서 고위 인사가 방문하면 우리는 보통 한국의 집에 초대를 받았다. 어느 날 밤, 선교위원회의 커크랜드 박사Dr. Kirkland가 환율문제 때문에 한국을 방문했다. 그와 다른 몇몇 사람과 함께 우리는 김옥길 박사의 집에 초대받았다. 김 박사는 이화여대 총장으로 아주 저명한 인사였다. 참석자 중에는 피켓Pickett 감독과 오샴 Osham 감독도 있었다.

1957년 11월 29일 금요일, 젠슨 부인, 몽고메리 부인과 함께 판문점에 가볼 기회가 있었다. 우리는 특별 통행증을 받았다. 가는 도중 젠슨 부인은 크리스 젠슨이 공산주의자들에게 포로로 붙잡혀 있을 때 겪은 흥미있는 이야기를 우리에게 많이 들려주었다. 일단 그곳에 도착하자 우리는 안내하는 사람 이외는 어떤 사람과도 대화를 나누는 것이 금지되었다. 미군 소령이 먼저 간단한 역사와 지리에 대해 설명한 다음, 걸어서 주변을 둘러보았다. 우리는 북한과 남한을 가르는 작은 다리를 보았다. 우리는 한국전쟁 후 고국으로 돌아가기를 원치 않고 계속 머물러 사는 작은 미군 마을도 구경했다. 우리는 정전협정이 조인된 건물을 보고 북한 병사들이 포로교환 때, 그동안 사용했던 미국 신발과 옷을 남겨두고 간 다리를 구경했다. 또한 양측의 관리들이 회담을 개최하는 사무실도 둘러보았다. 90m² 크기의 둥근 공간도 있었다. 이 공간은 모임 장소였다. 반쪽은 유엔, 다른 반쪽은 공산주의자들의 공간이었다. 그와 마찬가지로 건물의 절반은 유엔, 다른 쪽 절반은 공산주의자들이 사용했다. 회의용 탁자가 정중앙에 놓여있었다. 어느 날, 청소원들이 청소를 하면서 탁자를 움직이다가 정중앙에서 약간 이탈했다. 다음 날, 공산주의자들이 회담을 거부했다. 유엔캠프에는 일정 수의 공산주의자 측 경비병이 있었다. 마찬가지로 공산주의자 캠프에는 같은 수의 유엔 경비병이 있었다. 우리는 그곳에서 어떤 일이 진행되는지 전혀 알 수 없었지만 공산주의자들이 굴착작업을 하는 소리를 들을 수 있었다.

그날 밤, 늦게 집에 도착해보니 남편이 독감에 걸려 있었다. 다음 날 베아트리체도 독감에 걸렸다. 나중에는 폐렴으로 발전했다. 나는 남편과 베아트리체를 같은 방에서 지내게 했다. 12월 3일 어니는 일어나서 직접 면도를 하겠다고 고집을 피웠다. 싱크대 배수구가 막혔다. 그는 [막힌 배수구를 뚫기 위해] 드라노(배수구 청소용제품의 일종 - 옮긴이) 뚜껑을 열다가 그 뚜껑이 확 열리는 바람에 내용물 [거의 순수한 잿물성분] 이 눈에 들어갔다. 얼마나 고통스러운지 상상할 수 있을 것이다. 붕산용액으로 그의 눈을 씻고 또 씻은 후 비서에게 미군 의사에게 연락을 하게 했다. 본스타인Bornstein 대령에게 연락이 되어 그가 군용차를 타고 와서 어니를 군병원으로 데리고 갔다. 어니에게 강한 진정제를 먹이고 옷을 입는 것을 도와주었다. 언뜻 보기에 각막이 손상당하지 않은 것 같았지만 안구와 눈꺼풀의 표면이 심하게 손상되어 그것들이 같이 붙어버릴 수도 있었다. 어니는 지속적인 관찰을 하기 위해 병원에 입원했다. 군병원은 우리 집에서 약 40분 떨어진 미 군수지원사령부Army Service Command 지구 내에 있었다. 베아트리체는 몸이 나았지만 그 다음에는 요리사가 독감에 걸렸다. 그다음 주 금요일에 어니를 볼 수 있었다. 그리고 나도 독감에 걸렸다. 어니스트는 시력을 잃지 않을 것이라는 말을 들었다. 하지만 그는 가급적 눈을 사용해서는 안 되고 4주 동안 수술 집도도 해서는 안 되었다. 선교회는 성가신 일을 벗어나기 위해 홍콩으로 휴가를 떠나라고 우리에게 제안했다.

많은 어려움 가운데서 한국 대통령이 선교자금 환율정책 [적절한 환율] 을 실시한다고 발표했다. 그것은 계속 중단상태로 있던 건축계획을 다시 시작할 수 있다는 의미였다.

어니가 군병원에서 퇴원하자마자 우리는 홍콩으로 떠났다. 그날 서울의 기온이 영하 18℃였다. 우리가 도착한 홍콩의 기온은 영상 19℃였다. 우리는 유럽 YMCA에 머물렀다. 우리는 홍콩에 도착하자마자 워드 감독 부부, 올리브Olive, 시드 엔더슨Sid Anderson [중국 체류 시절부터 알고 지낸 감리교 친구와 동료] 을 방문했다. 앤더슨 가족과 함께 성탄절 저녁식사를 하고 새로운 친구들을 많이 만났다.

우리는 주일 아침에 예배를 드리러 갔다가 상하이에서 같이 포로수용소에 수감되었던 친구들을 우연히 만났다. 호Ho 부부가 우리를 찾아와서 자신의 딸 결혼식에 초대했다. 그들은 우리가 난창에서 알았던 왕 목사와 친척이었다. 그들은 난창의 상황에 대해 몇 가지 소식을 전해주었다. 우리는 새로운 지구New Territories를 방문한 다음, 집을 얻기 위해 국경을 넘어오는 사람들이 머무는 난민촌을 방문했다. 홍콩 시는 이미 사람들로 붐볐다. 정부는 가구당 6명을 기준으로 30만 명이 거주할 주택을 지었다. 주택 임대료는 매달 14홍콩달러였다. 이 가격은 아주 저렴한 수준이었으며 그것은 그 사람들이 다시 일어서게 하는 유일한 방법이었다. 백러시아인들도 유입되었다. 그들은 호주나 남미로 이주할 때까지 홍콩에 머물렀다.

불교도를 대상으로 전도하는 기독교선교단체를 보러갔다. 1951년에 그곳을 방문한 적이 있었다. 그들은 지금은 불교인이지만 한 때 기독교인이었던 사람들이었다. 그들은 중국도자기에 그림을 그려서 번 돈으로 학교를 다녔다. 우리는 방문객들이 갈 수 있는 가장 가까운 국경지대로 가서 양 국가의 초소를 보았다. 1951년 통과했던 기차역도 보았다. 우리는 홍콩 쪽에 있어서 기뻤다. 집에 돌아 올 때 병원과 선교회 사람들에게 줄 선물을 구입하고 우리의 눈과 치아도 검진했다. 우리는 수상레스토랑에 갔는데 그곳에서는 살아있는 생선을 직접 골라서 요리해달라고 할 수 있었다. 우리는 페니 패나벡커와 사오 칭 우 박사Dr. Shao Ching Wu의 딸인 애니 우Anni Wu를 만났다. 그들의 아들은 이미 미국에 있었다. 애니는 풀려나서 홍콩으로 왔지만 우 박사는 결핵 전문가였기 때문에 풀려나지 못했다. 페니는 그와 함께 중국에 남았다.

1958년

어니는 기침이 심했고, 딸들은 다시 학교에 가야 했다. 그래서 우리는 다시 서울로 돌아왔다. 그 와중에 베티가 독감에 걸렸다. 우리 여자 세 명은 1월 9일에 돌아왔고, 어니는 1월 16일에 돌아왔다. 우리는 다시 한 번 성탄절을 지냈다.

편지, 편지, 편지들! 모두 일상적인 편지였다. 그리고 우리의 월급과 선교회로 보내온 선물, 장학금, 감사편지, 구호물품 등에 답장을 보내야 했다. 내가 알기론, 나는 일일이 답장을 보냈으며 때로는 같은 내용이 인쇄된 편지에 약간의 말을 덧붙여 보내기도 했다.

새 환율 덕분에 병원건축이 재개되었다. 병원뿐만 아니라 연세대학교에 있는 우리의 새 집 때문에 바빠질 것이라는 말을 들었다. 우리는 한국에 적합하며, 가능한 저렴하고, 행사를 개최할 수 있을 정도로 넓고 동시에 살기에도 적당한 집이 되도록 설계를 검토했다. 집에는 한국에서 살 수 없는 좋은 난로가 필요했다. 창문틀은 강철로 하기로 했다. [목재용 나무가 전쟁 전 일본인들에 의해 그리고 한국전쟁 때 모두 벌목이 되어서 적당히 건조된 목재를 구할 수 없었기 때문이었다.] 난로는 석탄과 기름을 같이 사용할 수 있는 것이어야 했다. 가끔 석탄이나 기름 둘 중 하나 밖에 살 수 없었기 때문이었다. 때로 기름이나 석탄을 모두 구하지 못할 경우도 있기 때문에 벽난로도 한두 개 있어야 했다. 우리 집은 다른 선교지에서 오는 사람들이 묵는 모텔과 같은 역할도 해야 했기 때문에 식료품 저장고도 필요했다. 타자기와 테이프 녹음기와 같은 물건들을 보관하는 창고는 자물쇠를 설치해야 했다. 또한 환자를 진료하는 공간, 큰 약장, 트렁크를 보관하는 장소도 필요했다. (휴가를 떠나는 선교사들은 모든 짐을 고국으로 가져가지 않았다. 그리고 우리도 휴가를 떠날 때 한국에 약간 짐을 남겨놓았다. 그렇게 함으로써 한국에 돌아왔을 때 곧바로 일을 시작할 수 있었다. 그래서 안전하고 습기가 차지 않는 큰 다락방이 필요했다.) 그 후 건축이 시작됐다. 우리 중 한 사람은 항상 건축현장에서 지켜보아야 했다. 가령 시멘트가 적절하게 배합되는지 지켜보았다. 어니는 수술할 때만큼이나 병원과 주택 건축 일에 신경을 썼다. 건축 계약업자와 말썽도 있었다. 병원과 주택건물은 1층부터 쌓아 올라가면서 각 부분을 차례로 지어야 한다는 것은 상식이다. 병원 건축을 위한 각 부품이 미국에서 운송되었을 때, 5번 설비가 먼저 와서 1번 설비가 올 때까지 조립식 막사에 보관했다. 마침내 1번 설비가 도착하면, 조립식 막사나 5번 설비에 속한 물품의 상당부분이 도난당하고 없었다. 이 당시 몇 해 동안 어니스트와 사는 것이 쉽지 않았다. 그의 혈압이 계속 올라갔다. 마침내 완공되었을 때 우리는 둘 다 멍한 상태가 되었다.

한국전쟁 이후, 연세대 의대 첫 졸업식에 참석했다. 날씨에 상관없이 졸업식은 실외에서 열렸다. 날씨가 아주 매서웠다. 우리는 옷을 몇 겹이나 껴입었다.

베티와 베아트리체 둘 다 자라고 있었지만 특히 베아트리체는 잡초가 자라듯이 일 년에 10cm씩 자랐다. 베아트리체는 내 코까지 자랐다. 솔직히 고백해야겠다. 아이들이 10cm씩 자라면 옷이 너무 작아져서 입을 수가 없었다. 그래서 나는 내가 직접 옷을 만들 수 있거나 소매업체인 몽고메리 워드Montgomery Ward에서 옷을 구입할 수 있을 때까지 미국에서 보내온 구호물품 가방에 아이들의 옷을 넣고 거기에서 베티와 베아트리체에게 맞는 옷을 꺼냈다. 서울에서 이용할 수 있는 물품들은 살만한 것이 없었다. 색이 바래거나 가격이 아주 비쌌다.

구호물품 가방에 담겨서 전달되는 물자를 보았을 것이다. 하이힐 신발과 같은 물건은 적당하지 않았기 때문에 곧장 버려졌다. (한국인의 발은 작고 거리는 하이힐을 신기에 부적합하게 만들어져 있다.) 한번은 "헐렁한" 옷이 왔다. 나는 즉시 내 친구에게 그것에 대해 말했다. 나는 헐렁한 옷들이 구호용 옷으로 등장한 것을 보면 그 옷들이 미국에서 이제 한물간 옷이라는 것을 알 수 있다고 그녀에게 말했다. 그녀는 〈리더스 다이제스트〉 잡지의 유머 코너에 내가 말한 내용을 적어 보냈다. 우리는 잡지사로부터 각각 25달러를 받았다.

나는 의대생들에게 의학 영어를 가르쳤다. 의대의 기독교인 모임이 아주 활발했다. 그들은 각 수업을 시작할 때마다 기도를 하자고 주장했다. 교실은 매우 추웠다. 나는 양모 양말과 긴 부츠를 신고, 스웨터를 두 벌 입고, 긴 내복과 양모 치마, 두꺼운 외투를 입고, 장갑을 꼈다. 약 100명에서 150명의 학생이 들어가는 교실에 작은 난로가 하나 있었다. 학생들은 노트 필기를 하거나 시험에 답안을 쓰기가 매우 힘들었다. 한국 학교가 겨울방학을 길게 하고 여름방학을 짧게 하는 것은 당연한 일이었다.

나와 아이들이 방학을 맞았다. 딸들은 재봉틀을 이용해서 많은 것을 만들었다. 베아트리체는 바비 인형 옷을 만들었는데 정말 훌륭했다. 베티는 파자마와 같은 자기 옷을 직접 만들었는데 솜씨가 좋았다. 나는 그들에게 요리 몇 가지를 가르쳐 주려고 노력했다. 이제 베아트리체는 물을 끓이고 캔디를 만들 수 있게 되었다. 베티는 있는 재료를 이용해 파이나 쿠키를 포함해 전체 요리를 만들 수 있게 되었다. 이제 두 딸이 훌륭한 재봉사와 요리사가 될 나이가 된 것이다.

베아트리체는 아주 활동적이며 적극적인 아이였다. 이승만 대통령의 생일 때(3월), 베아트리체와 그녀의 가장 친한 친구인 메리 에드 크롱크 Mary Fd Cronk는 한국 어린이를 위해 스코틀랜드 고지인의 민속춤인 하일랜드 플라잉Highland Fling을 공연했다. 그들은 정말 자주 그것을 공연했기 때문에 학교에서도 공연해달라는 요청을 받았다. 그들의 사진이 한국에서 발행되는 영자 신문에 실렸다.

새 먼지 대걸레가 필요했다. 나는 1955년에 우리 짐 속에 먼지 대걸레를 두 개 넣어 갖고 왔다. 그 대걸레는 원래 2년 동안 사용할 수 있는 것이었다. 우리는 바닥에 깔 양탄자가 없었다. 바닥은 페인트가 칠해져 있었고 아주 깨끗하게 청소되었다. 그러나 집안 일꾼들은 먼지 대걸레를 사용하는 법을 이해하지 못했다. 그들은 먼지를 털어내는 대신 바닥을 계속 문질렀다. 그래서 대걸레가 모두 닳아버렸다. 새 것을 한 개 주문했지만 [국제 우편] 소포로 배달 중에 도난당했다. 두 번째로 주문한 것은 대걸레의 손잡이가 너무 길어서 배달되지 못했다. 대걸레의 머리 부분은 따로 주문할 수 없었다. 그래서 나는 미국의 어머니에게 손잡이가 없는 대걸레 두 개를 사달라고 편지했다.

베티는 정말 자부심을 느끼게 해주었다. 베티는 우등생이 되었다. 그 애는 5과목 중에서 4과목이 A학점, 1과목이 B학점이었다. 베아트리체는 품행 면을 제외하면 모든 과목에서 A학점을 받았다.

몇 년 전에 끝난 한국전쟁 때문에 많은 폭탄들이 곳곳에서 발견되었다. 베티의 학급 친구인 밥 크리스토포울러스가 터지지 않은 폭탄 한 개를 발견했다. 그 폭탄이 폭발하면서 그는 머리를 심하게 다쳤다. 그 애는 살아남았지만 뇌가 손상되었다.

6월 초순, 해변에 작은 별장을 짓기로 했다. 이른 봄에 건물의 기초를 놓고 기둥을 세웠다. 내부 마감과 그 외 다른 공사도 했다. 우리는 어니스트와 함께 가서 요리도 하고, 못도 박고 방충망도 설치했다. 그 집은 우리 소유라고 주장할 수 있는 최초의 집이었다. 우리는 아동용 붙박이 2단 침대, 버너가 한 개 달린 프리머스 난로, 난로위에 놓을 수 있는 작은 오븐, 실내 난방을 위한 둥근 난로를 샀다. 어니와 내가 집을 비운 사이 독신 선교사 한 명이 베티와 베아트리체와 함께 지내기 위해 왔다. 그들은 정말 즐거운 시간을 보냈다. 나는 그들이 초콜릿 파이를 만들었다는 소식을 들었다.

이 무렵, 병원의 임상병리 업무가 많아졌다. 나는 자주 일부 미국인 환자를 위해 개인 간호를 하기도 했다. 플로렌스 릭스[우리 옆집에 사는 이웃] 는 1958년 5월에 수술을 받았고 나는 그녀를 간호하며 함께 지냈다.

우리는 내 여동생의 남편인 빌 플레치가 매우 아프다는 소식을 들었다. 일하는 중에 그가 쟁기 앞으로 떨어졌는데 쟁기가 트랙터에 연결되어 있었기 때문에 질질 끌려갔다. 그가 죽지 않은 것은 기적이었다.

6월은 다사다난했다. 어느 주일날, 우리가 출석하던 한국교회에서 교사들의 아기를 비롯하여 유아들에게 세례를 베풀었다. 우리는 그들의 부모들도 세례를 받기를 바랐다. 6월은 아이들이 학교에서 시험을 치는 시기였다. 그래서 모두 조심스럽게 행동했다. 또한 회반죽 작업이 잘못되었기 때문에 우리 집 천정을 수리해야 할 시기였다. 우리가 며칠 동안 먼지와 싸우는 모습을 그려볼 수 있을 것이다. 6월은 시작하는 달로서, 어떤 선교사에게는 휴가의 시간, 어떤 선교사에게는 작별의 시간이었다. 베아트리체는 메리 에드 크롱크와 아주 좋은 친구가 되었다. 메리의 부모님은 미국 대사관에서 근무했다. 우리는 학교행사와 교회에서 그들을 보았다. 그들은 장기 휴가를 떠났다. 그 때문에 두 소녀의 마음은 찢어질듯 아팠다. 그들은 키우던 큰 수컷 고양이를 우리에게 맡겼다.

6월 어느 날, 밥 콤스Bob Combs라는 미군이 우리를 방문했다. 그의 형은 우리 한국어 선생의 형제인 제임스 유가 미국에 갈 수 있게 해주었다. 자연히 한국어선생과 밥은 많은 시간을 함께 보내며 제임스에 대한 소식을 나누었다. 밥은 우리 집에 자주 들러서 매우 즐거운 시간을 보냈다.

사람들이 1년 동안 장기휴가를 떠나면, 그들의 개나 고양이를 맡아줄 가정이 필요했다. 하퍼 가족은 장기휴가를 떠나면서 일부 진돗개 혈통이 섞인 작고 아름다운 개를 우리에게 맡겼다. 진돗개는 진도라는 섬에서 유래한 경비견으로 아름답고 훈련시키기 쉬운 개였다. 오직 수컷만 진도 섬을 벗어날 수 있었다. 진돗개의 혈통이 반 정도 섞인 개들은 주위에 제법 있었다. 이 개와 나는 아주 잘 지냈다. 그 개는 나의 말을 정말 잘 따랐다. 그 개는 심지어 우리가 기르고 있던 모든 고양이들과도 잘 지냈다.

6월 어느 주일, 우리는 중국인 교회에 참석했다. 회중들이 빠르게 늘어나고 있었다. 그들은 새 교회건축을 위해 이미 1만 달러를 모금했다. 곧 기초공사를 시작할 예정이었다.

보통 6월에는 장마가 시작되었다. 올해는 장마가 시작되지 않았다. 우리는 집 텃밭에 줄 물과 집에서 사용하기 위해 한강에서 물 몇 통을 실어왔다.

어니스트는 외국인을 많이 진료했다. 그는 대사관에 근무하는 사람들을 담당했다. 터키 대사와 그의 아내도 치료했다. 나중에 우리는 그들의 집에 저녁식사 초대를 받았다.

클라크 가족(장로교 선교사)이 장기휴가를 떠났다. 클라크의 부인은 훌륭한 피아노 연주자였고 클라크는 훌륭한 테너 성악가였다. 여러 해 동안 우리는 서로 아주 좋은 친구가 되었다. 그들은 모두 한국어를 유창하게 말했다. 그는 여러 권의 책을 썼고 여러 시골지역에서 설교를 했다. 그녀는 훌륭한 라틴어 선생이었다.

여름휴가를 떠나기 전에, 가을과 겨울을 대비하여 먼저 여름 과일과 야채를 통조림으로 만들어 냉동시켜야 했다. 고맙게도, 우리는 오래된 미군 잉여 냉장고를 구할 수 있었다. 딸들은 통조림 작업을 많이 도와주었다. 나는 압력요리 기구를 많이 이용했다. 우리 집 요리사는 압력이 너무 올라갈 경우, 폭발할 수도 있다는 것을 이해하지 못했다. 그래서 딸들이 내가 병원에 있을 때 압력요리 기구를 지켜보았다. 그리고 해변에서 지낼 동안 필요한 여름 음식 메뉴를 짜고, 필요한 재료를 샀다. 나는 아침을 준비했다. 딸들은 침구를 정리했다. 베아트리체는 점심, 베티는 저녁을 준비했다. 설거지는 누가 했을지 맞춰보기 바란다.

드디어 해변으로 갈 시간이 되었다. 이웃인 밥 릭스도 우리가 떠나는 날 아침에 해변으로 갈 예정이었다. 그는 이미 여름 일찍 가족을 해변으로 보냈다. 우리 아이들과 같이 가고 싶다고 말해서 아이들은 그와 함께 오전 5시에 떠났다. 비가 약하게 내렸다. 어니와 나는 오전 6시에 떠났다.

의료선교사 와이스 부부의 헌신

우리는 큰 트레일러를 달고 갔기 때문에 천천히 달렸다. 총 여행거리의 삼분의 일 정도 지점에서 물이 도로로 넘치는 여러 곳을 만났다. 비가 거세게 내렸다. 우리는 계속 갔다. 조금 더 가다가 만난 어떤 사람들이 앞의 도로가 위험하다고 일러주었다. 다행스럽게도, 우리의 한국어 선생이 함께 타고 있었다. 다리를 건너간 후 차가 삼분의 이정도 물에 잠겼다. 그 때문에 우리는 잠시 멈췄다. 나는 아이들과 밥 릭스가 걱정되었다. 사람들이 한 시간 전에 폭우가 내려서 물이 불었다고 말했다. 우리 차가 빠져나왔다. 우리의 한국어 선생은 수심이 올라가는지 내려가는지 측정하기 위해 물 가장자리에 돌들을 놓았다. 10분 후에 물이 줄어드는 것이 보였다. 그 때 미군 군용차량들이 지나갔다. 우리는 모두 앉아서 3시간 동안 기다렸다. 먼저 큰 트럭이 지나가고, 그 다음 큰 버스, 작은 트럭, 마지막으로 지프차가 지나갔다. 우리는 약 8백m 정도 물길을 통과한 후 안심이 되었다. 나중에 우리는 밥 일행이 물이 불기 시작할 때 처음 통과했다는 것을 알았다. 그는 구멍에 빠졌다. 모터가 망가져서 다른 차로 견인해야 했다. 그래서 우리가 운이 좋았다고 생각했다. 다음 날 사람들이 왔고, 물이 빠졌다. 장마 때 이런 게릴라성 폭우는 산악지대에서 드물지 않았다. 거기에서 기다리는 동안 3~4대의 차량이 견인되었다. 그 차량들은 매우 급했기 때문에 물이 빠질 때까지 기다릴 수 없었다. 그 가운데에는 미군 우편 트럭도 있었다. 다행스럽게도 도로 한쪽 편에 나무가 몇 그루 서 있었다. 그렇지 않았으면 우편 트럭은 물에 휩쓸려 우편물이 모두 물에 젖어버렸을 것이다.

해변에 도착한 후 우리는 별장에 선반과 그 외 여러 가지를 만들었다. 틈틈이 수영이나 선탠, 독서도 하고 친구들도 방문했다. 나는 해변연합회

의 뮤지컬에서 피아노 연주를 했다.

베아트리체가 수영 서클에 가입했다는 소식을 갖고 왔다. 그 말은 베아트리체가 쉬지 않고 90m를 헤엄치고, 2.4m 밑으로 잠수하여 깡통을 찾아오고, 모든 종류의 수영법을 할 수 있다는 의미였다. 베아트리체는 이번 여름에 감독자가 지켜보는 가운데 암초까지 헤엄쳐가기를 바랐다. 베티도 수영을 했지만 그리 썩 잘하지는 못했다.

어느 주일, 교회예배를 마치고 우리는 해변 근처의 절을 방문하기로 했다. 약 한 시간 정도 차를 타고 산으로 가서 해발 914m 정도까지 올라갔다. 그리고 차에서 내려서 약 1.6km 정도 걸어 올라가서 절에 도착했다. 산에 아늑하게 자리 잡은 절은 작고 아담했고 매우 깨끗했다. 그곳에서 정기적으로 예배를 드리는 가족들의 이름이 모셔져 있었다. 그 절은 1200년 전에 세웠다고 했다. 아름다운 정원에는 우리가 한 번도 본적이 없는 다양한 꽃들이 피어있었다. 절은 아주 고요했다. 계곡아래를 내려다보았다. 폭우를 만날까봐 차를 세워둔 곳으로 급히 내려온 다음 차를 타고 별장에 와서 저녁을 먹었다.

여름휴가의 마지막 주에 파리 떼가 들끓었다. 우리는 온 마을에 있는 파리채, 파리 스티커, 파리 스프레이를 샀다. 결국에는 폭우가 내려서 파리를 쫓아버렸다.

서울로 돌아온 후에도 비가 계속 이어졌다. 주요 도시들이 서울과 교통이 단절되었다는 소식을 들었다. 뇌염이 크게 발생했다. 모든 초등학교가 폐쇄되었다.

9월 들어서도 비와 홍수가 계속 되었다. 어느 날 어떤 목사가 시골에서 올라와서 이번 여름에 홍수를 두 번이나 당해서 그와 그의 교인들이 도움이 필요하다고 말했다. 나는 다른 구호위원회 회원에게 연락하여 물품을 모았다. 나는 토요일 아침 일찍 시골로 갈 준비를 했다. 나의 한국어 선생도 따라 갈 예정이었다. 운전사와 나는 기다렸다. 드디어 선생이 왔다. 그와 그의 가족들은 이전에 일산화탄소를 마시고 거의 죽을 뻔한 적이 있었다. 전통적인 방식으로 방바닥에 자는 것은 매우 위험할 수 있었다. 방바닥은 연탄 ["19개" 구멍이 나 있다.] 을 태워서 난방을 했다. 매번 겨울마다 많은 사람들이 일산화탄소를 마시고 죽었다. 거의 두 시간이나 걸려서 산위에 있는 교회에 도착했다. 우리는 4륜구동 차만이 갈 수 있는 정말 거칠고 진흙투성이 길을 차를 몰고 갔다. 교회에 도착하여 상황을 돌아보기 위해 걷기 시작했다. 어떤 집은 완전히 파괴되었고, 다른 집들은 서 있고, 어떤 집은 약간 파손당해 있었다. 가지고 간 돈과 옷, 쌀을 많은 사람들에게 나누어 주었다.

나는 서울연합교회에서 피아노를 여러 차례 연주했고, 상당한 평판이 있는 한국인 지휘자와 함께 연주하기도 했다. 지휘자는 자신의 합창단을 갖고 있었고 연주여행을 다녔다. 그는 우리 모두를 잘 통솔했다.

나는 사창가에서 온 한 여자를 만났다. 홍수가 난 사창가 지역 근처에 미 공군 기지가 있었다. 기지 외곽의 사창가에는 3천명의 여자들이 있었다. 이 여자는 어머니와 아이들을 부양해야했기 때문에 창녀가 되었다. 나중에 그녀는 사창가를 떠나야겠다고 결심했다. 그녀는 교회에 나가기 시작했다. 일을 그만 둔 후 그녀에게는 돈이 없었다. 그녀는 우리의 구호 위원회에 도움을 요청하러 왔다. 그녀는 30달러가 필요하다고 말했다. 그녀와 같은 사연을 지닌 사람들이 많이 있었다.

10월, 몽고메리 워드 사에 성탄절 물품을 주문할 때였다. 아이들은 졸졸 따라다니면서 멋지고 우아한 겨울용 옷을 사달라고 졸랐다. 옷 모양을 보고 나서 내가 말했다. "안 되겠어." 여러분은 1958년에 유행했던 옷 모양을 기억하는가?

학교 아이들과 일반 사람들 사이에서 간염이 돌기 시작했다. 다음 차례는 누가 될지 궁금했다.

만세! 새로운 감리교 의사인 헤일 박사Dr. Hale가 선교지로 오고 있는 중이었다. 헤일 박사 부부가 어학교육을 받고 나면 어니의 짐이 가벼워질 것이다. 우리는 중국에 있는 헤일 박사의 부모님을 알고 있었고 디트로이트에서는 그의 사촌도 만났다.

우리는 종종 미국에서 온 고위 성직자들을 맞이했다. 만일 그들이 어떤 식으로든 연세대학교와 관련이 있는 경우, 우리는 백낙준 대학총장 부부의 집으로 초대되어 그들을 만났다. 그들은 우리의 이웃이었다. 그들은 오랜 동안 좋은 친구가 되었다.

나는 "간호사를 위한 임상병리실 지침Laboratory Guide for Nurses"이라는 간호사들을 위한 핸드북을 집필하는 일을 마쳤다.

가끔 우리는 미군들을 저녁 식사에 초대했다. 한 번은 그들이 우리에게 필요한 것이 있는지 물었다. 나는 말했다. "엔젤 케이크 믹스가 많으면 몇 박스 가져다 줄 수 있어요?" 미국인 간염환자 많아서 그들을 모두 먹일 수가 없었다. [엔젤 케이크는 지방이 없기 때문에 간염 환자에게 적당했다.]

비상상황이 발생했다. 어느 날, 열심히 타자를 치고 있는데 물 흐르는 소리가 났다. 나는 요리사가 부엌에서 특별 대청소를 하는 줄 알았다. 그런데 계속 물 흐르는 소리가 났다. 일어나서 내다보니 앞문에 물이 흐르고 있었다. 사랑하는 남편이 샤워를 하고 나서 물 잠그는 것을 잊은 것이었다. 배수구는 제대로 배수가 잘 된 적이 없었다. 그래서 그렇게 오랫동안 물이 흘러도 배수가 되지 않았다. 대걸레와 흡입식 배수구 청소기를 꺼내야 했다. 그것은 그날 아침의 세 번째 비상상황이었다.

총회 [감리교회 연례총회] 동안 우리는 감리교 선교위원회에서 온 브럼바우 박사Dr. Brumbaugh 부부, 빌링슬리 박사Dr. Billingsly, 레인스 여사 Mrs. Raines, 그리고 미시간에서 온 프라이어 박사Dr. Pryor 부부를 만났다.

우리 딸들은 학교에서 아주 잘 지냈다. 둘 다 학교신문을 만드는 일을 했다. 베티는 학생회 일을 했다. 서울 외국인학교는 1954년에 시작할 때 학생 수가 소수였지만 이제 거의 300명이 되었다.

삶은 또한 실망으로 가득 차 있는 법이다. 나는 다시 입양고아를 데리고 미국에 가 달라는 제의를 받고 떠날 준비를 했다. 나는 항공사에게서 모든 설명을 들었다. 다음 날, 한국에 있던 한 미국인 여자가 그녀의 아버지가 매우 위독하다는 전갈을 받았다. 그녀는 집에 가야했다. 그래서 나는 기쁜 마음으로 그녀에게 내 자리를 양보했다.

1959년

　1월, 깜짝 놀랄 소식이 전해졌다. 어니스트가 사업차 미국으로 가 달라는 요청을 받았고 나는 고아들과 함께 갈 수 있었다. 우리는 각자 따로 가야 했다. 나는 1월 28일에 6명의 고아와 떠났다. 33시간 비행하는 동안 그 아이들을 돌보았다. 나는 그들에게 "물", "화장실", "배고파" 등과 같은 중요한 단어를 가르치려고 애썼다. 첫 두 아이는 로스엔젤리스에서 내렸고, 별 탈은 없었다. 다음 한 아이는 시애틀에서, 그 다음 한 아이는 포틀랜드에서 각각 내렸다. 그리고 디트로이트까지 한참을 날아갔다. 마지막으로 남은 여자아이는 일곱 살로 반은 한국 혈통, 반은 흑인 혈통이었다. 그 아이는 멀미를 심하게 했다. 나는 아이의 옷을 갈아입힐 수 없었다. 우리는 아주 힘들었다. 이른 아침시간에 클리블랜드에 착륙했다. 따뜻한 새 옷을 입고 새로 입양한 작은 여자아이에게 줄 인형을 가진 아름다운 부부를 만났다. 우리는 모두 눈물을 흘렸다. 유옥진이 나를 보러 그곳에 나와 있었다. 나는 그에게 그의 삼촌 [나에게 한국어를 가르치는 유 선생] 에 대해 말해주었다. 그는 나를 오하이오 주 마리온 행 버스에 태워주었다. 그는 운전사에게 마리온에 도착할 때까지 나를 재운 다음 버스에서 내려달라고 말했다. 사람들과 다시 만난다니 얼마나 좋을까! 그러나 시간은 아주 짧았다. 후원 교회를 방문하기 위해 인디애나폴리스로 가야했다. 그곳에서 멋진 시간을 보냈다. 또 펜실베이니아 주 케인으로 가서 좋은 사람들을 만난 후 신시내티로 가서 다시 멋진 사람들을 만났다. 어니와 나는 여기저기에서 만났다. 서울에 돌아와 보니 우리 아이들과 같이 지내고 있었던 라이스 박사가 간염에 걸려 있었다.

어니스트가 미국의 집에 간 것은 다행이었다. 시어머니가 많이 아팠다. 그는 텍사스에서 잠시 어머니와 함께 지냈다. 나는 단지 2주 밖에 시간이 없었지만 그는 약 3주를 미국에 체류할 수 있었다. 어니의 가장 손위 형제인 헤르만이 그에게 집에서 만든 "유명한" 소시지를 주었다. 우리가 미국에서 만났을 때 나에게 그 소시지를 주며 한국으로 갖고 가라고 했다. 미국에 있는 동안 나는 베티가 졸업식에 입을 옷을 샀다. 아이들은 초콜릿 밸런타인 캔디를 사오라고 부탁했다. 이런 귀중한 물품으로 내 여행 가방이 가득 찼다. 2월 14일에 서울에 도착하고 보니 내 화물이 도착하지 않았다는 말을 들었다. 나 참, 그런 일은 그렇게 드문 일이 아니었다. 잘 못 분류된 화물은 보통 다음 날이면 도착했다. 3월 9일, 나는 그 화물 때문에 정말 화가 났다. 나는 여러 번 노스웨스트 항공사를 찾아갔다. 관리 책임자인 해링 씨는 힘들겠지만 기다려달라고 말했다. 그 소시지가 얼마나 변질되어 있을지 궁금했다. 해링 씨는 해결방안을 준비했다. 그러는 동안 어니가 집에 도착했다. 우리 병원에 중요 인사들이 많이 방문했다— 게일리Gailey 장군, 브렉켄부시Breckenbush 장군, 렘니츠Lemnitzer 장군, 화이트White 장군 부부— . 4월 첫 주에도 화물이 도착하지 않았다. 나는 베티에게 줄 새 옷의 주문서를 적어서 그 물품을 한 미군의 우편주소로 부쳐 달라고 할 참이었다. 노스웨스트 항공사는 화물배상액으로 나에게 단지 100달러를 지급했다. 그 일로 어니는 화가 나서 항공사에 항의편지를 보냈다. 항공사는 배상액을 250달러로 결정했다. 4월 28일, 내가 그 서류에 서명하려고 하는데 화물이 도착했다는 전화를 받았다. 내 화물은 다른 항공사의 창고에 들어 있었다. 나는 소시지 상태를 확인하기가 두려웠다. 여행 가방에는 1,500개의 주소가 적인 주소록과 선교회 선물목록을 적은 책이 들어 있었다. 소시지는 겉에 약간 곰팡이가 피었다. 우리는 곰팡이를 제거한 후 먹었다. 캔디는 괜찮았다. 옷도 비닐로 포장이 돼 있어서 괜찮았다. 그 날은 정말 즐거운 날이었다. 우리는 나중에 해링 씨와 그의 직원들과 함께 저녁식사를 했다.

내 생일이 다가왔다. 가족들은 나를 위해 특별요리를 마련해 주었다. 아이들은 침대에서 아침을 먹을 수 있게 해주었다. 이 날 내가 한 일이라곤 옷을 입고 교회에 간 것뿐이었다. 가족들은 점심도 준비하고 한마디 말도 없이 설거지도 했다. 그들은 저녁에 어딘가로 소풍을 가려는 계획을 세웠다. 그러나 우리가 출발하려는데 지프차의 클러치가 고장나버렸다. 그래서 커피와 케이크로 저녁을 먹었다.

6월에는 몇 가지 놀라운 일과 이별 등이 있었다. 병원 임상병리실의 동료이며 한국인 동료들이 좋아했던 멋진 페이스 휘테커Faith Whitaker가 미국으로 떠났다. 우리는 그녀를 위해 멋진 송별회를 마련했다.

6월에는 베티의 졸업식이 있었다. 베티는 졸업생 대표였다. 우리는 베티가 정말 자랑스러웠다. 베티는 몇 개 대학에서 입학허가를 받았다. 베아트리체는 8학년에서 수학상을 받았다. 졸업식 후 그들을 위해 큰 티 파티도 개최되었다. 그리고 무도회 등 다른 행사도 열렸다. 한국 전쟁 후 서울외국인학교의 첫 졸업식이었기 때문에 이번 졸업식은 더욱 특별했다.

정말 즐거운 시간이었다. 우리는 남은 여름 동안 계속 재미있게 지내려고 했다. 머지않아 베티가 대학 진학을 위해 바다 건너 멀리 떠날 거라는 것을 알았다. 베티는 여름동안 가방을 싸고 옷을 만들었다. 가족 모두 해변으로 놀러 갔다. 서울외국인학교 학생 대부분이 그곳에 있을 때 베티를 위한 파티를 열었다. 아이스크림과 케이크를 먹었다.

8월 20일이 빨리 다가왔다. 부모로서 베티가 늘 수줍음 타고 소극적이어서 약간 걱정이 되었다. 우리는 베티가 도쿄, 호놀룰루, 워싱턴 DC, 텍사스, 펜실베이니아, 오하이오, 인디애나에서 잠시 머물 수 있도록 여행 계획을 짰다. 베티는 오하이오에 계신 나의 부모님과 며칠 보내고, 인디애나 주 리치먼드의 얼햄 대학으로 떠날 예정이었다. 베티가 떠날 날이 다가왔다. 우리가 중국에서 지내던 시절에 선교사 자녀들이 대학 진학을 위해 떠나는 모습을 본 기억이 되살아났다. 이제 그 이별이 어떤 것인지 깨닫게 되었다. 첫째 딸의 빈자리는 정말 허전했다. 우리는 딸의 편지를 받고 너무 기뻤다. 베티는 대학에 다니는 동안 거의 매주 충실하게 우리에게 편지를 썼다.

베아트리체는 항상 나를 성가시게 했지만 베티가 떠난 후에는 아주 조용해졌다. 그래서 우리는 베티의 역할을 하기도 하고 글레드힐 양Miss Gledhill과 강릉으로 여행을 보내주기도 했다.

8월 29일, 우리 집의 문 바로 근처에 사는 한 여자가 죽었다. 그녀의 가족은 담벼락에 붙여서 지은 판잣집에 살았다. 그녀의 남편은 직업도 없고 가족에게 먹일 식량도 없었다. 스트레스 때문에 그는 자기 아내를 구타했다. 그녀는 진통이 와서 남자아기를 낳았지만 그 과정에 무언가가 잘 못되어 죽고 말았다. 가족들이 아기를 우리에게 안고 왔다. 우리는 아기를 깨끗이 씻기고 감리교 아기보호소 [아기 고아원] 에 맡기도록 주선해 주었다. 또한 가족들에게 돈과 음식을 보내고 남편에게 일자리를 얻어주려고 노력했다.

9월 5일, 앤 스틴스마Ann Steensma가 우리와 함께 살려고 왔다. 그녀는 네덜란드 개혁교회의 줄리아나Juliana와 존 스틴스마John Steeensma의 딸이었다. 앤은 베아트리체와 같은 나이였고 학교에서도 같은 학년이었다. 스틴스마 가족은 대전에 살았다. 그곳에는 영어를 사용하는 아이들을 위한 고등학교가 없었기 때문에 그들은 앤을 서울로 보내 우리와 함께 지내게 한 것이었다. 그녀는 아주 활달했고, 우리는 금세 그녀를 좋아하게 되었다. 어떤 면에서 그녀는 베티의 자리를 채워주었다. 앤은 베아트리체가 생각하지도 못한 것을 했다. 나는 두 아이의 사이에서 고생을 했고 마찬가지로 학교 선생님들도 힘들었다.

9월 6일, 우리는 깜짝 놀랐다. 경계경보를 알리는 큰 나팔 소리가 났다. 모든 미군들은 서둘러 부대로 복귀하여 재빨리 무장했다. 나중에 알고 보니 그것은 모든 것들이 얼마나 빨리 움직이는지를 확인하기 위한 훈련경보였다. 새로 부임한 사령관들은 모두 가끔 이런 훈련을 좋아했다. 그것이 그들의 임무였다.

9월 9일, 한강에 홍수가 났다. 뉴욕에서 온 감리교 선교위원회 총무단 — 브룸바우 박사T.T. Brumbaugh와 마가렛 빌링슬리Dr. Margaret Billingsley — 들이 올 예정이었다. 폭우 때문에 전기선이 합선되었다. 그 때문 거의 대부분 시간 동안 전기를 사용할 수 없었다. 전기가 들어오지 않을 때는 물도 사용할 수 없었다. (물은 펌프로 산 밑에서 다른 산 위로 퍼 올린 다음 다시 우리 집이 있는 산으로 보내야 했다.) 트럭에 물을 실어서 다락의 탱크를 채웠다.

우리의 샴 고양이와 칼리코 고양이가 새끼를 낳았다. 그 고양이들은 이웃집 고양이와 교미를 한 것이 틀림없는 것 같았다. 검은 고양이, 줄무늬 고양이, 샴 고양이를 닮은 고양이가 태어났다. 태어난 고양이의 눈이 모두 푸른색이었다.

베아트리체와 앤은 둘 다 타자, 불어, 피아노 – 부기우기 재즈 노래를 비롯하여 – 를 배웠다. 우리 집은 더 이상 평화롭지도 조용하지도 않았다.

9월 18일, 사라호 태풍이 강타해 전 도시에 전기 공급이 중단되었다. 그 때문에 [미국 아이스쇼 공연단] 아이스 폴리즈Ice Follies의 순회공연이 취소되었다. 게일 쉬어러Gale Shearer의 아파트 [선교사들의 집] 에 불이 났다. 어떻게 해서 우리는 화재를 당한 선교사들의 아이들과 연락이 닿았다. 모두 목숨을 건졌지만 쉬어러 아파트는 완전히 불타버렸다. 다음 날 저녁 우리는 아이스 폴리즈 공연장에 갔는데 아주 좋았다. 공연을 하던 중 한 연기자가 스케이트를 타다가 부상을 당했다. 어니스트가 그를 보살펴주었다. 그와 그의 아내는 일요일 점심 때 우리 집에 왔다. 그들은 아이스 쇼의 스타들이었다. 그들이 해외순회 공연 중 일반 가정집에서 식사를 한 것은 이번이 처음이었다.

몇 년 전, 겨울철에 집을 따뜻하고 여름철에는 시원하게 하려고 지붕 내벽에 왕겨를 발랐었다. 그것은 좋은 아이디어였지만 결점도 있었다. 어니는 무언가를 찾으러 다락으로 기어 올라갔다가 발을 헛디뎠다. 그의 발이 천정을 뚫고 나왔다. 먼지와 왕겨와 온갖 것들이 쏟아졌다. 그것은 감기에도 악영향을 미쳤다. 며칠 동안 집안 곳곳에 왕겨가 조금씩 남아있었다.

향수병에 시달리는 딸에게서 편지를 받는 것이 쉽지 않았다. 어떻게 하지?

10월, 사라호 태풍과 부산 지역의 피해에 대한 소식을 처음 들었다. 하퍼 부인이 2백 명의 소년이 머물렀던 보이스타운 아일랜드에 대해 말해 주었다. 3개월 전에 완공된 그 건물은 태풍에 견딜 수 있는 지붕구조로 설계되었다. 태풍으로 인한 파도 높이가 12~15m였고, 학생들과 교사들이 그 새 건물로 피했다. 그들은 태풍 때문에 죽을지도 모른다는 생각을 하며 예배를 드렸다. 직원 중의 한 명이 소들이 물에 쓸려가지 않도록 우리에 있는 소들을 붙들어 매러 갔다. 물이 이미 2층까지 차올랐다. 그가 마지막 소를 단단히 묶었을 때 6m의 파도가 덮쳤다. 그는 안전한 곳을 찾아 미친 듯이 달렸다. 다른 건물들은 모두 파괴되었다. 배들은 멀리 내륙까지 쓸려갔다. 또 다시 파도가 밀려와서 배들을 밀어냈다. 새 건물은 태풍을 견뎌냈다.

제슨 부인은 인천에서 배를 타고 장기 휴가차 미국으로 갈 준비를 했다. 그녀는 밤중에 심한 종기가 났다. 사람들이 그녀를 다시 서울로 보냈다. 그녀는 완쾌될 때가지 우리 집에 머물렀다.

우리는 미국대사인 다울링Dowling에게 작별인사를 했다. 우리는 그와 그의 아내를 아주 좋아했다.

독감이 유행하고 있다. 나도 독감에 걸렸다.

10월 8일, 모든 선교사들을 격려하기 위해 정부가 만찬을 개최했다. 그것은 아주 긴 행사였다. 그 행사는 오후에 시작되어 저녁 늦게까지 계속 되었다.

10월 17일, 엘로드Elrod 하우스 [선교사들의 집] 에 불이 났다.

10월 20일, 우리는 우리와 함께 장 라피테 호를 타고 한국에 온 사람들– 마우드 고프 [감리교선교사] 와 두 명의 가톨릭 친구 [선교사 신부와 수도자] – 의 연례 모임을 가졌다.

10월 25일은 어니의 생일이었다. 25일이 주일이었기 때문에 우리는 토요일 저녁 어니에게 깜짝 생일 파티를 열어주었다. 엔젤 케이크와 토끼 튀김요리를 내놓았다. 그날 저녁, 연세대 총장인 백 박사가 전화를 걸어 펜 박사Dr. Fenn가 미국에서 도착했다고 말했다. 백 박사는 외국에 있었기 때문에 펜 박사를 위한 저녁모임을 준비할 수 없었다. 우리는 상황을 눈치 채고 일요일에 사람들을 모았다. 나는 요리사에게 아이스크림과 케이크를 준비하라고 시켰다. 준비된 요리가 너무 많았다. 요리사는 일 년에 한 번하는 생일축하용 케이크는 큼직해야 한다고 생각했다. 나는 설명하느라 애를 먹었다.

며칠간 집을 떠났다. 어떤 사람이 나를 제주도(한반도 남단에 있는 큰 섬)에 가자고 초대했다. 여행 경비는 왕립아시아협회에서 부담했다. 우리 일행은 모두 25명으로 다양한 나라에서 온 여러 계층의 사람들이었다. 우리는 한국과 한국 문화에 대해 더 많이 배우려고 열심히 노력했다. 힘든 여행이었기 때문에 좋은 옷을 입을 수 없었다. 우리는 배낭, 가방, 카메라를 갖고 갔다. 현지의 열악한 사정 때문에 우리가 여행할 동안 먹을 음식과 물은 비행기로 같이 싣고 갔다. 2시간 동안 비행한 후 광주공항에 잠시 착륙한 다음 다시 본토와 제주도 사이의 바다를 건넜다. 비행장에 도착하니 화려한 관광버스가 우리를 기다리고 있었다. 그 버스는 한국인용으로 만들어졌기 때문에 좌석이 꽉 끼었고, 다리로 가방을 감싸야 했다. 우리가 처음 구경한 곳은 섬 중앙에 있는 휴화산인 한라산이었다. 다음으로 들른 곳은 주변의 검은 용암이었다. 우리는 버스를 타고 제주시내의 작은 호텔로 갔다. 그 호텔은 음식과 편안한 휴식을 제공했다. 우리가 점심을 기다리는 동안(우리는 예기치 않은 손님이었다.) 도시의 광장을 발견했다. 시냇물이 광장을 통과하거나 그 옆으로 흘렀다. 여자들이 그곳에 모여서 옷을 빨거나 물고기를 손질하고, 쌀을 씻었다. 또한 작은 배 위에 철물점도 있었다. 점심을 맛있게 먹고 난 후, 외국인용으로 만든 다른 버스를 탔다. 그 버스는 약간 더 편안했다. 몇 시간의 관광을 마치고, 우리의 목적지인 서귀포 호텔(신혼여행자들의 호텔)에 도착했다. 그런데 비행기에서 음식이 내려지지 않았다는 사실을 알았다. 그뿐 아니라 우리 비행기가 부산으로 떠나버렸다. 우리는 저녁 10시가 넘도록 저녁식사를 기다렸다.

여행 도중에 몇 군데 들렀다. 첫 번째는 제주시 외곽에 있는 절이었다. 한국전쟁 동안 그 절은 미군이 사용했다. 지금은 미국 정보국United States Information Service이 사용하고 있었다. 다음에 방문한 곳은 종유 동굴이었다. 그것은 미 텍사스의 칼스베드 동굴을 본 적이 있는 사람들에게는 그리 대단한 것은 아니었다. 한국인들에게는 아주 귀중한 동굴이었다. 우리는 횃불 하나만 들고 길을 비추면서 동굴을 걸어서 통과했다.

우리는 호텔에서 2인 1실을 배정받았다. 나의 룸메이트는 국립의료원에 근무하는 스웨덴 출신 간호사인 보아테드 양Miss Boeatad이었다. 그녀는 매력적인 젊은 여자였다. 그녀는 스웨덴어, 영어, 독일어, 프랑스어를 구사하고 한국어도 조금 할 줄 알았다. 침대는 서양식, 베개는 한국식, 침대커버는 한국식 누비이불이었다. 호텔 한 편에는 소란스러운 폭포가 있었다. 우리는 밤새 폭우가 내리는 줄 알았다. 다른 편에는 밤새 시끄러운 디젤 엔진소리가 났다. 그 엔진은 호텔에 전기를 공급하는 기계였다. 그런 소음이 있었지만 모두 단잠을 잤다.

날이 밝자 투숙한 호텔이 바다 쪽으로 툭 튀어나온 작은 땅 위에 세워져 있다는 것을 알았다. 폭포가 두 방향으로 흘러서 바다로 흘러갔다. 바다에는 잠자는 코끼리 섬, 비스킷 섬 등 작은 섬들이 있었다. 아침 산책을 하면서 곡식을 타작하고 소로 밭을 가는 것을 보았다. 대부분의 소들은 누런 소였지만 그 소들은 검은색이었다. 우리는 더 멀리 언덕 위 오렌지 농장으로 걸어갔다. 그곳은 한국에서 유일한 오렌지 농장이었다– 사실 그 오렌지는 감귤이었다– . 우리는 각자 귤 3.75kg을 받았다. 계곡을 따라 내려온 후, 우리는 바다로 흘러가는 천지연 폭포에 들렀다. 잠시 발을 담근 후, 서둘러 버스로 돌아갔다. 일요일이어서 우리는 교회에 가고 싶었다. 첫 교회는 장로교회였다. 그 교회는 실은 가정 교회였다. 한국에서는 기독교 운동의 영향력이 과거에도 컸고 지금도 그랬다. 고든 링 박사Dr. Gordon Ring, 호마카에 씨Mr. Homakaye, 내 룸메이트와 나는 그곳에서 예배를 드렸다. 설교본문은 요한복음 16:22～25절이었다. 목사는 우리를 만나 아주 기뻐했다. 그는 일 년 한 번 선교사들이 순회방문을 한다고 말했다.

다음 날, 우리는 배를 타고 제주도의 최남단 끝까지 갔다. 만에서는 순조롭게 항해했다. 갑자기 하얀 물보라가 우리를 덮쳤다. 큰 바다 한 가운데 있는 것 같았다. 강풍이 갑자기 우리를 덮친 것이었다. 나는 20년간 배멀미를 하지 않았다. 우리는 배의 방향을 비스킷 섬으로 돌렸다. 일행 중 용감한 몇몇 사람들은 작은 배를 타고 섬에 상륙하여 섬 꼭대기까지 올라갔다. 나는 항히스타민제인 드라마민을 먹었다. 너무 어지러워서 꼼짝 않고 가만히 있었다. 우리는 항구로 돌아왔다. 다음날 일행 중 절반이 걸어서 한라산에 올랐고, 나머지 사람들은 제주도에 있는 유명한 목장으로 갔다. 4시간 동안 차를 타고 가면서 고구마, 대나무, 쌀, 금귤나무, 멀구슬나무, 월계수 나무, 메밀, 소나무, 가문비나무, 삼나무, 팜파스 풀과 비슷한 풀이 나 있는 들판을 구경했다. 절이나 교회는 전혀 눈에 띄지 않았다. 우리가 본 새는 까마귀, 까치와 비슷한 새, 피리새, 참새가 전부였다. 집, 담, 학교는 모두 현무암으로 지어져 있었다. 주택은 이엉으로 지붕을 얹었고, 학교는 타일이나 양철 지붕이었다. 양철 지붕위에는 태풍을 대비해 큰 돌을 얹어놓았다. 사라호 태풍이 얼마 전에 그곳을 강타했다. 꽃은 별로 없었다- 국화, 크로커스, 칸나, 나리, 코스모스 정도가 보였다- . 양치류는 여러 곳에 많이 있었다. 가족묘지는 본토에서처럼 산 사면이 아니라 들판에 있었다. 돼지, 말, 닭, 개, 고양이가 있었지만 많지는 않았다. 소들은 많았다. 드디어 농장에 도착했다. 농장은 약 3백만 평의 면적에 12개의 정부기관, 창고, 손님용 객사, 농장주택, 스팀슨 주택, 가축(소와 염소)이 있었고 둘레에는 40km의 철조망이 쳐져 있었다.

농장은 2년 전에 세워졌다. 처음 시작한 소는 앵거스Angus 종이었다. 그 소들은 "진드기 병"에 걸려 많이 죽었다. 그 다음으로 산타 거트로디스 종, 브라마 종, 해리퍼드 종을 수입했다. 1년 전에 3백 마리의 브라마 소들이 뱅Bang 병(소의 전염병으로 유산의 원인이 됨- 옮긴이) 때문에 송아지를 백 마리밖에 낳지 못했다. 소들은 미국 텍사스에서 들여왔다. 날씨 때문에 수송하는 데 아주 힘들었다. 겨울이면 제주도에는 60cm의 눈이 쌓인다. 그 때에는 현지에서 구할 수 있는 콩깻묵, 쌀 밀겨울, 보리 밀겨울, 밀 밀겨울 등을 소에게 먹였다. [힐다는 목장의 소 사업이 실패했다고 여러 해 후에 말했다. 양도 시도했지만 역시 실패했다.] 목장구경을 한 후,

4시간 동안 차를 타고 섬의 다른 편을 돌아서 다시 숙소로 돌아왔다. 달리 말하면 8시간 동안 버스를 타고 섬을 한 바퀴 완전히 일주한 셈이었다. [2008년 개인적인 인터뷰에서 한국역사가 돈 클라크Don Clark는 목장 시범사업이 명백히 실패했다고 말했다. 그는 목장사업에 대해 자세히 알지 못했다.]

다음날 우리는 제주시로 돌아가는 길에 몇 군데 들렀다. 가장 인상적이고 역사적인 장소는 삼성혈이었다. 체인으로 담을 친 그곳에는 세 개의 큰 구멍이 있었다. 그 구멍은 제주도의 선조(양 씨, 고 씨, 부 씨)가 태어난 곳이었다.

내가 생각하기에 이번 여행은 아주 편안하고 재미와 모험으로 가득하고, 아무런 부담도 없는 휴가였다. 그리고 우리가 평상시 만나지 못하는 한국에 거주하는 다양한 미국인들을 만나 대화를 나눌 수 있는 기회였다. 또한 한국과 한국의 필요를 다른 각도에서 볼 수 있는 기회였다. 짧은 제주도 여행을 끝내고 서울로 왔다. 일상생활로 다시 돌아갔다.

11월 15일 일요일, 우리는 이화여대에서 성대한 축하행사를 벌였다. 복음전도자 해리 덴먼 박사Dr. Harry Denman가 일 년에 한 차례 정도 종교행사를 위해 이화여대에 왔다. 그는 2~3주 동안 학생들과 함께 보냈다. 그는 그 당시 60세 이상이었음에도 불구하고 무언가 특별한 면이 있었다. 그는 여대생들에게 그리스도의 사랑을 보여주었다. 아주 특별한 주일 아침에 그는 7백 명의 여자에게 세례를 베풀었다. 그는 그를 기념하는 덴먼 어퍼 룸Denman Upper Room이라는 예배당을 건축함으로써 그 대학에 깊은 흔적을 남겼다.

피니스 제프리 목사 부부Rev. Finis Jeffry [감리교 선교사] 는 구식 "수업" 모임을 열심히 연구하고 있었다. 그 모임은 웨슬리 모임의 복사판에 가까웠으며, 정기적으로 성경공부와 찬양, 기도를 하는 소그룹으로 구성되었다. 그 모임은 한국 감리교회의 실질적인 힘이었다. 피니스 제프리는 이 모임에 대한 일련의 연구결과를 발표했다.

추수감사절이 가까웠다. 나는 어니스트가 해변에 가서 몇 가지 수리하고 건축 작업을 하는 데 필요한 물품을 샀다. 우리는 나중에 갔다. 우리는 철이 지난 후 해변에 가곤 했다. 그 때가 우리가 진짜 제대로 쉴 수 있는 시기였기 때문이었다. 먼저 미국에 성탄절 선물을 보내야 했다. 우리는 해변에서 조개를 줍거나 그냥 쉬면서 며칠을 보냈다. 우리는 보통 현지 교회의 예배에 참석했다. 현지 교회는 서울의 교회와는 많이 달랐다. 시골에 있다는 것이 실감났다. 바닥에 앉아서 한 시간 동안 설교를 들었다. 시골의 어려운 삶이 어떤 것인지 보았다. 그곳에 서울로 가는 급행열차가 있다는 것을 알고 깜짝 놀랐다. 베아트리체, 제니, 나는 4시간 만에 서울로 돌아왔다. 우리가 해변에 있는 동안 어니가 샤워기 위에 물통을 올려 놓아 수돗물을 이용할 수 있었다. 그것은 정말 특별한 즐거움이었다.

나는 미8군봉사회USO에서 한 달에 한 차례 오후시간에 봉사했다. 많은 미군들이 - 대부분이 자원입대자들이었다 - 한국 근무 후 좋지 않은 경험을 안고 고향으로 돌아갔다. 우리는 그것을 바꾸어 보려고 최선을 다했다. 미군의 약 1퍼센트 정도가 한국 근무기간을 최대한 잘 활용하여 약간의 한국어를 배우고, 관광도 하고, 한국에 대해서 배우거나 멋진 가정을 방문했다. 때로 좋게 되기도 했지만 한국인 아내와 불화한 미군들도 있었다. 어떤 이들은 암시장에서 엉망이 되었고, 어떤 이는 한국 근무를 진짜 감옥살이로 생각했다. 우리는 매 주일 밤마다 3~4명의 미군을 뽑아서 우리 집에서 저녁을 먹이려고 노력했다. 우리는 그들과 아주 오랜 동안 관계를 맺었다.

성탄절에 좋지 않은 일이 있었다. 캐러멜 캔디를 만들고 있었는데 그것이 끓기 시작할 때 무심결에 드립식 커피 끓이는 기계를 건드렸다. 끓는 물이 내 손에 쏟아졌다. 압박붕대를 해서 손에 물집이 잡히지 않았다. 붕대를 제거해보니 내 손이 90살 노인의 손 같았다.

성탄절은 아주 바빴다. 보통 병원 임상병리실 직원은 전원 출근했다. 나는 음식을 준비하고 다른 사람들은 놀이를 준비했다. 어느 해, 임상병리실 직원 한 명이 문에 서 있다가 모든 사람들은 안으로 들어가기 전에 성경구절 하나를 말해야 한다고 말했다. 그들은 성탄절 노래를 모두 암기해서 불렀다. 어떤 게임에서는 벌칙으로 독창을 불렀다. 우리 부서의 책임자인 이삼열 박사가 벌칙을 수행해야 했다. 그는 한국 오페라를 악보없이 불렀다. 성탄절 파티가 끝난 후, 사람들은 언덕을 내려가면서 내내 노래를 불렀다.

성탄절 다음 날, 우리는 우리 집안을 도와주는 분들과 그들의 가족들을 위해 파티를 열었다. 그 다음 날에는 수술실 의사들과 직원들을 위해 파티를 열었다. 그동안 나는 수술실 간호사 대학원과정을 공부했다.

세브란스 병원 건너편 서울역에 설치된 그리스도 성탄화를 보는 것은 특별한 즐거움이었다. 이 전시회는 마가렛 무어 부인의 감독으로 이루어졌다. 그녀는 한국 곳곳에서 워크숍을 개최하고 성탄화 전시를 감독했다. 나중에 그녀는 그림자극을 상연했다. 그녀는 자신의 드라마 단체를 세계 여러 곳으로 데리고 갔다. 한국정부는 그녀의 활동에 깊은 인상을 받고 그녀가 교도소에서도 활동할 수 있게 해주었다. 정부는 버스와 여행편의 등을 제공했다.

우리는 성탄절 동안 몇 명의 미군을 초대할 생각이었다. 그러나 맥그루더MaGruder 장군이 비상을 걸었다. 전방에 있는 미군을 초대하지 못하고 그 대신 두 명의 미군만 초대했다.

많은 일들 가운데서도 베아트리체의 생일을 위해 스케이팅 파티를 열었다. 그것은 그 당시 한국에서 유행하던 생일파티였다. 날씨가 아주 추웠다. 때로는 영하 26℃까지 내려갔다. 눈은 별로 오지 않았다. 그러나 날씨가 바뀌어 따뜻해졌다. 우리는 아이스크림, 케이크, 뜨거운 코코아를 직접 만들고 게임도 했다. 어니는 진저리를 냈다. 그래서 나 혼자 모두 감당해야 했다.

의과대학생들은 성탄절을 파티 없이 그냥 보내고 싶지 않았다. 그래서 우리는 75명의 신입생을 위해 파티를 열었다. 모든 사람들이 왔다. 맥스웰 부인과 나는 얼마 동안 그들을 가르쳤다. 원래 우리 집에서 파티를 열 계획이었다. 맥스웰 부인의 차는 지프차가 아니어서 산 위의 우리 집에 올라올 수 없었다. 우리는 미군기지에 있는 그녀의 집에서 밤에 파티를 몇 차례 열기로 계획을 세웠다. 그것은 작은 일이 아니었다. 첫날 밤은 좋았다. 학생들이 기지에 모이면 몇 차례에 걸쳐 그들을 맥스웰 부인의 집으로 데리고 갔다. 마지막 파티는 거의 재앙에 가까웠다. 일 년 중 서울에서 가장 짙게 낀 안개가 파티가 끝날 때까지 우리를 덮었다. 내가 학생들을 다시 미군기지 정문─ 그곳에서 대중교통편을 타고 집으로 돌아갈 수 있었다─ 으로 실어다 주고 나자, 모든 사람이 거리에 다닐 수 없는 시간이었다. [자정은 통금시간이었다] 나는 화장실에서 밤을 보낼 수밖에 없다고 생각했지만 경찰은 친절하게도 집으로 가게 해주었다.

1960~1961년

1월 13일, 새 병원 건축이 아주 잘 진행되고 있다는 소식이 들렸다. 흉부외과 건물(미8군의 선물)이 거의 완성되었고, 간호사 숙소터도 불도저로 고르고 있었다. 연세대에 있는 우리 집은 곧 이사할 수 있는 단계였다. 불행히도, 문에 설치할 특수 잠금장치가 아직 도착하지 않았다.

한동안 사직동에 있는 우리 집의 전기배선이 걱정스러웠다. 선교회주택위원회는 배선상태가 괜찮다고 생각했기 때문에 우리는 그냥 있었다. 어느 날 저녁 우리 집 전등이 깜빡거리더니 나가버렸다. 촛불을 켠 후에 전등이 다시 깜빡거리더니 더 밝아졌다가 지지직거리더니 나가버렸다. 우리는 부엌의 전등을 끄려고 했지만 꺼지지 않았다. 그 때 덜컥 겁이 났다. 유령인가? 어니가 메인 스위치를 당겼더니 총소리처럼 날카로운 소리를 내며 깨져버렸다. 우리는 여전히 전등을 켜고 있었다. 두꺼비집에 불이 난 것을 보았다. 우리는 소방서와 전력회사에 전화했다. 우리 집에 전기배선을 새로 해달라고 할 필요가 없었다. 우리는 변압기를 새로 구했다. [한국의 전압은 미국과 달랐다. 미국제 가전제품을 사용하려면 변압기

를 설치해야 했다.]

1월 19일, 시어머니께서 돌아가셨다는 소식을 들었다. 어니가 이전에 병원 일로 일본과 미국으로 여행하는 중에 어머니를 방문할 수 있었던 것은 다행스러운 일이었다. 2월, 어니가 일본에 있는 동안 나는 새 집터에 가서 진행상황을 살폈다. 날씨가 아주 추웠다. 어니가 돌아온 날 밤 즉시 우리가 언제 이사할 수 있는지 보려고 그곳에 갔다. 사직동 집에 돌아왔을 때 난로가 이미 꺼져 있었다. 아주 추웠다. 기름 탱크를 두드려보니 비어 있는 소리가 났다. 나중에 알고 보니 기름이 있었지만 필터가 막혀 있었던 것이었다. 탱크와 필터를 깨끗이 청소했다. 우리는 모두 감기에 걸렸다.

서울에는 중국인이 많이 살았기 때문에 어니에게는 중국인 환자가 많았다. 우리는 중국대사관 [대만] 과 중국 교회 관계자들의 초대를 자주 받았다. 백낙준 박사는 중국말을 할 줄 알았다. 한국독립운동 당시 [1930년대?] 그는 만주로 도망갔다. 그는 그곳에서 약 10년간 살았다. 그것 때문에 우리와 백 박사의 관계가 한층 더 굳건해졌다.

우리 집 건축이 아주 느리게 진행되었기 때문에 더 빨리 공사를 진척시키려면 완공되지 않은 집으로 이사하는 것이 좋겠다고 생각했다.

미군들이 자주 우리 집을 찾아왔다. 한번은 필립 리치Philip Richey가 왔다. 그는 그 후에도 자주 왔다.

나는 미8군봉사회 자원봉사자였기 때문에 몇 가지 특권을 누렸다. 한 가지 특권은 미8군 관광여행을 떠나는 것이었다. 2월 22일, 우리는 38선으로 갔다. 우리는 검문을 받고 다시 검문을 받았다. 자유의 다리를 구경하고 공산주의 북한을 넘어다 볼 수 있었다. 우리는 오래 전에 칭기즈 칸

이 여행했다는 유명한 계곡을 구경했다. 그리고 중요한 문제가 터졌을 때 가끔 북한과 남한이 만나는 장소도 방문했다. 유엔 깃발이 탁자 한편에 있고 북한 깃발이 다른 편에 있었다. 유엔 깃발이 중앙에 너무 가까이 있는 경우 북한은 자신이 깃발을 중앙으로 더 옮겼다. 매일 매일 그런 식이었다. 북한 사람들은 우리 측을 쌍안경으로 보고 우리 측도 북한 사람을 그렇게 보았다. 이상한 느낌이 들었다. 집으로 돌아오는 중에 3개의 한국인 동상을 보았다. 미군들은 그 동상을 아빠 산Pappa San, 엄마 산Mamma San, 아기 산Baby San 이라고 별명을 붙였다.

세탁기는 조심스럽게 다루면 거의 평생 동안 쓸 수 있는 기계였다. 언어소통이 원활하지 못하고, 이곳 사람들의 기계제품에 대한 지식부족 때문에 물건들이 빨리 망가졌다. 어느 날, 집에 와보니 세탁기가 망가져 있었다. 배수가 되지 않았다. 세탁도 깨끗하게 되지 않았다. 링거 부품이 작동하지 않았다. 세탁통 안에서 세탁물에 물을 뿌려주는 부품이 부서졌다. 그 외에 내가 칼을 갈기 위해 사용했던 탄소철강을 망치로 사용하다가 부서졌다.

3월 초 쯤, 아침 일찍 지진이 발생했다. 나중에 다시 지진이 발생했지만 피해는 없었다.

3월 14일, 새집으로 이사하기 시작했다. 같은 날 오후, 어니가 일본으로 떠났다. 나 혼자 이사를 책임지게 되었다. 나는 그에게 장난을 쳤다. 나는 어니가 직접 옮기고 정리하라고 서재를 그대로 두었다- 사실은 아니다- . 나중에 그를 대신해서 서재를 정리했다. 건축업자들이 우리 주위에서 돌을 쌓고 벽난로 공사를 마무리하고 틈새를 수리했다. 이사는 우리집 고양이에게는 상당히 버거운 일이었다. 그날 고양이 한 마리가 새끼를 낳았다.

3월 27일, 다니엘스 대위가 우리를 만나러 왔다. 그는 감리교선교위원회의 브루스터 박사Dr. Brewster의 친구였다.

1960년 4월, 한국에서 혁명이 발생했다. 여러 사람들이 그 사건에 대해 다양한 견해를 피력했다. 아래의 "공식적인" 내용들은 힐다가 1960년 4월에 발행된 〈한국 단신korea Briefs〉에서 1960년 혁명에 대한 내용을 인용한 것이다.

전국기독교위원회 실행위원회는 서울의 유명한 부활절기념 새벽예배를 취소했다. 선동가들이 부활절 아침에 예배를 드리기 위해 모인 질서정연한 2만~3만 명의 사람들을 동요시킬 수 있다는 우려가 있었기 때문이었다. 그러나 그들은 부활절 새벽예배를 드렸다! 대규모 기독교인들이 주일 새벽예배에 참석했다. 그들은 여느 때처럼 일출 한 시간 전에 교회로 갔다!

75주년 기념식. 인천에서 가장 큰 감리교회에는 부활주일날 오전 3시에 교회 문 앞까지 사람들이 모여들어서 아펜젤러 목사 부부가 1865년 부활주일에 인천에 도착한 것을 기리는 75주년 행사를 거행했다.
복음전도부장 마경일 목사는 지금 총회에 참석중인 김 감독을 대신하여 사회를 맡았다. 신학교 총장 해럴드 S. 홍 박사는 기념식 설교를 했다. 이화여대 총장 김옥길 박사는 미국 교회에 보내는 메시지를 낭독했다.
서울연회 감리사 김광우 목사가 북한 감리교도에게 보내는 메시지를 낭독할 때 거의 모든 사람들의 눈에 이슬이 맺혔다.
적어도 청중의 삼분의 일이 북한에 친척을 두고 있으며 지난 10~12년 동안 북의 친척으로부터 전혀 소식을 듣지 못한 것으로 추정된다.

행사는 2시간 반 동안 계속되었지만 행사 내내 분위기가 고조되었다. 감리교회는 부활절을 경축했다! 부활주일 행사는 감리교인이 처음 인천에 발을 내디딘 이래로 오랜 동안 지속되어 왔다.

한국의 민주주의 회복. 부활주간의 월요일과 화요일은 어두운 날이었다. 시위대가 3.15 부정선거를 항의했다. 한 달 동안 평화적인 시위가 경찰의 진압작전 때문에 폭동으로 발전했다. "경찰국가"라는 말이 익숙한 말이 되었다.

어떤 사람도 이승만 대통령의 강한 애국주의를 의심하지 않는다. 그러나 그가 경찰들의 행동에 대해 알지 못하며, 그를 반대하는 사람들의 동기를 오해하고 있다는 사실이 명백해졌다. 정부가 3.15선거를 받아들이지 않을 것이라는 사실을 인정할 때까지 평화와 안정이 올 가망은 없다.

역사는 부활 주간에 한국인들이 민주정부의 부활을 목격했음을 기록할 것이다! 대통령이 지금 원로들에게 조언을 구하고 있으며, 사회를 경찰진압에서 더 민주적인 생활방식으로 바꿀 것이라는 현저한 징후가 나타나고 있다. 무엇보다도, 국민들은 그가 일평생 동안(최근까지) 위대한 애국자— 미스터 코리아— 로 산 것으로 기억하기를 원한다.

한국의 경제발전. 한국이 발전하고 있다. 그러나 한국은 일자리를 구하지만 찾지 못하고 있는 수많은 사람들에게 일자리를 제공해줄 공장을 세워야 한다. 필요한 전기를 공급하려면 최소한 3년이 더 걸릴 것이라는 말을 들었다. 압록강 이북[중국] 에 있는 우리의 이웃 때문에 12년 동안 전기를 이용하지 못했다. 수많은 가정들이 아직도 동굴이나 다리 밑, 판잣집에서 살고 있다. 그런 조건하에서 교회가 거의 자립하게 된 것은 놀라울 따름이다.

이제 나는 [힐다] 혁명에 관련된 개인적인 이야기를 들려주겠다. 상황이 갑자기 터지기 시작한 그날은 여느 날과 비슷해 보였다. 우리는 부정선거에 관한 내용을 읽고 있었다. 서양인의 관점으로 볼 때 유권자들이 일어서야 한다고 생각했다. 그러나 대학생들이 시위를 주도했다. 고등학생들도 시위대를 따랐다. 처음에는 평화롭게 진행되었다. 그러나 여느 사건과 마찬가지로, 어떤 사람이 위험을 무릅쓰고 도전하면 다음 사람이 흥분하고, 곧 감정이 폭발해버리게 된다. 지방경찰이 발포하자 사태가 더 악화되었다. 군대 [한국군] 가 소집되고 계엄령이 선포되었다. 나는 의대생들이 거리로 뛰쳐나가자 병원에서 집으로 출발했다. 집에 도착했을 때 페인 부인 Mrs. Payne [감리교 선교사] 이 산통이 왔다고 말했다. 그녀는 그 당시 우리 옆집에 살고 있었다. 어니스트는 새 병원건축 부지에서 열린 건축위원회 회의에 참여하고 있었다. 운전사가 페인 부인을 태우고 새 병원 부지로 간 다음 그곳에서 어니스트를 태우고 도심의 옛 세브란스 병원으로 떠났다. 그들은 일단 그곳에 도착하면 다시는 돌아올 수 없다는 것을 알았다. 우리는 페인 씨가 어디 있는지 몰랐다. 도심을 통과하여 병원까지 가는 데 지프차로 30분 넘게 걸렸다. 거의 같은 시간에 서울외국인학교는 학생들을 집으로 돌려보내고 있는 중이었다. 학생들이 집에 갈 방법이 없었기 때문에 학생들을 나누어 연세대에 있는 여러 선교사 가정에 보내 그날 밤을 지내게 했다. 베아트리체와 앤은 사태가 어떤지 알고 싶었다. 그들은 언덕을 넘어간 다음 시위대가 보이는 그 다음 언덕까지 갔다. 무차별 사격을 했기 때문에 우리는 그들에 대한 걱정으로 죽을 지경이었다.

다행히도, 전화선은 단절되지 않았다. 나는 그날 밤 병원에 여러 번 전화를 했다. 텔마 마오 [감리교선교사, 물리치료사] 가 어니스트의 사무실에 있었다. 그녀가 아드라 페인Adra Payne이 아기를 낳았다는 전갈을 보내왔다. 병원 근처에서 총성이 많이 들렸다. 델마가 나에게 전화를 하다가 갑자기 끊었다. 세브란스병원은 소요사태의 한 가운데 있었다. 환자들이 사방에서 병원으로 몰려들었다.

어니스트는 기자를 상대한 경험이 제법 있었다. 한국생활을 시작한 아주 초기에 어니스트가 인터뷰를 했다. 기자는 어니스트가 말한 내용을 그대로 보도하지 않았다. 어니스트는 미국인이고 또 미군과 함께 병원건축을 하고, 한국에서 선교사 의사로 봉사하고 있었기 때문에 매우 신중하게 처신하려고 원했다. 그는 그 인터뷰 기자의 의도를 알았다. 어니스트는 그에게 신문에 기사가 발표되기 전에 기사내용을 미리 보고 싶다고 말했다. 만약 내용이 잘못될 경우 고소할 작정이었다. 그 뒤로는 기자들로 인해 곤란을 겪지 않았다.

혁명이 일어난 다음 날, 어니스트는 집으로 올 수 있었다. 도중에 그는 전복된 버스, 자동차 등을 보았다. 도심의 세브란스병원 옆에 있는 기차역 부근의 상황은 최악이었다. 메리놀수녀회 소속의 한 선교사가 소요 사태로 발이 묶였다. 그녀는 우리 병원에서 밤새 머물렀다. 외부에서 밤을 지내는 것은 수녀회 규칙을 심각하게 위반하는 것이었지만 수녀회 책임자가 이번 경우에는 그녀를 특별히 문책하지 않았다.

2주 동안 대학들이 수업을 하지 않았다. 이승만 대통령이 사임했다. 이기붕 [이승만을 지지하는 여당의 대표] 과 가족들이 함께 자살했다. 교육자들이 시위대에 참여했다. 경찰총장이 사임했다. 국회의원들이 사임했다. 시위는 계속되었다. 한국친구들이 시위는 공산주의자들의 선동한 것이 아니라 혁명이라고 말했다. 이승만 대통령이 사임하는 날 저녁 7시에 계엄령이 발표되었다. 이 대통령은 [대통령궁에서] 사저로 걸어갔다. 군중들이 대통령이 집으로 걸어갈 때 그에게 존경을 표하기 위해 나왔다. 그는 사임하지 말라는 권고를 받았지만 그것을 거절했다. 이제 자유가 왔다. 그 다음은 어떻게 될까?

오랜 세월 동안 한국은 황제의 지배 아래 있었다. 황제가 말한 것은 그대로 집행되었다. 그 후 일본제국 아래에서 35년을 지냈다. 아이들은 모두 일본어로 말하고 공부해야 했다. 누구든지 직장에서 한국어를 하다가 들키면 체포당했다. 그리고 미국과 유엔이 왔고, 한국인들은 자유를 얻었다. 우리가 보기에 자유에는 책임이 따르는 것이었다. 그러나 한국인들에게 자유란 책임 없는 자유를 의미했다. 한동안 얼마나 혼란스러울 것인가! 그 이유를 알 수 있을 것이다. 한국인들을 비난할 수는 없다. 한국인들에게 진정한 자유를 설명해주지 못한 우리 미국인들이 오히려 비난받아야 할 것이다.

5월 초, 대학들이 다시 개교했다. 야간 활동은 많이 제한되었다. 5월 9일, 모든 학교가 개교했다. 젊은 사람들은 매우 활동적이었으며 상당히 자제했다. 5월 하순경, 어느 날 밤 집에 도둑이 들어 열쇠와 모든 것을 싹 훔쳐갔다. 우리는 집 열쇠를 새로 마련했다. 그러는 동안 장기 휴가를 떠날 준비를 했다. 그것은 우리가 선교사로 일하는 동안 평생 처음 갖는 공식 휴가였다. 우리는 6월 17일에 떠나서 텍사스에 사는 어니스트의 형제자매들과 얼마 동안 지내다가 시카고로 가서 필드Field 가족 [비올라 필드 Viola Field는 어니스트의 첫 사촌이고, 호머 필드Homer Field는 안과 의사였다] 을 만나고, 오하이오로 가서 나의 가족과 친척과 함께 지낼 계획을 세웠다.

나는 친정 엄마를 보고 충격을 받았다. 어머니는 몸무게가 6.8kg나 빠졌고 파킨슨병에 걸려 있었다. 아버지는 어머니를 많이 도와주었고, 그 또한 낙상을 당한 상태였다. 우리는 그분들과 오래 지낼 수 없다는 것을 알았다. 우리는 펜실베이니아 주 케인으로 가서 헌금과 기도와 사랑으로 우리를 후원해주는 교회를 방문했다. 우리는 인디애나폴리스에서 지낼 예정이었다. 그곳에서 메리디안 스트리트 감리교회의 지원을 받을 예정이었다. 그들은 우리를 위해 버틀러 대학과 베아트리체가 다닐 고등학교 근처에 집을 구해주었다. 베티도 자주 집에 들렀다. 우리 집은 카롤턴 5833번지였다. 베아트리체는 학교에 다녔고, 나는 대학에 다녔다. 어니는 신시내티 대학에서 특별연구를 하며 대부분의 시간을 보냈다.

불안하고 소란스러운 한국을 떠났지만 새로운 소식이 들리기를 고대했다. 혁명의 결과가 모든 사회계층에 영향을 미쳤다는 소식을 듣고 별로 놀라지 않았다.

힐다는 1960년 9월에 발행된 〈한국 단신〉에서 아래의 내용을 인용했다.

감창필 감독은 8월 30일~9월 1일까지 3일간 서울 양 기념교회Ryang Memorial Church에서 개최된 한국 감리교회 총회 임시회의의 긴급 신임투표에서 다시 신임을 받았다.

그러나 그의 참모진은 완전히 다시 구성되었다. 인천 소재 한국에서 가장 큰 교회의 담임목사인 윤창덕 목사는 복음전도부장으로 선출되었으며 전 감독인 전청옥 목사는 교육부장으로 선출되었다. 두 사람은 제3세계 출신 신학생들에게 수여하는 크루세이더 장학금Crusade Scholars을 받았던 사람이었다. 사회봉사부 부총무가 처음 임명되었고, 회계부장이 새로 선출되었다. 15개 교회의 28명의 임원trustee이 새로운 사람으로 교체되었다.

이러한 변화는 4월 혁명의 결과에 따른 영향이었다. "민주주의"의 의미를 오해한 일부 청년들은 모든 지도자가 교체되어야 한다고 생각했다! 다른 이들은 이승만 대통령이 제1감리교회 교인이라는 사실이 종교적 자결을 해야 할 만큼 심각한 불명예를 안겨주었다고 느꼈다. 하지만 이것은 주로 이승만을 지지하는 자유당의 대표인 이기붕에 대한 반발이었다. 일부 사람들은 새로운 총회를 선동하여 아직 지도력을 확실히 검증받진 못했지만 완전히 새로운 성향의 교회 지도자들이 교회에 기여할 수도 있다는 생각을 갖게 했다.

"무언가를 해야 한다."는 요구가 계속되어 임원들이 회의를 소집했다. 만약 2~3명 사람이 교회의 중앙조직에서 사임하면 문제가 해결될 것이라는 생각이 일반적이었다. 그 인물 중의 한 사람이 이승만이 출석하는 교회의 담임목사였다. 분명, 그는 담임목사직에서 물러날 잘못을 저지르지 않았다. 다른 사람들도 마찬가지였다. 그에 따라 감독, 감독의 참모, 28명의 임원들이 총회에 사직서를 제출하고 총회가 그중에서 몇 사람의 사표를 수리하면 지도력을 정화할 수 있을 것이라는 계획에 합의했다. 총회 각 부서를 이끌던 세 명의 유능한 사람들이 교체된 것은 불행한 일이었지만 그들은 이미 그 조치가 감리교의 "새로운 면모"를 보여주기 위해 불가피하다는 사실을 받아들였다.

임시회의를 해산하고 새로운 총회를 소집하려는 움직임에도 불구하고 - 방청석에 있던 일부 사람들이 그런 운동을 했다- 총회 회원들은 모든 혁명적인 변화를 거부했다. 일반적인 사회분위기를 감안할 때 총회는 질서정연하게 진행되었으며, 비기독교인들도 신사적인 태도라고 부를 만한 그런 분위기였다.

총회임원들이 1962년 총회에 보고 또는 처리해야할 문제는 두 가지였다. 하나는 한국감리교회의 재조직을 다루는 것이고, 다른 하나는 선교와 선교위원회간의 관계설정 문제였다.

두 가지 문제는 모두 경제적 상황 때문에 발생했다. 한국은 농업국가로서 인구의 70%가 농업으로 생계를 유지한다. 1인당 연평균수입은 90달러 미만이다. 그러나 서울은 근대적인 도시로서 임금수준이 한국의 다른 지역의 몇 배에 이른다. 따라서 농촌지역 교회는 거의 돈이 없다.

이러한 싱황은 한국 교인의 종교적 열정에서 비롯되는 요인과 맞물려 더 복잡해진다. 한국은 아마도 세계 어느 나라보다 교인수 대비 성경학교와 신학교의 수가 더 많을 것이다. 또한 교회 수도 계속 늘어나고 있다. 새로운 교회는 담임 목사를 원한다. 모든 신학교 졸업생들은 교회를 원한다. 그 결과, 50명 교인이 출석하는 새로운 교회(미국에서는 가정 선교사의 지원을 받고 있다)는 목사를 부양하기 위해 노력하고 있다. 한 달에 3~4달러의 현금도 큰 액수이다. 최근 그런 신생 교회에 대한 선교원조금이 줄어들고 있다.

무엇보다도, 대부분의 불안 원인은 농촌지역 목회자의 곤경에서 비롯된다. 신학교는 다른 일을 하여 자신의 생활비를 보충할 수 있도록 신학생들을 훈련시키든지, 농촌의 경제상황이 대부분의 사람들이 충분한 수입을 얻을 수 있는 수준에 이를 때까지 신생 교회들이 이용할 수 있는 선교기금을 조성해야 한다.

또 힐다는 연세대학교에서 "어떤 사람"에게서 받은 편지에서 다음 내용을 인용했다.

1960년 9월 29일 현재, 대학교 교실이 4주 동안 비었다. 여러 가지 문제 때문에 연세대이사회는 한국인들의 문제를 완화하기 위해 3명의 미국인들을 이사회 요직에 앉혔다. 이것은 단지 미봉책에 불과했다. 이사회의 절반은 후원 교회가 속한 여러 교단의 선교사들이었고 나머지 절반은 한국인들이었다. 학생들은 3명의 핵심 이사 선출에 반대했지만 이사회는 확고부동했다. 그 결과, 4~5명의 학생들이 백낙준 박사의 집에서 시위를 벌였다. 그는 전 연세대 총장이었으며 지금은 이사회의 이사였다. 학생들은 그의 사임을 요구한 다음 찰스 사우어 박사의 집으로 갔다. 시위는 오후 4시에서 11시 반까지 계속되었다. 집을 불태우고 폭행 등의 위협이 있었다. 11월 15일에 절정에 다다랐다. 연세대 총장서리 호레이스 언더우드Horace Underwood는 보이콧 당한 교수가 진행하는 수업에 일부 여대생들이 참석하지 못하도록 강요한 3명의 대학생들을 퇴학시킨다고 발표했다. 다음날 학생들은 수업을 거부하고 집회를 개최했다. 호레이스와 그의 가족들은 협박을 받아서 다른 집에 가족을 보내 자게 했다. 학생들의 집회는 오후 10시에 해산하고 호레이스 언더우드의 집을 향해 출발했다. 그는 전갈을 받고 집을 떠났다. 학생들은 그의 집에 돌을 던지고 집안으로 들어가 물건— 냉장고를 넘어뜨리는 등등— 을 부수고 훔쳤다. 그리고 그들은 사우스의 집으로 향했다. 경찰은 바리케이드를 설치했지만 학생들이 그것을 부수었다. 그들은 사우스의 집의 안팎을 모조리 부수었다. 난방기가 넘어져 기름이 식탁 주위에 흘렀다. 배관시설도 망가졌다. 17일, 학생들은 일부 정치범을 풀어주려고 시도했다. 이번에는 경찰들이 대비를 했다. 그 전날 체포된 학생들이 문제를 일으켰다. 시위대들은 체포된 학생들을 석방하라고 경찰들을 몰아붙였다. 경찰이 거부하자 더 많은 학생들이 자원하여 체포당했다. 경찰이 그들을 죄수 호송차에 실을 때 나머지 학생들이 저항하기 시작했다. 학생들은 돌과 각목 등으로 경찰과 싸웠다. 이런 상황이 계속되었다. 한국인 교수들은 잠적했다. 점차 상황이 진정되었지만 여전히 불안정했다.

미국에 있는 우리는 아주 분주했다. 나는 가능한 자주 부모님을 방문하고 버틀러 대학에서 수업을 들었다. 그리고 베아트리체를 위해 음악회, 합창단 등에 차로 데려다 주었고, 일주일에 1~3번 정도 강연을 했다. 베티는 가능한 자주 주말에 집에 왔다. 어니는 불규칙하게 집을 드나들었다. 때로 그는 강연여행을 다니거나 병원에서 일을 하기도 했다.

한국에서 일하는 선교사 한 분에게서 새로운 소식이 왔다.

한국은 1960년에 발생한 문제에서 완전히 회복하지 못했으며 무언가가 진행되고 있다. [1961년] 5월 16일 아침, 오전 4시 반경, 반도호텔 [서울에서 가장 좋은 호텔] 근처에서 총성이 들렸다. 어떤 사람이 대사관에 전화를 해서 한국의 육군과 해병대가 군사 쿠데타를 일으켰다고 알렸다. 쿠데타는 거의 조용하고 신속했으며 몇 명의 헌병이 사망했다. 미군 라디오 방송국은 약 3시간 후까지 상황에 대해 아무 말이 없었다. 무장한 군인들이 도시 전역 주요 도로에 배치되었다. 쿠데타가 성공하자 다음 날 군인들이 거리에서 철수했다. 사람들은 그동안 정부가 너무 물렀기 때문에 이제야 필요한 조치가 제대로 되었다고 말했다. 군사정부는 공산주의자들을 깨끗이 제거하기로 결정했다. 정부는 9백 명 이상의 공산주의자들을 체포했으며 사형을 비롯한 엄한 처벌을 내릴 것이라고 말했다.

사람들은 비로소 군사 통치를 체감하기 시작했다. 예를 들면, 은행 예금 자들은 한 달에 100달러만 인출할 수 있었다. 5월 22일, 사람들은 정부 가 국민을 엄격하게 통제한다는 것을 깨닫기 시작했다. 학교와 은행이 문 을 열었고, 교회들은 새 정부를 위해 기도하라는 말을 들었다.

우리가 한국에서 무엇을 보았던가? 우리는 지금까지 너무 바빠서 그 것에 대해 생각할 겨를이 없었다. 1961년 6월 초, 나는 버틀러 대학에서 기말시험을 쳤다. 나는 7월 14일에 있는 임상병리사 자격시험을 준비하 고, 짐을 싸고, 6월에 총회에 참석하고, 7월에 집을 떠나서 부모님을 잠깐 방문했다. 그리고 7월 29일 그곳을 떠나 8월 14에 샌프란시스코에서 배 를 탔다. 우리는 쇼핑을 약간 하고 샌프란시스코의 선교위원회 사무소에 서 업무를 처리했다– 자동차 외 몇 가지 물건을 팔았다– .

1961년 8월 31일 일본 요코하마에 도착했다. 감리교선교회 여행사 직원이 "와이스 박사 부부를 환영합니다."라는 팻말을 들고 우리를 기다 리고 있었다. 그리고 내 여동생이 보낸 편지도 있었다. 여행사 직원은 다 음날 한국으로 떠나는 차이나 베어China Bear호를 예약해주었다. 욕실은 몸집이 작은 사람용이어서 일단 그곳에 들어가면 빠져나올 때 아주 힘들 었다. 우리의 여객선이 며칠 연기되었기 때문에 우리는 잠시 쇼핑과 관광 을 했다. 우리는 닛코까지 여행을 하기로 했다. [이 당시는 2차 세계대 전이 끝난 지 15년 밖에 되지 않은 시기여서 일본 여행과 휴가비용이 아 직 아주 저렴했다.] 열차가 정시에 와서 바람처럼 달렸다. 택시는 더 빨 리 달렸다. 일본이 아주 많이 변했다! 닛코까지 안내하는 사람은 우리를 계속 움직이게 했고, 매번 정차할 때마다 버스가 정한 시간에 떠나며 기다려주지 않는다고 일러주었다. 우리는 산 위에 있는 닛코 시에 도착하여 멋진 사원을 구경하고, 분화구 호수를 둘러보고 케이블카를 타고 내려와서 도쿄로 갔다가 교토까지 둘러보았다. 우리는 후쿠다라는 이름의 선교사 부부를 찾아가서 그들과 저녁 식사를 함께 했다. 그들은 우리에게 교회의 위치를 알려주었다. 다음 날 아침 우리는 걸어서 교회로 갔다. 비록 일본어로 예배를 드렸지만 교회주보는 중국어와 일본어로 인쇄되어 있어서 예배진행을 이해할 수 있었다. 우리는 나중에 식당을 찾았다. 식당에는 음식메뉴를 소개하는 그림이 있어서 먹고 싶은 음식을 손으로 가리키기만 하면 됐다. 드디어 9월 5일 한국의 부산으로 향했다. 우리는 부산에서 하루 지내며 하퍼 가족[감리교 선교사] 과 메리놀수녀회를 방문했다. 만 하루 만에 인천에 도착했다. 파도가 높아서 여객선에서 임시 사다리를 타고 내려서 작은 배를 타고 해안에 도착했다. 우리는 삼손 Samson 가족과 스피커맨Speakman 가족[감리교 선교사들] 의 마중을 받고 곧장 서울의 우리 집으로 갔다. 이웃인 레이니Laney 가족이 우리의 잠자리와 끓인 물을 준비해주었다. 우리는 그들과 함께 저녁과 다음날 아침을 먹었다. 그 이후는 다른 사람의 도움 없이 지냈다. 우리는 다락방으로 가서 부엌기구를 꺼내고, 식료품을 사고, 직장으로 갔다.

세관을 통과할 때 새로운 정부에 대한 첫인상을 갖게 되었다. 아주 철저하다는 인상이었다. 그 다음 인상은 어디에든 경찰이 있고 법이 강력하게 시행되고 있다는 것이었다. 더 이상 무단횡단은 없었다. 사람들은 정해진 곳에서 도로를 건넜다. 꼭 필요한 곳을 제외하고는 경적소리도 울리지 않았다. 차량들은 질서정연하게 움직였다. 일부 사람들이 아직도 무단횡단을 주장한다는 소리를 들었다. 그들은 차도를 규칙에 따라 건너겠다는 약속을 할 때까지 교차로에 있는 대나무 상자에 가두어두었다.

그 다음 눈에 들어온 것은 식료품을 사러 갔을 때 암시장이 사라졌다는 것이었다. 한국산 제품이 암시장 제품을 대체했다. 일부 제품은 아주 좋았다. 이와 함께 레스토랑에서 커피 판매하는 것이 법으로 금지되었다. 팁도 구시대적인 것으로 여겨 폐지되었다. 그 대신 호텔과 레스토랑 요금에 10퍼센트의 봉사료가 부가되었다. 거리는 깨끗해졌다. 김치를 담그는 철에 거리에 배추 더미를 쌓아두는 것은 더 이상 허용되지 않았다. [김치는 한국의 중요한 음식이며 독일의 사우어크라우트(발효시킨 독일의 김치)와 비슷했다. 모든 가정에서 먹는 김치는 가정마다 나름대로 제조방법으로 만들었으며, 겨울 내내 먹을 수 있을 정도로 많이 만들었다. 김치는 매 식사 때마다 먹었다.]

가장 큰 변화중의 하나는 60세 이상의 교사들이 교사직에서 물러났다는 것이었다. 그것은 대학에 큰 타격을 주었다. 군사 통치는 새로운 지도자인 박정희에 의해 이루어졌다. 5개년 계획이 실행되었다. 도로는 포장되었고, 한국의 한쪽 끝에서 맞은 편 끝까지 도로를 이었다. 라디오가 모든 가정과 작은 마을에 보급되어 사람들이 세상 돌아가는 상황을 알게 되었다. 건축물은 제대로 지어졌다. 계약당사자가 사기를 칠 경우 투옥되었다. 정한 날짜까지 집을 사거나 건축하기로 계약을 할 경우, 그대로 시행되었다. 사람들이 미국이나 다른 나라로 가는 바람에 두뇌 유출이 시작되었다. 이러한 현상은 5백 달러를 갖지 못한 사람은 나라를 떠날 수 없으며, 가족 중 한 사람만 떠날 수 있다는 새로운 법에 의해 즉시 위축되었다.

교회 출석자수가 더 이상 증가하지 않고 있다는 점도 역시 눈에 띄었다. 병원 건축은 계획대로 진행되었다. 의과대학 건물과 간호대생의 첫 기숙사가 완공되어 헌당되었다. 의과대학은 성탄절쯤에 이전할 예정이었다. 병원의 주요 부분은 1962년 봄에 완공될 예정이었다. 그때쯤이면 우리는 모두 새로운 의대 캠퍼스로 이사할 수 있을 것으로 예상했다.

그동안 베티에게서 소식을 들었다. 베티는 간호훈련을 받기 위해 시카고의 노스웨스턴대학에 다니고 있었다. 나는 자격시험에 합격했다는 편지를 받았다. 이제 미국 임상병리학회가 인정하는 정식 임상병리사medical technician가 된 것이었다.

나는 베티에게 보낸 편지에 이렇게 썼다. "성경을 꾸준히 읽으면 유혹을 극복하는 데 도움이 될 게다. 베티야, 나는 예전에 학교 다닐 때(1933년) 우리 반에서 흡연과 음주, 그리고 입에 담기 힘든 행동에 빠지지 않는 유일한 사람이었어. 그렇게 하려면 때로는 상당한 용기가 필요했단다."

어느 날, 9월 25일경, 새 간호사들을 위한 기숙사가 헌정되었다. 어떤 사람이 차를 끓일 수 있는 등유 난로를 가져왔다. 이 난로는 다른 것과 달리 심지가 버너 주위로 돌아가며 설치되어 있었다. 인부가 난로의 겉포장을 벗긴 후, 심지와 포장재를 모두 창고에 던져버렸다. 어떤 사람이 쓰레기 더미에서 그 심지를 찾아냈다. 한국에서는 그런 일이 흔한 일이었다. 그래서 어떤 물건의 포장을 벗길 때 우리는 항상 옆에서 지켜보아야 했다.

미국에서 다시 소포가 오기 시작했다. [국제우편을 통해 오는 소포들은 알 수 없는 이유로 인해 그동안 일시적으로 중단되어 있었다.] 사람들이 중고 나일론 스타킹을 보내 주었다. 스타킹의 실을 풀어서 예쁜 물건을 많이 만들었다.

10월 2일, 나는 다시 병원에서 일하기 시작했다. 상당수의 임상병리실 직원 [남자] 들이 군에 입대했다. 그들은 더 이상 병역의무에서 면제되지 않았다. 나는 의대에서 의학영어를 가르쳤다. 어니스트는 한국어 공부를 조금씩 하면서— 혼자 떠듬거리며 말했다— 병원에서 일했고, 병원 건축 일에도 관여했다. 우리의 개인 화물이 9월 마지막 주에야 뉴욕에서 발송되었다는 전갈을 받았다. 그것은 화물이 성탄절 때까지 여기에 도착하지 못한다는 말이었다.

우리는 한국에 있는 중국인 교회에 계속 연락을 유지했다. 10월 12일, 중국인 교회의 만찬에 참석해달라는 "초대장"을 받았다. 우리에겐 전화가 없었기 때문에 그들은 어렵사리 우리에게 연락을 했다. 우리는 만찬에 참여했다. 그곳에서 우리가 들은 이야기는 정말 환상적이었다.

약 50년 전, 15살의 고아소년이 중국에서 한국으로 흘러들어왔다. 그는 영어를 배우고 싶어서 가톨릭교회의 공부반에 참석했다. 그 결과 그는 기독교인이 되었고 나중에는 훌륭한 건축업자가 되었다. 그는 중국으로 돌아갔다가 나중에 다시 한국으로 돌아왔다. 그는 복음선교회를 시작했다. 그와 다른 건축업자들은 공동 건축회사를 설립했다. 그들은 한국에서 훌륭한 건물을 많이 짓고 십일조를 바쳤다. 그들의 사역이 아주 훌륭했기 때문에 동양 전역에서 유명해졌다. 그들은 중국과 일본에 복음선교회를 창립했다. 우리가 살고 있는 산 위의 선교사 주택 세 채 [사직동] 도 그들이 지은 것이었다. 한국전쟁 때 세 집 중 한 채에 폭탄이 떨어졌다. 그러나 그 집의 기초가 워낙 튼튼해서 그 후 집을 철거할 때 아주 힘들었다. 철거작업자들은 그들이 칠한 회반죽을 깨지 못했다. 때때로 회반죽이 깨지기 전에 돌이 먼저 깨졌다. 사람들은 회반죽을 조금씩 잘라내어 연세대 캠퍼스에 있는 지금의 우리 집으로 날랐다.

그 건축업자들은 사업을 잘 운영하여 상당한 땅을 소유하게 되었다. 현재의 중국인 교회 앞에 있는 땅도 그들 소유의 땅이었다. 중국인 교회는 처음 교회를 지을 때 그 땅을 사고 싶었지만 살 여력이 없었다. 중국이 공산화된 이후, 그 땅의 소유자가 대만으로 갔다. 그는 서울의 중국인 교회에 그 땅을 팔기 위해 1960년에 한국에 돌아왔다. 불행하게도, 그의 사고뭉치 아들이 아버지를 대신해서 일을 잘못 추진하는 바람에 그 땅을 팔 수 없었고 그 노인은 대만으로 돌아갔다. 1961년 10월 15일, 그가 다시 돌아왔다. 그는 주님이 그에게 그 땅을 중국인 교회에 주어야 한다고 말씀하셨다고 말했다. 그래서 교회는 고아가 되어 중국에서 한국에 왔던 65세의 그 노인을 위해 잔치를 베풀었다. 다음 주일, 예배 후 그는 그가 어떻게 기독교인이 되었으며 얼마나 자주 축복을 받았는지 간증을 했다. 그는 감정이 복받칠 때마다 말을 잇지 못했다, 그렇게 감정을 표현하는 것은 중국인들(또는 동양인들)에게 아주 드문 일이었다.

멜로이 장군과 그의 아내가 모든 선교사들을 만나서 차를 마시고 싶어했다. 그 두 사람은 교회활동에 아주 적극적으로 참여하는 분이었다. 그들은 병원 건축에 어니스트와 같이 일했다. 특히 미8군 기념병원으로 짓는 흉부외과 건물 건축에 참여했다.

미네소타 주 출신 의원인 월터 주드Walter Judd가 방문했다. 그는 예전에 중국 선교사로 일한 적이 있었다. 오하이오 총회에서 온 워너Woerner 감독도 방문했다. 그는 새로운 교회건축을 돕기 위해 파견되었다. 딘 러스크Dean Rusk [미 국무부] 도 한국정부와 회담을 하기 위해 서울에 왔다. 우리는 15대의 호송차량이 그를 호텔로 데려갈 때 잠깐 그를 보았다.

어머니는 더 이상 우리에게 편지를 쓸 수 없었다. 어머니의 파킨슨병이 더 악화되었다. 그래서 아버지가 편지를 썼다.

11월 중순에 우리는 덧창문을 설치했다. 11월 18일은 아주 힘든 날이었다. 무엇보다도 오전 8시에 병원에서 강의가 있었다. 한 여자가 오더니 타자를 칠 수 있다면서 나의 비서 업무를 도와주겠다고 말했다. (우리는 우리가 장기 휴가를 떠나기 전부터 전에 고용했던 한국어교사와 비서를 다시 채용하지 않았다.) 그녀가 도와줘서 단축한 시간보다 그녀가 잘못한 일을 다시 고치는 데 시간이 더 많이 걸렸다. 그녀에게 그 일을 맡기지 않았다. 요리사가 등유난로가 고장 났다고 나에게 말했다. 등유에 물이 섞여 있었다. 등유가 모두 다 타고 물만 남아 있었다. 그래서 심지가 물에 완전히 젖어버렸다. 우리는 난로를 밖으로 갖고 나가서 연료통을 완전히 비웠다. 그리고 새 심지를 설치하고 등유도 새로 주입했다. 그 때 전화 기사들이 몇 시간 늦게 왔다. 그들은 저녁 7시 반까지 일했다. 이제 우리는 다른 다섯 가구와 공동으로 쓰는 전화를 갖게 되었다. 전화벨이 울리면 다섯 가구 모두가 전화를 받았다. 마지막으로 나를 힘들게 한 것은 집에서 쥐가 발견된 것이었다. 우리 집 지붕은 쥐가 들어 올 수 없게 시공되어 있었다. 어떤 사람이 방충망을 열어놓았다. 그래서 작은 쥐들이 집안에 들어오게 된 것이었다. 덩치가 큰 우리 집 고양이는 쥐를 쫓지 않았다. 드디어 잠자리에 들었다. 어머니는 그런 날이 있을 것이라고 한 번도 말씀하신 적이 없었다.

12월 4일, 우리의 화물이 세관에 도착했다는 연락을 받았다. 우리는 책을 많이 수송했기 때문에 저자 등을 포함한 책 목록과 저자와 서명이 나온 부분의 복사본을 제출해야 한다는 통보를 미리 받았었다. 타자기, 종이, 복사지를 갖고 인천으로 갔다. 나는 세관에서 화물 위에서 앉아서 어니가 책 이름을 불러주면 그것을 타자로 쳤다. 기온이 영하 3℃였다. 관세가 아주 높았다. 통조림 제품은 100%, 기계류는 120%였다. 총 관세는 372달러였다.

시어스 사에 주문한 성탄절 소포가 도착하지 않았다. 미국의 가족들이 부친 소포도 역시 도착하지 않았다. 그래서 우리는 성탄절을 간소하게 보냈다. 올해 서울의 성탄절도 상당히 간소했다. 정부는 관공서, 상점, 교회에 성탄절 트리를 설치하지 말라는 담화문(명령)을 발표했다. 우리는 사우어 가족과 로스 가족 [선교사 가족들] 뿐만 아니라 미군들도 저녁식사에 많이 초대했다. 찰스 사우어는 아주 기분이 좋아서 좋은 이야기를 많이 했다. 멋진 저녁식사 후, 모두 마루에 앉아서 미군 친구들에게 한국의 유명한 전통놀이인 "윷놀이"하는 법을 가르쳐 주었다.

12월 마지막 날, 우리는 베아트리체를 HCLA 방송국에 데려가서 인터뷰를 하게 했다. 그들은 한국어–영어 학습프로그램을 방송하기 위해 한국어를 잘하지 못하는 어린 미국소녀를 학생으로 선발하려고 했다. 베아트리체는 한 달에 4만 환을 버는 일자리를 얻었다.

1962년

처음부터 병원건축에 참여했던 스트라우스 씨Mr. Strauss가 미국으로 돌아갔다. 월러 씨Mr. Waller가 그의 역할을 대신하게 되었다. 어니는 지금 단계에서 새로운 사람과 일하는 것을 힘들어 했다.

의대는 새로운 캠퍼스로 옮겨갔지만 병원은 봄까지 이사를 하지 못했다. 그것은 아무도 병원의 세탁 시설을 주문하지 않았거나 그 시설이 운반되지 않았기 때문이었다. 그 다음은?

많은 문제가 있었다. 나는 집에서 세탁을 하기 위해 아침 5시에 일어나야 했다. 낮에는 전기가 들어오지 않았다. 내가 세탁을 하면 세탁기의 손상이 덜했다.

시어스 사에 주문한 성탄절 물건이 1월에 도착했다. 우리는 일 년 내내 성탄절을 보냈다.

우리 집에 새로운 강아지가 들어왔다. 누가 먼저 자리를 비켰을까? 개?, 고양이?, 인간?, 고양이가 강아지를 한 번 쳐다보더니 등을 둥글게

웅크리고 꼬리털을 부풀리며 이렇게 말하는 듯했다. "아주 이상한 녀석이군." 그리고 도망 가버렸다.

한국에서 어떤 사람이 당신을 칭찬할 경우, 당신은 그에게 "비행기 태우시는군요" [한국어의 관용적인 은어] 라고 말해야 한다. 병원 임상병리실 임상병리사 친구가 나를 아주 칭찬했다. 나는 재빨리 한국말로 그렇게 대답했다. 그녀는 내가 한국농담도 할 줄 아는 것을 보고 놀랐다.

감리교선교위원회 소속의 레드먼드Mr. Redmond 씨의 가족이 한국을 방문했다. 고향사람을 만나서 아주 좋았다.

어니는 우리 집에서 매주 정기적으로 건축위원회 회의를 열었다. 마침내 병원이 도심에서 이전하게 되었을 때 나는 무척 기뻤다. 그 후 우리는 걸어서 직장에 갈 수 있었다.

1월 27일, 병원 임상병리실에서 올림픽에 참가하려는 한국 육상선수들의 혈액검사를 실시했다. 모두 3백 명이었다.

2월, 서울외국인학교에서 사친회가 열렸다. 음식이 필요했다. 모든 음식을 집에서 준비하여 사친회 장소로 가지고 갔다. 우리는 60~70인분을 준비했다. 접시, 뜨거운 물을 담은 보온병, 커피가루, 설탕, 크림, 냅킨, 은 식기, 휴지, 식탁보 등을 일일이 챙겼다. 정말 힘들었다! [일회용품도 없고, 식기세척기도 없었다.]

최근 미국 전국교회협의회National Council of Churches에 몇 가지 문제가 생겼다. 미국 전국교회협의회는 한국의 중국인 교회가 다른 모든 교회와 관계 맺기를 원했다. 중국인 교회는 도움이 필요했다. 지금까지 한국 교회는 중국인 교회가 미국 전국교회협의회에 가입하는 것을 원치 않았다. 한국교회가 [미국 교회로부터] 지원받는 돈을 중국인 교회에 나누어 주

어야 하기 때문이었다. 그래서 좋지 않은 감정이 있었다. 미국 감리교선
교회가 완충역할을 하고 있었다. 장로교회와 동양선교협회[Oriental
Missionary Society] 에도 문제가 있었다. 맥킨타이어McIntyre라는 미국
인이 교회를 교란시키려는 목적으로 한국에 왔다는 소문이 돌았다. 그것
이 전부가 아닌 듯 했다! 미국 전국교회협의회에 가입한 어떤 사람이 공산
주의를 지지하는 사람이라는 소문도 돌았다. 우리는 미국의 극우단체인
존 버치협회John Birch Society가 활동하던 시절이 생각났다. [1950년대의
미국 - 매카시 상원의원이 활동하던 시기이며 공산주의자들을 잡기 위한
마녀사냥이 이루어졌다.]

군사독재 통치가 점점 더 피부로 와 닿았다. 미8군 봉사회 자원봉사자
의 특권이 사라지게 될 것이라는 소문이 있었다. 또한 우리의 임금이 미
국에서 한국으로 송금되자마자 법정 환율 기준으로 한국화폐로 교환되었
다. 그것이 우리를 힘들게 하지 않았지만 암시장에 관련된 몇몇 친구들에
게 피해를 주었다. 어니는 병원 건축자금을 받을 때 이 문제를 아주 신중
하게 검토했다.

모든 일에 대한 통제가 점점 더 심해졌다. 장기적으로 볼 때, 그것이
한국에 도움이 되었다. 암시장의 근절처럼 많은 것들이 이미 이루어졌어
야 했다.

의사와 결혼해서 사는 일은 쉽지 않았다. 저녁시간이나 파티를 계획하
더라도 마지막 순간에 의사는 응급상황으로 인해 호출을 받을 수 있다.
그래도 예정된 일을 계속해야 했다. 2월, 신시내티 대학에서 어니의 친구
였던 몇 사람이 우리를 방문할 예정이었다. 몇 가지 이유[높은 혈압] 로
어니는 코피를 흘렸다. 손님이 오는 날에 어니는 몸이 많이 아팠다. 그래

힐다, 베아트리체, 앤 스틴스마와 한국인 친구들, 1962년.

서 내가 병원으로 가서 손님들에게 병원을 소개하고 저녁 대접을 했다. 브라이언 박사Dr. Bryan는 신시내티대학 언론학과 과장이었다. 그의 아내는 휴니필드 씨Mr. Huenefeld의 개인 비서였다. 어니는 우리가 장기 휴가 중일 때 그들의 고양이 한 마리를 데려왔다. 또 다른 손님은 채플린 휴어 Chaplain Huer였다. 그는 나의 간호학교 급우인 헬렌 가머 블라운트Helen Garmer Blount의 자매와 결혼했다.

오하이오에서 선교사들이 새로 왔다. 우리는 아주 좋은 친구가 되었다. 어느 날 우리가 그들 옆에 있었는데 그들의 집 마당에 지프차가 빠질 정도의 큰 구멍이 생겼다.

베아트리체가 남부 감리교 대학Southern Methodist University에 입학할 수 있다는 전갈을 받았다. 하지만 베아트리체는 오벌린Oberlin대학에 입학하고 싶어 했다.

2월 18일, 펜실베이니아 주 케인 출신의 미군 한 사람을 저녁식사에 초대하기로 계획했다. 그는 범죄조사부에서 일했는데 결국 우리 집에 오지 못했다. 우리는 다이아몬드 마운틴 윤Diamond Mountain Yun을 비롯한 다른 손님들을 초대했다. 그는 75세였지만 매우 적극적이었다. 그는 내가 이제껏 만난 사람 중에 주름이 가장 많았다. 우리는 그가 들려준 초기 한국 역사이야기에 푹 빠졌다.

팻 리처드슨이라는 미군이 우리를 만나러 왔다. 그는 시카고에서 딸에게 만들어준 디비니티 캔디divinity candy를 보내왔다. 베티는 그에게 고맙다는 편지를 썼다. 나중에 그는 시카고에 있는 베티를 만나러 갔다. 짐작하겠지만, 그는 나중에 우리의 사위가 되었다.

미국 소식은 흥미진진했다. 존 글렌이 우주공간에서 지구를 한 바퀴 돌았다. 파우어스와 아벨 [러시아 스파이] 과의 맞교환이 이루어졌다.

한국 정부는 서양인들이 미국 제품을 구입할 수 있는 "판매점"을 설치했다. 물품 가격이 전혀 달랐다. 그러는 와중에 딘 쇼윈거트 [감리교선교사] 가 통조림 공장을 세웠다. 그것은 지역사회와 지역 경제에 큰 축복이었다.

한국 전역에 독감이 크게 유행했다. 보도에 따르면, 3월 1일 현재 만 명 이상의 환자가 발생했다. 멜로이 장군은 [한국인을 위해] 백신을 제공했다.

신축 병원의 공식적인 준공식이 5월 1일로 정해졌다. 어니에게는 얼마나 감격스러운 날이었던지! 그는 그동안 이 날을 위해 그렇게 열심히 일했다.

데오볼드 부인Mrs. Theobold이 보내준 많은 양의 구호품 옷이 미군을 경유하여 우리에게 전달되었다. 소문이 빨리 퍼졌다. 우리 집의 벨소리가 계속 울렸다. 나는 한국 사람들을 돕기 위해 구두도 자주 닦았고, 연필도 더 많이 사주고, 터무니없는 가격에 비누도 많이 샀다. 우리는 어쩔 수 없이 집 주위에 담을 둘러쳐서 끊임없이 우리 집을 찾아오는 거지들을 막아야 했다. 나는 항상 작은 쌀자루와 보리자루, 구호품 옷 꾸러미를 집에 보관해 두었다.

괴로운 한 주였다! 세탁기가 고장 났다. 미국에서 사온 케이크 믹스기도 고장 났다. 베아트리체의 안경이 깨졌다. 나는 처방전을 잃어버렸다.

선교사 자녀인 데이비드 무어 [베티의 학교 일 년 후배] 에 관한 소식을 들었다. 그의 어머니는 성탄절 이후로 아들로부터 소식을 듣지 못했다. 그때는 벌써 1962년 3월이었다. 그는 가족들 중 누구에게도 말하지 않고 결혼했다. [대학 2학년 때 였다.] 그 일은 아주 큰 충격이었다. 이것은 선교사가 겪는 어려움 중의 하나였다. 우리는 주님이 만사를 올바르게 해주실 것이라는 큰 믿음이 필요했다.

3월 6일은 잭 데이스Jack Theis [감리교 선교사] 가 운영하는 엔젤스 헤이븐Angels Haven − 거리에서 구걸하는 거지소년을 위한 집 − 의 준공식이 있는 날이었다. 그곳까지 가는 데 45분이 걸렸다. 거의 절반쯤 가는데 새 하수도 공사 때문에 도로가 파져 있었다. 우리 차는 도시 외곽에 있는 질퍽한 논까지 상당한 거리를 후진해야 했다. 지긋지긋한 도로였다! 우리는 여러 번 긴장했다.

3월 21일, 어니는 최종 한국어 시험을 치렀다. 그는 곰 같았다. 베아트리체는 늦게까지 나가 있었다. 그리고 짜증을 냈다. 나는 목이 따끔거렸다.

　4월, 원주로 여행을 떠났다. 그곳의 선교병원이 간호사 숙소와 결핵 병동을 준공했다. 거기에서 우리는 한센병 가정을 방문하러 갔다. 머레이 박사Dr. Murray와 그 지역의 미군이 그 지역의 한센병자들을 도와주고 있었다. 한센인들은 산골짜기의 작은 마을에 살았다. 그들은 다른 사람들로부터 고립되어 있었다. 한센병자들은 병이 낫는 즉시 다른 지역으로 옮겨졌다. 그들은 일반 사회의 구성원이 되었다. 한센병자들은 전용 진료소를 이용했다. 미군들이 그들에게 좋은 가금류와 돼지를 갖다 주었다. 그들은 외부에 계란과 고기를 팔아서 생활했다.

　베아트리체는 한국의 다른 지역을 구경하러 수학여행을 떠났다. 그 여행은 서울외국인학교가 후원했다. 베아트리체는 다리를 다쳐서 돌아왔다.

　병원 준공식은 6월 5일로 연기되었다.

　5월 16일 밤, 어니, 베아트리체와 나는 아시아 독감에 걸렸다. 나는 최악의 적이라도 이 독감에 걸리기를 원하지 않았을 것이다. 어니는 병원에 입원해야 했다. 우리는 끔찍할 정도의 두통, 복시double vision, 오한, 열, 현기증 등을 겪었다.

　드디어 병원 준공식이 끝났다. 그 날은 어니에게 뜻 깊은 날이었다. 준공식을 위해서 별다른 준비는 하지 않았다. 중요 참석자는 다음과 같았다. 멜로이 장군, 한국주재 미국대사, 미8군 군악대, 한국 수상, 다른 고위 인사들과 많은 손님들. 모두 합해서 500명이 참석했다. 주요 연사는 멜로이 장군, 어니스트, 감리교선교위원회의 룩스 박사Dr. Loucks였다. 전체 행사는 2시간 반 동안 진행되었다. 마지막으로 신시내티 대학의 갈 박사Dr. Gall

```
Severance - Eighth U.S. Army Memorial Chest Hospital
Dedication Ceremony, 1330 hours, 5 June 1962

President YUN, Dr. WEISS, Ladies and Gentlemen:

    ON 23 APRIL 1955, ONLY A FEW YARDS DISTANT FROM THIS SPOT, GENERAL
LYMAN L. LEMNITZER, THEN COMMANDING THE EIGHTH UNITED STATES ARMY, SYM-
BOLICALLY BROKE GROUND FOR A MEMORIAL CHEST HOSPITAL TO BE SACRED TO
THE MEMORY OF THE MEN OF THE EIGHTH U. S. ARMY WHO HAD SHED THEIR BLOOD
ON KOREAN SOIL FOR THE CAUSE OF FREEDOM.

    TODAY IT IS MY PLEASURE AND PRIVILEGE AS EIGHTH ARMY COMMANDER, TO
SEE THE EIGHTH ARMY MEMORIAL CHEST HOSPITAL COMPLETED AS AN INTEGRAL
PART OF THE YONSEI UNIVERSITY MEDICAL COMPLEX.  WITH ITS COMPLETION,
KOREAN FACILITIES FOR THE RESEARCH, TREATMENT AND CARE OF CHEST DISEASES
ARE GREATLY EXPANDED.  FURTHER, AS AN ADJUNCT TO ITS OPERATION, THE
CHEST HOSPITAL AND THE ENTIRE COMPLEX WILL SERVE AS A FOCAL POINT FOR THE
TRAINING OF KOREAN SURGEONS AND NURSES IN THE TECHNIQUES OF DIAGNOSIS,
SURGERY, AND CARE.

    THE ROAD LEADING TO TODAY'S CEREMONY HAS NOT BEEN AN EASY ONE.
CHANGES IN PLANS AND SPECIFICATIONS, INCREASED COSTS OF MATERIALS AND LABOR,
CHANGES IN THE RATES OF EXCHANGE, NON-ARRIVAL OF EXPECTED FUNDS AND
OTHER ASSISTANCE -- THESE AND OTHER STUMBLING BLOCKS DELAYED COMPLETION
OF THIS CENTER.  FOR AWHILE IT EVEN APPEARED THAT THE ENTIRE PROJECT
MIGHT BE CANCELED.  BUT TODAY - THROUGH THE MUTUAL EFFORT OF MANY WE
SEE THE COMPLETION OF THIS MOST WORTHY ACTIVITY.

    THE EIGHTH ARMY'S SHARE IN THIS JOINT ENDEAVOR WAS MADE POSSIBLE
THROUGH THE ARMED FORCES ASSISTANCE TO KOREA PROGRAM.  UNDER THE AFAK
PROGRAM, WE WERE ABLE TO PROVIDE A SIGNIFICANT AMOUNT OF CONSTRUCTION
MATERIALS AND OF OTHER ITEMS NOT READILY AVAILABLE IN KOREA.  IN SOME
INSTANCES WE WERE ABLE TO PROVIDE OCEAN AND LAND TRANSPORTATION OF
MATERIALS; IN OTHERS, WE PROVIDED HEAVY EQUIPMENT -- ROAD ROLLERS,
```

멜로이 장군이 미8군이 세브란스병원에 흉부외과 시설을 제공하는 기념식에서 낭독한 연설문 첫 페이지, 연세대 의대 세브란스 병원, 1962년.

[힐다에게 임상병리를 가르쳤던 병리학 교수] 에게서 전화가 왔다. 그는 미군의 임상병리 컨설턴트로 초청을 받았다. 우리는 그와 셔먼 대령 부부와 함께 저녁을 먹었다. 준공식 다음 날 갈 박사를 집에 초대하기로 계획을 세웠다. 그러나 정치적인 시위가 발생하여 아무도 미군 기지를 떠날 수 없었다. 그날 밤, 10시 경에 라디오 방송을 통해 모든 미군들과 미국 민간인들이 갖고 있는 환(한국 화폐)을 새로운 통화로 바꾸라는 내용이 발표되었다. 우리는 가진 돈은 모두 계산해서 신고했다. 우리는 각각 일

주일간 버틸 수 있는 "작은 액수의 돈" [3.85달러] 을 받았다. 한국의 경제가 그날 밤 동안 정지했다. 사람들은 2km넘게 길게 줄을 섰다. 경찰이 사방에 깔렸다. 정부는 가난한 사람들을 위해 낮은 가격으로 쌀을 방출하였다. 이 일은 일주일 동안 계속 되었다. 병원은 현금 천만 환을 보유하고 있었기 때문에 이 사건으로 인해 심각한 타격을 받았다. 그 돈은 모두 동결되었고 5년 동안 연리 10%의 이자로 대부되었다. 비열한 정책이었다. 그래서 우리는 조만간에 병원을 도심에서 옮길 엄두를 내지 못했다.

7월, 선교회 차량이 모두 거의 망가졌다. 한 대는 전혀 운행할 수 없고, 다른 차는 라디에이터가 터졌다. 어니는 며칠 간 해변에 갔는데 그가 몰고 갔던 차 배터리가 나가버렸다. 기차 편으로 그에게 배터리를 보냈다. 우리는 새 차를 구입하기로 했다.

감리교 연례총회가 다가왔다. 정치가 총회에도 영향을 미쳤다. 감독을 선출하기 위해서는 41표가 필요했다.

고맙게도, 휴가를 얻었다. 우리는 해변으로 떠났다. 이제 해변 마을로 가는 길의 약 삼분의 일 지점에 미사일 기지가 생겼다. 그래서 주위에 미군들이 많이 있었다. 해변에 미군 보트도 보였다. 올해는 파도가 때로 6.4m 정도로 높았다.

8월 1일 경, 해변에 있을 때 노라Nora 태풍이 다가온다는 예보를 발표되었다. 비가 내리기 시작했다. 모든 창문과 셔터를 걸어 잠그고 주위의 물건을 안으로 들였다. 등유를 추가로 집에 가져다 놓고 고립을 대비했다. 오전 3시경, 아주 거센 소리를 듣고 깨어나 보니 엄청난 바람과 폭우가 사방에서 몰아쳤다. 아주 잘 지어진 별장이었지만 비가 새고 있는 것을 발견했다. 그래도 우리 집은 다른 집보다 형편이 나았다. 다음날 날씨가 고

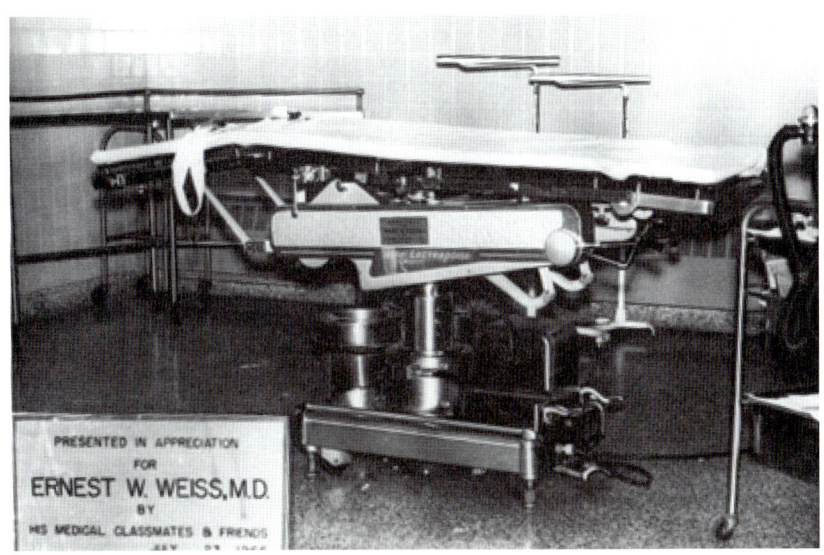

어니스트의 의과대학 친구들이 세브란스병원에 제공한 수술대, 1962년.

요해졌다. 그 다음 날에는 해가 나왔다. 우리는 모턴 솔트 사의 소금- 이 소금은 통에서 항상 잘 나왔는데 이때는 습기 때문에 엉겨 붙어 잘 나오지 않았다- 을 비롯하여 모든 물건을 햇볕에 말렸다.

8월 8일, 전혀 예고도 없이 다른 태풍(오팔)이 강타했다. 많은 피해가 발생했다. 오전 6시경에 울부짖는 거센 소리에 깼다. 우리는 셔터를 닫으려고 일어났다. 해변에서 불어오는 바람이 너무 강해서 피부에 부딪치는 모래가 바늘 끝처럼 날카롭게 느껴졌다. 지붕의 타일이 날아갔다. 대걸레로 물을 훔쳐냈다. 다른 집들도 지붕이 날아갔다. 미군 보트 한 척이 부서졌다. 미군은 그 당시 "작전 중"이었기 때문에 태풍에 대해 미리 알려주지 못했다. 우리는 지붕을 수리하고 물건을 말리고 나서 곧 서울로 출발했다. 절반쯤 되는 지점에서 차의 타이어가 터져버렸다. 타이어를 교체할 동안 기다리고 있는데 가스탱크가 새기 시작했다. 가스탱크의 부식이 아주 심했다. 나의 껌과 이쑤시개가 그 문제를 해결했다. 우리는 가장 가까운 도시로 천천히 차를 몰고 갔다. 믿거나 말거나, 그곳 정비공들은 가스탱크를 비우지도 않고 토치램프로 가스탱크를 수리했다. 늦은 시간 [통금시간] 이었기 때문에 그날 밤은 온천호텔에서 잤다. 다음 날 아침, 다시 서울로 출발했다. 우리는 안양에 잠시 멈추고 통조림용 과일을 샀다. (안양은 과일 재배지였다.) 다음 이틀 동안 우리는 복숭아, 토마토, 포도주스, 잼, 야채스프, 피클을 깡통에 담았다. 그리고 병원으로 다시 일하러 갔다.

새 병원에서는 창문을 열어놓아도 온갖 종류의 매연 검댕이가 들어오지 않아서 아주 좋았다. [도심의 옛 병원은 서울역 맞은편에 있었다. 기차들이 석탄을 태워 운행했기 때문에 검댕이가 많이 생겼다.] 새 병원에는 임상병리용 튜브를 세척할 싱크대, 업무용 카운터, 멋진 병실, 아름다운 풍경이 있어서 정말 좋았다. 새 세탁실은 구 병원에 비해 현저하게 개선된 부분이었다. 대기실과 부엌도 마찬가지였다. 마치 천국에 온 것 같았다.

9월, 베아트리체가 장학금(메리트 장학금)을 받았다는 소식이 왔다. 팻 리처드슨Pat Richardson은 조만간 한국을 떠나서 미국에 있는 베티를 만나볼 계획을 세웠다.

감리교선교위원회의 마가렛 트위넴Margaret Twinem이 우리를 방문했다. 그녀는 신임 선교사들을 선발했다. 그녀는 중국에서 일한 적이 있었다.

우리는 종종 다른 선교사들의 사역을 살펴보았다. 어느 날 우리는 은혜의 집House of Grace을 방문했다. 그 집은 거리에서 데려온 8~16세의 소녀들을 돌보았다. 그들은 이전에는 창녀였다. 보통 그들은 어릴 때 도시로 보내졌다가 친척들에 학대를 당했다. 그런 일들은 그들의 마음에 심각한 죄의식을 남겼다. 나중에 그들은 죄의식에 사로잡혀서 자신의 몸을 팔았다. 은혜의 집에서는 그들에게 기독교복음을 전하고 또한 직업기술을 가르쳤다.

새 정부는 단순한 일부터 시작해야 한다고 주장했다. 그 말을 들으니 얼마나 감사한지!

가끔 우리 집의 일꾼들이 나를 짜증나게 했다. 어느 날, 타자기 패드가 보이지 않았다. 우리 집에서 일하는 여자가 타자기 패드를 신발 패드로 만들어야겠다고 생각하고는 어니의 모든 신발을 그 위에 올려놓았다. 그녀는 욕실에 빨려고 내놓았던 지저분한 옷을 가져다가 다림질해서 옷장에 걸어놓았다.

영광스럽게도, 집에서 개최한 정기기도회에 해리 덴먼 박사와 포츠 박사Dr. Pots를 초대했다.

우리 의료인들은 한국에 거주하는 모든 의료인 외국인들의 연례모임에 즐겁게 참여했다. 그들은 모두 신앙인들이었다. 우리는 의료인으로서 복음을 더 잘 증거하는 방법에 대해 토론했다. 또한 의료에 관한 주제에 대해서도 의견을 나누었다. 우리의 유일한 논쟁거리는 피임에 관한 것이었다. [최초의 피임약이 1960년대 초에 나왔다.]

이 무렵, 쿠바 미사일 위기가 발생했다. 우리는 다시 짐을 싸야하는지 궁금했다.

우리는 한국주재 필리핀 대사 부부와 좋은 친구가 되었다. 그들은 토요일에 한국에 도착했고 일요일에 서울연합교회에 출석했다.

1963년

1월 초순, 수십 년 만에 가장 추운 날씨였다. 영하 26℃였다. 우리는 그저 몸을 따뜻하게 하려고 최선을 다했다.

우리 병원 임상병리사들의 모임이 조직되었다. 그들은 서울 임상병리사 회의에 참석했다. 그 회의는 국립중앙의료원National Medical Center – 유럽에서 온 사람들이 서울에서 새로 개원한 병원– 에서 개최되었다. 나는 학생들과 함께 갔다.

삼촌과 고모가 돌아가셨다는 소식을 들었다. 존 삼촌과 노라 고모가 얼마 전에 결혼 50주년기념 잔치를 했었다. 부모님들이 그날 참석했다. 그리고 얼마 후 존 삼촌이 돌아가셨다. 부모님들은 삼촌과 고모가 그분들의 결혼 50주년기념– 1963년 4월– 에 참석해주기를 바랐지만 뜻대로 되지 않았다.

2월 14일 제부인 빌 플레치에게서 국제전화를 받았다. 그는 좋지 않은 소식이 있다고 말했다. 아버지에게 심각한 심장마비가 발생해 1시간 반 만에 돌아가셨다고 했다. 나는 내가 잘못 들었다고 생각했다. 병석에 계신 어머니는 점점 악화되고 있었다. 그뿐 아니라 나는 2주 전에 편지 한 통을 받았다. 아버지가 건강검진을 받으러 의사에게 갔고 너무 뚱뚱하다는 것을 제외하면 나이에 비해 건강하다는 말을 들었다. 빌은 재차 아버지가 돌아가셨다는 말을 했다.

이번 한 번만 특별히 당국이 지체없이 나에게 비자를 발급해주고 아울러 미국행 항공권을 제공해주었다. 나는 다음 날 시카고로 가고 있었다. 베티와 필드 가족이 공항에서 나를 마중해주었다. 그곳에서 베티와 나는 오하이오 주 마리온으로 갔다. 장례식은 2월 19일이었다.

2월 14일 아침, 내 여동생이 밸런타인데이에 부모님께 드리려고 케이크를 구웠다. 케이크를 오븐에서 꺼내는 순간 케이크의 가운데가 쪼개졌다. 그녀는 그 일로 느낌이 이상했다고 말했다. 그런 일은 지금까지 일어난 적이 없었다. 그 날 늦게 아버지가 돌아가셨을 때 그녀는 그제야 그 의미를 이해했다.

그 해 나는 서울외국인학교에서 1학년과 2학년들에게 생물학을 가르쳤다. 내가 로이스 사우어Lois Sauer의 생물학 수업을 대신 맡겠다고 약속을 했을 때, 수업이 어떻게 될지 알지 못했다. 우리는 그럭저럭 수업을 진행했다. 무엇보다도, 미국으로 물품들을 주문하지 않았기 때문에 한국의 물품을 사용할 수밖에 없었다. 우리는 한국의 물고기(넙치), 개구리, 뱀 등을 해부했다. 우리는 한국의 동물에 대해 많이 배웠다. 소화관의 연동운동에 관한 공부를 위해서 어니스트를 불러 토끼를 해부하게 했다. 먼저 토끼를 거의 죽을 정도로 마취했다. 그 다음 토끼가 죽을 때까지 심장박동을 보고 죽은 후에는 창자의 연동운동을 관찰했다. 내가 아버지의 장례식에 참석하기 위해 미국에 갔을 때 생물학 진도가 딱 절반이었다. 사실,

나는 한 달 동안 미국에 머물렀다. 나는 생물학 수업이 제대로 진행되는
지 궁금했다. 나는 솔직히 의심스러웠지만 로이스는 내 대신 학생들을 열
심히 지도했다. 4월 2일 생물학 수업 발표회가 개최되었다. 모든 학생들
이 그 전시회를 준비했다. 한 학생이 쥐 두 마리를 잡아서 설치된 미로에
놓아두었다. 그 학생은 매일 그 쥐들이 미로를 빠져나가는 시간을 측정하
여 쥐도 학습할 수 있다는 것을 입증했다. 다른 학생은 쥐의 알코올 중독
에 대해 실험했다. 이 실험에서 쥐가 알코올을 거부함으로 더 영리하다는
점을 밝혔다. 두 여학생은 계란 부화장을 방문했다. 그들은 부화실에 있
던 계란을 얻어서 여러 단계의 계란을 열어서 알코올 용액에 담아 전시했
다. 그리고 때가 되어 부화한 병아리들도 있었는데 시끄럽게 삐약거렸다.
어떤 학생은 조개껍데기를 수집하여 공통된 이름과 학명에 따라 분류했
다. 또 다른 학생은 다양한 연령대별 아이들의 사진을 찍고 그들의 일상
적인 활동에 대한 연구를 많이 했다. 어떤 학생은 뱀과 도마뱀을 수집하
여 도마뱀이 뱀을 공격하는 방법을 보여주었다. 그는 또한 뱀의 허물 벗
는 모습을 전시했다. 다른 학생은 여러 종류의 꽃가루를 전시했다. 어떤
학생은 자신이 키운 단세포 유기체를 현미경으로 볼 수 있게 했다. 다른
학생은 병원 임상병리실을 방문하여 박테리아 슬라이드와 박테리아 배양
균을 전시회에 가져왔다. 한 학생은 편형동물에 속하는 플라나리아를 수
집하여 생식과정을 보여주었다. 나는 학생들이 정말 자랑스러웠다.

미국을 떠나기 전, 미 공군 소령이 자기 아내(쇼트리지Shortridge)가 우리
와 함께 지낼 수 있는지 물었다. 그녀는 영양사였다. 그녀는 내가 오하이
오에 있을 때 도착했다. 모든 사람들이 그녀를 좋아했다. 단 6개월 밖에
함께 지내지 못했지만 그녀는 병원에서 정말 많은 일을 해냈다. 그녀는

한국에서 살 여건이 되지 않았기 때문에 3월 24일에 떠났다. [미국인 기준에 맞는 주택이 없고 소비재가 부족했기 때문에 미군은 고위급 장교들만 한국에 배우자 또는 가족을 데리고 살 수 있도록 허용했다.]

올해 또는 아마도 그 이전 해에 [서울외국인학교] 교과과정에 성교육이 도입되었다. 나는 그 과목을 가르치기가 힘들었다.

그 후 해변 별장에서 일주일 동안 휴가를 보냈다. 나는 편지를 쓸 시간이 많을 것이라고 생각했다. 그러나 미군 부대가 미사일 발사연습을 하기 위해 내려왔다. 우리는 위험지역에 있었기 때문에 12시 정오에서 오후 5시까지는 별장을 비워야 했다. 우리는 책을 읽고 미군의 활동을 지켜볼 수 있는 장소를 찾았다. 미군들이 그 지역의 사람들을 모두 대피시킬 수 없었기 때문에 미사일 발사시험은 이루어지지 않았다. 그 지역은 어업지역이었다. 날씨가 좋아지자 어부들이 고기를 잡으러 나갔다. 미군들이 미사일을 설치하고 발사할 준비를 마쳤을 즈음, 작은 어선이 작전지역 안으로 들어갔다. 그 때 비행기 나타나서 그 어선을 몰아내려고 했다. 4일 동안 이런 일이 계속되었다. 베아트리체와 앤은 미군과 이야기를 나누었다.

우리 병원에 "넬슨 가족The Nelson Family"에 출현하는 TV 스타들이 방문했다. 그들은 병원, 특히 장애아동센터에 많은 관심을 가졌다.

봄이 와서 나무를 심느라 바빴다. 2차 세계대전 동안 일본인들은 언덕과 산의 나무를 모두 베어버렸다. 어떤 장로교 선교사— 농학자— 가 한국의 산을 오르내리면서 산이 물에 휩쓸려가지 않도록 싸리나무, 아카시아, 여러 콩과식물을 심었다.

베아트리체의 졸업식이 다가왔다. 딸은 졸업식 드레스를 비롯하여 여러가지 옷을 만들었다. 딸은 매일 다림질을 했다. 딸은 남부침례대학에서

800달러의 장학금을 받았다. 그래서 오벌린 대학 대신에 남부침례대학에 갈 것 같았다.

중국의학위원회 대표인 큐란 박사Dr. Curran가 약 3개월간 한국에 체류했다. 우리 집에서 그를 위한 환송식 만찬을 베풀었다. 우리는 의료사업과 관련된 영어권 사람들을 모두 초대했다. 서울대 의대 골트 박사Dr. Gault가 다음과 같은 이야기를 들려주었다. 병원건물의 지붕이 새고 있었다. 그는 그 사실을 일러주었고 제대로 수리가 되는지 궁금했다. 수리공이 잠시 지붕으로 올라가더니 골트 박사에게 와서 말했다. "비가 와서 지붕이 새고 있습니다. 비가 멈추면 지붕이 새지 않을 것입니다." 틀린 말은 아니었지만 아무런 의미도 없는 말이었다.

5월 28일, 우리의 결혼 25주년을 축하했다. 선교사들은 좀처럼 그런 특권을 누리지 못했다. 많은 사람들이 우리를 축하해주었기 때문에 기념식을 젠슨 홀에서 개최했다. 우리는 아이스크림을 만들었다. 로이스 사우어는 케이크를 만들어 달라고 부탁했다. 그녀는 제시간에 기념식에 참석하지 못해서 케이크를 갖다 주었다. 로이스는 그 날도 일하느라 바빴다. 케이크는 그녀가 그것 위에 시럽을 부을 때까지도 따뜻했다. 케이크를 갖고 가파른 언덕을 내려가는 것은 보통 일이 아니었다. 제일 위층이 뭉개지지 않게 하는 유일한 방법은 손가락으로 지탱해주는 방법밖에 없었다. 그래서 나는 다른 사람보다 먼저 케이크를 맛보았다.

베아트리체의 졸업식은 6월 7일이었다. 베아트리체는 졸업생 대표로 뽑혔다. 우리는 딸이 정말 대견했다. 6월 17일, 딸과 나는 잠시 해변으로 휴가를 떠났다. 어니는 7월 17일에 일본으로 딸을 데리고 갔다. 휴가를 떠나기 전에 병원의 재원을 모금하기 위해 세브란스병원의 날 행사를 개최했다. 나는 그 행사를 위해 수백 개의 쿠키, 펀치, 많은 양의 얼음, 케이크 두 개, 아이스크림 한 통을 만들었다. 아울러 설치된 부스에서 일도 하면서 병원 임상병리실 전시물도 설치했다. 우리는 250달러를 모금했는데 당시로서는 상당한 액수였다.

그 무렵, 베티에게서 편지가 왔다. 딸과 팻은 서로 사랑에 빠졌고, 결혼하고 싶어 했다. 우리는 아직 장기 휴가 시기가 아니었기 때문에 고향에 갈 방법이 없었다. 그것 때문에 마음이 아팠다.

해변에서 돌아오는 도중에 수원에서 통조림을 만들려고 과일과 야채를 샀다. 우리는 품질 좋은 오이를 샀다. 어니는 오이를 클로락스 세제에 넣어서 "소독"을 해야 한다고 생각했다. 오이를 세제에 담가 두었다. 나는 아침때까지 오이를 그대로 두었다. 어니가 세제 사용법을 다시 읽어보았다. 오이는 한 시간만 담가두어야 했다. 우리의 피클은 끝부분이 하얗고 클로락스 냄새가 약간 났다.

시간이 흘렀다. 베아트리체와 앤은 비행기를 타고 일본으로 간 다음 배편으로 로스엔젤리스로 갔다. 베아트리체는 시카고로 가서 베티를 만난 후 어머니를 보러 마리온으로 갔다. 그리고 텍사스로 가서 친가 식구들을 만나고 나서 남부침례대학교로 갔다. 우리 집이 빈 것처럼 느껴졌다.

우리는 내년 학기에 4명의 고교생을 받아달라는 요청을 받았다. 우리는 또한 미국인 간호사인 하키 부인Mrs. Harkey을 하숙생으로 받았다.

9월 9일경, 약한 지진이 발생했다. 집이 흔들렸지만 피해는 없었다.

송 장군이 체포되었다. 어니는 그의 주치의였다. 고위층 사람들이 송 장군을 암살하기 위해 그를 병원에서 데려가려고 왔다. 어니는 그를 내보내지 않았다. [그의 병이 완쾌되지 않았기 때문이었다.] 그 결과, 사태가 상당히 험악해졌다. 대사관에서 연락이 와서 나에게 전화번호를 알려주었다. 만약 어니가 실종될 경우, 그들에게 전화를 해달라는 것이었다. 덕분에 내 기분이 한결 나아졌다. [농담조로] 그날 이후로 우리는 박정희 대통령의 사교명단에서 제외되었다.

9월 15일, 여고생들이 우리 집으로 이사 오고 하키 부인이 도착한 후, 아침 일찍 침실 문을 두드리는 소리에 깼다. 어니는 아직 침대에 있었다. 그는 보통 오전 5시에 일어났다. 나는 무언가 잘못되었다는 것을 깨달았다. 하키 부인은 미국 남부의 부드러운 목소리로 자신이 도둑을 맞은 것 같다고 말했다. 주위를 한 번 둘러보니 그것이 사실이었다. 제법 영리한 도둑들이었다. 우리는 모두 아주 졸리고 어질어질했기 때문에 집에 어떤 물질이 뿌려진 것이 아닌가 하고 생각했다. 라디오가 없어졌다. 어니의 3중 초점안경, 은 식기류, 모든 가방이 도둑맞았다. 은으로 만든 결혼 선물도 사라졌고, 냉장고와 타자기도 없어졌다. 어니의 의사 가방, 병원소유의 4천 달러짜리 미국 재무부 수표, 전축, 레코더플레이어, 장신구 등이 사라졌다. 도둑들은 식당 아래 움푹 들어간 창문들을 부수고 그 아래로 들어왔다. 서류, 옷, 의사 가방이 연세대 캠퍼스 여기저기에 널려 있는 것을 발견했다. 도둑들은 몇몇 이웃집도 털고 우리 집 개에게 독을 먹이려고 시도했다.

콜레라가 유행하고 절도가 빈발하던 시기였다. 어느 날 아침 오전 6시경에 경찰이 룬스포드Lunceford [이웃집]의 문을 두드리고 무엇을 도둑맞았는지 물었다. 룬스포드 가족은 도둑을 당했다는 것을 몰랐다. 경찰은 미8군봉사회의 도움을 받아 몇 사람을 찾아냈다. 그들은 룬스포드의 집에서 물건을 훔쳤다고 자백하고 훔친 물건을 돌려주었다. 어떤 집에서는 모든 문들을 잠갔지만 도둑들이 들어가서 식당에 있던 생일 케이크를 먹어 버렸다. 그러고 나서 탁자를 털기 시작했다. 그 때쯤 개들이 그들을 쫓아 왔다.

병원에도 도둑이 극성이었다. 어느 날 밤, 도둑들이 16대의 전화기를 훔쳐갔다. 전화기 한 대 가격이 150달러였다. 경찰들은 결국 도둑들을 체포했다. 도둑들은 고교생들이었다. 정치적 상황이 좋지 않았다. 우리는 다음에 무슨 일이 벌어질지 알 수가 없었다.

10월, 보던 선장Borden이 인천에 착륙했다는 소식을 들었다. 그는 우리가 1955년에 한국에 올 때 타고 온 장 라피테 호의 선장이었다. 우리는 그를 만나러 인천으로 가서 함께 저녁을 먹었다.

한국에서 추수감사절은 추수철이었다. 어느 지역에서 교회를 건축하고 싶었지만 돈이 없었다. 그래서 교인들은 목재, 시멘트 등을 제공하고 직접 건물을 지었다. 추수감사절 때 그들은 목사의 사례비를 드리기 위해 추수한 농작물을 가져와서 제단에 바쳤다. 목사는 생계를 위해 교회 밖에서 일을 했다.

그 무렵, 우리는 케네디 대통령의 암살 소식을 들었다. 충격이었다! 그 다음은 어떻게 될까?

미국의 추수감사절 날이다. 우리는 이틀간 휴무하고 해변으로 갔다. 이승만 대통령이 서울에서 하와이로 갔다는 소식을 들었다. [그는 하와이로 망명하여 그곳에서 살았다.] 그는 늙고 병들었다. 그는 어니가 그를 돌보아줄 것을 요청했다. 그는 결코 오지 않았다.

1964년에 4개월간 휴가를 받을 예정이라는 소식을 들었다. 어니는 4월에 휴가를 떠나기를 간절히 원했다. 베티는 성탄절에 결혼하고 싶어

했고 베아트리체는 이미 남자친구 [제프 홀Jeff Hall] 을 사귀고 있었다—
진지한 것 같았다— . 성탄절 휴가기간에 베아트리체와 제프는 제프의 가
족들을 만나러 시카고로 갔다. 그들은 남부침례대학교로 돌아오는 길에
사고를 당했다. 우리는 많이 걱정했다. 그 일로 대학생활에도 문제가 발
생했다.

1964년

1월 28일, 우리는 몇 가지 결정을 내렸다. 매그들린(내 여동생)과 빌은 8월에 휴가를 갈 예정이었다. 그 말은 우리가 어머니와 함께 머물러야 한다는 뜻이었다. 베티는 간호학교 졸업을 앞두고 있었다. 베티는 간호학 학사를 받을 예정이었다. 우리는 베티의 졸업이나 결혼 중 하나에는 참석하고 싶었다. 어느 것을 선택해야 하나? 우리의 상관(해외선교위원회)의 입장을 들어야 했다. 어니와 나는 미국에서 후원을 받는 기관이 달랐기 때문에 두 사람이 같이 여행할 수는 없었다.

한국경제가 위기를 맞았다. 감사하게도 나는 통조림을 많이 만들었다. 설탕가격이 450g 당 2달러가 넘었다.

어니가 환자를 방문하고 오다가 길에서 미끄러져 왼쪽 손목이 부러졌다.(요골하단 골절) 이웃집의 두 살 된 아이(데이스)가 유아용 아스피린을 30~60알이나 삼켰다. 아이는 한동안 약간 아팠다. 어니는 그 아이를 보고 집에 오는 길에 넘어졌다. 내가 그에게 갔을 때 그의 손목이 부어있었다. 나는 재빨리 그의 손목시계와 결혼반지를 뺐다. 나는 그의 팔을 팔걸이 붕대에 걸고 병원으로 데리고 갔다. 병원사람들이 어니의 일을 집에 갖고 오면 좌대가 있는 흔들의자에 앉아서 필름판독기를 이용하여 비자관련 업무를 했다. [비자관련 업무란 미국, 캐나다, 유럽국가로 가기 위해 비자가 필요한 한국인들의 검진결과를 평가하는 것이었다.]

우리와 함께 살았던 간호사가 2월 10일에 떠났다. 어니는 팔목에 깁스를 한 상태였지만 한국인의 장내 기생충을 박멸하기 위해 공동으로 협력하는 모임을 만들었다. 우리가 처음 한국에 왔을 때 환자의 대변에서 5∼6 종류의 기생충을 쉽게 발견할 수 있었다. [기생충의 체내 침입으로 인한 맹장염이 흔했다.] 그 협의회는 큰 발전을 의미했다. 회의기간 동안 김 씨- 병원을 건축할 때 어니의 오른팔이었던 사람- 가 결혼했다. 그 당시 결혼식은 상당히 더 간소화되었다. 저녁만찬, 케이크, 신부들러리, 신랑들러리, 화동도 없었고, 결혼식 요리는 주문한 것이었다. 이것은 한국인들에게 엄청난 변화였다.

나는 이제 세균분야 담당 책임자가 되었다. 그 직책은 전임직이었다. 노조와 사회불안 때문에 병원에 많은 문제가 발생했다. 중국에 있을 때가 생각났다.

어니의 팔이 잘 낫지 않았다.

6월 1일 현재, 우리의 봉급이 삭감되었다. 물가가 치솟고 있었기 때문에 이해가 되지 않았다. 선교위원회는 물가를 [미군] 판매소 가격을 기준으로 평가했다. 하지만 판매소 가격은 한국 물가와 전혀 관계가 없었다. 또한 우리는 법정 환율을 적용받았다. 일부 선교사들은 암시장을 이용했기 때문에 그들은 돈이 충분했다. 나는 선교사들이 암시장을 이용해서는 안 된다고 생각했다. [정직의 문제]

요즘 일본과의 조약체결을 반대하는 시위가 발생했다. 박 대통령은 결국 폭력행위를 하지 않는 한 모든 사람들이 원하는 대로 시위를 할 수 있다는 성명을 발표했다. 시위대는 전혀 흥이 나지 않는다고 느끼고는 시위를 그만 두었다.

우리의 장기휴가 시기에 대한 계획이 다시 바뀌었다.

병원 사정이 좋지 않았다. 병원에 다시 파업이 발생했다. 노동조합이 그 배후였다. 나는 후원 교회에 편지를 보내 우리의 사역을 계속할 수 있도록 기도해달라고 부탁했다.

힐다는 미군군목들이 제시한 몇 가지 통계들 가운데 자기를 "두렵게" 했던 자료를 인용했다.

미군들이 한국에 체류할 동안 미군의 80~90퍼센트가 한국인 마을로 가서 한국인 여자와 관계를 맺는다.
위의 미군들 중 40퍼센트가 13개월의 복무기간 중에 성병에 걸렸다.

모든 상황에도 불구하고 기독교는 잡초처럼 성장하고 있었다. 누구든지 연설의 은사와 성경 지식을 갖춘다면 거리 한 모퉁이에 서서 전도하고 교회를 시작할 수 있었다.

병원의 상황이 극도로 악화되었다. 의대생들이 말했다. "우리는 배우려고 여기에 왔습니다." 그들은 노조에게 만약 물러나지 않는다면 자신들이 노조를 몰아내겠다고 말했다. 노조는 사퇴하라는 요구를 받았다. 병원의 집행위원회는 병원을 폐쇄하고 모든 직원을 해고하고 퇴직수당을 지급하기로 결정했다. 그렇게 함으로써 병원 측은 원하는 사람을 재고용할 수 있었다. 그 결과 노조는 어쩔 수 없이 물러나게 되었다. 병원은 다시 조용해졌다. 그러나 우리는 감정적으로 완전히 지쳐버렸다.

6월 3일 경, [입양] 고아를 미국으로 데려가는 기회가 있다는 소식을 들었다. 나는 6월 9일 경에 떠날 예정이었다. 나는 6주 동안 미국에 머물 수 있었다. 나는 베티가 간호대학을 졸업하는 모습을 지켜보고 제프와 베아트리체도 만날 예정이었다. 그리고 오하이오로 가서 빌과 매그들린이 휴가를 보내는 동안 어머니와 함께 지낼 계획이었다.

이 당시 거의 매일 시위가 벌어졌다. 심지어 쿠데타설도 있었다. 6월 4일, 계엄령이 내려졌다. 6월 5일 학교와 대학에 군인이 배치되고 8월 28일까지 폐쇄되었다. 영화관들도 폐쇄되었다. 추가발표가 있을 때까지 장례식, 모임, 결혼식 등을 할 수 없었다.

이런 일들에도 불구하고 나는 6월 9일에 고아들과 함께 떠났다. 내가 돌아올 수 있을지 의문이 들었다. 나는 뉴욕에서 종합건강검진을 위해 선교위원회 산하의 병원에 입원했다. 그리고 베아트리체가 여름 동안 머물고 있던 시카고의 YWCA로 갔다. 딸은 제프와 가까운 곳에 직장을 얻었다. 나는 몇 차례 두 사람을 같이 만났다. 그리고 베티의 노스웨스턴대학 졸업식에 참석했다. 나는 앤 스틴스마Ann Steensma와 앤의 남자친구인 알Al, 그리고 제프의 부모님을 만났다.

나는 오전 2시 50분경에 마리온으로 갔다. 동생에게 전화를 걸어 문을 잠그지 말고 열어두라고 했다. 나는 집으로 들어가서 소파에서 잠을 잤다. 빌은 오전 7시에 직장 [마리온 파워셔블 회사] 에 출근해야 했다. 동생과 그녀의 자녀들은 정오에 아들 게리를 세인트루이스까지 데려다줄 예정이었다. 동생 일행이 떠나기 전에 나를 농장으로 데리고 갔다. 나는 어머니를 돌보고 있던 데이비드 부인Mrs. David을 만났다. 그녀는 휴가가 필요했다. 그녀는 모든 사항을 나에게 인계하자마자 떠났다. 그 후 인디애나폴리스에 있는 후원교회에서 주말을 보냈다. 7월 20일, 나는 시카고로 가서 다시 베티와 베아트리체와 함께 며칠을 보냈다. 그리고 텍사스로 가서 어니의 가족을 만났다. 또 텍사스의 실스비로 가서 팻의 가족들을 만났다. 그들은 나에게 깊은 인상을 주어 그들 모두를 좋아하게 되었다. 그 후 7월 1일 다시 댈러스로 간 다음 시애틀을 거쳐서 서울로 향했다. (31,500km, 40 시간이상의 비행, 62시간 이상의 기차역과 공항 대기, 나는 어니에게 9개의 소포를 부쳤다.)

내가 서울로 돌아오자마자 다시 파업이 발생했다. 이번에는 의사, 의사의 아내, 다른 자원봉사자들이 병원에 와서 업무를 지원했다. 7일 후, 노조가 분열되었다. 몇몇 임상병리실 임상병리사들이 노조에서 탈퇴했다. 나는 스트레스를 많이 받았다. 신경염 증상이 심해져서 치료를 받아야 했다.

이 무렵, 서울외국인학교 교사인 조이스 윌리엄스가 우리와 함께 지내게 되었다. 그녀의 남편은 미군 범죄조사부에서 일했다. 그들은 모두 멋진 젊은 부부였다.

9월 8일, 비가 내렸다. 일주일 가량 계속 내렸다. 지금은 우기가 아니었다. 며칠 동안 섬유유연제를 넣은 물에 세탁물을 담가놓았다. [빨래건조기가 없었다.] 우리는 마침내 세탁물을 선풍기를 이용해 말리거나 베란다에 걸어서 말리려고 했다. 옷에 풀을 먹일 수 없었다. [니트 셔츠나 편안한 일상복은 제외하고 거의 모든 옷들이 무명옷이어서 풀을 먹이고 다림질을 해야 했다.] 우리는 마를 때까지 인내심을 갖고 기다렸다. 일주일 후, 빨래하기 좋은 날씨가 되었다. 세탁하는 중간에 물 급수가 중단되었다. 세탁물을 린스하기 위해 우물에서 물을 가져왔다. 그 와중에 사고로 어니의 손가락 한 개가 얼음을 깨는 송곳에 찔려서 뼈가 훤히 드러나고 옆의 손가락까지 관통 당했다. 고양이가 새끼를 낳았다. 홍수예보가 발표되었다. 일주일 후 홍수가 났다.

토요일 밤에 잠을 잤다. 며칠 동안 날씨가 좋았다. 자정쯤 집이 흔들리지는 않았지만 아주 시끄러운 소리가 들렸다. 우리 집안의 모든 문이 꽉 닫혀 있거나 활짝 열려 있고, 객실 창문도 활짝 열려 있었다. 무슨 일이 벌어지고 있는 듯 했다. 폭우가 쏟아지기 시작하더니 한 시간에 12~15cm 정도씩 내렸다. 나무들이 쓰러지고, 집이 무너지고 도로가 꺼지고, 다리가 떠내려가고 곳곳이 물에 잠겼다. 아침에 보니 이웃집 마당이 지프차가 빠질 정도로 푹 꺼져 있었다. 이웃은 보통 마당에 차를 주차했지만 그날 밤에는 차를 차고에 넣어두었다. 신문 보도에 따르면, 사망자 207명, 실종자 273명, 이재민 4만 명이 발생했다. 22년 만에 최악의 피해였다. 도심 지역은 물이 15cm까지 차올랐다. 서울역 부근 주택가는 최대 60cm까지 물이 찼다. 비는 계속 내렸다. 모든 수확기 농작물이 피해를 입었고, 좋은 표토층이 유실되었다.

드디어 병원노조가 해산했다. 박대선 박사가 연세대 총장으로 새로 취임했다.

10월, 어니는 서울 소재 중국인 교회에서 시무할 목사를 찾기 위해 대만과 홍콩에 갈 예정이었다. 그러나 10월 23일 그는 미국 정부 소속의 환자(엘리엇 부인Mrs. Elliot)를 미국으로 데려다 주어야 했다. 그들은 나도 같이 가자고 했지만 나는 신경염 치료를 계속 받고 있는 중이었다. 그 비행기에 어니를 태워 보내는 것이 힘들었다. 어니는 노스웨스트 항공사 비행기를 타기로 했다. 그는 아침식사 후에야 짐을 쌌다. 게다가 그는 몇 가지 심부름을 했다. 어니는 오후 1시 반까지 공항에 가야했다. 공항까지 가는 데 30분이 걸렸다. 그는 오후 1시에 샤워를 했다. 그리고 병원에 들러서 그의 진료가방에 약과 정맥주사 용품을 챙겨 넣었다. 그 물건들을 우리 지프차에 두었다. 병원에서 우리 운전사가 앰뷸런스 운전자를 찾고 있는 동안 어떤 사람이 지프차에 두었던 약품과 진료가방을 가져갔다. 우리는 이미 앰뷸런스에 타고 있었고 공항에 도착할 때까지 그 가방이 사라졌는지 몰랐다. 모든 사람이 흥분하고 화를 냈다. 이미 시간이 늦어서 돌아가서 약품을 다시 가져올 방법이 없었다. 대령이 일본에 전보를 쳐서 약을 준비해두라고 했다. 어떤 사람이 가장 가까운 군 주둔지에 전화하여 그곳에서 약품과 관련 기구를 챙겼다. 우리들은 환자를 비행기를 실었고 어니도 따라왔다. 나는 앰뷸런스에 앉아서 어니가 작별인사를 하기를 기다렸다. 비행기 문이 닫히기 시작했다. 나는 소리쳤다. "여기 세 명의 밀항자가 있어요." 비행기가 서서히 움직이면서 문을 닫고 이륙했다. 우리들은 지프차를 타고 집으로 왔다. 우리는 병원에 들러서 진료 가방을 찾아보았다. 진료 가방은 응급실 입구에 있었다. 아무도 가방을 들고 응급실 근처에 간적이 없었다. 정말 답답한 하루였다!

어니는 11월 2일 뉴욕의 성 누가 병원에서 탈장 수술을 받았다. 그 후 그는 브루스터Brewster 가족과 함께 지냈다.

도둑들이 극성이었다. 나는 자물쇠를 잠그는 자물쇠를 샀다. 매일 밤 전화기를 떼서 장롱 속에 넣고 잠갔다.

다시 병원 내부에 갈등이 많이 발생했다. 이번에는 의대학장 직위 문제였다. 라이스 박사 [감리교 선교사] 는 중재자 역할을 하려고 노력했다. 나는 어니가 23일 집에 돌아와서 매우 기뻤다. 그는 항상 어려운 시기에 영향력을 발휘하는 것처럼 보였다.

베티와 팻이 12월 26일에 결혼했다. 어니는 충분히 그들과 함께 머물며 결혼식에 참석하기 위해 체류기간을 늘리고 싶었다. 그러나 우리의 상관이 그것을 허락하지 않았다. 제프리 [감리교 선교사] 가족은 결혼식에 참여할 수 있었다. 베아트리체는 신부들러리를 섰다. 베티는 나의 웨딩드레스를 입었다.

2차 한국 선교
(1965~1974년)

1965년

세브란스병원 임상병리실에서는 매일 약 700개의 다양한 검사를 수행했다. 그것은 아주 과중한 업무였다. 각 검사는 몇 분에서 2시간까지 걸렸다. 나는 그 당시 세균학 책임자이며 강의도 하고 있었다. 학생들을 위한 강의준비 자료를 마련하면 세균학 레지던트 과정의 의사들이 그 영어자료를 다른 사람들에게 전달했다. 나는 미국에 갈 예정이었다.

어니의 진료소 간호사인 한 카이 부인Mrs. Kay Hahn은 아주 멋진 여자였다. 그녀의 남편은 연세대 신학대학 교수였다. 그녀는 미국에서 많은 훈련을 받았다.

베티는 뷰먼트의 가톨릭 병원에서 일하고 있었다. 그녀는 수녀들과 그들의 사역을 좋아했다. 팻은 뷰먼트의 라마르 대학에서 시험을 치고 있는 중이었다.

"대한大寒" 때에 우리는 자정까지 차를 [랜드로버] 차고에 넣는 것을 잊어버렸다. [대한은 겨울 중 가장 추운 절기이다.] 우리 차의 시동이 걸리지 않았다. 랜드로버 차량은 관리하기가 쉽지 않았다. 어니와 존은

차를 언덕 위로 밀어 올리려고 했다. 갑자기 어니가 등이 뻐근한 느낌이 들었다. 1월 10일 엑스레이 사진으로는 디스크 손상이 나타나지 않았다. 한참 후에 압박 골절이 발견되었다. 2월 5일, 그는 몸통 깁스를 하고서 병원에서 일을 하고 있다. 깁스는 4월 24일에 풀었다.

다시 사건이 터졌다! 우리는 네 번째 도둑을 맞았다. 존과 조이스Joyce는 짧은 휴가 중이었다. 그들이 우리 집에 머물 때 멋진 하이파이 전축을 사서 거실에 놓아두었다. 부활절 전 성금요일에 우리는 여느 때와 마찬가지로 모든 문을 잠갔다.(각 문마다 3개의 자물쇠를 채웠다.) 모든 창문과 찬장, 장롱을 잠갔지만 침실 문 하나는 열어놓았다. 어니가 새벽 1시와 5시에 잠깐 일어났다가 6시까지 다시 잠을 잤다. 새벽 5시에서 6시 사이에 도둑이 창문으로 들어왔다. 그들은 하이파이 전축(45kg), 윌리엄스의 침대, 서랍 내용물, 객실의 담요와 침대, 침실의 화장대에 있던 나의 장신구함을 훔쳐갔다. 아울러 도둑들은 베티가 멋지게 짠 아름다운 숄과 식당에 놓아둔 식료품도 가져갔다.

5월 10일 나는 50살이 되었다. 또한 한국에 선교사로 온 지 8년째 되는 해였다. 많은 사람들이 축하해주었다.

어니는 치과 교정기를 착용했다. 그는 툴툴거렸지만 잘 참아냈다.

6월 23일, 다시 시위가 발생했다. 우리는 매일 일어나는 시위에 점차 익숙해졌다.

존과 조이스가 다시 한 번 더 해변에 가고 싶어 했다. 그래서 7월, 그들을 해변에 데려갔다. 서울로 돌아오는 중에 서울 외곽에서 아빠 산, 엄마 산, 아기 산이라고 별명이 붙은 조각상을 잠시 구경했다. 그 별명은 미군들이 붙인 것이었다. 미군들은 조각상에 새겨진 한국말과 중국말을 읽지 못했다.

처음으로 우리 부부만 홀로 있는 시기였다. 집에는 아이도 없고 함께 머무는 손님도 없었다. 외로웠다.

8월, 여전히 시위가 계속되고 있다. 내각이 사임하려고 했지만 박정희 대통령은 그것을 받아들이지 않았다. 대부분의 대학이 폐쇄되었다. 연세 대는 계속 학교를 열 수 있었다. 사방에 긴장이 감돌았다. 모든 국제우편 물과 소포가 오고 갈 때 개봉해서 검열한다는 믿을 만한 확실한 근거를 입 수했다.

감리교선교위원회의 한국 담당 새 총무인 마가렛 빌링슬리 박사Dr. Margaret Billingsley가 한국을 방문했다. 감리교선교회와 관련된 모든 기관 들이 그녀와 선교사들, 정동 감리교회를 위한 잔치를 열었다. 그 잔치는 풍성하고 정성어린 잔치였다.

10월, 모든 교단의 의료선교사들이 함께 모이는 연례모임을 개최했 다. 올해는 부산의 메리놀수녀회 병원에서 열렸다. 어니는 한국의 일산화 탄소 가스중독에 대한 보고서를 발표했다. 나는 우리가 선교현장에서 미 국의 감리교와 장로교보다는 가톨릭과 더 가깝게 지냈다고 종종 말했다. 우리는 매일 예배를 드렸다. 한번은 가톨릭, 그다음 번은 개신교가 예배 를 드렸다. 나머지 시간은 새로운 환자치료법과 노조에 대처하는 방법에 관해 아이이어를 나누었다.

집으로 돌아오는 길에 우리는 불국사와 같이 한국전쟁 중에 파괴되지 않는 몇몇 사찰을 방문했다. 또 유명한 울산만 정유공장과 한국 최초의 얼음 창고氷庫를 방문했다. 우리는 관광호텔에 묵었다. 나는 그것에 대해 책 한 권을 쓸 수 있다. 어니는 다른 생물들과 침대를 공유했다. 나는 내

자리까지 가기 위해 기어서 가야 했다. 싱크대는 아래쪽에 파이프가 있었는데 구멍 위치가 잘못되어 있었다. 우리는 장로교 병원과 사무엘 마펫 가족을 만나러 갔다. 또한 아주 오래 전에 불경을 나무에 새긴 팔만대장경이 있는 해인사도 구경했다. 절에 들어가서 스님을 만나볼 수 있었다. 우리는 스님들이 팔만대장경 판으로 책을 찍는 것을 보았다.

베트남 상황이 좋지 않았다. 많은 한국 군인들이 그곳으로 갔다.

11월이다. 장미꽃나무를 짚으로 싸고 병원에 난방기를 켤 때이다. 공공장소는 난방이 되지 않거나 아주 낮게 난방이 되었다. 임상병리실 직원 중 한 명이 결혼식장에서 결혼했다.(한 시간에 한 쌍씩 결혼했다.) 정확한 시간에 신부가 옷을 차려입고, 흰색의 긴 천이 통로에 깔렸다. 피아노 연주자가 연주를 하고, 모든 이들이 꽃꽂이 등에 관한 정부의 가정의례준칙에 대해 말했다. 나는 예쁜 신부가 떨고 있는 것을 보았다. 신부가 기분이 들떠 있다고 생각했으나 사실 그녀는 추워서 얼어 있었다. 그녀는 아주 얇은 신부 옷을 입었다. 나는 두꺼운 옷과 스웨터, 코트를 입었어도 추웠다. (그날의 기온은 10℃였다.)

스토크스 부인Mrs. Stokes [감리교선교사] 이 암으로 매우 아팠다. 그것은 심장 주변에 발생하는 보기 드문 암이었다.

마침내 여동생과 빌과 가족들이 오하이오에 지은 새 집으로 이사했다. 그 집은 옛 고향마을에서 800m정도 떨어진 곳이었다.

올해 성탄절은 아주 달랐다. 오하이오 주, 리치우드 출신의 찰스 민터 Charles Minter– 그는 에드 삼촌과 틸리 메이어스 고모를 알았다– 군 출신의 그의 두 친구, 8~9명의 미8군 봉사자들이 함께 집에 모였다. 그중 일부는 이혼했고, 일부는 약혼했고, 일부는 결혼했고 다른 사람들은? 우리는 (한국에서 키운) 진짜 칠면조를 먹었다. 그것은 말랐지만 분명 칠면조였다. 네 사람이 우리 집에서 밤을 보내고 일요일에 같이 교회에 갔다.

나는 여성회Womens Club회원이었다. 나는 장교클럽에서 개최된 성탄절 파티에 내 손님으로 페렐 부인Mrs. Ferrell을 데리고 갔다. 한국 사람들이 발레를 공연했다. 불행히도, 무대에 왁스를 너무 많이 칠해서 무용수들이 몇 번 넘어졌다. 막간을 이용해서 왁스를 모두 제거했다.

1966년

1월 7일, 지진이 발생했다. 집이 흔들리는 것을 뚜렷하게 느꼈다.

병원 일이 아주 재미있었다. 나는 균류와 병원체에 관한 논문을 쓰고 있다. 우리는 세브란스병원에 최초로 방사선균병 환자를 발견했는데 아마도 한국에 처음 알려진 환자일 것이다.

짐 무어Jim Moore [감리교 선교사] 가 매우 아팠다. 두 다리의 감각이 마비되어 걷지도 못했다. 요추천자를 통해 뇌척수액을 검사한 결과 종양이 척수를 방해하고 있었다. 즉시 수술을 했다. 나는 일요일, 가끔 토요일, 그리고 저녁시간에 그를 간호했다. 그는 허리 아래가 마비되었다. 마사지와 특수한 물리치료 덕분에 점차 휠체어를 조작할 수 있게 되었다. 무어 가족은 우리 집과 아주 가까운 친구였다. 어니는 짐의 건강상태를 보고 매우 괴로워했다. 짐은 그것에 대해 불평하지 않았다. 예전에 한 의사는 그의 증상을 독감이라고 생각했다. 수술할 동안 어니는 나에게 전갈을 보내서 내가 임상병리실 일을 잠시 그만두고 간호사복을 입고 짐을 특별히 돌보아달라고 했다. 우리 두 가족에게 힘든 시기였다.

우리는 가끔씩 휴식 시간을 가졌다. 워싱턴 탄생기념을 축하하면서 집에서 체리파이와 멋진 저녁을 먹었다. 나는 미국 여성회에 참석하여 조지 워싱턴에 대해 흥미 있는 사실을 배웠다. 그는 윤작을 처음 시작했고 453g의 클로버 씨앗의 숫자를 세었다.

2월 하순, 우주비행사들이 한국을 방문하여 우리 교회의 영어예배에 참석했다. 얼마나 영광스럽던지!

어니는 대통령 조찬기도회에 초청받았다. 모든 종교의 대표자들이 참석한 가운데 통상적인 예배의식이 개최되었다. 한 조찬기도회에서 김옥길 박사(이화여대 총장)가 박 대통령에게 다가가서 예수를 믿으라고 요청했다. 박대통령은 불교신자였지만 영부인은 기독교인이었다.

3월, 알린 스토크스Arlene Stokes가 죽었다. 그녀는 사랑이 많은 사람이었고 긴 투병 중에서도 훌륭한 증인으로 살았다.

다시 총회시기가 다가왔다! 나는 위원회 모임에 참석하여 한국교회가 파키스탄에 선교사를 보내고 있다는 사실을 알았다. 우리 감리교선교회는 한국에 교회를 세우기 위해 선교사를 보냈다. 이제 한국 기독교인들이 여기저기에서 돈을 모아서 파키스탄에 사람을 파견했다.

우리는 세계교회협의회 소속의 해리 하인즈Harry Haines와 연합의료선교위원회의 맥코이 박사Dr. McCoy를 비롯한 중요인사들의 방문을 받았다. 이승만 전 대통령의 부인이 아들과 남편의 무덤을 보려고 한국을 찾았다.

총회에서 돌아오는 길에 랜드로버 차에 사람들을 태웠다. 우리 차가 택시와 부딪혔다. 내 갈비뼈가 부러졌다.

우리는 6월에 장기 휴가를 떠날 계획이었지만 갑자기 계획이 바뀌었다. 로스 박사가 어니의 탈장이 심각해서 수술이 당장 필요하고 7월이나

8월말까지는 여행할 수 없다고 말했다. 그뿐 만 아니라 어니는 수술을 하기 위해 도시를 떠나야 한다고 말했다. 그는 어니가 쉴 수 없고 다른 동료들이 그를 쉬게 하지 않을 것이라는 점을 알았다. 그래서 그는 4월 26일에 수술을 했다. [로스가 일하는 도시에서 수술했다] 우리는 인디애나주 그린캐슬에서 열린 선교사 총회에 참석하지 못했다.

수술이 끝났지만 몇 가지 문제가 있었다. 어니를 수술실로 데리고 간 직후 로스 박사가 내가 수술을 지켜보고 싶은지 물었다. 나는 거절했다. 그는 어니가 의대생들에게 이러한 형태의 수술에 대해 강의를 할 것이며, 내가 그 대신 반복해서 강의할 수 있다고 말했다. 그래서 나는 동의했다. 마취는 잘 되었다. 로스 박사는 먼저 복부를 절개하고 말했다. "출혈이 없군요. 혈압이 얼마죠?" 혈압이 내려가기 시작했다. 갑자기 급격히 떨어져 70까지 내려갔다. 어니의 혈색이 아주 창백하고 쇼크 증상을 보였다. 나는 심장마비가 왔다는 생각 밖에는 들지 않았다. 로스 박사는 즉시 에페드린 투여를 지시했다. 나는 수술실에서 꼼짝하지 않았다. 어떤 목소리가 나에게 이렇게 말하는 것 같았다. "짐 무어를 위한 너의 기도가 응답되었다. 그는 머리에 눈이 떨어지는 것을 볼 테지만 그 대신 어니가 그 대가로 생명을 지불할 것이다." 그 순간 로스 박사가 "힐다, 매트슨 박사를 데려오시오"라고 말했다. 나는 정신을 차리고 매트슨 박사를 데리러 갔다. 우리가 수술실에 돌아왔을 때 어니의 혈압이 올라가고 있었다. 혈압은 안정되었지만 출혈은 증가했다. 로스 박사는 더 빨리 수술을 했고 평상시 상처를 꿰맬 때보다 출혈이 고이는 것을 막기 위해 배액관을 더 많이 사용했다. 그것을 보고 나는 완전히 진이 빠져버렸다. 나는 구체적인 의미는 알 수 없지만 하나님이 나에게 말씀하셨다는 것을 알았다. 똑같은 상황이 다시 반복되는 법은 없었다.

어니가 혈압 약을 먹고 있었다는 것을 나중에 알았다. 그 약에 첨부된 설명서에는 수술하기 전 일정 시간 동안 약을 먹어서는 안 된다는 내용이 분명하게 적혀 있었다. 5월 7일에 어니를 집으로 데리고 왔다.

베아트리체가 남부침례대학에서 우등생이 되었다는 소식이 들렸다. 우리는 그곳에서 마련한 특별 점심식사에 초대되었지만 물론 참석하지 못했다. 베아트리체는 미 경연대회(참가자 15명)에도 참여했다. 그녀는 우승하지는 못했지만 〈달라스 모닝뉴스〉 지에 사진이 실렸다.

휴스턴에 있는 한 신부에게서 편지가 왔다. 그의 아버지는 뷰몬트의 성 엘리자베스 병원에 입원하고 있었다. 베티가 그를 담당하는 간호사였다. 그 편지에서 그는 베티를 훌륭한 간호사라고 칭찬했다. 그 일로 두 신앙의 관계가 얼마나 좋아지겠는가?

서울이 바뀌고 있었다. 고가도로와 지하철, 육교와 지하도가 생겼다.

나는 교수부인 클럽(병원과 대학)에 소속되었다. 30명 정도가 한 달에 한 번씩 모였다. 먼저 예배를 드리고 업무에 관한 모임을 시작했다. 회비를 모아서 장학금을 만들었다. (회비가 아주 비쌌다.) 의사들의 아내는 일주일에 한 번씩 만나서 붕대를 만들고 여러 가지 자원봉사 활동을 했다.

6월 23일, 박대선 연세대 총장의 집에서 아주 즐거운 저녁을 보냈다. 우리와 반 리어로프Van Lierop 가족 [장로교 선교사] 은 박 총장의 아이들과 조부모 이외에 유일한 손님이었다. 저녁 식사시간 동안 그들은 한국전쟁 전 평양 [북한의 수도] 에서의 생활과, 그 후 비행기를 타고 서울과 부산으로 갔다가 다시 서울로 온 이야기를 들려주었다.

7월 4일, 우리는 정동 [감리교회] 에 갔다. 1000명의 교인이 교제를 나누는 것을 보았다. 대단한 광경이었다!

선교사들 중에 암에 걸린 사람들이 많았다. 나는 그것에 대해 약간 조사해 보았다. 암에 걸린 사람들은 전쟁 후 일본의 원자폭탄 투하지역 주변에서 얼마 동안 살았거나, 그 지역을 여행했거나, 한국의 임상병리실에서 일한 사람들이었다.

마침내 7월 26일, 우리는 미국으로 떠났다. 휴스턴을 들른 다음 시카고, 그리고 오하이오로 갔다. 도우미로 살았던 데이비스 부인이 휴가를 간 동안 나는 어머니와 함께 지냈다. 어니스트는 휴스턴으로 가서 아파트를 알아보고 의학협의회에 참석했다.

어머니를 돌보는 것은 매우 어려웠다. 우리는 데이비스가 더 이상 어머니를 돌볼 수 없다는 것을 알았다. 그래서 우리는 어머니를 요양소에 모실 계획을 세웠다. 그렇게 하는 것이 매우 힘들긴 했지만 그 길밖에 없었다. 10월 23일 매그들린과 나는 어머니를 근처 요양소로 모셔갔다.

그 때부터 우리는 베아트리체의 결혼식 준비를 했다. 홀 부인 [베아트리체의 시어머니가 될 분] 과 나는 전화통에 불이 나고 우편배달부가 바쁠 정도로 연락을 했다. [그 당시에는 이메일e-mail이 없었다.] 어니는 그동안 시카고의 쿡 카운티 병원에서 집중과정을 듣고 있었다. 나는 오하이오에 며칠 더 있다가 베아트리체와 제프의 결혼식을 위해 시카고로 갔다. 우리는 교회(일리노이 주 에반스톤 제일감리교회) 근처의 개렛 신학교 Garret Seminary에 머물렀다. 1966년 12월 27일에 막내딸의 결혼식이 거행됐다. 매그들린과 빌이 오하이오에서 왔다. 매그들린은 환영회장에서 차를 쏟았다. 베티가 신부를 돌보아주는 역할을 하려고 텍사스에서 왔다. 제프의 형제들은 정말 훌륭한 사람들로서 최고의 결혼식장의 안내인들이었다. 결혼식이 끝난 후, 결혼 파티가 데버 씨의 집에서 열렸다. 그곳은 우리가 제프 가족을 만난 장소였다. 우리가 데버의 집에 도착하자 데버 부인이 기분이 어떠냐고 물었다. 나는 다리가 아프다고 말했다.(새로 산 신발 때문에) 그러자 그녀는 "신발을 벗으세요!"라고 말했다. 모든 여성들이 나를 따라서 신발을 벗어 쌓아놓았다. 그 이후부터 우리에게 새로운 취미가 생겼다. 그 장면을 찍은 사진을 보여주는 취미였다. 다음 날 아침, 깨어보니 밤새 엄청난 눈이 내렸다. 베티를 공항에 데려다 주었다. 우리는 말 그대로 공항까지 기어갔다. 눈길을 운전해 가느라 세 시간이 더 걸렸다. 가는 길에 12대의 승용차와 트럭이 배수로에 빠져 있는 것을 보았다. 트럭 한 대는 뒤집어져 있었다. 오후 8시 반에 작은 마을과 텍사코 표지판을 보고 기뻤다. 공항으로 들어서자 우리 차가 멈춰버렸다. 같이 차를 타고 갔던 한 사람이 자고 있던 친구에게 전화를 걸었다. 그가 와서 차를 고쳐주었다.(남부지역의 환대였다) 우리는 연료펌프기가 필요했다. 우리는 자정이 넘어서 휴스턴의 우리 아파트로 걸어 들어갔다.

1967년

다음 몇 달 동안 나는 휴스턴의 공중보건연구소에서 특별한 업무를 수행했다. 어니스트는 의료센터와 벤 타우브Ben Taub와 같은 여러 병원에서 특별한 업무를 맡았다. 또한 미국 도처에서 개최된 의학회의에 참석했다.

우리 두 사람이 일에 한창 몰두해 있을 때 매그들린이 전화를 걸어 어머니가 매우 위독하고 더 살 가망이 없다고 말했다. 나는 오하이오로 갔다. 어머니는 2월 16일에 돌아가셨다. 비록 어머니가 지난 몇 주 동안 정신이 온전치 못했지만 나는 매 주마다 어머니에게 편지를 쓰는 것을 놓쳤다.

4월에 다시 한국으로 돌아왔을 때 짐 무어가 죽었다. 그는 계속 화학요법으로 치료를 받고 있었다. 감기에 걸린 어떤 사람이 그를 만나러왔다. 그 결과 짐은 감기에 걸렸고, 그것이 폐렴으로 악화되어 죽었다.

우리는 주말에 텍사스의 한 교회에서 강연을 했다. 어니스트는 올해 교회에서 학문제와 관련하여 여러 차례에 걸쳐 강연했다. 6월에 우리는 산 안토니오 트레비스 파크 교회에서 열린 연합감리교회 남서부 텍사스

1967년 어니스트와 힐다가 텍사스 주 뷰몬트 선착장에서 한국으로 가기 위해 프레드릭 라이크스 호를 탑승할 준비를 하고 있다. 뒤에 있는 사람은 베티의 시아버지인 플레쳐 리처드슨, 어니스트의 조카 클레어렌스 모엘러이다.

연례 총회에 참석했다. 그 때는 8년 후에 산 안토니오에서 살면서 트레비스 파크 교회에서 출석하게 될 줄은 몰랐다.

6월 4일, 어니의 가장 손위 형님과 아내(헤르만과 베로니 와이스)의 금혼식에 참석한 후 한국으로 출발했다. 우리는 달라스에서 베아트리체와 제프를 만났다. 그리고 일리노이 주 매툰으로 가서 존과 조이스 윌리엄스 가족을 방문하고 오하이오로 갔다. 매그들린과 나는 고향집을 청소했다. 많은 추억이 떠올랐다. 그 다음 우리는 미시간으로 가서 에드와 헬렌 와이스 부부를 방문했다. 그리고 그랜드 래피드스로 가서 앤 스틴스마의 결혼식에 참석했다. 결혼식이 있기는 있었던가? 조이(앤의 자매)는 머리를 손질하고 있었고, 더크(앤의 오빠)는 턱시도를 기다리고 있었고, 또 다른 조이는 교회를 오가며 물건을 나르고 있었고, 줄리안(엄마)은 세탁물을 손질하고 있었고, 존(아빠)은 마지막 심부름을 하고 있었고, 앤이나 알은 전혀 보이지도 않았다. 여러 가지 어려움에도 불구하고, 결혼식은 순조롭게 진행되었다. 그리고 인디애나 주 그린캐슬로 가서 연례 선교사 총회에 참석한 후 케인으로 가서 클리랜드 동창들을 만나고 휴스턴으로 돌아왔다. 베티와 팻, 팻의 가족들은 프레드릭 라이크스 호를 타고 한국으로 떠나는 우리를 배웅해주었다. 우리는 나이체스 강을 따라 12시간 동안 내려가서 멕시코 만을 가로질러 파나마 운하를 통과하여 캘리포니아 주 롱비치 항으로 갔다. 그곳에서 릴랜드 홀랜드, 코럴 휴스턴, 파이퍼스Piper 가족을 만났다. [전직 선교사들과 친구들]

베티와 팻이 군의 인사이동에 따라 오클라호마 주 로우톤으로 이사했다.

일본에 도착한 후 내가 비행기를 타고 먼저 서울에 가서 집을 정리할 동안 어니가 화물을 갖고 배를 타고 나중에 오는 것이 좋을 것 같았다. 나는 8월 29일에 서울에 도착했다. 그동안 두 가정이 우리 집에 살고 있었다. 마지막에 살았던 가정이 우리 집 가구를 모두 다락방이나 지하실로 옮겨놓았다. 냉장고는 여러 곳이 망가졌고, 집안 텃밭은 잡초로 가득 찼고, 마당도 별로 좋지 않았다. 지하실과 몇 군데에 물이 많이 새고 있었다. 누구를 탓하거나 따질 시간이 없었다. 바버라 디스Babara Theis [감리교 선교사] 는 위독한 아기와 함께 미국에 있었다. 내가 잭 디스와 다른 작은 아이들과 함께 지내는 것이 좋을 것 같았다. 그들의 아기가 죽자 잭은 거의 제정신이 아니었다.

바버라는 돌아와서 힘든 시간을 보냈다. 다른 선교사의 아기가 죽었고, 또 다른 선교사의 아이(5살 반)가 익사했다. 이 모든 사고가 며칠 만에 일어났다. 한국으로 다시 돌아와서 정말 기뻤다. 며칠 후, 우리는 일상적인 생활 흐름을 되찾았다. 좋은 일이 생겼다. 찰스 스토크스 [선교사이며 부인을 사별했다] 가 메릴린 테리Marilyn Terry와 결혼했다. 어니는 9월 11일에 배를 타고 인천에 도착했다.

몇몇 선교사 자녀에 대한 소식을 들었다. 브라이언 릭스[사직동 우리 집의 이웃에 사는 아이] 가 결혼했다. 해럴드 보엘켈[베티의 서울외국인학교 급우] 이 베트남에서 부상을 당해 미국으로 돌아가는 중이었다. 빌 쇼우 주니어 [베티와 베아트리체의 서울외국인학교 친구] 가 연세대에서 한국어 석사학위과정에서 공부하고 있었다. 칼린 주디 [베아트리체의 서울외국인학교 친구] 가 사고를 당해 가슴 아래로 전부 마비되었다. 브랙 제프리 [베티와 베아트리체의 서울외국인학교 친구] 가 베트남으로 갔다.

나는 곧장 업무에 복귀했다.

– 추가로 미국에 가서 공부하려는 의대생을 선발하는 시험을 감독했다. 경쟁이 치열했다. 시험을 보는 중에 한 학생이 심하게 간질발작을 했다.

– 미8군 봉사회에서 토요일에 봉사했다.

– 세브란스 병원의 세균분야 담당책임자 역할과 강의를 시작했다.

우리는 미8군 봉사회를 통해 오하이오 주 마리온에서 온 게리 프리머 Gary Primmer와 연락이 닿았다. 미8군 봉사회에서 집으로 돌아오는 길에 사고가 났다. 한 장교가 우리 지프차 옆을 스쳤다. 나는 과실이 전혀 없었기 때문에 상대편에서 모든 비용을 지불했다.

인디애나폴리스의 메리디온 스트리트 감리교회의 나이 박사Dr. Nay 부부가 한국을 방문했다. 메리디온 스트리트 교회는 그전에 세브란스 병원에 새로운 엑스레이 촬영 장비를 제공했다. 나이 가족은 예배시간에 그 장비를 공식적으로 세브란스병원에 전달했다. 그들은 11월 11일에 도착했다. 우리는 연세대 관계자들을 많이 만나도록 주선해주었다.

장티푸스가 많이 유행했다.

성탄절에 게리 프리머와 그의 친구 댄 서투세Dan Certuche가 왔다. 그들은 우리가 캔디를 만들고 한국산 칠면조 요리를 만드는 것을 도와주었다. 그들을 이화여대로 데리고 가서 비엔나소년합창단 공연을 함께 보았다. 성탄절 날 오전 5시에 어니는 그들을 데리고 가서 간호학생들과 다른 선교사들과 함께 한강 둔치 주변에 사는 사람들에게 음식, 의복을 나누어주고 캐럴을 불러주었다. 그들은 돌아오면서 "내 눈으로 보지 못했다면 난 믿지 못했을 거야."라는 말만 했다. 나중에 우리는 한국인 교회에 가서 성탄절 예배를 드렸다.

1968년

선교사들은 쉴 틈이 없었다. 릭스 가족은 2년 간의 휴가를
갖고 싶어 했다. 페럴 가족도 역시 쉬고 싶어 했고, 로스 가족과 매트슨 가
족은 휴가를 떠났다. 정치적 사건이 자주 발생했다. 1월 22일 일요일 아
침 일찍, 치밀하게 준비된 북한 무장공비가 서울로 잠입하여 대통령관저
인 "청와대" 근처까지 갔다. 몇몇 선교사들이 그 근처 혜화동에 살았는데
기관총 소리를 들었다. 전투 중에 6명의 한국인이 사망하고 28명이 부상
당했다. 31명이 침투하여 6명이 죽고 한 명이 생포 당했다. 1월 24일 미
국함선(푸에블로호)이 공해상에서 북한에 납치되었다. 우리는 모두 약간
불안감을 느꼈다. 경찰이 연세대 캠퍼스에 깔렸다. 경찰은 누구에게든지
문을 열어주지 말라고 말했다. 1월 29일, 우리는 여행 가방을 준비했다.
많은 상점들이 문을 닫았고 자정에는 통금이 실시되었다. 무장공비 한 명
이 우리 집에서 약 1.7km 떨어진 한 사찰에 숨어든 것을 아는 것은 도움
이 되지 않았다. 이 시기 동안 모든 미군이 부대 안에 대기해야 했다. 그
래서 우리는 미군을 전혀 만나지 못했다. 만약 우리가 만났다면 그들은

아주 좋아했을 것이다. 2월 4일, 28명의 무장공비가 잡혔다. 미 대사관은 실제 비상상황이 발생할 경우 어떻게 대처해야 하는지를 미국인들에게 알려주었다. 이 시기 동안, 우리는 매일 오전 7시, 12시 정오, 오후 3시, 6시, 10시에 뉴스를 들었다. 미대사관측은 손님이 있을 경우에도 그렇게 하라고 알려주었다.

미국에서 우리 사위인 팻이 장교훈련을 마쳤다. 그는 소위가 되었다. 그는 헬리콥터 훈련을 받으러 갔다.

우리는 오도넬O'Donnel 가족을 찾아서 아주 기뻤다. 그들은 평화봉사단에서 일하고 있었다. 그녀는 블라이덴버그 부부의 딸이었다. 블라이덴버그 부부는 우리가 중국에 가기 전에 중국(난창)의 우리 집에 먼저 살았던 사람들이었다.

언어가 항상 문제였다. 비행기 승무원이 "이번 비행이 즐거운 시간이 되기를 바랍니다."라고 말해야 되는데 영어발음이 서툴러서 "여러분은 공포를 느끼게 될 것입니다."라고 말했다.

3월, 상황이 한결 좋아졌다. 연합위원회의 몇몇 여자들이 5주간의 일정으로 한국을 방문하여 우리집에 머물렀다. 아주 멋진 버거랜드 박사Dr. Bergerand와 콜킨스 부인Mrs. Caulkins은 연세대에서 일을 했다.

게리 프리머는 자주 군에서 사람들을 데리고 왔다. 우리는 일요일에는 미군과 친구들에게 집을 개방했다. 또한 어니가 미8군 장교들과 접촉하고, 세브란스 병원에 미8군기념병동을 건축하는 과정에서 소령, 대령, 장군과 그의 친구들이 우리 집을 드나들었다.

나는 한 주에 두 번 오후에 의대생들에게 단기 임상병리사 연수과정을 가르쳤다. 그 일은 상당히 힘들었다.

4월 첫 일요일 아침, 한 여자가 우리 집 문간에 와서 울었다. 그녀는 야간경비가 술에 취했거나 시끄럽게 말다툼을 했다고 말했다. 어떤 사람이 경비에게 가솔린을 부었거나 아니면 아마도 경비가 분신자살을 시도했던 것 같았다. 그의 가족들은 돈이 없어서 병원 입원비를 지불할 방법이 없었다. 그는 아주 위독했고, 화상이 너무 심해서 호흡을 하기 위해서 기관절개술을 시술해야 했다.

우리 집은 열차가 아니라 침대가 갖추어진 철도역 같았다. 서울 밖에서 오는 선교사들은 우리 집에서 이틀씩 자고 집으로 갔다. 우리는 그들에게 스스로 알아서 지내야 한다고 말했고 그들은 그렇게 했다. 우리는 적어도 일주일 한 번 이상 저녁 식사에 손님들을 초대했다. 이것은 의료인, 목회자, 교육자 등을 친밀하게 사귀는 좋은 기회였다.

우리는 해변에서 며칠 휴가를 보냈다. 게리 프리머가 휴식과 레크리에이션 프로그램을 마련하여 우리와 함께 지냈다.

상황이 약간 불안정해졌다. 우리는 가방을 싸 두었다. 여러 가지 상황에도 불구하고, 여러 가지 변화가 일어나고 있었다. 김 소령("불도저" 김)이 지하도로, 고가도로, 입체교차로를 만들었다. 그 도로 덕분에 공항까지 가는 데 한 시간 걸리던 것이 20분 미만으로 줄어들었다. 또한 터널도 개통되었다. 모든 교사들이 머리를 단정하게 자르고 면도를 하고 코트를 입었다. 히피 스타일은 사라졌다.

세브란스 병원 임상병리실에 새로운 업무 방식을 도입했다. 우리는 주간 세미나를 개최하고 보통 강의를 했다. 나는 그것과 아울러 실습 [이론적인 지식과 아울러 실무적인 지식] 도 해야 한다고 주장했다. 나는 혐기성 박테리아를 실제로 보여줌으로써 새로운 수업방식을 시작했다.

5월에 서울의 빈민가에 있는 "천막"교회인 금독 교회에서 일했다. 그 곳까지 가는 데 한 시간이 걸렸다. 먼저 서울 동쪽 끝으로 가서 좁은 골목들을 지나 올라갔다. 가다가 다른 차를 만날 경우– 제발 그런 일이 일어나지 않기를– 한쪽 차는 후진을 해야 했다. 천막은 아직 세워지지 않았다. 그런 와중에 우리는 목사의 집을 방문했다. 큰방이 우리 집 식당만 했다. 30명이 넘는 우리 일행은 마루에 빽빽하게 앉았다. 다행스럽게도 나는 벽에 기댔다. 만약 벽이 없었다면 나는 골짜기로 굴러 떨어졌을 것이다.

5월 말, 한국의 "위대한 인물" 중의 한 사람인 김옥길 박사를 위한 큰 축하잔치가 있었다. 그녀는 교사, 교수, 이화여대 총장이었다. 그녀는 국내외에서 많은 상을 받았다. 그녀는 오하이오 주 웨슬리안 대학에서 공부했다. 김 박사는 이화여대에서 50년간의 봉사를 마쳤다. 저녁 만찬에 1400명의 손님이 참석했고, 420명의 합창단과 수백 명의 오케스트라는 모두 이화여대생으로 구성되었다.

6월, 우리는 할아버지와 할머니가 되었다. 베아트리체와 제프가 여자아이– 살린 킴벌리 홀– 를 낳았다. 그와 동시에 로버트 케네디 상원의원의 암살 소식이 전해졌다.

6월 17일 우리는 제프리 부부와 함께 제주도에 가서 미래 사업을 준비하기 위해 의료시설과 교회의 실태를 조사했다.

베티는 팻이 헬리콥터 조종사 훈련을 받기 위해 텍사스 미네랄 웰스로 이사했다고 편지를 보냈다.

한국에서 헌혈을 받는 것은 정말 어려운 것 같았다. 수혈용 혈액은 모두 돈을 주고 사야했다. 매혈하려는 사람들이 아침 일찍 병원 검사실에 왔다. 그들은 다양한 부류의 사람들이었는데 대부분 퇴역군인들이었다.

그들은 지저분하고 시비를 잘 걸었다. 헤모글로빈 수치가 낮아서 매혈을 거부당하면 임상병리사들과 싸우고 심지어 생명을 위협하기도 했다. 혈액 부족 때문에 외과수술이 취소되었다. 세브란스 병원 지원단체가 나서기로 했다. 먼저 교육을 했다. 여자들이 시간을 내어 봉사했다. 헌혈은 위에서부터 시작했다. 연세대 총장과 부인이 먼저 헌혈했다. 그 다음 교수와 부인들이 했다. 지원 단체에서는 차와 케이크를 제공했다. 각 헌혈자들은 만일 수혈이 필요할 경우 일정량의 헌혈을 무료로 받을 수 있는 카드를 받았다. 이런 아이디어가 20년 동안 같이 일했던 사무엘 리 박사의 지칠 줄 모르는 노력 덕분에 다른 대학으로 확산되었다.

8월 동안 비무장지대의 상황이 다시 악화되었다. 어느 날 두 명의 간첩이 체포되었고, 또 그 뒤에 150명의 간첩일당이 체포되었다.

9월, 우리의 빈민 교회는 이제 목사의 집이 아니라 천막에서 예배를 드리게 되었다. 어니는 미군에게서 텐트를 얻는 데 도움을 주었다. 천막교회의 장소는 우리 집에서 차로 16km정도 떨어진 장소에 있었는데, 2~3km는 1차선 도로를 타고 올라가고, 800m정도 걸어가야 했다. 나는 여러 장소에서 지팡이를 이용해야 했다. 교회 참석자가 두 배가 되었다. 교회 바닥은 돗자리가 깔려있었고 지저분했다. 천막교회는 텐트의 옆면을 젖히기만 하면 "공기순환"이 완전하게 이루어졌다. 실내 온도는 태양열에 의존했다.

중국인 교회도 역시 성장하고 있었다.

10월, 세브란스 병원은 우리 팀을 제주도에 보내 의료 검사기관을 세우게 했다. 어니는 병원 운영에 관해 자문하기로 했다. 우리는 나중에 그곳에 의사를 보내기로 계획을 세웠다.

어니스트의 환갑 축하잔치, 1968년

우리는 TV를 통해 아폴로 우주선이 달에 착륙하는 것을 보았다.

어니는 10월 31일에 60세 생일 맞아 "환갑"잔치를 했다. 실제로 그의 생일은 25일이었지만 병원에서는 그의 환갑잔치를 31일에 차려주었다. 우리는 그날 오전 12시까지 일한 후 어니는 사무실로, 나는 혈액은행으로 갔다. 그곳에서 우리는 환갑잔치 옷을 입고 예배를 드리기 위해 강당으로 갔다. 우리는 대학 측으로부터 반지를 각각 선물 받았고, 어니는 특별한 선물도 받았다. 축하잔치를 하기 전에 선물을 받지 않겠다고 말했지만 그것은 관례여서 어쩔 수 없었다. 만약 사람들이 굳이 선물을 주겠다면 어니의 이름으로 의대생들에게 장학금을 지급하라고 요청했다. 예배 후 우리는 간호사 기숙사로 갔다. 그곳에서 우리는 우리의 한복 위에 전통적인 환갑 장신구를 착용했다.

우리는 맛있는 한국음식들과 커다란 케이크(떡)가 차려진 큰 상 뒤편에 앉았다. 여러 사람들이 존경의 표시로 전통적인 방식으로 신발을 벗은 다음 무릎을 꿇고 어니에게 절을 했다. 이렇게 계속 진행되었다. 우리는 각자 포도주스를 한 잔씩 받았다. 그것은 우리가 새로운 인생의 주기를 시작한다는 의미였다. 병원 직원들은 우리 자녀들이 한국에 없기 때문에 그들이 우리의 자녀라고 말했다. 어니의 이름으로 장학금이 의과대학에 전달되었다. 그 기금의 이자는 한 학생이 등록금을 지불하기에 충분한 액수였다. 참 고마운 시간이었다.

12월, 베티와 팻이 군 인사이동에 따라 앨라배마로 이사했다.

우리는 천막교회를 방문했다. 천막 주변으로 판자를 둘러쳤고, 플라스틱 창문도 달았다. 천막 가운데는 기름 난방기도 설치했다.

1969년

1월 하순, 지금까지 한국에서 본 것 중 가장 큰 눈보라가 쳤다. 기온은 영하 17℃였다.

2월, 사랑하는 바버라 레이놀즈 [감리교 선교사] 와 박시래 씨가 약혼을 발표했다. 결혼식은 3월 1일이었다. 어니는 신부의 손을 잡고 식장으로 걸어가서 신랑에게 건넸다.

나는 정기적으로 홀트 고아원에 들러서 아이들의 미국입양 준비를 도와주었다. 내가 아기들의 혈액을 채취하면 어니가 다른 모든 일 [신체검사] 을 수행했다. 어느 날 오후에는 43명의 아기의 혈액을 채취하고 검사했다.

우리의 봉급이 삭감되었다.

앤 스틴스마 쉬퍼Ann Steensma Schipper – 우리를 제2의 엄마와 아빠로 불렀다– 가 첫 아기를 낳을 예정이었다.

캐나다 출신의 저명한 의사인 머레이 박사가 한국을 떠났다. 그녀는 한국전쟁 전에 북한에서 봉사했고, 한센병 치료분야에서 큰일을 했다.

이李 왕자(영친왕)와 그의 아내가 축하행사에 참여하기 위해 한국에 왔다. (이 왕자는 한국이 일제식민지가 되기 전 황실의 마지막 황태자였다.)

4월 말에 입양 고아들을 미국으로 데리고 갈 수 있다는 통보를 받았다. 미국에 한 달 동안 머물 수 있었다. 나는 케인, (테네시 주) 다이스버그, 인디애나폴리스의 교회들을 방문했다. 그런 다음 텍사스로 가서 베티와 팻을 만나고, 달라스로 가서 베아트리체, 제프, 살린을 만났다. 그리고 오하이오로 갔다. 오하이오를 떠나기 전에 콜럼버스에 들러서 시드웰 가족 – 한국에서 선교사로 봉사했다– 을 만났다. 나는 그들에게 한국의 최근 상황에 대해 들려주었다. 에드 와이스와 그의 가족들이 우리를 만나기 위해 미시간에서 왔다. 나는 게리 프리머와 그의 아내, 찰스, 로이스 사우어, 그리고 마지막으로 시카고에서 필드 가족을 만났다. 로스엔젤리스에서 제프의 어머니가 우리를 보려고 공항에 왔다. 5월 25일, 한국으로 돌아왔다.

팻이 베트남으로 떠날 예정이었고, 베티는 텍사스 주 파사데나로 이사했다. 6월 9일 우리는 팻이 사이공 근처 벤 호아에 주둔하고 있다는 소식을 들었다. 물리치료사이며 감리교 선교사인 델마 마오– 이전에 세브란스병원에서 큰일을 했다– 는 사지절단 환자들이 다시 삶을 되찾을 수 있도록 돕기 위해 베트남으로 가 달라는 부탁을 받았다.

뉴욕의 감리교선교위원회는 힘든 시기를 보내고 있었다. 흑인집단이 장로교와 감리교 사무실을 습격하여 30만 달러와 성명서 발표를 요구했다. 결과는 어떻게 될 것인가? 백인 인종차별주의자들의 반격?

6월, 천막교회가 건축 프로젝트를 시작했다. 불과 2년 전만 해도 교인 수가 11명이었고, 1년 전에는 25명, 이제는 약 100명에 이르렀다. 교인들은 땅을 사고 콘크리트 교회건물을 짓기 전에 모두 산으로 올라가서 철야기도를 했다. 기도응답은 엄청났다. 친구들과 교인들이 시멘트블록을 사기에 충분한 돈을 마련했다. 다른 사람들은 자신의 귀중품을 팔았다. 어떤 이들은 하숙인을 받았다. 조금씩 시멘트블록이 건물로 바뀌어 갔다.

어니의 사촌인 비올라 필드는 유방암에 걸렸다. 그녀는 코발트 치료를 잘 견뎠다.

정치적 시위가 더 많아졌다. 우리는— 심지어 연세대 안에서도— 연루되지 않기 위해 시위대와는 거리를 두었다.

어니는 7월 24일 국부마취를 한 상태에서 탈장 수술을 한 부분을 다시 수술했다. 수술할 때 어니가 누운 수술대는 그의 의대 동기생들이 한국에 보내준 것이었다. 병원의 새 특별병동에는 미국 병원에서 버린 침대들이 있었다. 그것은 앨톤 감독의 지시 하에 위스콘신 감리교 총회를 통해 한국에 들여온 것이었다. 그 침대에 페인트를 다시 칠하자 새 것 같았다. 어니는 그 침대에 누웠다.

8월 말, 해변에서 며칠 간 지냈다. 여느 때처럼 문제가 발생했다. 그곳에 있는 동안, 여러 명의 무장공비가 바다를 통해 한국에 들어오다가 체포되었다.

연세대를 비롯한 대학들이 가을에 문을 열었다가 시위 때문에 폐쇄되었다.

남부지역에 콜레라가 발생했다. 콜레라가 서울까지 확산되어 805명의 환자가 발생하여 그중 75명이 죽었다. 10월, 예방접종 노력에 불구하고 콜레라가 여전히 확산되고 있다. 1,300 명 이상의 환자가 발생했다.

10월 25일, 나는 한국 임상병리협회에서 강의와 실습을 했다. 나는 혐기성 박테리아에 대해 강연했다. 나는 미국에서 가져온 가스 팩Gas Pak의 사용법을 보여주었다.

다음은 몇 가지 병원 통계이다.

지난 해 입원환자 수는 1만 명이었다. 그 중 1천 명은 기독교인이 되었다. 추적 조사에 따르면 그들 중 2백 명이 교회에 적극적으로 출석했다.

11월 1일 오전 6시, 나는 깜짝 놀라서 깨었다. 문득, [베트남에 있는] 팻 리처드슨이 위험하다는 생각이 들었다. 어니와 나는 그를 위해 특별 기도를 드렸다. 나중에 팻은 그날 실제로 위험한 상황에 빠져 있었다고 말해주었다. 나는 내가 초능력을 가졌다는 사실을 점점 더 깨닫게 되었다.

1970년

1월 초, 제프리 부부가 부산에서 그들의 아기 – 데이비드 – 를 데리고 왔다. 아기가 많이 아팠다. 아기는 이질균을 비롯하여 몇 가지 세균에 감염되었다. 아기는 마루에 있는 신발을 집어서 입에 무는 버릇이 있었다. 그 버릇 때문에 세균에 감염된 것이었다.

1월 10일 난로용 기름이 떨어졌다. 1월 23일까지 기름을 살 수 없었다. 기온이 0℃ ~ 영하17℃ 였다.

1월 17일, 서울에 큰 화재가 발생했다. 반도호텔 쇼핑가가 완전히 불탔다. 그곳은 관광객들에게 최고급 쇼핑센터였다. 불은 반도호텔과 조선호텔 사이의 140개 점포에서 발생했다. 근처에는 건축 중인 큰 빌딩이 있었다. 19세 소년이 건축 작업장에서 자고 있었다. 그가 잠결에 등유난로를 쳐서 넘어뜨려 불이 났다. 바람이 아주 셌다. 송수관이 모두 얼어서 소방호스들이 제대로 작동하지 않았다.

팻과 베티가 하와이에서 만나서 즐거운 시간을 보냈다. 베티는 (1969년 12월 12일에 태어난) 데이비드를 텍사스에 사는 조부모에게 맡겼다.

연세대 의대 세브란스 병원의 겨울
풍경, 1970년대

이화여대의 명예총장인 김옥길 박사가 사망했다. 그녀는 자신의 장례
절차를 미리 만들어두었다. 그녀는 장례식이 기쁜 행사가 되어야 한다고
주장했다. 그녀는 저명한 교육자였을 뿐만 아니라 탁월한 기독교 지도자
였다. 그녀는 국가 최고훈장을 받았다. 5천 명을 수용하는 큰 이화여대
강당이 조문객으로 꽉 찼다. 그녀의 장례식에서 "할렐루야 합창단"이 노
래를 불렀다. 장례식장에 들어가지 못한 학생과 친구들은 이화여대에서
동양선교회 건물에 이르는 길에 두세 줄로 줄지어 섰다. 김 박사는 모든
이화여대생들이 졸업 전에 2주간의 시간을 내어 한국의 산간벽지에 가서
복음을 전해야 한다고 주장했다.

비행기 납치사건(일본 항공)으로 큰 파문이 일어났다. 대부분의 승객들
이 65일 만에 풀려났다. 감리교 선교사 2명이 그 비행기를 놓치는 바람에

서 타지 못한 것은 다행스러운 일이었다.

3월 22일, 해변에 갔다. 너무 바빠서 며칠 밖에 쉬지 못했다. 우리는 현지의 한국인 교회(난방이 되지 않았다)에 갔다. 땅에는 눈이 덮여있었다. 나는 양모 스웨터 두 벌, 양발 두 개, 양모 슬리퍼, 뜨개질한 여성 속옷, 느슨한 바지, 두꺼운 코트를 입고 따뜻한 스카프를 둘렀다. 마루에 앉아 있는데 여전히 추웠다. 밤에 별장에서 잘 때 뜨거운 벽돌을 침대 속에 넣었다.

4월 초순경, 끔찍한 재난이 발생했다. 서울의 큰 아파트 건물이 붕괴했다. 4월 12일, 다른 아파트가 언덕 아래로 무너져 내려서 30명 이상 죽고 많은 사람들이 다쳤다. 건물이 잘 못 지어진 때문이었다. 부상자들은 세브란스병원으로 옮겨졌다. 우리 집에서 그 건물들을 볼 수 있었다.

아폴로 13호가 우주로 발사되었다가 무사히 지구로 돌아왔다.

4월 25일경, 제주도의 의료사업 전망을 조사하기 위해 그곳으로 파견되었다. 우리는 선교사로서 은퇴하기 전 마지막 시기에 그곳에 가게 될지도 몰랐다.

해외전보를 받았다. 브랜던 고든 홀Brandon Gordon Hall이 4월 26일 4시 22분에 태어났다. 엄마와 아기, 아빠는 모두 잘 지내고 있었다. (브랜던은 예정일보다 늦게 태어났다.)

5월 19일, 병원에서 일을 하다가 안내접수처에서 전화를 받았다. 군복을 입은 키 큰 한국군 장교가 서 있었다. 나는 서양인인 줄 예상했었다. 그는 내가 와이스 부인인지 물었다. 그는 베트남에 근무하는 팻 소령을 알고 있었으며 그의 특별한 인사를 전하려 왔다. 한국군 장교는 강 소령이었다. 팻이 방문한 것처럼 특별한 경험이었다. 우리는 강 소령을 집으로 모셔서 점심을 같이 먹었다. 6월 1일, 팻의 베트남 근무가 끝나고 그는 텍사스 파사데나로 무사히 돌아갔다.

7월, 글렌 풀러 주니어 가족이 한국에 왔다. 글렌은 서울연합교회의 목사로 새로 부임했다. 우리는 1940년에 상하이에서 풀러 부부와 함께 지냈었다. 상하이에서 내가 우표 수집을 시작하도록 도와준 풀러의 자녀들은 장성했다. 두 자녀 중 맏이인 글렌은 결혼하여 캘리포니아에 목사로 사역했다.

8월 4일, 텍사스 남서부지역 출신의 30명이 테드 리처드슨 [팻 리처드슨과는 관계가 없는 사람이다] 의 안내로 한국을 방문했다. 우리는 텍사스 남서부 총회 출신들이었기 때문에 그 사람들을 집으로 초대했다. 그 해의 가장 더운 날, 주말 수리 공사로 인해 전기가 단전되었다. 내가 그들에게 대접할 수 있는 것은 얼음이 없는 시원한 물과 부채뿐이었다. 다음 날, 교회의 대표자들이 그들에게 관광 안내를 해주었다. 우리는 저녁에 한국 음식점에서 그들과 합류했다. 그들은 병원도 둘러보고 대학 총장의 집에서 점심을 먹었다. 그날 우리는 디저트– 아이스크림과 케이크– 를 제공할 수 있었다.

시어스 사에 주문한 100달러짜리 물품이 도착했다. 관세가 30달러였다. 그러나 내가 정말 원했던 물품이 없었다. [도난당했다] 그 대신 한국산 파티용 지갑이 소포에 들어있었다. 세탁기가 망가지고 동시에 하나뿐인 실내 에어컨이 고장 났다. 그날은 기온이 36℃ 였다. 천막교회로 가는 길에 우리 차의 변속기가 고장 났다. 걸어서 택시를 찾은 다음 우리 차까지 수리공을 데리고 가서 차를 고치고 1단 기어를 넣고 집으로 운전해 왔다. 우리 차 뒤에 따라오던 모든 자동차와 버스가 경적을 울려대는 바람에 정말 무서웠다.

연세의대 세브란스 병원의 외과직원들 1970년. 앞줄 검은 양복 입은 사람이 어니스트, 어니스트 왼편으로 두 사람 건너서 흰색 임상시험실 복장을 한 사람을 로버타 라이스 박사이다.

8월 22일, 인디애나폴리스의 메르디안 스트리트 교회 출신의 사람들이 뮤지컬 순회공연을 위해 한국을 방문했다. 그들은 인디애나 후지어 합창단에서 일했는데 아주 훌륭했다.

10월 6일부터 미국으로 장기휴가를 떠났다. 우리는 로스엔젤리스에서 은퇴자 집을 물색했다. 그 지역은 은퇴한 선교사들이 살고 있었다. 우리는 버클리 [캘리포니아 대학] 를 잠시 방문했다가 무시무시한 것을 보았다— 마약을 하는 학생들, 파격적인 옷을 입은 학생들—. 루스 스튜어트 [감리교 선교사출신의 간호사로 버클리에서 석사학위과정을 공부하고 있었다.] 가 캠퍼스를 안내해주었다.

우리는 휴스턴, 셀마 7205번지 아파트 50호에 짐을 풀었다. 어니는 시카고의 외과 회의에 참석했다. 우리는 성탄절 날 앨라배마 주 오자크에 있는 베티의 집에서 우리 아이들과 손자들을 모두 만났다. 그것은 우리 가족이 10년 만에 처음으로 다 모인 자리였다. 오하이오에서 여동생과 다른 친척들과 얼마 동안 시간을 보낸 후 텍사스로 갔다. 브랜던 [베아트리체의 아들] 에게 세례를 베풀 때가 되었다. 어니가 축하파티를 열었다. 이 시기 내내 강연 일정이 잡혀 있었다.

의료선교사 와이스 부부의 헌신

1971년

1월, 나는 휴스턴 공중보건 임상병리실에서 일하기 시작했다. 바이러스와 세균학 분야의 추가연구 과제를 전반적으로 검토하는 일이었다. 1월 20일, 어니가 전립선 수술을 받았다.

한국으로 다시 돌아가기 위해 미국을 떠나기 3시간 전에 우리 가족은 깊은 슬픔에 빠졌다. 제프와 베아트리체가 막내아들 브랜던을 비극적인 사고로 잃었다. 두말할 필요도 없이 우리는 계획을 바꾸고 최대한 오래동안 베아트리체와 제프와 같이 지냈다. 그 후 시애틀로 떠났다. 그곳에서 우리는 오랜 대학 친구인 밥 업호프Bob Uphoff를 만났다. 또한 프리츠 피셔 부부도 만났다. (피셔 박사는 예전 중국에서 베티를 출산할 때 도와주었다.) 그들은 그들이 난창을 탈출한 이야기를 들려주었다.

우리는 하와이에서 며칠간 조용히 쉬었다. 신시내티에서 온 셔키 박사 Shirky를 만난 후 헤스털리Hesterley 부부를 방문했다. 우리는 하와이에서 태어나 자란 85세의 프랑스인과 아주 즐거운 대화를 나누었다. 어느 날, 밖으로 산책을 나갔다가 작고 아름다운 정원 옆을 지나게 되었다. 그 프랑스인이 그곳에서 일을 하고 있었다. 인사를 하고 정원이 훌륭하다고 칭찬했다. 대화가 계속되었고 그는 하와이 초기 정착민과 하와이인들의 고통에 대한 이야기를 들려주었다. 그는 초기 선교사들의 잘못으로 그런 고통이 생겼다고 말했다. 그가 선교사들이나 미국인을 좋아하지 않는 것은 충분히 이해할 만했다. 어니와 나는 재빨리 서로 바라본 다음 천천히 걸어갔다. 다음 날, 그 정원을 지나가다가 다시 그와 인사를 나누었다. 우리는 금세 좋은 친구가 되었다. 우리는 그의 집에 초대받아 차를 마셨다. 그곳에 있는 동안 매일 그렇게 했다. 떠나는 날, 그들이 우리를 공항까지 데려다주겠다고 했다. 그 때 우리가 선교사라는 사실을 말해야 한다고 생각했다. 그뿐만 아니라 미국인이라는 사실도 말이다. 그들은 전혀 놀라지 않았다. 아니면 그것을 내비치지 않았는지도 모른다. 그들은 다만 이렇게 말했다. "음, 당신들은 우리가 만난 선교사들과 다릅니다." 우리는 그 가족들과 몇 년간 편지를 주고받았다. 우리가 1975년 하와이를 경유하여 미국으로 돌아갈 때, 그들을 만나려고 잠시 들렀다. 그러나 우리 친구는 이미 죽고 없었다.

하와이를 떠나기 전에 호놀룰루에 있는 사촌이자 군목인 무엔즐러 Muenzler와 그의 부인과 함께 밤을 보냈다. 3월 23일에 하와이를 떠나서 3월 27일에 한국에 도착했다.

우리가 장기 휴가를 간 동안 넬리 마이너 Nellie Minor가 우리 집에 살았다. 그녀는 곧 미국으로 떠날 예정이었다. 우리는 그녀와 그녀의 약혼자를 일주일 동안 해변에 데리고 갔다. 서울역에서 기차를 내려서 택시를 타는 동안 어니의 서류가방을 날치기 당했다. 그 안에는 신용카드, 여권, 돈 등과 수표책이 들어 있었다. 한국에 돌아온 것을 환영하는 멋진 신고

식이었다!

　연세대에서 새로운 프로젝트를 맡았다. 나는 정규적인 임상병리실 업무와 아울러 의과대학에 조사연구실을 설립하는 일을 맡게 되었다. 의사들은 같이 사용하는 장비를 보유하고 있었다. 다른 대형 장비는 미국에서 들여올 예정이었다. 그들은 장비들을 유지하고 모든 의사들이 만족할 수 있도록 그것을 관리해줄 사람이 필요했다. 그것은 쉬운 일이 아니었다. 나는 또 2년 동안 진행되는 매독균 연구를 도와달라는 요청을 받았다.

　우리 집의 내부와 외벽을 페인트로 칠해야 했다. 한창 페인트를 칠하는 중에 데니Denny 부부가 왔다. 그들은 연세대에서 특별과제를 수행할 예정이었다. 페인트칠을 하는 중이었지만 그들과 멋진 시간을 보냈다.

　다시 봄이 돌아왔다. 대학 졸업반은 졸업을 할 때마다 시위를 했다. 페인트칠을 하고 손님을 맞이한 며칠 동안도 계속 시위가 이어졌다. 가끔 대중교통을 이용하기가 어려운 경우도 있었다. 우리는 항상 라디오에 귀를 기울였다.

　매월 개최되는 선교사들의 모임이 가끔씩 아주 소란해지는 경우도 있었다. 대부분의 선교사들은 심지가 강하고 열심히 일하는 사람들이었다. 60년대 후반과 70년대 초에는 혁명적인 사상들이 선교현장에 도입되었다. 선교현장에서 20년, 30년, 40년 동안 활동해온 우리 같은 사람들은 그런 사상을 감당하기가 힘들었다. 어느 날 선교회의에서 젊은 미국인이 한국에서 일 년을 보낸 후 쓴 글을 읽고 토론했다. 그는 선교에 대해 매우 비판적이었다. 그는 특히 의료선교에 대해 비판적이었다. 다행히도 그 글은 아직 출판되지 않은 상태였다. 문제의 그 사람은 자신이 모든 것을 부수어야한다는 생각을 갖고 한국에 왔다고 인정했다. 우리는 모두 그를 강력하게 비판했다.

7월 1일경, 베아트리체가 한국을 방문하러 올 것이라는 전보를 받고 깜짝 놀랐다. 물론 베아트리체가 우리가 가족임을 깊이 느낄 수 있는 해변으로 가고 싶어 한다는 것을 알았다. 그때 딸의 시아버지인 고던 홀 Gordon Hall이 사업차 한국에 왔다. 정말 멋진 만남이었다.

오글레스Ogles 부부 [감리교 선교사들] 가 떠났다. 한국은 격동의 시대를 겪고 있었다. 그로 인해 선교사들은 심란해 했고, 어떤 선교사 모임은 골치가 아플 정도였다. 우리는 공산주의가 어떻게 활동하는지를 설명하려고 애썼다. 우리는 그 때 공산주의가 한국에 침입하고 있다고 느꼈다. 그와 같은 혼란으로 인해 교회에도 문제가 야기되었다. 연합감리교회의 감독은 어쩔 수 없이 사임했다.

8월 후반, 북한 사람들이 인천을 경유해 남한으로 들어오려고 시도했다. 남한은 항상 경계태세였지만 이 사건은 모든 사람에게 충격을 주었다.

파업이 사방에서 일어났다. 심지어 의사들도 파업을 벌였다. 운송 분야도 파업을 일으켜 우편배달에 심각한 타격을 주었다.

이 모든 혼란에도 불구하고, 미국에서 손님들이 왔다. 손님들은 느긋하게 세탁하고 식사를 했다. 그들은 보통 대학이나 병원과 관련된 사람들이었다.

미국의 혁명적인 사상들이 한국에 널리 퍼졌다– 장발, 단정하지 못한 복장 등–. 한국 사람은 깔끔한 복장을 좋아했다. 정부는 장발을 한 남자들이 모두 머리를 깎지 않으면 투옥하겠다고 발표했다. 한동안 정부는 일본인을 비롯하여 장발을 한 사람들은 한국에 들어오지 못하게 막았다.

교회는 여전히 심각한 정치적 문제를 안고 있었다.

엄청난 뉴스! 드디어 베티와 팻이 부모가 되었다. 메리 엘리자베스가 10월 8일에 태어났다.

10월 9일경, 위버Weaver 부부가 도착했다. 그들은 모든 선교현장을 방문하여 사진을 찍을 예정이었다. 그리고 그들은 미국으로 돌아가서, 주님을 위한 그들의 사역의 일환으로 사람들에게 선교 현장의 이야기를 들려주려고 했다. 그들은 정말로 생기가 넘치는 부부였다. 주일 아침에 그들을 서울에서 가장 큰 영락장로교회로 데리고 갔다. 4부로 나누어 드린 예배의 출석인원이 4천명이고, 헌금액이 4천 달러가 넘었다. 이 교회는 피난민으로 이루어진 교회였으며 백 개 이상의 작은 개척교회를 도와주었다. 나중에는 우리가 관여하는 천막교회를 방문했다. 그 교회에는 백 명의 교인이 있었다. 그 작은 교회는 꾸준히 성장하고 있었다.

온 나라가 계속 들썩였다. 소요가 너무 심해서 10월 12일과 22일에는 수많은 대학들이 문을 닫았다. 군인들이 모든 캠퍼스에 배치되었다. [한국의] ROTC(학생군사훈련단)제도에 반대하는 시위가 있었다. 경비병들이 연세대 캠퍼스 전역에 배치되었다. 교문은 가시철조망으로 폐쇄되었다. 의대도 조용했다. 대학들은 11월 9일에 다시 문을 열었다.

최근 헤일 박사의 딸이 강도를 당해 공포에 시달렸다. 사실, 그녀는 기절했었다. 강도가 물건을 훔쳐갔지만 경찰이 강도를 체포했다.

마침내, 천막교회가 천막을 벗어나 콘크리트 교회건물을 갖게 되었다. 우리는 예배에 참석했다. 그 때 110명의 교인이 참석했다. 어니스트가 설교를 했다. 김 목사는 교인들을 확인했다. 그는 광고시간에 41명의 교인이 결석했다고 말했다. 그는 즉석에서 그날 결석한 사람들을 방문해야할 41명의 심방위원 명단을 발표했다. 우리 천막교회의 지원으로 다른 "천막"교회가 시작되고 있었다.

12월 6일, 끔찍한 비극이 발생했다. 대원각 호텔이 불탔다. 그 호텔은 22층 건물이었다. 그 호텔에는 203명의 투숙객과 235명의 직원이 있었다. 157명이 죽었다. 8층 이상 올라가는 사다리가 없었기 때문에 소방관들이 그 위로는 올라갈 수 없었다.

1972년

1월 3일, 호텔화재에 관한 기사가 났다. 164명이 죽고 60명 이상이 다쳤다고 했다. 미국인 손님 한 명이 저녁에 워커힐 호텔 [오락장]에 갔다. 그가 차를 타려고 갔을 때 차가 사라지고 없었다. 그래서 그는 그날 밤을 워커힐에서 지내야 했다. 그는 그것이 일생 중 가장 행복한 날이었다고 말했다. [그 덕분에 그는 화재 현장을 모면했다.] 그 호텔에서 일하던 한 여자는 그날 휴가를 내서 남자친구와 함께 시골로 갔다. 그녀의 부모님은 그녀가 시골에 간 것을 몰랐다. 그들은 걱정이 돼서 병이 날 지경이었고, 실제로 시신 중 한 구를 요구했다. 그날 늦은 시간에 그녀가 문으로 걸어서 들어오는 것을 보고 큰 충격을 받았다. 한 남자는 침대 매트리스를 자신의 몸에 묶고 10층이나 11층쯤에서 뛰어내렸다. 그러나 매트리스가 공중에서 뒤집히는 바람에 그의 머리가 먼저 땅에 떨어졌다.

우리 선교사들이 피정을 했다. 우리는 한국의 여러 종교에 대해 많은 한국 사람들과 이야기를 나누었다. 한국의 토착종교의 하나는 샤머니즘이었다. 불교가 널리 퍼져있었다. 1936년에는 67개의 신흥종교가 있었다. 올해 1월 10일 현재, 240개의 종교가 있었다.

한국에서는 이상 기상패턴은 드물다. 그러나 1월 17일의 날씨는 아주 따뜻해서 나무에 새순이 돋았다. 하나님이 버튼을 잘못 누르신 걸까?

깜짝 소식! 23명 이상의 간첩이 체포되었다.

우리는 TV에서 닉슨 대통력이 중국에 도착하는 것을 보았다. 그것 때문에 한국에는 파문이 일었다.

2월 마지막 토요일은 내가 미8군봉사회 활동을 하는 날이었다. 우리는 평상시처럼 바쁜 하루를 보내고 있었다. 오후 3시경, 예쁜 소녀가 손에 유리잔을 갖고 안내석 옆 의자에 앉아 있는 것을 보았다. 갑자기 유리잔이 바닥으로 떨어졌다. 그 아이가 깨진 유리조각을 치울 줄로 생각했지만 그렇지 않았다. 달려 가보니 그 아이는 몸이 아픈 상태였다. 맥박과 눈을 검사했다. 아이의 맥박은 아주 느리고 가냘프게 뛰었다. 아이를 안고 작은 방으로 갔다. 그때 아이의 남자친구가 나타났다. 그들은 둘 다 14살이었다. 그들은 빈속에 보드카를 마셨던 것이었다. 소년도 역시 몸이 아팠다. 다시 소녀의 눈을 검사해보니 동공이 점점 작아지고 있었다. 그 때 나는 소녀가 보드카뿐만 아니라 마약을 했다는 것을 알았다. 그 아이들은 미군 학교 출신이었다. 그 때 그들의 친구들이 나타났다. 나는 소녀가 어떤 마약을 먹었는지 말하라고 그들을 강하게 추궁했다. 소녀의 생명이 위험했다. 그들이 나에게 말했다. 그 때 앰뷸런스가 왔다. 우리는 소녀의 부모에게 연락했다. 우리는 소년이 거짓말쟁이며 동시에 골초라는 것을 알았다. 소년은 실신했다. 미군 고교에서는 마약, 술, 흡연을 하는 학생의 비율이 상당히 높다는 것을 나중에 들었다.

어니와 나는 독감 바이러스에 감염되었다. 한 달 동안 모든 사람에게 썩 도움이 되지 못했다.

4월, 감리교선교위원회의 한국담당 총무인 찰스 저머니 박사Charles Germany가 사임했다. 그것은 상당히 의외의 일이었다.

연세대 교수 부인들이 정기적으로 우리 집에 모였다. 가끔 우리 미국 인들이 그들에게 식초를 넣은 달고 시큼한 오이와 같은 미국 음식을 만드는 법을 가르쳐주었다.

최근 나는 가슴에 가벼운 통증을 느꼈다. 리 박사는 스트레스를 피하고, 소식을 하고, 체중을 줄이라고 제안했다. 여기서 어떻게 그렇게 할 수 있단 말인가?

5월, 어니는 어떤 환자를 영국 맨체스터로 데리고 간 다음, 런던과 뉴욕에서 몇 가지 업무를 처리해달라는 부탁을 받았다. 어니는 6월 3일에 돌아왔다. 그는 건강이 좋지 않은 것 같았다. 그는 엄청나게 오랫동안 잤다. 그것은 보통 하루에 5시간 자는 그의 습관과는 완전히 달랐다.

제프리 부부가 한국으로 돌아오지 못할 것이라는 소식을 받았다.

6월 18일, 김 씨 부부의 금혼식에 초대받았다. 그 부부는 모두 한국사회의 지도자들이었다. 그들은 모두 독립운동에 참여했다. [1920년대와 1930년대 일제로부터의 독립투쟁] 그는 로터리클럽 회원이며 또한 한인회Korean-American Association Club 회원이었다. [어니스트는 한국 로터리클럽 회원이었다.] 또한 그들은 자신들이 다니는 교회의 지도자였다. 그들은 워커힐 호텔에서 만찬축하연을 열었다. 술은 제공되지 않았다. 그것은 한국교회의 전통이었다. 많은 사람들이 연이어 찾아와서 그들의 결혼 50주년과 훌륭한 기독교 신앙을 축하했다.

6월에 베아트리체에게서 아주 슬픈 소식을 들었다. 딸과 제프가 이혼했다.

어느 날 아침, 일어나보니 부엌과 식료품 저장실에 물이 차 있었다. 다락의 물탱크가 구멍이 나서 샌 것이었다.

8월 22일, 다시 홍수가 났다. 그때는 장마철이 아니었다. 강우량이 48cm였다. 50년 만에 가장 많은 비가 내려서 최악의 홍수가 났다. 381명이 죽고, 133명이 실종되고, 32만6천 명의 이재민이 발생했다. 130개의 다리가 쓸려가고 144개의 축대가 파괴되고, 5개의 한강 다리 중 4개가 폐쇄되었고, 댐의 수문이 개방되었다.

어니의 건강이 좋지 않았다. 그는 혈압이 높았다.

조카이자 음악가인 게리 플레치가 다른 나라로 떠났다. 그는 이집트 카이로의 미국인학교에서 음악을 가르쳤다. [수십 년 동안 게리는 아프리카, 중동, 동남아시아의 여러 지역에 있는 미국인 학교에서 음악을 가르쳤다.]

남한과 북한 간의 대화가 진행 중이지만 잘 되지 않고 있다. 10월 18일, 다시 계엄령이 발표되었다. 대학은 폐쇄되었지만 고교는 계속 문을 열었다. 정치 집회는 허용되지 않았다.

10월 20일, 우리는 아폴로 15호의 우주비행사 제임스 어윈James Irwin 의 강연을 듣기 위해 조선호텔의 조찬 모임에 참석했다. 그는 우리에게 설교를 했다.

11월 11일, 어니스트는 갑자기 병원 일로 독일과 미국에 출장을 가야 했다. 그는 미국에 있는 동안 잠시 시간을 내어 로버타 라이스 박사Dr. Roberta Rice를 만났다. 라이스 박사는 대퇴골이 부러져 병원에 입원 중이었다. 어니는 두 딸들도 잠깐씩 만났다. 그리고 샌프란시스코로 갔다.

어니가 떠나자마자 여러 문제가 발생했다. 난로의 순환펌프가 고장 나서 수리하는 데 4일이 걸렸다. 그동안 벽난로를 사용했다. 그리고 자동차 번호판을 도난당했다. 자동차수리공이 시청에 가서 그것이 우리 차이며 우리가 감리교 선교사임을 증명하고 15달러를 지불했다. 기온이 영하 9℃로 떨어졌다. 차의 핸드브레이크가 얼어서 측면으로 언덕을 천천히 내려갔다. 침실에서 사용하는 이동용 난방기에서 연기가 나서 세탁물이 더 늘어났다. 다행히도, 문이 닫혀 있어서 침실에만 연기가 찼다. 드디어 어니가 집에 돌아왔고 모든 것이 평안해 졌다.

12월 18일, 옛 친구인 로이 스마이어Roy Smyre가 방문했다. 그는 감리교선교위원회 소속의 아마추어 사진가로 여러 나라를 돌아다니면서 일했다.

올해 병원의 성탄절 장식이 특별히 아름답고 새로웠다. 여러 병동과 부서마다 경쟁을 벌였다. 1등은 아동 병동이었다. 그들은 닭과 오리의 하얀 털을 이용하여 눈처럼 하얀 성탄절 트리를 만들었다. 2등은 임상병리실이었다. 그들은 스티로폼 포장재를 이용해 성탄 트리와 교회, 아기예수 탄생장면을 만들었다.

1973년

한국에서 여성운동이 진행되고 있었다. 그것은 새로운 선교사들을 통해 들어왔다. 아내들은 남편과 별도로 수입을 얻고, 또 더 많은 돈을 벌 수 있는 능력을 갖고 싶어 했다.

베아트리체는 아주 힘든 시기를 보내고 있었다. 나는 베아트리체에 관해 초능력을 발휘한 경험을 갖고 있었다.

또 힘겨운 문제가 발생했다! 지금까지 선교사들이 장기 휴가를 갔을 때 선교현장에서 벌이는 사업자금을 모금하는 것이 당연한 것으로 여겨졌다. 일부 사람들이 돈을 모금하는 능력이 부족하다는 것은 알려진 사실이었다. 그래서 변화가 일어났다. 미국과 그 밖의 지역에서 모금된 모든 돈은 특정사업을 명시하지 않는 공통기금으로 관리되었다. 이 일 때문에 미국의 많은 기부자들이 실망했다. 그들은 자신의 돈이 선교사의 특정 사업에 사용되기를 원했기 때문이었다.

의과대학과 함께 새 도서관이 준공되었다. 나는 이것이 어니가 감독하는 마지막 건축 사업이 되기를 바랐다.

2월, 우리의 천막교회– 이제는 콘크리트 건물 교회 –가 크게 성장하고 있었다. 그 교회는 이미 다른 교회를 조직하는 일을 도왔고, 또 새로운 교회 하나를 개척하는 문제를 논의하고 있었다. 그 힘은 어디에서 나오는 걸까? 그 교회의 이른바 "배우지 못한" 수많은 교인들이 자주 밤을 새워가며 모든 지혜와 힘을 짜내어 돕는 방법을 강구한 것이 그 한 이유이지 않을까?

장발 남자들은 거리에 돌아다니는 것이 금지되었다. 그들은 체포되어 강제로 이발을 당했다. 한국으로 들어오는 미국인이나 다른 외국인들에게 압력이 가해졌다. 거리에서 침을 뱉거나 담배꽁초를 버리는 것이 금지되었다. 정부는 소음 규제안도 마련하고 있었다. (우리가 한국을 떠날 때쯤에는 자동차의 경적소리가 거의 사라졌다.)

어느 날, 사람들에게 병원을 안내하고 있을 동안, 어떤 사람이 내 가방에서 지갑을 훔쳐갔다. 그 안에 돈은 없었지만 운전면허증과 같은 중요한 물건이 들어 있었다. 그 지갑은 나중에 다른 층의 남자 화장실 변기 물탱크 속에서 발견되었다. 그 후에 나는 내가 남자 화장실을 사용한다며 놀리는 소리까지 들었다.

나는 미국에 다양한 종류의 축하카드를 주문했다. 카드가 도착해서 보니 모두 위문카드였다. 50장의 위문카드를 어디에 쓰지? 어니는 매일 자기를 위로해주면 되지 않느냐고 말했다.

5월 19일, 우리는 미국 대사관으로부터 한미 외교수립 90주년 축하행사에 초대를 받았다. 하비브 대사는 한국정부와 좋은 관계를 유지했고 우리는 그를 아주 좋아했다.

우리는 1973년에 은퇴할 작정이었지만 병원 측은 사업을 마무리하기 위해 2년 더 머물러 달라고 요청했다. 우리는 잠시 휴가를 내서 가족들을 만나야 한다고 말했다.

빌리 그래함 전도단이 6월에 한국에 왔다. 첫날 저녁 집회에서 50만 명이 참석했다. 6월 3일, 마지막 저녁 집회에는 백만 명이 참석했다!

요즘 선교위원회에는 전문직업인을 단기적으로 선교지로 보내고 평생 사역 선교사와 늙은 사람들을 없애는 추세였다. 나는 그들이 언어도 모르는데 어떻게 선교를 할 것인지 매우 궁금했다. 사실, 두 종류의 선교지가 있었다.

물가가 천정부지로 치솟았다. 소고기 600g이 약 3달러였다. 우리는 일주일 두 번 두부를 먹었다. [소고기와 영양성분이 비슷하지만 훨씬 더 쌌다.]

7월 8일, 예배 후 우리는 외국인 묘지를 구경했다. 우리를 안내한 알렌 클라크 박사Dr. Allen Clark [장로교 선교사] 의 말에 따르면, 그는 19세기 말엽 한국의 백정들을 도와주었던 사무엘 포어맨 무어Samuel Foreman Moore의 무덤을 발견했다. [알렌의 아들인 돈 클라크Don Clark에 따르면, 백정/넝마주이는 한국사회의 최 하층민으로서 "필요악"과 같은 존재였다. 무어 목사는 이미 기독교인이 된 상류층과 더불어 백정들도 교회로 초대함으로써 한국에 민주주의를 도입하기 위해 노력했다. 그러나 그 시도는 성공하지 못했다. 상류층들이 교회를 떠났다.] 우리는 기독교인들의 무덤과 천연두로 죽은 사람들의 무덤을 많이 보았다.

우리 집 옆의 길이 아스팔트로 포장될 예정이었다. 우리는 그것을 믿기 힘들었다. 그 도로는 대학으로 통하는 길이었다.

조만간에 있을 2개월간의 휴가로 인해 심각한 문제가 생겼다. 만약 지금 떠난다면, 우리는 돌아올 수 없었다. [나이 든 선교사를 없애는 한 방법이었다.] 우리는 마음이 흔들렸다. 다른 늙은 선교사들은 조기 은퇴를 준비하라는 말을 들었다.

우리 집 가정부가 약혼식을 했다. 당연히 우리도 참석했다. 약혼식은 아주 멋졌다.

스탠리 봄폴크 부부(어니의 사촌)가 한국을 방문했다. 연휴 기간이었지만 아주 즐거운 시간을 보냈다.

9월 9일 토요일은 13일의 금요일처럼 대단한 날이었다. 그날은 세브란스병원 부속기관 회의가 있는 날이었다. 내가 회의실과 보고서를 준비하기로 되어 있었다. 뷸라 본스Beaulah Bourns [감리교선교사이며 간호사] 가 컵과 케이크를 가져오기로 했다. 그런데 그녀가 오지 않았다. 회의 의장인 마가렛 무어가 케이크를 갖고 오기로 했다. 그녀는 케이크를 잊어버렸다. 나는 간호사 사무실에 전화해서 컵과 물을 부탁했다. 나는 냉동 케이크를 보내달라고 집에 전화를 했다. (나는 항상 즉시 사용할 수 있는 케이크를 마련해 두었다.) 우리는 회의를 시작했다. 강사가 아주 늦게 왔다. 강사가 필름을 보여주려고 할 때, 영사기가 걸려버렸다. 우리는 다른 영사기를 찾아야 했다. 그 때, 뷸라 본스가 걸어 들어왔다. 그녀의 팔이 부러져 있었다. 그녀는 다음 날 미국인 환자를 미국으로 데리고 가기로 되어 있었다. 물론 그녀는 갈 수 없었다. 우리는 평화봉사단에 연락하여 환자를 데리고 갈 사람을 찾았다. (때마침, 평화봉사단 소속의 한 여자가 어머니가 돌아가셨다는 전갈을 받았다. 그래서 그녀는 급히 미국으로 가야 했다.) 그 당시 어니는 봄폴크 부부를 안내해 주었다. 9월 11일은 한국의 추석이었다. 봄폴크 부부는 성묘를 하러가는 사람들을 보러가서 제사 지내는 모습을 구경했다.

　인천의 한 간호대학에서 간호대생들에게 임상병리사 과정을 가르쳐달라고 초청했다. 그런데 현미경이 한 대 뿐이었다. 그 말은 매 수업마다 인천까지 현미경을 들고 오가야 한다는 의미였다.

　의과대학은 우리의 조기은퇴 가능성을 가로막았다. 의과대학 측은 우리가 한국에 돌아와서 1976년까지는 머물러야한다고 확고하게 말했다. 이것은 총회세계선교위원회의 계획에 차질을 주었다. 그보다 앞서 총회세계선교위원회는 한국 사람들이 나이 든 선교사들을 원하지 않을 것이라고 확신했다.

　12월 4일, 닉슨 대통령이 곤경에 처했다.

　감리교선교위원회의 한국담당 총무인 에드윈 피셔 박사가 한국에 왔다. 선교사의 사역규정이 완전히 바뀌었다. 이제 우리는 미국에 2~3개월의 장기휴가를 갔다가 3년 기한으로 다시 복귀할 수 있게 되었다. 어니가 한국으로 돌아와서 3년 더 일하는 것이 현명하지 않다고 느꼈지만, 어쩔 수 없이 2개월간 장기휴가를 갖다 온 후 다시 한국에서 2년 더 일하기로 했다.

　한국에 에너지 위기가 닥쳤다. 네온 불빛이 거의 사라지고 가로등이 꺼졌다. 공공장소는 낮에 하루 두 시간만 난방을 했다. 스웨터 사업이 호황을 맞았다.

　우리 집 가정부가 현대적인 한국식으로 결혼식장에서 결혼했다.

　12월 16일, 우리는 미국으로 떠났다. 포트 블리스(엘 파소)에서 베티 가족과 성탄절을 보냈다. 우리는 12월 26일에 달라스에서 베아트리체 가족과 다시 성탄절을 보냈다.

1974년
마지막까지 충성

1월 2일, 휴스턴에서 건강검진을 받고 가족들을 방문했다. 1월 9일 오스틴의 폴 와이스 가족을 방문했다. 1월 11일, 산 안토니오의 텍사스 남서부 총회본부를 방문했다. 1월 12일, 테네시 주 다이어스버그의 후원교회를 방문했다. 그리고 뉴욕으로 가서 감리교 본부에 들러 건강검진을 마무리하고 다음 2년간의 사역을 준비했다. 우리는 1월 19일에 케인으로 갔다. 케인에 있는 교회는 우리가 중국과 한국에서 사역해 온 수십 년 동안 우리를 후원했다. 1월 21일은 디트로이트에서 에드윈 와이스 가족들과 함께 지냈다. 1월 24일에는 인디애나폴리스로 가서 사랑하는 친구인 나이Nay 부부와 같이 지냈다. 그곳에서 여러 교회 사람들을 만났다. 사우어 부부와 카시디M. Cassidy가 그곳으로 우리를 만나러 왔다. 메르디안 스트리트 교회는 우리가 한국에 머무는 동안 계속 후원했다. 마침내 1월 28일에 마리온으로 갔다. 콜럼버스에서 비안트 부부 [은퇴한 중국선교사들] 와 사우어 부부 [은퇴한 한국선교사] 를 만났다. 그리고 베아트리체와 이틀, 베티와 이틀을 함께 보냈다. 그런 후 샌프란시스코로 가서 선교위원회 서부연안지역 사무소에서 병원에 필요한 물자와 개인물품을 구했다. 이번 휴가는 조용히 쉬는 휴가가 아니었다. 2월 13일에 하와이를 거쳐 한국으로 돌아왔다. 하와이에서 일주일간 쉬었다.

2월 22일, 날씨가 추웠다. 밤에는 영하 18℃까지 내려갔다. 석유가격이 네 배나 올랐다. 가솔린이 이제 3.8L에 2달러였다. 소포 한 개당 관세가 10~15달러였다. 우리는 석유 부족과 추위 때문에 의자용 무릎덮개를 회의장에 갖고 다니고 2~3벌의 스웨터를 입었다.

4월 초순, 오하이오 주와 인디애나 주에 아주 엄청난 폭풍과 토네이도가 계속 몰아쳤다. 마리온에 있는 플래취 부부가 매우 걱정되었다. 그러던 가운데 그들에게서 편지를 받고 무척 기뻤다. 그들은 피해를 입진 않았다. 그들은 멀리 떨어진 오하이오 주 크세니아에서 날아온 신문이 마당에 떨어진 것을 보았다.

뉴욕의 감리교선교위원회와 한국선교회 사이에 문제가 있는 것 같았다. 그 문제는 현지 선교사들에게 그대로 드러났다. 선교회 모임을 열었는데 어니가 화를 냈다. 그는 화가 나면, 모든 사안을 책상위에 올려놓고 성경 말씀을 들여다보았다. 우리는 상황이 어떻게 전개될지 알지 못했다.

가끔 즐거운 여행을 떠났다. 우리는 강화도에서 연세대 의료센터의 지역사회보건원 기공식에 참석했다. 그 섬에는 영국의 스톤헨지에 있는 거석과 비슷한 고인돌이 있었다.

6월, 유행성 출혈열 환자가 300명이나 발생했다.

베아트리체가 힘든 시간을 보내고 있었다.

7월 1일은 재수가 없었다. 홍필훈 박사, 라이스 박사, 러브 박사를 아침식사에 초대했다. 와플이 와플 틀에 달라붙었고 커피를 쏟았다. 그리고

세브란스 병원 임상시험실에서 근무했던 힐다의 동료들, 1974년

달콤한 우유에 요구르트를 넣었더니 신맛으로 변해버렸다. 게다가 우리
는 교회주일학교에 늦었다.

연세대 캠퍼스 중 한 구역에는 농업작물 실험재배지가 있었다. 어니와
구 씨는 협력하여 다양한 딸기, 블루베리, 호두, 체리 등을 개발했다. 구
씨는 수원 실험재배지에서 꽃가루를 갖고 오고, 어니는 연세대 재배지에
서 꽃가루를 갖고 수원으로 갔다. [어니는 항상 텃밭을 가꾸는 것을 좋
아했다. 그는 식물을 키우는 재능이 있었다. 텃밭 가꾸기와 로터리클럽은
그에게 피로를 풀어내는 거의 유일한 낙이었다.]

7월 28일, 어니와 나는 TV에 출연했다. 일요일 아침에 우리는 정동연
합감리교회로 갔다. 어떤 사람이 그곳에서 촬영을 했다. 그곳에서 유일한
미국인이었기 때문에 우리 모습이 찍혔다. 월요일 아침 병원에 갔더니

"당신들을 TV에서 보았습니다."라고 사람들이 인사를 했다.

8월 15일, 박정희 대통령의 아내가 암살당했다. 그 총탄은 원래 대통령을 암살하기 위한 것이었다. 신문기사에 따르면, 암살범은 북한이 보냈다. 그는 재일교포로서 1972년부터 공산당을 위해 일해 왔다.

우리는 블랙Black 부부를 손님으로 맞아 아주 재미있는 시간을 보냈다. 블랙 부인은 세브란스의 창립자 중 한 사람인 에비슨 박사Dr. Avison의 조카딸이었다. 블랙 부부는 모두 선교사 자녀이며 옛 친구들을 만나보고 싶어 했다. 또한 알렌Allen 씨도 한국에 왔다. 그는 세브란스병원 창립자 중 한 사람인 알렌 박사의 조카의 아들이었다.

9월, 우리는 보통 해변별장에서 며칠 쉰 다음, 겨울철 주말이면 별장을 닫아두고 현지의 감리교회에 출석했다. 예전에는 해변 별장까지 8시간이 걸렸지만 이제 4시간 밖에 걸리지 않았기 때문에 우리는 금요일 오후에 서울을 출발했다. 토요일에는 이런 저런 일을 하며 즐거운 시간을 보냈다. 어니는 보통 오전 5~6시에 일어나서 성경을 연구하며 묵상한 후 커피를 끓였다. 9월 15일 일요일 아침, 그는 커피 통을 집으려다 떨어뜨렸다. 그것은 무심결에 그런 것이 아니라 심한 뇌졸중이 일어났기 때문이었다. 나는 그 소리를 듣고 일어나 상황을 살펴본 다음 그를 의자에 앉혔다. 그리고 관리인의 집으로 달려가서 차나 앰뷸런스를 보내달라고 서울에 전화했다. 그 동안 관리인은 이웃사람에게 연락하여 불렀고, 이웃사람이 근처 미군부대에 전화를 했다. 미군이 헬리콥터를 보내 어니를 서울의 121 군병원으로 태우고 갔다. 나는 별장 문을 닫고 라이스 박사를 기다렸다가 서울로 돌아왔다. 어니는 중환자실에 있었다. 그곳에서 최고의 의사들이 그를 치료했다. 다음 날, 어니는 세브란스병원으로 옮겨졌다. 간호사, 의사, 일반 사람들을 비롯하여 여러 친구들이 도와주려고 왔다. 즉시 물리치료를 시작했다.

10월 10일, 베티가 어니를 보살피는 것을 도와주기 위해 왔다. 10월 18일, 우리는 어니의 발을 침대 측면에 매달았다. 베아트리체가 10월 23일에 도착했고, 베티는 10월 25일에 떠났다. 11월 11일에 어니를 휠체어에 앉혔다. 11월 19일에는 어니가 일어섰다.

그 무렵, 북한이 비무장지대에 판 땅굴이 발견되었다. 학교와 대학들이 폐쇄되었다.

11월 19일, 어니는 부축을 받아 싱크대까지 걸어가서 의자에 앉아 머리를 자르고 면도를 했다. 그는 11월 27일 추수감사절에 집으로 왔다. 그는 욕실까지 걸어갔다가 돌아올 수 있었다. 나는 발칸 틀(골절 또는 관절 질환의 치료에 사용하는 금속관으로 만든 들것 – 옮긴이)을 이용하여 집에 특수 침대를 설치했다. 12월 3일, 그는 지팡이를 짚고 혼자 걸었다. 12월 25일, 우리는 언더우드의 집에 저녁을 먹으러 갈 수 있었다. 어니는 혼자서 샤워를 할 수 있었지만 옷을 입을 때에는 도움이 필요했다.

1975년

2월, 어니는 난간을 잡고 계단을 오르내렸다. 가끔 그는 편지를 썼다. 2월 4일, 지진이 발생하여 제법 흔들렸다. 어니는 안정기에 도달했다. 그는 책상에서 할 수 있는 일을 하기 시작했다. 2월 19일, 그는 로터리 클럽에 참석했다.

3월 4일은 한국인들이 표현하듯이 "재수 옴 붙은 날"이었다.

– 장로교 총회장이 오전 8시~8시 40분에 우리와 이야기를 나누고 싶어 했다. 이것은 정말 아침 일찍 일어나 어니의 옷을 입혀야 한다는 의미였다.

– 부엌 바닥에 유리로 된 커피 메이커를 떨어뜨렸다.

– 크림이 담긴 큰 유리잔을 떨어뜨려 깼다.

– 한 남자가 네 가지 종류의 볶은 곡식을 갈아서 시리얼을 만들려고 했는데 그만 밀가루가 되어 버렸다.

3월 11일, 영구주택을 찾을 때까지 텍사스 조지타운에 있는 은퇴자 주

```
        와이스 여사  회갑 축하 예배
        WORSHIP   SERVICE
                for
        MRS.  ERNEST  WEISS
            60th BIRTHDAY




    때 :  1975년 5월 12일 (월) 오후 4시
    TIME:  MAY 12TH 1975  4:00 P.M.
    곳 :  연세대학교 간호대학 기숙사
    PLACE:  COLLEGE of NURSING DORMITORY
            YONSEI UNIVERSITY
```

힐다의 환갑축하예배 안내,
1975년.

택에 들어갈 수 있다는 소식을 들었다.

3월 24일, 다시 대학에 문제가 생겼다. 연세대 총장이 이전에 체포된 학생을 정부의 동의 없이 재입학시켰다는 이유로 총장을 내쫓으려고 했다. 결국 정부는 대학을 폐쇄했다. 시위가 발생했다. 총장은 사임하고 이우주 박사가 총장 서리로 임명됐다.

4월 21일, 우리는 조지타운에 집을 마련했다. 그 후에는 산 안토니오 모닝사이드 매너 [감리교 은퇴자 공동체] 에 있는 집으로 갈 예정이었다.

어니는 다시 나아지고 있었다. 그는 혼자 옷을 입었다. 내가 병원에서 일할 동안, 그는 일주일에 네 번씩 물리치료를 받았다.

5월 10일, 병원 측에서는 나의 60회 생일(환갑)기념식을 열자고 했다. 나는 선물 없이 간소하게 한다는 조건하에 동의했다. 어니도 환갑잔치를 간단히 하자는 데 동의했다. 만약 선물을 한다면 자선병원을 지원하는 기

1975년 11월 4일 텍사스 조지타운에서 김인두 한국총영사가 어니스트에게 국민훈장 석류장을 수여하는 모습. 맨 왼쪽에 있는 사람은 사우스이스턴 대학 총장 더우드 플레밍 박사이다.

부금 형태로 되기를 바랐다. 병원 측은 나의 바람을 받아들여 자선병원을 지원하기 위해 4백 달러를 모금했다. 뜻 깊은 예배를 드리고 함께 차를 마셨다. 나는 금반지와 특별 메달을 받았다. 그날은 우리 자녀들이 그 자리에 없다는 것을 제외하면 비할 데 없이 좋았다. 한국의 관습에 따르면 자녀들이 부모의 60회 생일에 참석하여 축하해야 했다. 한국 친구들이 계속 우리에게 이렇게 말했다. "우리가 당신의 자녀입니다."

베아트리체와 루이스 스쿠네스Louis Scoones가 1975년 6월에 결혼했다.

나는 요즘 틈나는 대로 물건을 정리하고, 버리고, 팔고, 다른 사람들에게 나누어주고, 미국으로 가져갈 물건을 가방에 쌌다. 많은 사람들과 작별인사를 나누었다. 21년 동안 함께 일했던 친구를 떠나는 것이 무척 힘들었다.

8월 6일, 많은 사람들이 송별예배를 드리기 위해 우리 집에 모였다. 나중에는 더 많은 사람들이 우리를 배웅하러 공항으로 나와 예배를 드렸다. 공항 직원은 친절하게도 우리에게 예배를 드릴 수 있는 장소를 제공했다. 한 간호사가 와서 우리의 짐을 챙기고 로스엔젤리스까지 동행해주었다. 어니는 여객기용 들것에 누워서 여행했다. 이리하여 우리 인생의 또 한 장이 막을 내렸다.

텍사스의 집으로

우리는 로스엔젤리스 헤시에나 호텔에서 하루를 쉬었다. 그곳에서 가족들과 라이스 박사, 풀러 목사 부부, 뉴욕의 감리교선교위원회에 전화를 걸었다. 이전에 한국에 있을 때 우리의 치과의사였던 김귀선 박사가 예고 없이 우리를 방문했다. 엘파소로 가서 베티의 가족을 보고 이틀간 쉬었다. 폴과 메리 와이스가 오스틴에서 우리를 만나서 조지타운까지 동행해주었다. 가는 길에 내 운전면허증을 갱신하려고 잠시 멈췄다. 이틀 동안 오로지 자고 먹기만 했다. 그런 후 어니는 일상적인 운동을 시작했다. 매일 몸이 나아지는 것 같았다. 여기저기에서 많은 친구들이 찾아왔다.

팻과 베티는 다시 이사를 했다. [예산감축으로 인해 군에서 해고되었다.] 그들은 텍사스 스프링으로 이사했다. 우리는 차를 사서 거의 매일 어니를 태우고 짧게 드라이브를 하고, 또 그를 로터리클럽으로 데려다 주었다. 나이 박사가 인디애나폴리스에서 전화를 했다. 어니가 감정이 복받쳐 울었다. 그들은 항상 아주 좋은 친구였다. 한때 서울에서 살았던 서 박사는 이제 조지타운에 있는 사우스웨스턴 대학의 교수로 있었다. 그가 우리를 방문했다.

9월, 우리는 모닝사이드 매너에 있는 집을 보려고 폴과 함께 산 안토니오로 갔다. 우리는 그곳에 집을 마련하여 정착할 작정이었다. 지금은 아직 집이 준비가 덜 되었지만 11월 1일까지는 이사할 수 있었다.

어니는 꾸준히 나아지고 있었다. 그를 아래층으로 보내서 우편물을 가져오게 할 수 있을 정도가 되었다.

10월 14일경, 워싱턴 DC에서 전화가 왔다. 어니는 그곳에 가서 한국정부가 수여하는 석류장 훈장 [외국인에게 주는 최고 훈장] 을 받아야 했다. 우리는 [어니의 뇌졸중 때문에] 그곳에 갈 방법이 없었다. 그래서 한국 영사가 조지타운에 와서 사우스웨스트 텍사스 대학에서 훈장을 수여하기로 했다.

그동안 에디와 헬렌 와이스는 텍사스 섬머빌에 있는 우리가족을 다시 만나기 위해 미시간에서 왔다. 그때부터 우리는 "큰 행사"를 준비하기 시작했다. 라디오와 TV에서 우리를 인터뷰하고 방송했다. 우리는 (어니의 모 교회인) 인더스트리 교회로 가서 축하행사에 참여했다. 또 11월 4일에 한국정부의 훈장 수여식과 큰 축하잔치가 열렸다.

11월 5일, 우리는 조지타운의 연합감리교회에서 강연을 하고 산 안토니오로 떠날 준비를 했다. 폴이 11월 6일 아침 일찍 우리를 찾아와서 함께 출발했다. 우리는 뉴브라운펠스에 들러서 특별한 독일산 소시지를 먹었다. 우리가 새 집-9A호- 에 도착했을 때 베티가 이미 와 있었다. 딸은 우리가 자리를 잡고 필요한 물품을 구입하는 것을 도와주었다. 우리의 짐은 한국에서 아직 도착하지 않았다. 모닝사이드 매너에서 베개를 빌려주었다. 우리는 접이식 탁자와 의자를 샀다. 11월 12일에는 가구를 샀다. 그리고 가족 주치의(사촌인 존 봄폴크 박사), 어니를 위한 신경과 전문의, 안과의사. 비뇨기과 의사, 변호사, 치과의사도 정했다.

힐다와 어니스트는 어니스트가 1984년 11월 6일에 심각한 뇌졸중으로 죽을 때까지 산 안토니오의 모닝사이드 매너에서 살았다. 향년 76세로 그의 형제자매들 중 가장 이른 나이에 죽었다. 힐다는 어니스트를 돌보느라 계속 바쁘게 지내면서 트레비스 파크 교회와 모닝사이드 매너에서 자원봉사를 했다. 어니스트는 로터리클럽 모임에 정기적으로 참석했다. 가끔 그들은 한국과 선교사역에 관해 강연을 했다. 두 사람은 옛 친구들과 새로운 친구들, 친척들을 방문하거나, 그들이 찾아왔다. 그들은 손자와 손녀들과 즐거운 시간을 보냈다. 1979년, 그들은 처음으로 다시 중국 소식을 들었다. 힐다는 1985년에 한국과 중국을 다시 방문했다. 많은 중국친구들이 여전히 건강하게 살아있었고 난창에서 그녀를 환대해주었다. 치 박사는 아직도 살아있긴 했지만 중국 문화혁명 때 겪은 고초 때문에 실성한 상태였다. (홍위군들이 그를 재교육하기 위해 시골로 보내 논에서 일을 하게 했다.)

힐다는 1995년까지 계속 트레비스 파크 교회와 모닝사이드 매너에서 적극적으로 자원봉사를 했다. 그녀는 80세에 휴스턴 출신으로, 부인을 사별한 감리교 목사인 다윈 앤드루스와 재혼했다. 다윈에게는 자녀가 없었다. 그들은 2006년까지 휴스턴의 클레어우드 하우스 감리교은퇴자 공동체에서 살았다. 그들은 벨레어 연합감리교 총회와 클레어우드에서 적극

93세의 힐다 엘리자베스 세이터 와이스-앤드루스가 증손인 케이티와 체이스 운로와 함께한 모습, 2008년 5월.

적으로 활동했다. 2006년, 두 사람은 건강이 쇠약해지자 힐다의 딸들과 더 가까운 곳인 텍사스 알링턴으로 이사했다. 다윈은 2006년 10월에 죽었다. 힐다는 에덴 테라스에서 멋진 친척들과 지인들에게 중국어, 한국어, 독일어로 이야기를 나누고 피아노를 연주하며 지냈다.

어니스트 월터 와이스 의학 박사

1933년	이학 학사. 오하이오, 볼드윈 왈리스 대학Baldwin Wallace Collage 졸업
1937년	의학 학사. 신시내티 대학 졸업
1938년	의학 박사. 신시내티 대학 졸업
1938년	미국의료감정위원회American Board of Medical Examiners 전문의
1937~38년	인턴. 인디애나 주 인디애나폴리스 감리교 병원
1938~39년	레지던트. 오하이오 주 신시내티 베데스다 병원Bethesda Hospital
1939~43년	의료선교사─ 중국 베이징, 난창, 상하이
1943~44년	신시내티 종합병원
1944~46년	미시간 주 디트로이트 헨리 포드 병원 외과 레지던트
1944~46년	미시간대 의대 외과 석사Master in Surgery
1946년	미국외과학회 정회원
1946~51년	난창종합병원 외과 과장, 중정국립대Chung Cheng National College 외과 교수
1951~54년	신시내티 의과대학 외과 연구원
1955~75년	세브란스 유니언 의과대학 외과 교수 연세대학교 의료센터 건축위원회 위원장

힐다 세이터 와이스

1933~36년	간호사 자격 취득, 오하이오 주 신시내티 베데스다병원 간호학교
1936~39년	베데스다병원 간호사
1939년	신시내티 대학 이학 학사
1939~43년	간호사 선교사 – 중국 베이징, 난창, 상하이
1946~51년	난창에서 간호활동 및 간호학 강사
1952~55년	신시내티 대학(홈즈 병원)에서 학생/직원, 임상병리 및 혈액은행에 관한 교육훈련 수료
1955~75년	세브란스병원 임상병리 및 연구실 근무
1960~61년	인디애나 주 인디애나폴리스 버틀러대학Butler University 대학원 과정 수학
1961년	임상병리사 자격증 취득(미국 임상병리사협회ASCP)
1975~88년	텍사스 주 산 안토니오 모닝사이드 매너Morningside Manor에서 간호 자원봉사